# HISTOIRE DES STYLES
# D'ARCHITECTURE
## DANS TOUS LES PAYS

DEPUIS LES TEMPS ANCIENS JUSQU'A NOS JOURS

PAR

## E. BARBEROT

Architecte

OUVRAGE ORNÉ DE 928 DESSINS DANS LE TEXTE

TOME SECOND

PARIS
LIBRAIRIE POLYTECHNIQUE, BAUDRY ET C<sup>ie</sup>, ÉDITEURS
15, RUE DES SAINTS-PÈRES, 15
MAISON A LIÈGE, RUE DES DOMINICAINS, 7

1891

Tous droits réservés.

# HISTOIRE DES STYLES
# D'ARCHITECTURE

DANS TOUS LES PAYS

# HISTOIRE DES STYLES
# D'ARCHITECTURE
### DANS TOUS LES PAYS

DEPUIS LES TEMPS ANCIENS JUSQU'A NOS JOURS

PAR

## E. BARBEROT
Architecte.

OUVRAGE ORNÉ DE 928 DESSINS DANS LE TEXTE

TOME SECOND

PARIS

LIBRAIRIE POLYTECHNIQUE, BAUDRY ET Cⁱᵉ ÉDITEURS

15, RUE DES SAINTS-PÈRES, 15

MAISON A LIÉGE, RUE DES DOMINICAINS, 7

1891

Tous droits réservés.

# LIVRE TROISIÈME

**Style Louis XII** (TRANSITION).
De 1494 à 1515
De la conquête de Naples par Charles VIII à François I$^{er}$.

**Style renaissance italienne.**
De 1375 à 1650
D'Urbain VI à Alexandre VII.

**Style renaissance française.**
De 1515 à 1594
De l'avènement de François I$^{er}$ à l'entrée d'Henri IV à Paris.

**Style renaissance allemande.**
XVI$^e$ siècle.

**Style renaissance alsacienne.**
XVI$^e$ siècle.

**Style renaissance espagnole.**
XV$^e$ et XVI$^e$ siècles.

**Style renaissance anglaise.**
XVI$^e$ et XVII$^e$ siècles.

**Style Henri IV et style Louis XIII.**
De 1594 à 1661
De l'avènement de Henri IV à la mort de Mazarin.

**Style Louis XIV.**
De 1661 à 1715
De la majorité de Louis XIV à sa mort.

**Style Louis XV** (ET RÉGENCE).
De 1715 à 1774
De la mort de Louis XIV à la mort de Louis XV.

**Style Louis XVI.**
De 1774 à 1789
De la mort de Louis XV à la prise de la Bastille.

**Style Empire.**
Commencement du XIX$^e$ siècle.

**Style moderne** (CONTEMPORAIN).

## STYLE LOUIS XII

Parmi les nombreuses époques de transition qui ont marqué le passage d'une architecture à une autre, il n'en est peut-être pas d'aussi caractérisée et où le mélange se soit fait avec autant de goût, d'harmonie et de science constructive. On peut comparer l'architecture de l'époque Louis XII à une femme intelligente qui, sentant venir les années, ne répudierait pas les parures de son jeune âge, mais aurait le goût assez sûr pour prendre dans ce qu'ils ont de beau et qui peut rajeunir sa beauté, les ornements et bijoux nouveaux dont s'orne une brillante jeunesse.

Le style Louis XII marque la fin de l'architecture ogivale et le commencement de la Renaissance. Dans laquelle des deux époques fallait-il le classer?... C'est cet embarras qui nous a conduit à isoler franchement ce style, et plusieurs autres transitions qui se sont présentées au cours de notre travail, de manière à en faire l'objet d'études spéciales. Si on prend un édifice français de la limite qui sépare les $XV^e$ et $XVI^e$ siècles et qu'on le place en parallèle avec un monument du $XIII^e$ siècle, on est forcé d'avouer que ces deux exemples sont absolument différents. Si d'autre part on compare le château de Blois, aile Louis XII, avec le même château, aile François Ier, on constate immédiatement une différence absolue et on reconnaît qu'il y a deux architectures distinctes ou deux styles.

A la fin du xve siècle, l'art ogival avait fait son temps. Une grande rénovation artistique s'était accomplie en Italie, et Charles VIII montait sur le trône de France, sous la tutelle d'Anne de Beaujeu sa sœur, dont Louis XI leur père se plaisait à dire : « Madame est la moins folle femme que je connaisse. » L'unité française commençait à se former.

Mais la nouvelle génération jeune et ardente avait soif de conquête. De son côté, le roi, bien que débile et faible, était possédé du même besoin de gloire et après avoir sacrifié par d'impolitiques traités l'Artois, la Franche-Comté et le Roussillon, il résolut de faire valoir les droits de la maison d'Anjou sur le royaume de Naples, droits dont il était héritier.

Cette folle expédition d'Italie sans profit pour la France eut cependant au point de vue de l'art une influence considérable. L'armée française qui parcourut l'Italie des Alpes jusqu'au détroit de Messine ne put passer sans voir. « Le contraste était si fort avec la barbarie du Nord, dit M. Michelet, que les conquérants étaient éblouis, presque intimidés, de la nouveauté des objets. Devant ces tableaux, ces églises de marbre, ces vignes délicieuses peuplées de statues, ces belles filles couronnées de fleurs qui venaient, les palmes en main, leur apporter les clefs des villes, ils restaient muets de stupeur. »

On connaît le résultat politique de cette course royale, résultat absolument négatif. Cependant cette expédition entreprise si légèrement fut un véritable bienfait pour la France artistique qui se réchauffa au soleil resplendissant de l'art italien.

Quand les Français eurent repassé les Alpes après avoir vu tant de merveilles, ils trouvèrent bien froids et bien tristes leurs manoirs féodaux, vieux repaires que le développement de la puissance royale rendait désormais inutiles, et voulurent que le luxe et la beauté de leurs habitations fussent mieux appropriés aux mœurs nouvelles, aux besoins de plaisirs et de fêtes qu'ils avaient contractés en Italie. « Ce qu'ils voulaient par-dessus tout, dit M. L. Château, c'était se croire encore dans ce monde nouveau, vivant si près d'eux et dont ils avaient rapporté une impression si vraie et si révélatrice. »

## ARCHITECTURE

Suivant les provinces, l'architecture nouvelle présente des différences assez accentuées suivant le plus ou moins d'opiniâtreté que met l'art ogival à ne pas disparaître et pendant la presque entière moitié du xvi⁰ siècle, c'est une suite ininterrompue de compromis artistiques où se conservent en général la distribution intérieure et le système de construction du moyen âge. C'est dans le détail et particulièrement dans l'ornementation que le nouveau style se manifeste.

A peine revenu de sa folle expédition d'Italie, Charles VIII se met en devoir de transformer en palais italien le château d'Amboise où il était né et où il avait passé tristement sa première jeunesse. Pour ces travaux il fit venir à grands frais des ouvriers italiens, « ouvriers excellents, dit Commines, comme tailleurs (sculpteurs) et peintres ». C'est la première fois que l'on constate l'introduction d'artistes italiens en France.

Le roi mourut pendant ces travaux : en passant dans une galerie obscure du château, il se heurta et tomba à la renverse. Il expira quelques heures après. Un mot de Commines peut lui servir d'épitaphe : « Il était peu entendu, mais si bon, qu'il n'était possible de trouver meilleure créature. »

Les seigneurs suivirent l'exemple, et de nombreuses constructions s'élevèrent, mais aussi de simples modifications, points d'ornementation posés sur les lugubres castels ; aussi voyons-nous parfois de vieilles tourelles dont l'aspect sinistre semble indiquer qu'elles recèlent de mystérieuses oubliettes, percées de gracieuses fenêtres italiennes égayées d'ornements et de vitraux. En tous cas, la mort du roi ne devait pas arrêter en France le mouvement imprimé à l'architecture ; l'impulsion étant donnée, il fallait poursuivre. C'est ce que comprit Louis XII, successeur de Charles VIII, mais « il n'avait d'yeux que pour l'Italie » et à son tour il se précipita sur la péninsule, prétextant de ses droits sur le Milanais. Il avait avec lui Georges d'Amboise et après une campagne heureuse tous deux revinrent émerveillés et ramenant de nombreux artistes italiens.

Le cardinal Georges d'Amboise, archevêque de Rouen, est la plus grande figure du commencement du xvi⁰ siècle. « Comme tous les hommes supérieurs, princes ou ministres, qui ont marqué fortement leur empreinte sur nos destinées nationales, dit M. Henri Martin, Georges s'était fait le centre du mouvement de l'art et avait exercé autour de lui une vivifiante influence : une des plus belles époques de l'art français appartient à son ministère. »

L'architecture religieuse ne laissait guère que des monuments à terminer, cependant nous devons citer comme appartenant à cette époque la tour Saint-Jacques à Paris ; Saint-Maclou à Rouen ; Notre-Dame de Troyes, Saint-Germain l'Auxerrois, etc., exécutés dans le plus pur style flamboyant ou fleuri.

La résistance qu'oppose l'art ogival à celui venu d'Italie se manifeste

Fig. 461. — Ancien hôtel de la Trémoille.

aussi dans l'architecture civile. L'hôtel de la Trémoille (fig. 461), qui était situé rue des Bourdonnais, fut démoli vers le milieu de notre siècle ; c'était la plus élégante construction civile de la fin du moyen âge que possédât Paris. « Sa tourelle surtout, dit M. de Guilhermy, était un chef-d'œuvre de sculpture et de légèreté. »

L'hôtel de Sens, dans le quartier Saint-Paul, celui de Cluny, bâti sur les ruines des Thermes de Julien. Ce dernier hôtel fut commencé par Jean Bourdon, abbé de Cluny et terminé par Jacques d'Amboise, abbé du même ordre. Voici la description qu'en donne M. Albert Lenoir, dans la statistique monumentale. « L'hôtel de Cluny s'éleva, non seulement sur l'emplacement, mais sur les murs mêmes de l'ancien palais des Césars, ainsi qu'on le voit en plusieurs points ; et l'on peut dire que, par l'importance et le luxe qu'on déploya dans les nouveaux bâtiments, on a cherché à les rendre dignes de la célèbre et riche abbaye dont ils étaient destinés à devenir une dépendance.

« Cet hôtel se compose d'un corps de logis qui s'élève parallèlement à la rue et se trouve situé entre la cour et le jardin ; deux autres bâtiments en aile s'avancent sur la rue où ils se terminent en pignons ; celui de l'ouest se prolonge sur le jardin dont il borne un des côtés. Trois escaliers donnent accès au premier étage : le plus important est établi dans une tour octogone qui s'élève en saillie sur le milieu de la face principale ; le second se trouve situé dans l'angle est de la cour, et le troisième dans une tourelle carrée, qui fait saillie dans l'angle rentrant compris entre les deux corps de bâtiments sur le jardin. Ces divers escaliers sont construits en vis, comme presque tous ceux de cette époque. On voit sculptés sur les surfaces de la tour qui s'avance au milieu de la cour, des coquilles et des bourdons, attributs de saint Jacques. Une partie du rez-de-chaussée était occupée par un portique ouvert ; les autres parties contenaient quelques grandes pièces, mais l'appartement principal était, selon l'usage de ce temps, situé au premier étage.

« La partie la plus remarquable de cet hôtel est sans contredit l'élégante chapelle dont le sanctuaire se trouve en encorbellement sur le jardin : l'état de conservation dans lequel elle est encore permet de juger de son ancienne splendeur, en lui restituant toutefois par l'imagination, et ses beaux vitraux colorés, et le groupe de quatre figures qui décorait le maître autel, et les saints placés dans ses douze niches de ses murailles, puis enfin les figures de toute la famille de Jacques d'Amboise, qui étaient disposées au pourtour en forme de mausolées. Au-dessus de cette chapelle, qui est au niveau du premier étage, il en existe une autre plus basse, qui se trouve au sol du rez-de-chaussée ; on communique de l'une à l'autre par un petit escalier intérieur enveloppé dans une clôture de pierre découpée à jour. Ces deux chapelles superposées sont voûtées de même à l'aide d'un pilier central qui reçoit la retombée des nervures ; celui de la chapelle haute est d'une légèreté et d'une délicatesse vraiment surprenante. »

On trouve à Rouen un palais de justice de la même époque. La grande salle, dite salle des procureurs, était voûtée en bois et d'une construction à la fois élégante et hardie. C'est un bel exemple de cette architecture si riche et si délicate : piliers angulaires chargés de clochetons, de statues, de dais ; les fenêtres et surtout les grandes lucarnes sont de véritables merveilles.

Les châteaux nous offrent aussi de magnifiques modèles de cette gracieuse architecture, mais avec une influence italienne beaucoup plus sensible. Georges d'Amboise commence à Gaillon, près de Rouen, une habitation vraiment royale. C'est à ce château qu'apparaissent pour la première fois en France ces ornements appelés arabesques, compositions qui n'obéissent à aucune règle, remplissage qui varie de valeur avec le goût et l'imagination de l'artiste (fig. 462). C'est un mélange de tous les êtres animés, animaux, végétaux, têtes d'hommes et de femmes, enfin des ornements et feuillages fantaisistes nés du caprice du sculpteur.

Les arabesques décorent des panneaux entiers et plus particulièrement les faces de pilastres.

L'enthousiasme de Georges d'Amboise pour l'art italien était partagé par Louis XII et ses courtisans; aussi voit-on bientôt ceux-ci édifier de nouvelles et somptueuses demeures où les grandes lignes de l'architecture militaire, devenues inutiles, sont néanmoins conservées. Mais à la place de la masse du château féodal, on voit s'élever des palais qui n'ont plus rien d'effrayant et les élégantes tourelles s'élèvent gracieusement ornées de belles fenêtres qui remplacent les meurtrières, de belles galeries de dentelle qui sont les créneaux du jour.

Le roi ne reste pas en arrière : né à Blois, il avait une prédilection marquée pour le vieux château de Charles d'Orléans; et c'est là que se passèrent tous les grands actes politiques de son règne. Aussi, quelque temps après son avènement au trône, il entreprit la reconstruction du château « *tout de neuf et tant somptueux que bien semblait œuvre de roy* ».

Fig. 462.
Arabesques.

Louis XII, respectant le plan de l'ancien château, fit commencer les travaux par le côté est, à l'emplacement même où il était né. Mais, malgré l'engouement du roi pour l'architecture italienne, le style ogival n'est pas entièrement banni, et bien au contraire mélange harmonieusement ses lignes aux formes nouvelles; l'ogive et le plein cintre s'accolent ou se superposent, les profils gardent encore le galbe de ceux si rationnels du moyen âge; les pinacles et les fleurons terminent gracieusement les fenêtres (fig. 463).

Notre dessin représente la façade sur la place du château. La porte principale est ornée de colonnes engagées cernant une arcade en plein

Fig. 463. — Château de Blois, aile Louis XII.

cintre ; au-dessus, une niche, recouverte d'un dais de style ogival flamboyant, contient une statue équestre, en pierre, et qui représente Louis XII. Cette partie, comme les autres d'ailleurs, est admirablement travaillée ; la statue se détache sur le fond de la niche peint en couleur d'azur avec semis de fleurs de lis d'or. Les fleurs de lis de France sur azur et les mouchetures d'hermine de Bretagne sur champ d'argent sont répandues partout. On y voit encore le porc-épic de Louis XII et la cordelière et l'hermine d'Anne de Bretagne (que nous avons dessinés sur le bas de l'en-tête), et des lettres décoratives A et L qui motivent les fenêtres ou les panneaux (fig. 464).

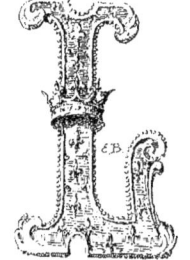

Fig. 464.
Initiale de Louis XII.

Nous reviendrons sur cette façade extérieure en parlant des caractères. Sur la cour d'honneur se présente une élévation assez différente. Elle est composée d'un portique en arcades surbaissées supportées par les colonnes et des piliers alternés; les colonnes sont entièrement couvertes d'une fine ciselure et surmontées de chapiteaux très bas. Au-dessus des arcades est le premier étage avec soubassement en pierre, et percé de larges fenêtres à meneaux en croix; puis une galerie et des lucarnes élégantes qui ne le cèdent en rien à celles de la place du château (fig. 465). C'est sur cette façade que s'élève le pavillon

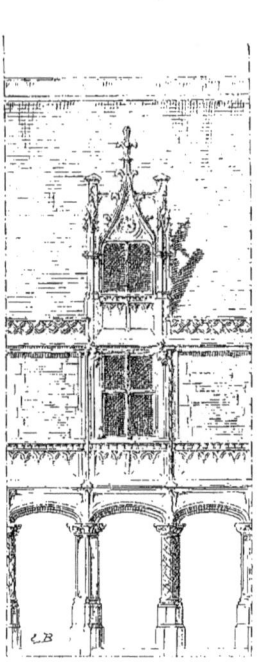

Fig. 465. — Château de Blois.
Façade sur la cour d'honneur.

Fig. 466. — Blois, couronnement d'escalier.

contenant l'escalier principal, remarquable par sa richesse. C'est un large escalier à vis dont les marches portent sur un noyau central richement décoré; à sa partie supérieure, portée par des colonnettes, on voit la couronne royale, d'où émergent les nervures de la voûte (fig. 466).

Parmi les édifices de l'époque Louis XII, nous citerons encore : le château de Meillan (Cher); celui d'Azay-le-Rideau ; enfin les hôtels de ville de Noyon, de Saint-Quentin, de Compiègne, de Douai et de Dreux; tous ces monuments conservent beaucoup du style flamboyant.

Jusqu'au règne de Louis XV on pouvait voir à Paris un charmant édifice Louis XII, c'était la Chambre des Comptes, dans le Palais de Justice. Nous copions le charmant dessin de M. Viollet-le-Duc représentant la loge : « Les guerres d'Italie de la fin du xv$^e$ siècle, dit-il, inspirèrent aux seigneurs français le goût des loges ; mais les architectes du commence-

Fig. 467. — Loge de la Chambre des Comptes. Paris.

ment de la Renaissance, qui conservaient les traditions sensées de l'art de notre pays, se décidèrent difficilement à leur donner l'aspect d'une construction ouverte sur trois côtés ; il les traitaient plutôt comme des portiques bas d'une longueur réduite, s'ouvrant seulement par la face.

« Au sommet de l'escalier de la Chambre des Comptes, à Paris, il y avait ainsi un vestibule non vitré, qui pouvait bien passer pour une loge (fig. 467). Ce vestibule se composait de deux travées ouvertes sur la cour de la Sainte-Chapelle; ses arcades, dépourvues de vitrages comme celles de l'escalier, étaient flanquées de contreforts décorés de statues. »

En résumé, l'architecture des premières années du XVIe siècle incarne la lutte entre le style ogival tertiaire et le nouvel art venu d'Italie. Un fait nous a particulièrement frappés : le château de Gaillon, un des premiers construits, le fut par un groupe d'architectes français, presque tous de Rouen, et son architecture est déjà presque entièrement marquée au sceau de la Renaissance. Et d'autre part nous trouvons que le château de Blois qui a tant gardé d'éléments appartenant au style ogival flamboyant, est attribué à Fra Giocondo, architecte italien. Ne pourrait-on en déduire que si l'art italien a su s'imposer promptement au goût français, notre belle architecture nationale avait assez frappé les artistes italiens pour qu'ils crussent devoir lui emprunter de nombreux motifs, qui n'ont du reste fait autre chose que de parer leurs œuvres.

## LES CARACTÉRISTIQUES DU STYLE

Le caractère général est donné par l'aspect piquant, gracieux et souple que présente l'heureux mélange de l'architecture ogivale flamboyante, avec l'art italien né d'une réminiscence de l'architecture antique.

L'*appareil irrégulier* des assises formant quilles et jambages de fenêtres qui pénètrent à différentes longueurs dans la brique, comme le montrent nos dessins (fig. 463 et 465).

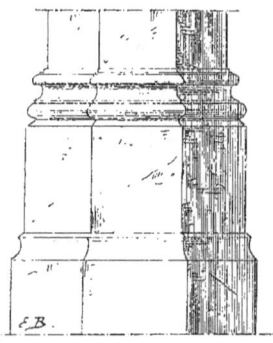

Fig. 468. — Ornementation de colonne.     Fig. 469. — Base.

Les *colonnes* rondes sont assez trapues et souvent entièrement décorées d'un fin réseau formé de losanges dont le fond est occupé par un ornement, moucheture, fleur de lis, ou rosace (fig. 468). Les colonnes sont parfois octogonales avec une haute base qui est presque un piédestal, comme nous le montre cette base empruntée à l'église d'Eu (fig. 469). Une disposition extrêmement décorative nous est fournie par les colonnes de la galerie du château de Blois, façade sur la cour d'honneur. Les colonnes y sont alternées avec des piliers à angles arrondis. Sur chaque face on a formé un cadre composé de trois réglets s'intersectant en forme de grecque ; au fond la pierre est recreusée en forme de quart de cylindre, il semble ainsi qu'on voit une colonne recouverte d'une enveloppe prismatique ajourée sur ses quatre côtés, et les parties apparentes de cette colonne sont recouvertes d'arabesques. Une haute base carrée avec les angles légèrement abattus supporte le pilier qui est coiffé d'un chapiteau très aplati garni de rinceaux, de feuillages et d'animaux. (fig. 470-471). L'astragale et l'abaque contrastent par leur simplicité avec la richesse du coussin. C'est sur ces pilastres et sur les colonnes que retombent les arcs très surbaissés qui supportent l'étage.

Les *fenêtres*. La fenêtre en accolade se rencontre souvent encore au commencement du XVIᵉ siècle. On voit aussi les fenêtres rectangulaires, recoupées de meneaux et traverses en pierre, soit de manière à former une croix

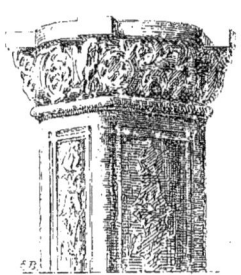
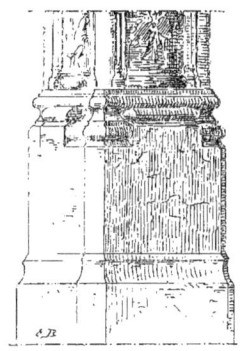

Fig. 470, 471.
Colonne et base. — (Blois.)

à branches égales deux à deux, soit en forme de croix latine, ou enfin en croix composée d'un montant et de deux traverses. Les chambranles sont faits de petits profils, réglets, baguettes et gorges entre-croisés en forme de grecque, et portant une base qui repose sur un socle qui a toute la hauteur de l'allège. La partie supérieure en linteau, taillée dans une seule pierre, forme une sorte d'auvent droit avec pendentifs aux extrémités, ou bien une gracieuse courbe surbaissée garnie d'une dentelle sculptée qui fait en quelque sorte marquise. Les fenêtres de couronnement sont toujours les plus ornées, elle doivent contraster violemment avec la nudité des toitures d'ardoises ; aussi sont-elles agrémentées d'ogives, de contre-courbes, de clochetons et de pinacles ; on y retrouve encore les crochets et les fleurons. Les lucarnes moins importantes, sont très ornées aussi, quand elles sont un important motif de décoration

simple accessoire, elles deviennent petites. Cependant celles de Blois offrent un certain intérêt (fig. 472) avec leurs crochets et leurs fleurons.

Fig. 472. — Lucarne.

La décoration qu'on voit dans l'allège est la cordelière d'Anne de Bretagne.

Les *tuyaux de descente* qui souvent sont torses et se terminent par un animal fantastique.

Les *gargouilles*, qui ressemblent à celles de l'époque ogivale, mais plus travaillées, plus finement sculptées.

Les *profils*, qui dans presque tous les édifices ont conservé le galbe de ceux du moyen âge (on se rappelle ce que nous avons dit du château de Gaillon ; il est donc en dehors).

L'*emploi simultané* de l'arc ogive, de l'arc plein cintre et de l'arc surbaissé.

Les *souches de cheminées* prennent une importance considérable, trop

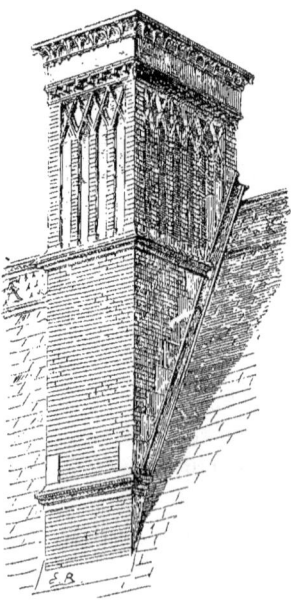

Fig. 473. — Cheminée de Blois.

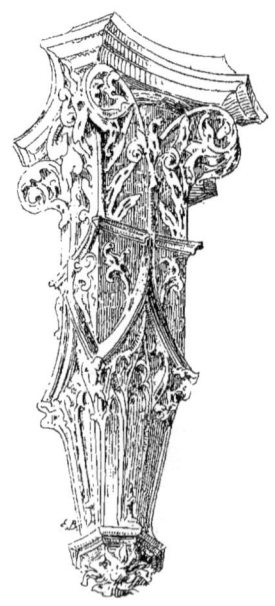

Fig. 474. — Clef pendante.

grande peut-être, « car, dit M. Viollet-le-Duc, il est souvent difficile de savoir ce que contiennent ces énormes piles de pierre couvertes de

## STYLE LOUIS XII

colonnettes, de frontons, de panneaux et de sculpture » (fig. 473).

Les *jeux de brique* employés dans certaines localités sont très caractéristiques du style; en leur absence on couvrait les murs de sculptures.

Les *clefs pendantes*. « Vers la fin du xv$^e$ siècle, dit M. Viollet-le-Duc, nos architectes imaginèrent de placer dont leurs édifices, tout gothiques comme construction, des réminiscences des arts d'Italie. Ils trouvèrent ingénieux par exemple, de suspendre aux voûtes, des chapiteaux, des culots d'ornements quasi antiques, et même parfois de petits modèles de

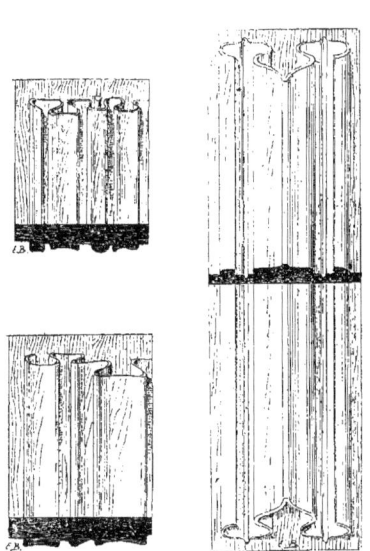
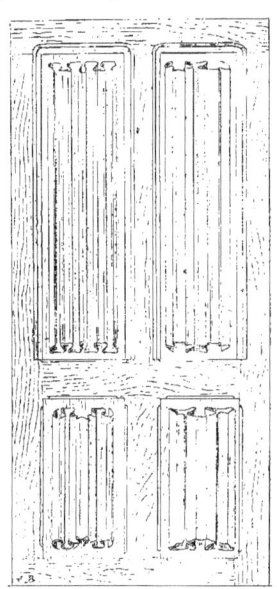

Fig. 475, 476, 477. — Parchemins.   Fig. 478. — Vantail à parchemins.

monuments qui, eux, n'avaient plus rien de gothique. Partant de cet axiome de construction de la voûte gothique, que la clef doit être pesante, afin d'empêcher le relèvement des nervures sous la pression des reins, ils posèrent des clefs dont les ornements pendants ressemblent à des stalactites. C'était le temps des plus grands écarts de l'architecture ; on ne se contenta plus d'un morceau de pierre, et l'on alla jusqu'à composer les clefs pendantes de pièces de rapport attachées à la clef véritable par des boulons de fer, et même quelquefois aux entraits des charpentes. Il n'est pas besoin de faire ressortir les inconvénients et les dangers de ce genre de décoration. Les clefs pendantes fatiguent les voûtes par leur poids exagéré, au lieu de les maintenir dans un juste équilibre; elle risquent de se détacher par l'oxydation des fers et de tomber sur la tête des assistants. » (Fig. 474.) Les clefs pendantes ont aussi été employées dans la charpente et cela, souvent avec assez de bonheur pour rompre agréablement la monotonie résultant de nombreuses lignes droites : dans cet emploi elles sont toujours richement taillées et sculptées.

Les *panneaux à parchemins plissés*, que dans la pratique on appelle parfois simplement *serviettes*, ont décoré la plupart des portes de la période qui nous occupe. Citons encore le savant auteur du *Dictionnaire raisonné de l'architecture* : « Dans la menuiserie antérieure au xv<sup>e</sup> siècle, dit-il, il était d'usage souvent, surtout pour les meubles, de revêtir les panneaux de peau d'âne ou de toile collée sur le bois au moyen de colle de fromage ou de peau. Lorsque ces boiseries vieillirent, ces revêtements durent quelquefois se décoller en partie des bois déjetés; de là des plis, des bords retournés. Il est à présumer que les menuisiers eurent l'idée de faire de ces accidents un motif d'ornement et un moyen de donner de l'épaisseur aux panneaux, tout en laissant leurs rives et languettes très minces. » Habilement tracés ces parchemins donnent l'illusion d'une épaisseur assez considérable, et cependant la plus grande saillie dépasse rarement un centimètre (fig. 475, 476, 477). On voit sur nos croquis que le profil, qui est très camardé à la section, est au contraire excessivement exagéré aux panneaux; c'est cette disproportion ou différence d'échelle qui produit l'illusion de relief dont nous avons parlé.

Fig. 479.
Girouette.
Château d'Amboise.

Voici pour bien en faire comprendre l'application, un vantail complet où nous avons seulement varié les plissés (fig. 478).

Les *attributs*, varient tout naturellement avec les propriétaires des constructions érigées ; les édifices d'utilité publique, les châteaux et palais élevés par la royauté portent en général les emblèmes propres à rappeler celui qui en a ordonné l'érection. Aussi, le porc-épic de Louis XII, l'hermine et la cordelière d'Anne de Bretagne se retrouvent-ils partout; le dauphin couronné, les lettres ornées, et enfin les fleurs de lis et les mouchetures d'hermine disposées seules, par groupes de rangées ou en couronne, ou bien encore en semis (fig. 479).

STYLE LOUIS XII

## ORNEMENTATION SCULPTURALE

Comme l'architecture, l'ornementation ogivale lutte contre l'influence italienne et se fond quelquefois avec cette dernière. Mais tandis que dans les édifices purement français construits sous Louis XII les formes de la période tertiaire ogivale sont entièrement conservées (fig. 480), on trouve dans les constructions édifiées

Fig. 480. — Hôtel de la Trémoille.

Fig. 481, 482. — Console à Blois.

par des artistes italiens, ou par des maîtres français engoués du nouvel art, des ornements qui appartiennent absolument à la Renaissance (fig. 481-482).

Mais la véritable ornementation de cette période transitoire est un

Fig. 483, 484, 485, 486, 487, 488, 489, 490. — Ornements divers.

compromis des deux arts, un mélange harmonieux de formes différentes d'origine, où les feuilles d'eau, les fougères, les formes ondulées, se mêlent au fortes feuilles bombées et découpées nées de l'imitation de l'antique. Aussi des réminiscences romanes, au moins quant à l'ampleur des formes, mais plutôt interprétées que copiées, avec de belles feuilles amples et grasses aux contours contrariés et aux extrémités gracieusement recourbées. La feuille d'eau, celle de sauge, les cornes de bélier sont autant de motifs ; on voit, d'une tige de rinceau émerger une tête de chimère antique rajeunie, ou vieillie si l'on préfère, car certaines présentent des traits contrariés.

Les culots de feuilles, les coquilles, les arabesques de toutes sortes donnent une haute idée du talent du sculpteur.

# NUMISMATIQUE

La numismatique concourt avec l'architecture, la linguistique, la sculpture, la glyptique et les incriptions, à former le grand magasin des documents historiques; bibliothèque de pierre ou de métal qui nous a conservé autant et plus même que les manuscrits l'histoire de nos ancêtres, qui nous a peint en traits ineffaçables leurs mœurs, leurs religions, leurs gloires et leurs malheurs.

La numismatique est la science qui a trait aux médailles et aux monnaies.

Les médailles et médaillons ont pour objet de perpétuer le souvenir d'un événement important, d'une action d'éclat, de l'érection d'un monument, d'un fait quelconque destiné à marquer dans l'histoire, ou enfin de représenter un personnage célèbre.

Les monnaies servent pour le commerce, les échanges. On a pris des métaux relativement rares dont la production ou l'extraction est naturellement limitée, pour en faire le système représentatif d'une valeur quelconque, produit naturel du sol ou de l'industrie. L'or et l'argent, par leur rareté, par leur pureté, ont été des premiers à jouer ce rôle d'intermédiaires, de traducteurs d'une valeur travail, ou produit difficilement échangeable ou évaluable, autrement que par un cours établi par cette règle essentiellement pratique et juste, autant qu'il est dans nos faibles moyens, de l'offre et de la demande. C'est une utopie, une enfantine illusion de croire que tous les produits du sol peuvent être monétisés, que tous les résultats du travail sont échangeables; on trouvera difficilement un agriculteur disposé à échanger une quantité de blé, à laquelle il faudrait pourtant attribuer une valeur basée sur une système commun contre une équation algébrique sans valeur fixe non plus et dont il n'aurait que faire, ou même, soit dit sans malice aucune, mais seulement pour rentrer dans un ordre plus pratique, contre une paire de gants ou tout autre objet dont pour lui le besoin ne serait pas immédiat. L'or, l'argent, le cuivre, le papier même (quand il est dûment paraphé et filigrané), représenteront toujours à un moment quelconque une valeur déterminée et peu variable ; divisible à l'infini, et donnant par sa qualité conventionnelle la plus grande facilité possible aux transactions.

On distingue dans une médaille la face et le revers : la *face*, qui est ainsi nommée parce que c'est le côté où se voit d'ordinaire une tête humaine ; le *revers*, qui est le côté opposé à la tête, et sur lequel on grave un relief ou simplement une inscription. Dans le langage des numismates on appelle parfois la face l'*avers* ou encore le *droit*, et l'image gravée sur la face ou le revers est le *type*. « Dans l'origine, dit M. Ch. Blanc, le monnayeur, pour fixer la pièce qu'il allait frapper du marteau, la posait sur une enclume dont l'extrémité avait des formes saillantes purement géométriques. Ces formes saillantes ont produit au revers des compartiments creux que l'on nomme *aires*. Le génie artiste des Grecs, leur goût, le besoin qui les possédait d'orner toute chose, leur fit bientôt remplacer l'aire en creux par une gravure qui présentait un relief sur le revers aussi bien que sur la face, et pour éviter ce qu'auraient offert d'uniforme et d'insipide deux types semblables, deux têtes, par exemple, ils opposèrent à la face une image différente ; ils firent contraster les petites proportions d'une figure en pied avec l'importance d'une tête, qui devenait ainsi le type principal et qui par ce rapprochement, grandissait encore.

« Comme la gravure en pierres fines, la gravure en médailles a ses creux et ses reliefs. Ce qui est une intaille dans la première est dans la seconde un *coin*, et ce que l'une appelle camée, l'autre le nomme *poinçon*. Le graveur en médailles a le choix entre deux manière d'opérer, il peut graver sa figure en relief sur une masse d'acier, et se servir de ce relief pour obtenir un creux, sur lequel seront prises les empreintes de la médaille ou de la monnaie, ou bien il peut creuser immédiatement sa figure dans l'acier, et se servir de ce creux comme d'une matrice pour obtenir les empreintes, et c'est ainsi que le plus souvent il procède.

« La monnaie ou la médaille, devant présenter deux types, exigea la gravure de deux coins. Entre ces deux coins sera pris, maintenu et frappé un disque de métal régulièrement arrondi, le *flan*, qui recevra du même coup les deux empreintes.

« Les numismates appellent *module* la dimension de la médaille, ou, ce qui revient au même, son diamètre ; *champ*, le fond sur lequel se détachent les types ; *exergue*, c'est-à-dire hors-d'œuvre, un petit espace qu'on ménage fréquemment au-dessous du type pour y graver une inscription, un millésime, une devise, qui coupe en ligne droite la rondeur de la pièce ; *légende*, l'inscription qui suit la forme circulaire de la médaille ; *épigraphe*, l'inscription gravée sur le type même ; — l'inscription est dite *rétrograde* si elle est écrite à rebours, de droite à gauche ; — *grenetis*, la série de petits points concentriques dont l'image est quelquefois embordurée, comme d'un cercle de perles ; *contre-marques*, les signes qui ont été frappés sur les pièces antiques, après leur fabrication, soit pour en changer la valeur, soit pour les approprier à un autre usage, par exemple pour en faire des jetons d'entrée dans un théâtre.

« D'autres expressions sont encore consacrées dans la langue de l'art. Les médailles sont dites *incuses* lorsqu'elles présentent, mal imprimé en creux d'un côté, le même type qui est imprimé en relief de l'autre, ce qui provient, comme on le pense, de la négligence ou de la précipitation du monnayeur qui, avant de retirer le flan déjà frappé, a mis sous le marteau un nouveau flan ; *autonomes*, les monnaies des peuples libres qui se gouvernaient eux-mêmes, notamment celles des villes grecques avant la conquête des Romains ; *coloniales*, celles qui étaient émises par les colonies ; *impériales grecques*, celles qui furent fabriquées en Grèce après la conquête. Parfois les monnaies antiques tirent leur nom de l'image qu'on y a gravée. Les monnaies d'Athènes, par exemple, sont appelées des *bœufs*, des *chouettes* ; celles du Péloponèse étaient des *tortues* ; de là vient l'adage grec : « Que les tortues peuvent triompher du courage et de la sagesse. » Les monnaies de Perse s'appelaient *sagittaires*, parce qu'elles représentaient un archer, d'où cet autre jeu de mots : « Qu'Agésilas avait été vaincu par trente mille archers, parce que le roi de Perse avait gagné à prix d'argent les alliés naturels de Lacédémone. » (*Manuel de numismatique ancienne*, par A.-A. Barthélemy.)

Les monnaies portent souvent aussi le nom du souverain ; on appelle les sagittaires, *dariques*, de Darius ; *ptolémaïques*, les monnaies frappées sous les Ptolémées, etc. D'abord allégoriques, les sujets qui motivent les médailles devinrent bientôt de véritables portraits, mais le revers reste un champ librement ouvert à l'imagination de l'artiste qui en profite pour de son burin écrire une page d'histoire.

« Nous découvrons dans les médailles, dit M. Charles Potin, les fonctions mystérieuses de la religion, les divinités que l'on adorait, aussi bien que les noms et les marques des magistratures. Nous y voyons des temples de toutes les manières, des ports, des marchés, des bibliothèques, des voies publiques, des sépultures et des ponts, qui sont les bâtiments nécessaires. On y voit des arcs de triomphe, des portiques, des théâtres, des cirques, des pyramides, des palais, des colisées et des obélisques qui, pour être la plupart ruinés par les injures du temps, ne subsistent guère que dans la représentation que les médailles nous en conservent. La magnificence des triomphes et des jeux, les privilèges des cités, les symboles de quantité de villes de provinces... y font des ornements considérables. La représentation de tant de grands hommes serait perdue pour nous si les médailles ne nous la fournissaient. La belle manière d'écrire qui doit servir de règle, l'excellence des caractères et la perfection du dessin y conservent à la postérité ce qu'on voulait rendre immortel. Les habits mêmes, tant de paix que de guerre, les chariots, les sièges curules, les congiaires et autre marques de libéralités y peuvent satisfaire un curieux. On y reconnaît la couronne civique, la murale, la navale, l'obsidionale, la rostrée et la radiée dont ils récompensaient en différentes occasions le mérite des héros. Rien n'y manque de ce qui peut augmenter l'amour qu'on doit avoir pour les belles actions... et les grands événements y sont marqués bien plus sûrement que dans les livres. »

## RENAISSANCE ITALIENNE

L'Italie, cette terre classique de tous les arts, a deux fois déjà brillé dans l'histoire et son peuple intelligent et enthousiaste n'a certainement pas dit son dernier mot.

Nous avons vu dans les études précédentes que l'Italie si riche en monuments antiques n'avait jamais accepté entièrement les architectures étrangères, arts exotiques, qui d'ailleurs ne convenaient ni à son climat ni à ses mœurs. Ses artistes pensaient avec raison qu'ils avaient chez eux assez d'éléments pour rénover l'architecture et assez d'imagination et de génie pour la transfigurer.

Dès longtemps, les regards étaient tournés vers le passé, les architectes étudiaient l'art antique sur les monuments de Rome ; ils avaient cette sublime ambition de faire revivre leur architecture nationale. Aussi, dès le XIV$^e$ siècle, alors que dans le surplus du monde chrétien l'art ogival régnait en maître, la Renaissance était née en Italie. C'est en Toscane, l'ancienne Etrurie, et plus particulièrement à Florence, qu'apparaît le nouveau style.

Arnolfo di Lapo et Brunelleschi, tous deux florentins, commencent et finissent, à des époques bien différentes, Sainte-Marie des Fleurs, cathédrale de Florence la nouvelle Athènes.

## ARCHITECTURE

### PREMIÈRE PÉRIODE, XVᵉ SIÈCLE

Brunelleschi est un peu regardé comme le père de la Renaissance et en cette qualité nous ferons exception à la réserve que nous nous sommes tracée en ce qui a trait aux artistes dont les noms seuls nous eussent conduits à des développements qu'interdit notre cadre et qui, forcément incomplets, auraient néanmoins occupé une place considérable au préjudice du sujet principal.

« *Brunelleschi*, né en 1377, mort en 1446, commença, ainsi que beaucoup de grands artistes de cette époque, par être orfèvre. Il avait étudié le dessin, les mathématiques, la perspective, qu'il enseigna à Masaccio ; il fut habile sculpteur, au point d'être un des premiers concurrents pour les portes du Baptistère. Il se retira généreusement du concours en faveur de Ghiberti. Il partit avec son ami Donatello pour Rome, et il s'y abîma dans la contemplation. Un système tout nouveau d'architecture, simple, naturel, logique, fondé sur les justes rapports des proportions, où l'ornementation semblait n'être qu'une saillie propre à accuser extérieurement les divisions, les divers membres de la construction, se révéla à son génie, à une époque où régnait encore l'architecture du moyen âge, développée sous l'influence d'un système tout opposé. Il mesura, dessina ces restes antiques, se préparant dans l'ombre et le silence à l'exécution de la vaste entreprise dont il devait étonner le monde. Un concours d'architectes de différents pays ayant été appelé à aviser aux moyens de terminer convenablement la cathédrale de Florence, Brunelleschi présenta ses projets ; ils étaient trop forts pour son siècle. Les uns proposaient d'élever de gigantesques échafaudages pour soutenir la voûte à construire, d'autres de former, pour la soutenir, une montagne de terre où l'on jetterait des pièces de monnaie, afin que la multitude se chargeât plus tard de l'enlever. Quand on l'entendit proposer d'élever à 300 pieds, sans arcs-boutants et se soutenant par elle-même, une coupole de 130 pieds de diamètre, composée de deux coupoles inscrites l'une dans l'autre ; quand il annonça surtout qu'il n'emploierait ni armature de fer, et pas même d'échafaudage en charpente pour cintrer ses voûtes, on le crut fou, on l'injuria, on le mit dehors. Spectacle à la fois attristant et sublime du génie de l'homme aux prises avec la stupidité et la routine humaine! Empruntant à l'architecture antique, au Panthéon et au temple de Minerve Médica la hardiesse de la conception, les indications et la confiance, empruntant au moyen âge ses voûtes en ogive, il les appliqua à son œuvre, qui devait être l'œuvre capitale de l'architecture de la Renaissance. — « Les voûtes en plein cintre exercent contre leurs supports une poussée plus grande que les voûtes en ogive ; dans les premières, les parties qui avoisinent la clef tendent à s'abaisser, tandis que dans les deuxièmes cette tendance diminue rapidement à mesure qu'elles sont plus élancées, et finit même par s'exercer en sens inverse. Par suite, la lanterne qu'on place ordinairement au sommet de la coupole pour en former l'amortissement, est nuisible avec les premières ; avec les autres elle sert à la solidité, et est justifiée aussi bien par la raison que par le goût. Ce motif détermina Brunelleschi, ainsi que le constate le Mémoire présenté à l'appui de son projet. Un autre avantage des voûtes en ogive, c'est qu'étant moins inclinées à l'horizon que les autres, elles se soutiennent davantage elles-mêmes pendant la construction. Quand enfin on est obligé d'avoir recours à un échafaudage, il a un moindre poids à supporter, et n'a pour étendue que l'ouverture, comparativement assez faible, de la portion de voûte qui reste à exécuter. » — Brunelleschi dut user d'une grande adresse pour désarmer les préventions. Il avait exécuté un modèle en relief, mais ne le montrait pas, ce qui irritait la curiosité et entretenait la méfiance. On lui permit d'élever son ouvrage jusqu'à 12 brasses seulement. C'était un essai de ses capacités. Les envieux de son génie lui firent adjoindre comme collègue ce même Ghiberti, vis-à-vis duquel il s'était montré si généreux, et qui accepta le partage honteux d'une œuvre à laquelle il n'avait aucun droit de concourir. Brunelleschi voulut brûler ses projets et dire un dernier adieu à Florence. Ses amis le calmèrent. Il eut encore une fois recours à la ruse ; il feignit d'être malade et abandonna Ghiberti à son incapacité. Enfin il finit par être nommé seul architecte, et, se livrant tout entier à l'accomplissement de son œuvre, il exerça la plus minutieuse surveillance sur les ouvriers et sur les matériaux. Son grand modèle fut exposé en public, et tous purent s'initier aux secrets de cette merveilleuse construction. — Pour élever davantage sa coupole, qui doit annoncer au loin la ville, il lui donne pour soubassement un tambour de 24 pieds de haut, percé de grandes ouvertures, destinées tout à la fois à en diminuer le poids et à éclairer l'intérieur. L'innovation des deux coupoles, destinées soit à donner à l'extérieur un galbe différent de celui de l'intérieur, soit à protéger les peintures intérieures de la voûte, fut un exemple généralement suivi depuis. Le diamètre extérieur du dôme, pris à sa naissance, est de 160 pieds ; la hauteur du sommet de la croix, au-dessus du sol de l'église, est de 330 ; l'épaisseur du tambour, de 14 ; celle de la coupole intérieure à sa naissance, de 7 ; de la coupole extérieure à sa naissance, de 2. Brunelleschi est le hardi prédécesseur de Michel-Ange ; son dôme a précédé, on ne se le rappelle pas assez, celui de Saint-Pierre de Rome de plus d'un siècle ; et, ce qu'on ne semble pas savoir généralement, il est resté le plus grand. Il a 131 pieds de diamètre intérieur, un pied de plus que le dôme de Saint-Pierre. Le dôme du Panthéon et des Invalides à Paris ont l'un 62, et l'autre 75 seulement. Le diamètre du Panthéon de Rome a, dit-on, 132 pieds. Michel-Ange disait de la coupole de Brunelleschi : « Il est difficile de faire aussi bien, il est impossible de faire mieux. » Brunelleschi, de même que Michel-Ange, ne put pas terminer son travail ; mais il le laissa bien plus avancé que celui-ci ne laissa le sien. Sa coupole était achevée, à l'exception de la lanterne, qui ne fut pas exécutée d'après le dessin qu'il en avait laissé.

« A.-J. du Pays. »

L'architecture des palais de la Renaissance dérive directement de celle des palais du moyen âge, et en conservant l'aspect sévère et défensif à l'extérieur, elle garde toute sa richesse et son charme décoratif pour les intérieurs. Des murs massifs, des fenêtres à meneaux, restes du temps féodal (fig. 491). Ce palais, regardé comme un des plus beaux des palais de Florence, qui en est cependant bien riche, se recommande par les nobles proportions de sa façade, par ses belles fenêtres géminées et par la savante diminution de ses bossages, mais encore et surtout par sa belle corniche regardée avec celle du palais Farnèse à Rome comme les plus beaux exemples modernes.

Parmi les palais, nous citerons encore : le palais Pitti, élevé pour le commerçant florentin Luca Pitti qui voulait avoir une demeure plus belle que le palais du gouvernement. La façade est construite en blocs énormes, taillés à bossages, dont plusieurs dépassent 8 mètres de long. « On peut présumer, dit à ce sujet M. Quatremère de Quincy, que le goût de construction colossale de l'Etrurie moderne fut une tradition de l'ancienne Etrurie, comme aussi qu'aux deux époques le genre de matériaux qu'offrent les carrières d'où l'on extrait la pierre dans ce pays aura naturellement porté les constructeurs à un emploi de blocs vraiment gigantesques. Les ruines de Fiesole donnèrent à Florence les premières leçons en ce genre, et les restes encore existants des murailles de quelques villes étrusques furent des exemples trop frappants pour ne pas inviter à les imiter. Il est présumable que l'emploi d'énormes bossages, qui domine dans l'architecture des modernes Toscans, fut accréditée par de plus anciennes pratiques. Ce goût était déjà établi avant Brunelleschi. Lui-même en avait encore vu à Rome, dans beaucoup de monuments antiques, d'insignes modèles. — Il fallait sans doute toute la grandeur

Fig. 491. — Palais Strozzi, Florence.

qu'on admire dans cette masse, toute la fierté et l'énergie qui y dominent, pour faire pardonner les pesantes monotonies inséparables de ce genre dans une façade qui, ayant 90 toises de longueur, n'est percée que de 23 croisées. » — Le palais Riccardi, première demeure des Médicis, fut construit par Michelozzi. Le rez-de-chaussée est d'ordre rustique à bossages ; cette base solide soutient deux étages éclairés par des baies cintrées. — Le palais Ruccellai ou Oricellarii, qui offre un exemple de trois ordres superposés de pilastres combinés avec l'architecture à bossages.

De Florence, la première Renaissance, bien timide, bien hésitante encore, se répand sur le reste de l'Italie.

### SECONDE PÉRIODE, XVIe SIÈCLE

Cette période voit commencer Saint-Pierre de Rome. La ville éternelle a reconquis sa place, le pape Jules II charge Bramante de dresser les plans de ce grand édifice ; la première pierre est posée en 1513, et en deux ans la basilique était élevée jusqu'à la corniche, quand Jules II et Bramante moururent.

Fig. 492. — Palais Bevilacqua, Vérone.

A Jules II succéda le pape Léon X. On a comparé les règnes de ces deux pontifes au gouvernement de Périclès, et, en effet, pendant un quart de siècle, les arts intelligemment protégés brillent du plus vif éclat.

Rome avec ses traditions, ses monuments anciens, offrait à l'architecture un terrain plus favorable encore que Florence. Ici, plus de compromis avec l'art du moyen âge, le classique renaît du classique, on ne se contente plus d'imiter les édifices antiques sans s'être rendu bien nettement compte de leurs proportions et des rapports de leurs membres entre eux, on ne joue plus avec la forme sans en connaître les lois ; au contraire, on interroge le passé, on scrute pierre par pierre, on étudie la structure, on observe les proportions, et enfin on retrouve les écrits de Vitruve qui aident à reconstituer les ordres antiques. Mais les architectes, en reprenant à l'antiquité ses colonnades et ses pilastres proportionnés, ne s'en servirent que comme d'un gracieux décor, employant le dorique quand ils voulaient imprimer un caractère grave et sérieux ou le corinthien et l'ionique pour faire riche ou élégant ; les ordres deviennent un manteau, un masque, qui ne trahit nullement la structure de la construction, et cependant les façades de l'architecture de la Renaissance italienne dénotent une sûreté de goût, un sens vrai du beau qu'on ne retrouve pas toujours autre part.

Les principaux édifices de Bramante Lazzari à Rome sont : le palais de la Chancellerie ; une partie du Vatican ; Saint-Pierre de Rome (une partie) ; le temple de San Piétro in Montorio, et le palais Giraud. Antonio da San Gallo construit les palais Farnèse et Massimi.

C'est dans les constructions civiles que les artistes italiens réussissent le mieux. Ils savent donner à leurs édifices les formes et proportions convenables et déployer une grande richesse sans atteindre la lourdeur et la confusion. Les cours intérieures des palais sont simples, composées de colonnades et d'arcades supportant la construction supérieure ; elles forment pour ainsi dire deux étages de portiques ; très sobre, la décoration se réserve pour les intérieurs.

A son tour, Rome rayonne sur l'Italie, et les villes se couvrent d'édifices, d'incomparables palais (fig. 492) ; elles rivalisent entre elles, à qui élèvera les constructions les plus somptueuses, les monuments les plus remarquables... C'est la plus belle période de la Renaissance en Italie.

## TROISIÈME PÉRIODE, XVIIe SIÈCLE

Pendant un siècle entier, et jusqu'au milieu du xvie siècle, l'architecture parcourut sa plus brillante époque qu'on pourrait appeler classique. « Après cette époque, dit M. Letarouilly, elle conserve encore pendant un demi-siècle une grande physionomie ; mais déjà le goût est en décadence ; quelques beaux génies cependant brillent encore à cette époque : Michel-Ange Buonarotti, Vignola, Ammanati, Palladio, Pirro Ligorio, Giacomo della Porta. Mais si Michel-Ange produit quelques beaux ouvrages, il n'en est pas moins le premier à entrer dans ces sentiers malheureux qui, sous la funeste dictature intellectuelle qu'il exerça, devaient conduire l'art à sa perte. »

Avec le xviie siècle commence la décadence de l'art italien. L'architecture, en répudiant la saine tradition de l'antique, se laissa aller à une extravagance inouïe ; elle produit grand, énorme, colossal ; les profils sont mouvementés, les motifs de décoration sont répandus à profusion, c'est un luxe d'un goût douteux dont les exemples sont heureusement rares.

Bernini (Le Bernin) et Barromini sont, devant l'histoire, responsables de la direction vicieuse imprimée à l'architecture. Barromini se complaît dans la courbe, le tordu, le tourmenté ; il torture ses plans comme ses façades. C'est une brillante imagination vagabonde, inquiète peut-être et ne reconnaissant d'autre règle que son caprice, et c'est, dit M. Lübke, « le plus outré des architectes ».

Il est juste cependant d'ajouter que cette époque produisit quelques œuvres moins exagérées et même assez remarquables.

## LES CARACTÉRISTIQUES DU STYLE

Les *bossages* et l'emploi de matériaux gigantesques est spécial à la Toscane; cependant il ne faut pas oublier que c'est de Florence que rayonna tout d'abord la Renaissance et ce fait explique l'emploi des bossages de grandes dimensions à Rome et dans les autres villes de l'Italie.

Les *lanternes*, les porte-étendards et les torchères qui décorent les palais florentins ne pouvaient pas être placés sur les façades des habitations quelconques. La République, en récompense de services rendus permettait d'arborer cette décoration spéciale; il paraît qu'elle accorda à Americ Vespuce les honneurs des lumières, ce qui l'autorisait à illuminer sa maison de Borgo Ognissanti. Quant aux simples mortels, on leur permettait seulement, aux jours de réjouissance, de mettre des lumières sur le sommet de leurs maisons.

Les lanternes les plus célèbres de ce genre sont celles du palais Strozzi (fig. 493). Elles sont du Nicolo Grosso Caparra et datent du xve siècle. Le surnom de Caparra, qui signifie demandeur d'arrhes, veut une explication. Nicolo Grosso avait-il souvent trouvé de mauvais payeurs? Laurent de Médicis avait-il une réputation mauvaise? Nous ne le savons, Mais, d'après ce qu'en dit Vasari, l'artiste osa demander des avances au prince lui-même qui, ne pouvant rien obtenir, s'exécuta, mais se vengea bientôt en lui donnant ce nom de Caparra qui lui est resté. Ces lanternes sont

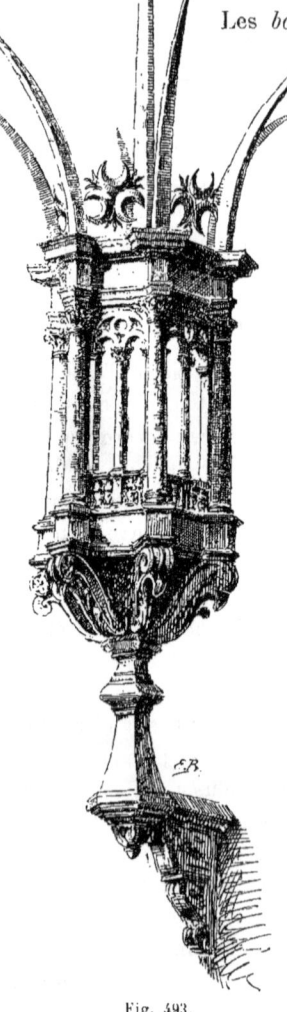

Fig. 493.
Lanterne du palais de Strozzi.

exécutées en fer forgé et ciselé, on les voit en place sur notre ensemble du palais Strozzi, figure 491.

Les *profils* suivent les différentes phases que parcourt l'architecture. Les artistes italiens s'inspirent de l'antiquité et c'est sur les monuments

 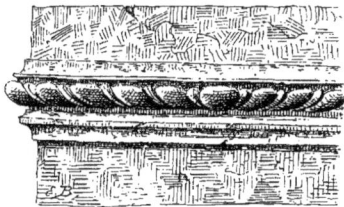

Fig. 494, 495. — Bandeaux.

qui couvrent leur sol qu'ils saisissent la ligne qui donnera le galbe à leurs moulures. Le bandeau antique devient le bandeau moderne parfois simple et uni et parfois orné ; on revient aux oves, aux rangs de perles (fig. 494). Puis les godrons fouillés dans un boudin composé en section, d'une parabole et d'un quart-de-rond, ces godrons sont droits et quelquefois inclinés (fig. 495). Les corniches importantes sont plus absolu-

 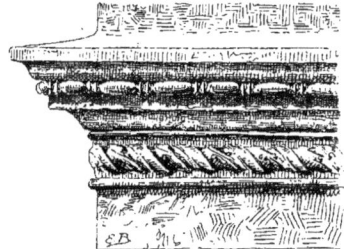

Fig. 496, 497. — Corniches.

ment imitées des édifices anciens, surtout de ceux du temps de l'Empire ; on y retrouve les modillons, les denticules et tous les éléments composant un ordre complet ; l'architrave avec ses faces ; la frise unie ou ornée de rinceaux. De moindre importance architecturale, la corniche se contente d'être gracieuse ; soit composée de profils adoucis (fig. 496), avec godrons, cabochons ou oves, ou bien le profil antique réduit de dimensions avec décoration de rangs de perles, de torsades, etc. (fig. 497).

Les *colonnes* dans le principe sont imitées de l'antique, les ordres dorique, ionique et corinthien, sont employés chacun suivant qu'on veut obtenir un aspect sévère, élégant ou riche. Les pilastres des trois mêmes ordres sont également employés et dans les mêmes conditions. Dans plusieurs édifices on retrouve les colonnes couplées, ou à des écartements différents et alternés. Mais en dehors du classisme absolu, nous rencontrons dès la première période, des exemples où les architectes se sont efforcés, tout en respectant les lignes principales, à chercher un supplément décoratif dans des formes et des éléments nouveaux. A Santa Maria delle grazie, à Milan, les colonnes qui soutiennent le petit porche nous montrent une heureuse solution qui, sans changer le fond, donne néanmoins, une plus grande richesse et une forme très élégante (fig. 498). Comme on le voit, le chapiteau est inspiré de l'ordre corinthien, mais au-dessous de l'astragale on a rapporté une bague légère, et plus bas, au tiers de la colonne environ, c'est-à-dire où finit la partie absolument cylindrique, un large collier richement orné. Pendant la période décadente, nous avons dit que les formes étaient très tourmentées ; voici comme exemple une colonne du fameux baldaquin de Saint-Pierre de Rome (fig. 499). Les dessins du baldaquin ont été fournis au pape Urbain VIII, en 1653, par le cavalier Bernin, et les matériaux, le bronze, empruntés au portique du Panthéon d'Agrippa. « Il paraît, lisons-nous d'un auteur anonyme, que c'est pour offrir à cet édifice une compensation que Bernini entreprit de le réparer, mais cette compensation devint, au contraire, une aggravation, car il l'affligea de deux petits clochers qui lui vont comme un tablier à une génisse, et que l'on a comparés depuis à deux oreilles d'âne, convenant mieux à l'architecte qu'au monument. »

Fig. 499. — Colonne du Baldaquin.

Fig. 498. — Colonne.

Les *chapiteaux* de la Renaissance italienne sont les chapiteaux dorique, ionique et corinthien, empruntés à l'art antique. Mais cet élément de l'architecture ne pouvait manquer d'être employé par les sculpteurs, et il offrait un champ trop propice et trop bien placé pour que leur imagination et leur talent ne l'utilisassent pas ; aussi trouvons-nous dans cet ordre de motifs les plus charmantes et les plus gracieuses compositions. — Le dorique voit son échine se couvrir d'oves, il se couvre de canaux.

L'ionique, s'il n'atteint pas la pureté antique, gagne au moins en élégance ; des bouquets s'échappent de dessous les volutes, celles-ci sont reliées entre elles par une guirlande ; l'astragale est parfois doublée et entre ces deux bagues se place une riche décoration.

La plus haute fantaisie se trouve aussi parfois. Ainsi à la porte Stanga

Fig. 500. — Chapiteau.

nous voyons des chapiteaux où les volutes sont remplacées par des têtes de bélier dont les cornes servent de départ à un rinceau ; au milieu, une tête feuillée remplace la rosace ; enfin de larges feuilles, partant de l'astragale, vont se recourber gracieusement sous les têtes de béliers. Dans un autre, les volutes existent et sont supportées par des chimères à ailes feuillées et à têtes d'oiseaux fantastiques.

Dans le chapiteau corinthien la même exubérance d'imagination se manifeste ; les formes les plus capricieuses, les sujets les plus étranges s'entrelacent et se mêlent avec une grande sûreté de goût (fig. 500). Chimères, figures, animaux, rinceaux, feuilles et ornements architectoniques, tout y est représenté, charmant mélange que met bien en valeur une grande délicatesse d'exécution.

Les *cours*, nous l'avons dit, étaient, dans les palais italiens, plus décorées que les façades extérieures. C'était dans ce pays, du soleil, l'endroit de l'habitation le plus ombreux, le plus frais et le plus éloigné des bruits de la ville. Aussi quels soins particuliers, quelle richesse et quelle élégance. L'architecture, la sculpture et la peinture joignent leurs efforts pour faire du *cortile* un espace délicieux (fig. 501). Ce charmant exemple donnera une idée nette du luxe déployé. D'autres cours cependant sont

Fig. 501. — Intérieur de cour. Milan.

au contraire fort sévères, telles par exemple celles de la Chancellerie et du palais Massini, à Rome.

## LA SCULPTURE

C'est encore de la Toscane que la sculpture de la Renaissance va sortir. C'est Florence qui fournira longtemps des maîtres et des praticiens à l'Italie.

Mélange de la tradition ogivale et de reminiscences antiques, la sculpture gardant quelque peu de la raideur, du convenu, ou, si l'on préfère, du symbolisme du moyen âge, reprend en même temps la suite du réalisme païen, a donné dans la statuaire des œuvres magistrales. Au $xv^e$ siècle, le baptistère de Florence de Ghiberti; l'annonciation de Donatello, tous deux en relief. Le $xvi^e$ siècle nous montrera le baptême du Christ de Sansovino; le célèbre Moïse de Michel-Ange, et tant d'autres.

La sculpture ornementale de la Renaissance italienne est fantaisiste et exubérante, d'une puissance d'imagination dont rien n'approche. « C'est précisément l'un des caractères les plus précieux de la nation italienne, dit M. Gaston Guitton, de prodiguer des impressions variées, d'accumuler des idées décoratives, enfin de réjouir l'œil et de l'étonner sans cesse et sans merci. » C'est au sujet de la porte du palais Stanga, à Crémone, que l'auteur cité ci-dessus écrivit ces lignes. Voici un fragment de cette porte (fig. 502). « Cependant on ne peut s'empêcher de reconnaître que l'accumulation des ornements dont la porte est couverte diminue la simplicité et par conséquent la grandeur de son effet général. »

A côté de ces œuvres un peu surchargées qui étonnent et lassent en même temps se trouvent des sujets reposants, où l'imagination s'est donné libre carrière sans cependant effleurer même la confusion.

Dans l'ornementation plus étroitement liée à l'architecture, la sculpture n'est plus l'objet principal, elle est l'accessoire charmant, le point lumineux que l'architecte a sagement mis à la place qui lui convient; ce n'est plus une surface abandonnée à la fantaisie du sculpteur, c'est une décoration prévue et arrêtée, qui doit se combiner avec l'ensemble, en faire ressortir les membres au lieu de les anéantir, et donner le degré de richesse et de beauté qu'on s'est proposé d'atteindre. Alors les formes architecturales se marient harmonieusement avec leur complément décoratif et il en résulte un tout calme ou gracieux, agréable à la vue par la parfaite pondération de toutes ses parties, par le choix heureux des sujets et de la place qui leur est assignée. Le couronnement de fenêtre que nous donnons (fig. 503), et qui appartient à la Casa Ponti à Milan,

Fig. 502. — Fragment de la porte Stanga.

nous fournit un bon exemple. La composition en est à la fois sobre et gracieuse ; vigoureusement modelés, figures et ornements se détachent

Fig. 503. — Couronnement de fenêtre.

bien et font en même temps valoir la richesse des courbures et le délicat travail du refouillé.

Voici, encore de la même provenance, un panneau en bas-relief représentant des amours se jouant dans des rinceaux (fig. 504). Ce motif pré-

Fig. 504. — Bas-relief.

sente toutes les qualités souples et vibrantes à la fois de l'art italien ; les figures ont une grande vérité de mouvement et rendent bien la grâce un peu gauche de l'enfance.

## LA SERRURERIE

Nous avons déjà parlé de la serrurerie italienne pendant le moyen âge, nous avons fait connaître que l'emploi du bronze, métal plus somptueusement décoratif, fut général en Italie jusqu'au XVIe siècle.

Quand, pendant la Renaissance, on commença à employer le fer dans l'architecture, ce fut très timidement ; les grilles et grillages sont simples, destinés plutôt à la défense qu'à l'ornementation, ce qui est assez rationnel, mais qui, au point de vue de l'art, nous prive de précieux documents.

Les premières grilles sont construites simplement de barreaux rangés les uns à côté des autres, à la distance convenable. Puis on commence à façonner le fer, à lui donner une section quelconque ; on forme des panneaux que l'on remplit d'un quatre-feuilles ou tout autre ornement (fig. 505-506-507). Cette décoration, qui n'était plus le monotone barreau

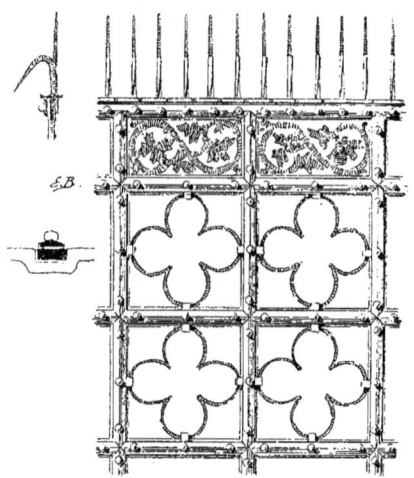

Fig. 505, 506, 507. — Grilles à Sienne.

droit, marque un grand progrès ; on s'aperçoit de la ressource décorative, que, bien employé, peut offrir le fer ; que sa texture nerveuse permet de donner aux objets un aspect moins massif, moins lourd que le travail en bronze, et, dans certains cas, de laisser plus facilement passer les regards ou la lumière. Cependant c'est souvent le bronze qu'on veut imiter tout d'abord, de même qu'avec le bronze on a imité auparavant la pierre et le bois. On cherche à donner au métal ductile et souple l'apparence des clôtures de bronze, et on arrive, par de doubles lignes, à former des silhouettes en rappelant les formes, mais qui protestent par leur maigreur contre l'usage mauvais qu'on a fait du fer. Il est cependant certaines œuvres qui attestent de la science du forgeron ; en voici un exemple (fig. 508), où l'on voit encore cette tendance à imiter le bronze, mais qui rachète cependant ce défaut par un grand talent d'exécution et une profonde connaissance des procédés de la forge.

Fig. 508. — Grille à Sienne.

Parce que l'architecture italienne a peu employé le fer pendant la période de la Renaissance, devons-nous en conclure que l'Italie manquait d'habiles forgerons? Loin de là, la péninsule possédait d'excellents artistes, et nous pourrions les citer nombreux si nous ne craignions d'être injustes, ayant laissé dans l'ombre tant de noms glorieux pour ne parler que des œuvres. Il nous suffira donc de rappeler que les armes italiennes étaient célèbres, que les armures étaient fort belles, décorées avec goût, mais surtout exécutées de main de maître ; de dire enfin que la petite serrurerie, celle qui est toujours l'œuvre d'un seul, était charmante, et que les artisans italiens modelaient le métal comme les

Fig. 509. — Culot.

sculpteurs l'argile ; qu'enfin ils savaient d'un bloc de fer tirer un culot, une feuille, une fleur (fig. 509), un bouton, découper le métal et l'ajourer, le tordre en légers rinceaux, ou le reployer en cornes de bélier, et en un mot lui donner toutes les formes et tous les contours enfantés par leur imagination capricieuse.

# RENAISSANCE FRANÇAISE

Le style ogival, cet art si éminemment français, était né et s'était développé sur notre sol, n'empruntant rien au passé, possédant inné son système constructif, trouvant en lui ses ressources et se décorant de la flore locale. Rationnel au plus haut degré, approprié admirablement aux mœurs et aux besoins, c'était un style dans le sens à la fois le plus élevé et le plus absolu du mot, et sous ce rapport le seul style grec peut lui être comparé.

La Renaissance est tout autre chose ; ce n'est pas, à proprement parler, un style, c'est un mélange souvent bizarre, mais toujours élégant, des idées de l'antiquité avec celles du moyen âge, des formes, des chapiteaux et des colonnes romaines, avec les proportions sveltes et élancées de l'art chrétien. C'est un art éclectique, qui imite, sans toujours les comprendre, les monuments anciens, et qui pare ses productions d'une riche décoration pour se faire pardonner son origine hybride et ses erreurs.

A ce jugement trop sévère peut-être, nous croyons devoir apporter quelques circonstances atténuantes, et celles-ci ne manquent pas. Si le style ogival est regardé par nous comme le plus essentiellement national, nous devons néanmoins considérer qu'il est issu du travail des cloîtres, et que, s'il fut développé par les associations laïques, ce n'en est pas moins le mysticisme catholique qui en fut le générateur ; que l'esprit révolutionnaire du XIII$^e$ siècle était surtout le premier réveil, la première révolte du Gaulois devenu chrétien, contre la conquête franque, que la bourgeoisie d'alors recherchait dans l'idée religieuse l'appui de la seule force qui avait pu enrayer la brutalité sauvage du conquérant. Elle était peut-être trop intelligente, mais surtout moins malheureuse ; elle n'avait pas la superbe énergie que devaient bientôt montrer les Jacques se ruant moitié nus et armés de leurs seuls outils de travail contre leurs exploiteurs titrés, et aussi bardés de fer.

Le XIII$^e$ siècle doit sa grandeur artistique à l'accumulation des idées, à cette force immense et insaisissable presque incompréhensible qui résulte de millions d'intelligences dont l'idée entrevoit un but non défini et qui est la liberté absolue, à laquelle elle aspire, et à laquelle l'homme a droit.

La Renaissance se présente en France dans des conditions différentes : la féodalité est à son déclin, la royauté plus forte comprend qu'elle doit s'appuyer sur le peuple, et le clergé balance, cherchant le plateau le plus favorable. Le mysticisme s'est éteint, on s'aperçoit que le ciel a la discrétion de ne pas s'immiscer dans les affaires des humains, et qu'on sera forcé de les mener soi-même à bonne fin si l'on veut obtenir quelque chose. D'autre part, la réforme religieuse est venue porter à la croyance un coup terrible : le catholicisme est en discussion.

La Renaissance nous apparaît donc aussi bien dans les esprits que dans les arts, et de même qu'on commence à revendiquer la liberté qu'on a perdue, on revient à l'art des temps passés. L'art ogival n'était laïque que de nom, la Renaissance est énergiquement profane, c'est-à-dire sans aucune attache religieuse. C'est à des besoins de luxe, de bien-être, d'orgueil qu'elle va répondre, elle s'élèvera certainement moins haut, variera plus souvent et même avec l'idée du jour, la mode du moment, mais restera toujours et partout, en France, accorte, élégante et portant toujours gracieusement la parure parfois un peu risquée dont elle couvre sa structure souvent imparfaite.

## ARCHITECTURE

Nous avons vu dans un chapitre précédent les commencements de l'architecture de la Renaissance en France, nous avons vu la lutte entre le style ogival, et l'art nouveau venu d'Italie, constituer ce que nous avons dénommé le style Louis XII.

Avec François Ier commence seulement la Renaissance française. On s'accorde à comprendre sous le nom de Renaissance les différentes transformations qui se sont succédées depuis le « Roi Chevalier » jusqu'à Louis XIV, en distinguant les périodes par règnes et par siècles ; il en résulte une sorte de gamme où les différences sensibles aux extrêmes sont difficiles à apprécier entre deux périodes contiguës.

Pour éviter autant que faire se peut les confusions, pour répondre à cette donnée de notre programme de « déterminer des démarcations aussi nettes que possible », nous avons adopté une division différente. Nous scinderons la Renaissance, tout d'abord en deux grandes phases : les Valois ; de François Ier à Henri III ; les premiers Bourbons Henri IV et Louis XIII, et nous appellerons la première : Renaissance française, et la seconde : styles Henri IV et Louis XIII. Puis, cette première distinction faite, nous subdiviserons chacun des deux styles en périodes, et nous en étudierons les transformations.

## PREMIÈRE PÉRIODE, FRANÇOIS Ier

« Ce gros garçon gâtera tout, » disait Louis XII en considérant son successeur plein de vie, de jeunesse et de force, qui apparaissait comme le « jeune roi de la Renaissance ».

Cette prédiction, qui devait se réaliser dans le domaine politique, resta lettre morte dans celui des arts. L'esprit nouveau était plus fort que François Ier n'était brouillon et l'entraîna dans son mouvement irrésistible. Le roi possédait d'ailleurs de grandes qualités, chevaleresque, brave, enthousiaste et épris du beau, sous toutes ses formes... et particulièrement les plus séduisantes... Il apparut « comme le type des générations nouvelles ». « Il y a dans cette éclatante apparition, dit M. Henri Martin, une combinaison unique de l'antiquité et de la chevalerie, pareille à la fusion de l'art du moyen âge et de l'art antique sur les monuments de ce temps. C'est comme une fleur étrange et splendide qui ne se verra qu'une fois. Ni avant, ni après, on n'a eu parmi nous et l'on n'aura l'idée d'une si élégante créature. Non pas que cette élégance soit son domaine exclusif ; les hommes élevés comme lui et de sa génération sont comme des figures détachées des toiles de Raphaël et de Titien, artistes et modèles réagissant les uns sur les autres... Ses traits grands et doux, son œil rayonnant, son sourire plein de grâce, son esprit ingénieux, brillant, actif, curieux de tout, comprenant tout, prêt, comme le siècle lui-même, à toute nouveauté ; son imagination vive et colorée, son cœur plein d'élan, d'ouverture, de générosité prime-sautière, facile à l'émotion et à l'attendrissement, tout concourt à la séduction immense qu'exerce ce jeune homme... » En copiant ces lignes, nous croyons relire ce que nous écrivons plus loin en parlant de nos pères les Gaulois ; même besoin de se mettre en avant, même mépris du danger. Après tout, François Ier est né en terre gauloise, et ses brillantes qualités nous sont peut-être expliquées par ces vers de Boileau dans sa satire à Dangeau :

. . . . . . . . . . . . . . . . .
Mais qui m'assurera, qu'en ce long cercle d'ans,
A leurs fameux Époux vos Ayeules fidèles,
Aux douceurs des Galands furent toujours rebelles ?
Et comment savez-vous, si quelque audacieux
N'a point interrompu le cours de vos Ayeux,
Et si leur sang tout pur avecque leur noblesse,
Est passé jusqu'à vous de Lucrèce en Lucrèce ?
. . . . . . . . . . . . . . . . .

Comme Charles VIII, comme Louis XII, François Ier franchit les Alpes, à Marignan il se bat comme un soldat, dort paisiblement sur un canon, et dans les villes italiennes admire en artiste les merveilles qui y sont entassées.

L'art italien était alors à son apogée et l'impression ressentie par François Ier et les seigneurs qui l'accompagnaient fut plus vive encore que chez ses prédécesseurs, le caractère enthousiaste du roi, son goût, inné et sûr dans les questions artistiques, lui gagnèrent l'affection des maîtres italiens heureux de retrouver un appréciateur intelligent et délicat, jugeant dans ce domaine plutôt en homme qui admire parce qu'il sent, qu'en roi protecteur.

Tout semble concourir à faire de la première moitié du XVIe siècle une époque grandiose pour l'architecture. L'art du moyen âge est vaincu, mais il a laissé aux artistes français son esprit de rationalisme et de logique, de libre examen et de raison dans la mise en œuvre. — En même temps qu'il a servi à la transition inévitable, le XVe siècle a usé les hésitations, les tâtonnements et il a mûri l'art. D'autre part, comme il est toujours vrai que les désastres d'un peuple profitent à un autre, les malheurs qui assaillirent l'Italie, la chute de Florence et les divisions en Lombardie et à Naples forcèrent un grand nombre d'artistes à venir chercher asile sur cette terre que leurs pères appelaient la Gaule transalpine, et où ils trouvèrent l'accueil que sait faire une grande nation à l'élite d'une nation sœur.

La Renaissance française doit beaucoup à la civilisation italienne, l'influence des artistes d'outre-monts fut immense sur notre art national, mais nous pouvons constater avec orgueil que telle était la puissante force de notre architecture du moyen âge que si les nouveaux venus apportèrent leurs connaissances et leurs idées nouvelles, ils subirent néanmoins le prestige de nos chefs-d'œuvre, et que nos artistes français, en prenant aux italiens leurs formes nouvelles surent pourtant conserver les bons principes de l'expérience acquise, et donner à toutes leurs productions une incontestable originalité. On peut dire que les artistes des deux nations se complétèrent admirablement les uns par les autres, et obtinrent de cette fusion un art assez riche de ses propres ressources, pour éviter de tomber dans une imitation absolue, et de copier servilement les édifices anciens.

Dès le commencement du règne de François I$^{er}$, l'architecture prit un essor considérable. Profane, essentiellement seigneuriale, elle change pourtant peu les plans, conservant beaucoup des formes du moyen âge. Les caractères féodaux, qui parfois apparaissent encore, vont bientôt s'effacer, et les façades ne tarderont pas à imiter le luxe somptueux de la décoration intérieure. Les habitations seigneuriales sont toujours entre deux cours, celle d'honneur et celle privée, elles sont entourées de murs et protégées par un fossé. Des tourelles élancées et gracieusement décorées saillissent sur les façades, et contiennent les escaliers, ou bien motivent les angles.

Les premières constructions rappellent souvent la décoration employée sous Louis XII; au château de Nantouillet (Seine-et-Marne), l'ogive apparaît encore. A la porte principale composée d'une grande baie d'une plus petite pour les piétons, on voit encore une statue de Jupiter et aussi de longues ouvertures destinées à manœuvrer un pont-levis; « et il est curieux, dit M. Albert Lenoir, de voir que, malgré le changement qui s'était opéré dans les mœurs sous le règne de François I$^{er}$, on n'avait cependant pas encore renoncé à l'appareil de défense indispensable dans les châteaux féodaux des siècles précédents ».

Le château de Warengeville près de Dieppe, bâti pour le riche armateur Jean Ango dans le goût absolument italien.

La belle galerie de l'hôtel Bourgtheroulde à Rouen. « Le corps de logis qui est au fond de la cour est remarquable par une tourelle octogone, située à l'angle gauche de la façade ; il est, comme celle-ci, couvert de bas-reliefs représentant les armes de la famille Leroux, des salamandres et des phénix, emblèmes de François Ier et d'Eléonore d'Autriche, sa femme ; ceux qui ornent la tourelle offrent des tableaux de la vie pastorale au-dessous desquels sont gravées de naïves légendes empreintes du caractère du temps. L'intérieur de cette tourelle a conservé au rez-de-chaussée une petite salle voûtée en pierre, et au premier étage un petit cabinet dont les boiseries et le plafond terminé en cul-de-lampe, enrichi de dorures et de peintures, offrent des détails d'un goût pur et d'une délicatesse exquise. » A la galerie placée sur le côté gauche, on voit de belles fenêtres à arcs surbaissés, et séparées par des pilastres couverts de sculptures. Les bas-reliefs placés au-dessus représentent différentes scènes de l'entrevue du camp du Drap d'or, entre François Ier et Henri VIII, roi d'Angleterre.

Depuis notre belle exposition, tout le monde est un peu parisien ; aussi sommes-nous certains que tous nos lecteurs se rappellent la charmante maison dite de François Ier aux Champs-Elysées. Ce délicieux édifice s'élevait d'abord à Moret, près de Fontainebleau, et fut transporté à Paris en 1826 et remonté pierre par pierre. C'est une façade à deux étages, avec arcades en plein cintre et colonnes délicatement profilées et sculptées. Au-dessus, une charmante frise chargée d'ornements, de figures et de médaillons où sont représentés : Anne de Bretagne, Marguerite, Diane de Poitiers et des rois. L'étage, composé de pilastres à arabesques et à panneaux creux, est recoupé à moitié de sa hauteur par une traverse ou bandeau en pierre qui franchit les baies. L'ensemble de l'ornementation est exécuté avec un art et une délicatesse infinis ; c'est un des beaux spécimens de la décoration architecturale sous François Ier.

Chenonceaux, ce « castel fleuronné, blasonné, flanqué de jolies tourelles, ajusté d'arabesques, orné de cariathiades, et tout contouronné de balconnades avec enjolivations dorées jusqu'au haut du faiste, et pavillons et tourillons... »

Chenonceaux fut bâti en 1515, l'année de l'avènement de François Ier, par Thomas et Catherine Bohier. Il appartint ensuite à Diane de Poitiers, qui le céda à Catherine de Médicis. La reine mère n'hésita pas à habiter et à vivre dans la demeure de celle qui avait été la maîtresse de son mari ; puis, à sa mort, le 6 janvier 1589, elle donna Chenonceaux à sa belle-fille, Louise de Vaudemont, femme de Henri III.

Après l'assassinat de ce roi, sa veuve se réfugia dans cette propriété, et, n'ayant que de médiocres revenus, elle fut bientôt contrainte à faire des emprunts. D'un autre côté, la reine mère avait laissé à sa mort de nombreux créanciers qui, après de nombreuses démarches, obtinrent du Parlement un arrêt condamnant sa succession à les rembourser, « faute de ce faire, les biens de la défunte reine, et spécialement Chenonceaux, seraient vendus ».

Ce château eut de nombreux propriétaires avant d'arriver aux événements de ces dernières années, qu'heureusement nous n'avons pas à rappeler ici.

François I<sup>er</sup> reprit les travaux de Louis XII au château de Blois où il fit

Fig. 510. — Lettre à Blois.    Fig. 511. — Salamandre.

édifier la façade nord et le grand escalier qui sont regardés comme deux des principaux joyaux de la Renaissance. L'escalier particulièrement est une merveille ; pour la perfection du travail, l'inépuisable imagination, la verve étonnante de la composition, la hardiesse et l'élégance, c'est un morceau unique. Citons à ce sujet les archives des monuments historiques : « A l'ancien milieu de la façade, dont l'étendue a été diminuée par les constructions de Gaston d'Orléans, s'élève un escalier à jour, magnifique de pensée et d'exécution. Chaque ouverture, pratiquée en balcon, est ornée d'une balustrade formée de fuseaux à feuillages aux premières rampes, de F (fig. 510) et de salamandres (fig. 511), de rondes bosses aux rampes supérieures. Au-dessus de la corniche, pareille à celle de la façade, s'élève un attique terminé en terrasse, et dont l'entablement est riche de toute la richesse que pouvait y apporter l'imagination des sculpteurs de la Renaissance. Les balustres de la terrasse et les salamandres placées aux sommets des contreforts résument les deux systèmes de la décoration des balcons des rampes. Les contreforts sont ornés de faisceaux d'arabesques d'un goût exquis, et de très belles niches où ont été placées des statues allégoriques... Le berceau rampant de l'escalier est décoré de nervures croisées, dont les points d'intersection portent des médaillons avec des encadrements variés à l'infini, et qui offrent alternativement, dans leur champ, les quatre emblèmes de la reine et les deux du roi. Ces nervures grimpent ainsi jusqu'en haut, où elles s'épanouissent sous une voûte annulaire que supporte un noyau brodé du haut en bas de merveilleuses arabesques... Au surplus, on ne saurait décrire les richesses inouïes de la décoration de cet escalier : les salamandres enflammées, les chiffres gigantesques, les pluies de mouchetures d'hermine et de fleurs de lis, les arabesques qui étreignent les contreforts comme les rameaux enlacés d'un lierre, les mille détails de sculpture, produits d'un art plein de hardiesse, de grandeur et de fantaisie. Il est impossible de trouver dans une construction plus d'élégance dans la masse, plus de délicatesse dans les détails...

« L'ordonnance de l'aile de François I$^{er}$, du côté de la cour, paraît avoir inspiré le château de Chambord dans plusieurs de ses parties, notamment dans les escaliers extérieurs et les entablements. Mais ici il y a plus de richesse et de délicatesse, et surtout plus de variété dans l'ornementation. A Chambord, construit après la mort de la reine, toutes les sculptures sont composées d'un fond commun de F et de salamandres couronnés, sans cesse reproduits ; à Blois, à ces deux emblèmes habituels du roi se joignent ceux de la reine, répétés par quatre : le C couronné, l'hermine de Bretagne, le bouquet de lis naturels et le cygne percé d'une flèche. La façade se compose de trois ordres : le premier, en soubassement d'un goût simple et sévère, fait ressortir merveilleusement la richesse de ceux qui le surmontent, et dont les fenêtres à double croix sont décorées de pilastres, brodées de fines arabesques et séparées par des trumeaux ornés de salamandres colossales. La corniche à coquilles, très chargée d'ornements, supporte une terrasse étroite bordée de balustres qui sont formés de F et de C couronnés, entrelacés de la cordelière de Bretagne, et séparés de distance en distance par des candélabres dans le goût antique. Les lucarnes qui prennent jour sur la galerie sont aussi très riches de décoration et d'un goût bien plus relevé qu'à Chambord (fig. 512). Leurs pinacles, accostés de petites figures d'enfants tenant des guirlandes, offrent des niches où l'on a posé des statuettes allégoriques représentant les Saisons, l'Amour, etc. Les cheminées participent de l'élégance de style répandue sur tout l'édifice : composées de briques placées en épi et d'arêtes de pierre, des salamandres grimpent le long des tuyaux, couronnés d'une espèce de crénelure, quelques-uns flanqués de fuseaux de pierres en forme de candélabres.

« L'ordonnance de la façade du nord est toute différente, et plus dans le goût de la Renaissance italienne. Il est aisé de voir qu'elle a été construite plus tard que la façade du midi ; mais avant 1525, cependant,

Fig. 512. — Lucarne de Blois.

puisqu'on y remarque encore les emblèmes de la reine Claude employés dans sa décoration.

« En effet, cette façade est plaquée contre une autre qui était dans le même style que celle de la cour, et dont on mura les ouvertures du côté nord. Ce qui doublait ainsi l'épaisseur de l'aile et permettait de faire un lieu de résidence d'un corps de logis qui n'avait dû être d'abord qu'une galerie destinée à réunir la façade de l'ouest à celle de l'est, à peu près comme sont à Chambord les ailes qui joignent le donjon à l'enceinte principale...

« La façade du nord, dans l'exécution de laquelle on reconnaît facilement deux mains différentes, est toute de pierre de taille, comme celle de la cour, et composée de trois étages à partir de la salle des Etats jusqu'à la moitié à peu près de sa longueur. Elle n'en compte ensuite que deux, parce que l'architecte qui construisit cette seconde moitié, peut-être la première dans l'ordre des dates, l'a assise sur la crête de l'ancien fossé de la forteresse et sur les fondations mêmes, en sorte que le soubassement de son édifice se trouve à la hauteur du premier étage de l'autre. Les fenêtres des deux étages supérieurs, formant des espèces de loges, prises dans l'épaisseur des murs et revêtues de peintures de couleurs vives et tranchées dont on a ravivé les tons, sur lesquelles se détachent en or sur des médaillons blancs les chiffres de François et de Claude... Des pilastres superposés, ornés d'arabesques dans la partie la plus ancienne, séparent les loges, et des évidements en forme de niches, règnant dans la hauteur des différents étages, partagent toute l'ordonnance en six parties.

« Quatre balcons de pierre, à pans, soutenus par des encorbellements, très riches de profils et portant les emblèmes royaux, sont espacés le long de la façade à la hauteur du deuxième étage. Le premier balcon est surmonté d'un oratoire, élevé après coup, et dans la partie à trois étages les balcons sont prolongés en forme de tourelles percées de fenêtres longues et cintrées jusqu'au-dessous des fenêtres géminées du premier étage, où se trouve leur encorbellement surmonté de trois bas-reliefs représentant des travaux d'Hercule... Entre l'entablement et la couverture règne une galerie ouverte avec une balustrade de pierre d'un goût très simple. Des lucarnes devaient s'élever derrière cette galerie ; mais l'ordonnance fut changée avant la construction de leurs pinacles, et le toit, ayant été amené jusqu'au-dessus de la balustrade, fut soutenu par des colonnettes courtes appuyées sur les balustres. Cette galerie devint ainsi une espèce de *solarium*, dans le goût italien, et rendit inutiles les gargouilles qu'on laissa néanmoins subsister. »

Le château de Chambord est un peu regardé comme la perle de la Renaissance, mais ce style possède une si riche parure que nous serions bien embarrassés s'il nous fallait désigner la pièce capitale.

C'est en 1526 que Pierre Nepveu commença les travaux et réagissant contre l'envahissement du goût italien, il en fit une œuvre bien française et conforme aux idées nationales.

Le château de Chambord, par sa disposition, rappelle les châteaux féodaux du XV$^e$ siècle ; une enceinte flanquée de tours, et au milieu le

Fig. 513. — Lanterne, Chambord.

donjon également fortifié. « Il est certain, dit M. L. Château, que ce système de défense, incommode et inoffensif pour l'époque, n'était que l'imitation d'une forme consacrée, dont l'architecte n'osa pas ou ne voulut pas s'affranchir brusquement ; ce qui s'explique très bien en songeant que les époques de transition et de fusion d'art procèdent toujours par tâtonnements, et que leurs artistes conservent toujours plus ou moins les traditions dont les exemples antérieurs leur ont laissé l'héritage. »

L'édifice se compose de trois ordres de pilastres, l'aspect général est lourd et jure quelque peu avec une décoration très chargée, mais d'une extrême délicatesse. La plus belle partie est d'ailleurs au-dessus des terrasses ; en bas l'architecture défensive et en haut protégée par la première, une architecture seigneuriale délicate et charmante. Cheminées, tourelles, clochetons, découpés dentelés et sculptés, le tout avec un léger souvenir de l'art précédent.

Mais la plus remarquable merveille du château de Chambord est sans contredit la lanterne (fig. 513), qui s'élève sur la plate-forme supérieure et couronne un magnifique escalier à double rampe, une autre merveille du château.

Cet escalier, justement célèbre, occupe le centre même du château ; il se compose de pilastres qui suivent le rampant ; les deux rampes superposées déroulent leurs spires gracieusement autour d'un noyau central et commun, mais en sens inverse comme une double vis s'entre-croisant à des niveaux différents sans jamais se rencontrer. Blondel, dans ses *Leçons d'architecture*, admire franchement et avec enthousiasme, la disposition de cet escalier. « On ne peut trop admirer, dit-il, la légèreté de son ordonnance, la hardiesse de son exécution et la délicatesse de ses ornements ; perfection qui, aperçue de la plate-forme de ce château, frappe, étonne et laisse à peine concevoir comment on a pu parvenir à imaginer un dessin aussi pittoresque et comment on a pu le mettre en œuvre. »

Le château de Saint-Germain n'offre qu'un exemple peu séduisant de l'architecture au temps de François Ier.

Le château de Madrid ou de Boulogne fut, dans le principe, un rendez-vous de chasse. François Ier le fit commencer en 1530 et avant même qu'il fut terminé, ce roi s'y livrait à l'étude des arts et des sciences « en société d'un petit nombre de savants et d'artistes distingués ». C'est à cette retraite que le château doit son nom de Madrid ; les courtisans le lui donnèrent malicieusement en souvenir de la captivité du souverain dans la capitale de l'Espagne.

Au château de Fontainebleau, une architecture nouvelle se présente, elle n'a plus rien de celle des premières années du xvie siècle; simple et correcte, elle a peu de sculpture; c'est un retour à la sobriété antique qui servira peut-être de modèle aux constructions qui s'élèveront sous Henri IV et Louis XIII.

L'hôtel de ville de Paris, celui qui fut brûlé en 1871, datait de 1533, et ne devait être achevé que sous Henri IV.

Dans l'architecture civile, on cite les maisons de « François Ier » et celle « d'Agnès Sorel » à Orléans. Il y a encore à Rouen, mais d'un ordre plus modeste, des maisons de cette époque François Ier (fig. 514), et où la construction en bois domine; notre exemple dessiné d'après un dessin de M. Viollet-le-Duc peut se passer de description.

Vers la fin de son règne, François Ier chargea Pierre Lescot de reconstruire cette partie de la résidence royale à Paris, qu'on appelle le « Vieux Louvre ». L'architecte s'adjoignit deux sculpteurs : Jean Goujon et Paul Ponce-Trebatti.

« L'architecture du Louvre est la dernière la plus haute expression de l'art sans les règnes de François Ier et de Henri II, dont elle résume parfaitement le caractère.

« Le Louvre est un édifice tout français, élevé par un génie français,

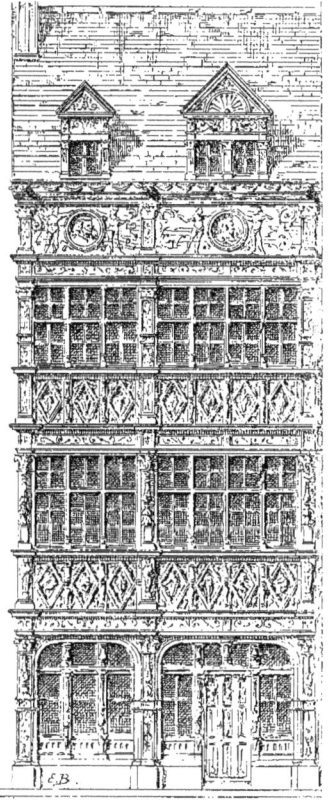

Fig. 514. — Maison à Rouen.

pour des princes français dont on chercherait vainement non seulement le modèle, mais l'égal en Italie. Dans ce monument, plus d'importation, plus d'imitation, aucune influence étrangère ne se fait sentir : c'est une production vraiment nationale qui l'emporte de beaucoup sur ce qui l'a précédé, et qui malheureusement, disons-le, n'a pas été surpassée depuis.

« Jamais harmonie plus parfaite : à Paul Ponce, cet artiste énergique et qu'on peut croire disciple de Michel-Ange, Lescot avait réservé la décoration sculpturale de l'étage d'attique qui, devant être vu à une plus grande distance, réclamait une accentuation plus prononcée, des formes plus mâles et plus vigoureuses.

« A Jean Goujon, dont le ciseau fin et délicat excellait dans les détails, qui possédait une finesse exquise des contours, il avait confié les figures allégoriques qui devaient accompagner les œils-de-bœuf du rez-de-chaussée; c'est par une entente aussi juste et aussi bien comprise des parties qui devaient concourir à l'ensemble de son œuvre, que Pierre Lescot est parvenu à obtenir cette unité remarquable dans une décoration architecturale d'une si grande richesse et composée d'éléments divers (fig. 515).

« La division de la façade de la cour du Louvre est des plus heureuses ; le rez-de-chaussée, dont les murailles devaient avoir une grande épaisseur pour maintenir la poussée des voûtes, est divisé en arcades, qui par leur saillie sur le mur des salles donnèrent un grand caractère de fermeté à cette partie inférieure de l'édifice, et permirent de réserver au-dessus de l'entablement des parties en terrasse, de plain-pied avec les appartements du premier étage. Chaque pile, décorée d'un pilastre, est donc un véritable contrefort, qu'on a su embellir avec art sans en dissimuler la fonction.

« Au-dessus de ce rez-de-chaussée, s'élève l'étage principal, *il plano nobile,* comme disent les Italiens. Tout indique bien, en effet, que là doivent se trouver les grands appartements. Les avant-corps, au milieu desquels sont placées les portes du rez-de-chaussée, se dessinent plus franchement au premier ; ils ont toute la saillie de la terrasse et motivent dans l'attique une suite de frontons curvilignes, qui, comme forme décorative, rompent admirablement la ligne droite de la corniche supérieure.

« C'est surtout dans la composition et les proportions de cet attique que Pierre Lescot s'est montré artiste consommé ; il était impossible de mieux couronner son édifice, et de même qu'une femme réserve tout le luxe de sa toilette pour sa coiffure, de même notre architecte a compris que le luxe de sa décoration devait aller en croissant, tout en devenant plus délicat, à mesure qu'il approchait du faîte de l'édifice ; aussi n'a-t-il rien négligé pour que cet attique fût à la fois élégant, noble et pompeux.

« Destiné au logement des personnes de la suite du roi, cet étage devait être éclairé par des fenêtres de petite dimension, qu'il devenait difficile d'harmoniser avec celles des étages inférieurs.

« Mais Lescot ne recula pas devant cette donnée, et il sut si bien attirer les yeux ailleurs qu'à peine les aperçoit-on ; il ne s'arrêta pas là, et, acceptant franchement la nécessité des combles élevés et des écoulements d'eaux, il mit tant d'art et de goût dans la composition des ché-

Fig. 515. — Vieux Louvre.

neaux et dans celle des cheminées, il apporta une telle recherche dans l'ornementation des faîtages en plomb doré, dont il couronna l'extrémité de ses toits, que la partie supérieure pourrait presque passer pour la plus belle. »

L'art ogival qui avait dû céder devant l'envahissement de la Renaissance, avait trouvé un refuge dans l'architecture religieuse. Et, en effet, le nouvel art essentiellement profane pouvait et devait, grâce à son élégance, aux idées plus modernes qu'il représentait, convenir aux habitations seigneuriales, aux palais princiers et aux édifices d'utilité publique, mais ne pouvait convenir aux monuments du culte catholique, dont le mysticisme peut s'accommoder de formes naïves, simples, austères, géniales, et exprimant une pensée élevée, comme les belles lignes gothiques, et qui en aucun cas ne saurait se complaire dans cette structure et cette ornementation gracieuse et élégante, mais frivole et tout particulièrement laïque et mondaine.

Mais assistons donc à ce spectacle que pendant que la France se couvre de constructions édifiées dans le goût nouveau, on construit des églises absolument ogivales, d'autres où l'ogive et le plein cintre se disputent la première place. Enfin en aucun cas on ne trouve de monument destiné au culte qui soit entièrement de style Renaissance, le plan reste gothique et l'édifice reçoit un masque ou façade dans le goût nouveau. Saint-Pierre de Caen nous en montre un exemple, et l'on peut voir à Saint-Eustache de Paris les résultats de ce compromis des deux architectures.

### DEUXIÈME PÉRIODE, CATHERINE DE MÉDICIS

Cette période comprend les règnes de : Henri II, François II, Charles IX et Henri III. Mais la grande figure qui brille au-dessus de ces rois, est Catherine de Médicis ; néfaste en politique, cette princesse exerça sur les arts et particulièrement l'architecture une influence assez ferme et assez intelligente pour maintenir les artistes dans la voie tracée. « Elle avoit, dit Brantôme, le cœur tout noble, tout libéral et tout magnifique, et tout pareil à celui de son grand oncle le pape Léon et du magnifique seigneur Laurens de Médicis ; car elle despensoit et donnoit tout, ou faisoit bastir ou despensoit en d'honorables magnificences, et prenoit plaisir de donner toujours quelque récréation à son peuple ou à sa court, comme en festins, bals, danses, courses de bagues, dont on a faict trois fort superbes en sa vie. Je says que plusieurs blasmèrent en France cette despense par trop superflue ; mais la royne disoit qu'elle le faisoit pour montrer à l'estrangier que la France n'estoit si totalement ruinée et pauvre à cause des guerres passées, comme ils l'estimoient. »

Sous Henri II, nous voyons d'abord achever ou continuer les édifices commencés sous François I$^{er}$, Philibert Delorme continue le Louvre et y introduit ses belles lignes d'assises qui coupent colonnes et pilastres (fig. 516).

La fontaine des Innocents de Pierre Lescot et du sculpteur Jean Goujon. Cette fontaine faisait le coin des rues Saint-Denis et aux Fers. A la suite de la démolition de l'église des Innocents (1783). C'était dans le principe une loge à la manière italienne, composée de trois arcades et une en retour, en dehors, sur la rue, était placée une fontaine. En 1785, elle fut démontée pierre par pierre et réédifiée à la place où on la voit aujourd'hui.

Le château d'Ecouen, dont le connétable de Montmorency confia la construction à Jean Bullant, est un vaste édifice élevé sur un ancien manoir féodal. Nous signalerons seulement une singularité que présente la

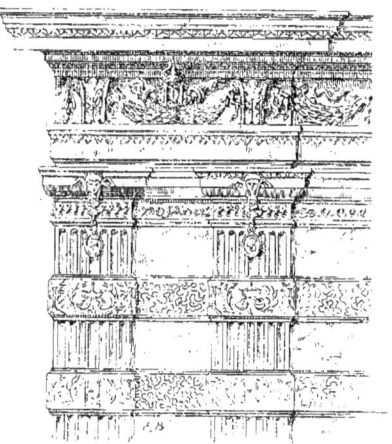

Fig. 516. — Fragment du Louvre, Henri II.

Fig. 517. — Maison à Orléans.

cour intérieure dont chacune des façades présente une ordonnance particulière. « Cette variété d'intention et de parti pris, dit M. L. Château, blâmée par les uns, louée par les autres, n'en montre pas moins la souplesse du talent unie à la science, et prouve l'influence de l'enthousiasme qu'avaient excité chez Bullant les restes des monuments de la Rome antique. »

Le château d'Anet, près de Dreux, est l'œuvre la plus complète de Philibert Delorme. Il fut commencé en 1548 pour la célèbre favorite

Diane de Poitiers aussi voit-on partout les chiffres de Henri II et de Diane entrelacés. Comme exemple d'architecture civile, voici une maison en pierre que possède la ville d'Orléans (fig. 517).

Sous Charles IX (nous n'avons pas à nous occuper du règne de François II, qui ne fut que d'une année), Catherine de Médicis fait commencer le château des Tuileries par Philibert Delorme.

A citer encore sous ce règne : l'hôtel de Soissons et le tombeau de Henri II.

Sous Henri III, l'art est en décadence, Catherine de Médicis a perdu son ascendant et le roi faible et corrompu se soucie peu des beaux-arts, il préfère le bilboquet. Cependant entre autres travaux on peut citer le Pont-Neuf commencé par Jean-Baptiste du Cerceau.

## LES CARACTÉRISTIQUES DU STYLE

Il est impossible de caractériser l'ensemble des différentes périodes qui constituent la Renaissance et pour obtenir une certaine clarté il nous faudra procéder par divisions.

La période François I$^{er}$, dans sa première manière, emprunte encore beaucoup au style Louis XII, c'est-à-dire que de nombreux éléments de l'architecture ogivale se présentent encore.

La deuxième manière est franchement Renaissance, élégante et gracieuse, c'est un beau mélange de l'art italien et des aspirations françaises.

La troisième, plus grave, répudie l'ornementation frivole pour prendre un caractère sévère, simple ; ce n'est que dans les intérieurs que le Rosso « cette espèce de Michel-Ange avorté, ce génie de la décadence », donne libre cours à ses conceptions peut-être peu comprises.

Pendant la deuxième période, la France a repris la possession de son architecture ; Pierre Lescot, Philibert Delorme, Jean Bullant, Jean Goujon, paraissent et dirigeront dorénavant les travaux. Mais il faut tenir compte des tendances particulières des artistes, de la région où ils exercent et surtout de l'idée préconçue du roi ou du seigneur qui ordonnait l'érection du monument. Aussi serait-il extrêmement difficile, pour cette époque où l'art se transforme avec une rapidité inconcevable d'adopter un classement chronologique absolu. On a édifié sous Henri III des constructions inspirées de la deuxième manière de François I$^{er}$ et dans cette architecture essentiellement éclectique et imaginative en même temps, les artistes conservaient la plus entière liberté pour donner à leurs productions des formes et une ornementation à eux personnelles.

Les *ordres* employés pendant la Renaissance sont le dorique, l'ionique et le corinthien. « Les architectes, dit M. Guilmard, appliquèrent un ordre séparé et distinct à chaque étage de leurs édifices. Cette règle est fort générale. Nous croyons cependant nous rappeler qu'on trouve une exception au château d'Ecouen, mais nous n'en connaissons pas d'autre. Cette disposition est excellente, à notre avis. Elle est avouée à la fois par la raison et par le goût. Elle donne aux édifices une physionomie plus vive, une apparence plus gaie, plus habitable, et, qu'on nous passe le mot, plus familière. On comprend que ces constructions sont faites pour des hommes et proportionnées à leur taille ; on se sent plus à l'aise dans ces riantes demeures, et l'on ne se trouve pas écrasé par l'immensité de l'édifice. Ici l'unité n'est pas achetée aux dépens de la variété et n'arrive pas à la monotomie ; la grandeur n'exclut pas la grâce comme dans ces édifices pompeux, mais froids, emphatiques du siècle suivant, où des ordres gigantesques de colonnes et de pilastres enserrent plusieurs étages dans leurs lignes froides et monotones, et donnent l'idée, il nous semble, d'un édifice trop grand pour notre usage et dans l'ossature duquel on a bâti après coup quelques loges réduites à notre petitesse.

« Une autre disposition se rencontre, surtout dans la première moitié de la Renaissance ; elle ne nous semble pas aussi digne d'éloges. Il arrive souvent que les artistes font ressauter sur la colonne appliquée à la muraille ou placée près d'elle l'entablement qu'elle supporte, comme au tombeau de Louis XII à Saint-Denis, et produisent ainsi sur la façade une ligne en quelque sorte crénelée. L'effet quelquefois n'est pas sans grâce, il faut l'avouer, mais il est loin de satisfaire l'esprit. Cette disposition nous paraît un non-sens ; pour que la colonne soit employée d'une façon judicieuse, il faut qu'elle supporte quelque chose, il faut qu'elle soutienne l'édifice. Si on la réduit à porter la seule partie de l'entablement qui lui est superposée, elle devient inutile, on n'a plus qu'à la supprimer, car dans ce grand art de l'architecture, la raison n'admet pas d'ornements superflus, et toute partie de la construction, qui n'est pas absolument nécessaire et qui ne concourt pas à la solidité de l'édifice, blesse le regard et produit sur les juges compétents l'effet d'une superfétation parasite. »

*Les colonnes et les pilastres.* Les artistes de la Renaissance employaient dans les parties purement constructives ou réclamant une certaine sévérité, les colonnes antiques, mais leur imagination se donne libre carrière quand ces éléments de construction doivent concourir à l'ornementation. On rencontre des colonnes cannelées dans le sens longitudinal, cannelées en spirale, ou entourées de feuillage et de tiges qui grimpent en s'enroulant à la manière d'un gigantesque liseron ; les colonnes torses

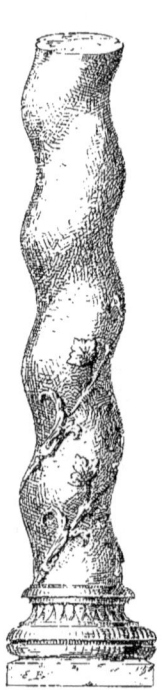

Fig. 518. — Colonne torse.

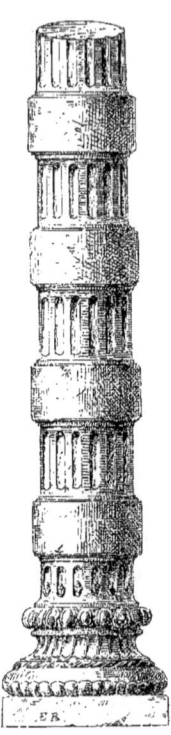

Fig. 519. — Colonne à tambours.

(fig. 518) ; les colonnes à tambour, composées d'assises de différents diamètres et de hauteurs régulières. — Autant que la nature des matériaux le permettait, les anciens ont employé la colonne monolithe, quand les carrières ne pouvaient fournir que des blocs de petit échantillon, ils mettaient le plus grand soin à dissimuler les joints, et souvent même recouvraient la colonne entière d'un enduit de stuc. — Pour éviter l'inconvénient des joints, Philibert Delorme eut recours à cette disposition en tambour qui est un des points les mieux caractérisés de la Renaissance, et certainement une fort heureuse combinaison puisqu'en évitant l'écueil résultant des joints, elle permet en plus de poser la pierre sur son lit de carrière, avantages que tout bon constructeur ne peut manquer d'apprécier. Mais laissons parler Philibert Delorme lui-même, voici ce

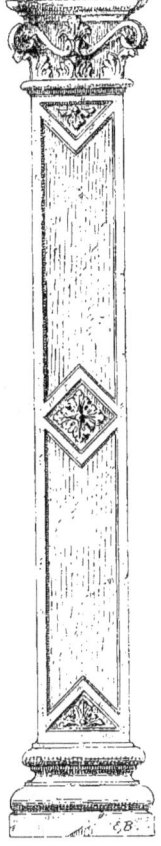

Fig. 520. — Pilastre.

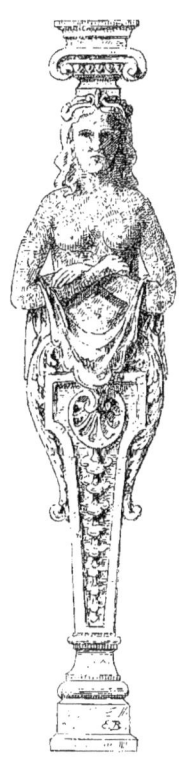

Fig. 521. — Terme.

qu'il dit au sujet des Tuileries : « Lesdites colonnes seront au nombre de soixante-quatre du côté de la face des jardins, et aura une chacune deux pieds de diamètre par le bas, jaçoit qu'elles ne soient toutes d'une pièce pour autant que je n'en pourrois trouver si grand nombre ni telle haulteur qu'il les fault, si promptement, et aussi que l'œuvre pourra être plustôt faicte que les colonnes ne pourroient être recouvertes ; lesquelles j'ordonne comme vous les verrez et avec propres ornemens pour cacher les commissures qui est une invention que je n'avois encore veue ny aux édifices antiques ni aux modernes, ne encore moins dans nos livres d'architecture. Il me souvient d'en avoir faict faire quasi de semblables du temps de La Majesté du feu roy Henry, en son chasteau de Villers-Cost-Rets, au portique d'une chapelle qui est dedans le parc, et se trouve de fort bonne grâce, ainsi que vous en pourrez juger... » (Fig. 519.)

Fig. 522. — Cheminée au château de Villeroy.

Delorme appelait ces colonnes « colonnes françaises ». Il appliqua la même disposition aux pilastres et aux piédroits, comme nous l'a déjà montré la figure 516, et elle se retrouve souvent appliquée depuis Henri II jusqu'à Louis XIII.

Les pilastres de la Renaissance sont généralement assez simples, quand ils ne sont pas à assises alternées, cannelées et sculptées, ils sont seulement recreusés en forme de table avec cadres et demi-cadres placés diagonalement au milieu et à chaque extrémité (fig. 520).

Les *caryatides* ou *cariatides*. Ces magnifiques supports isolés représentant une femme, sont imités de l'antique. Les plus belles cariatides modernes sont celles qu'a sculptées Jean Goujon; elles soutiennent la tribune de la grande salle du rez-de-chaussée du vieux Louvre, près de l'escalier de Henri II.

Les *termes*, mi-partie gaine et mi-partie cariatides, sont également fréquents. Ces supports sont presque toujours en applique sur la muraille (fig. 521). Nous en trouvons une application sur la cheminée du château de Villeroy, une des gracieuses compositions de la décoration intérieure du temps de la Renaissance, et que l'on peut voir au musée du Louvre à Paris. — Les sculptures sont dues au ciseau de Germain Pilon, qui a su corriger par la grâce de ses figures ce que l'ensemble a d'un peu trop sévère. C'était l'usage alors de décorer les cheminées du portrait du chef de la famille (fig. 522).

Les *chapiteaux*. La Renaissance nous montre en grand nombre des chapiteaux empruntés à l'antiquité. Le dorique, l'ionique et le corinthien ont été étudiés à leur place, nous n'aurons donc pas à y revenir. D'ailleurs, ces retours absolus vers le passé n'indiquent souvent qu'un engouement pour les arts antiques, une fantaisie de celui qui ordonnait la construction, ou une preuve d'érudition de la part de l'architecte. — Mais ces imitations ne sont pas les vraies productions de la Renaissance. « Plus on pénètre dans les détails de cette architecture capricieuse, nous dit M. Guilmard, et plus on s'assure qu'en empruntant aux anciens la disposition générale des lignes, et surtout... l'importance attribuée dans l'aspect d'ensemble à la ligne horizontale, en s'inspirant des modèles de l'antiquité pour le sentiment et l'expression des contours, elle avait gardé toute la verve capricieuse du moyen âge, tout ce goût pour les détails

Fig. 523. — Chapiteau du Louvre.   Fig. 524. — Chapiteau de Fontainebleau.

arbitrairement choisis, cet irrésistible penchant à faire l'école buissonnière dans les champs de l'imagination... »

Quand les artistes s'inspirent des monuments de Rome ou de la Grèce, ils ne se gênent nullement pour modifier leurs modèles, et s'ils ne comprennent pas toujours les grandes lois qu'observaient ou plutôt qu'interprétaient les artistes anciens, ils se préoccupent encore moins de ces soi-disant proportions absolues qui sont la négation même de l'art, ils ont besoin de liberté, ils ont du goût ou n'en ont pas, et deviennent des Lescot et des Delorme ou se perdent dans l'oubli. — Aussi, cette franchise d'allure dans la composition et de liberté dans l'inspiration, nous a-t-elle laissé des modèles où le génie antique semble rajeuni par une sève nouvelle (fig. 523).

L'ionique et le corinthien sont souvent traités avec la même verve. — Mais les vrais chapiteaux de la Renaissance ne sont pas composés d'après les traditions antiques, le goût dominant est tout autre. « Ce sont des chapiteaux composés selon le caprice de l'artiste, ce sont de vrais chapiteaux du moyen âge, sauf le caractère du dessin, sauf le choix des motifs qui appartiennent à un autre temps. L'inspiration, le parti pris est gothique (fig. 524)... et c'est là un des motifs saillants de la Renaissance, une grande fécondité, une grâce molle et souriante, une disposition harmonieuse et dans la contemplation de laquelle l'esprit s'arrête volontiers et se complaît. Cet art est sensuel, il lutte contre l'austérité et l'ascétisme du moyen âge, et c'est en empruntant ses propres armes qu'il retourne contre lui. »

Les Grecs et les Romains avaient déjà employé les figures dans la

Fig. 525, 526. — Chapiteaux de Chambord.

décoration des chapiteaux, mais au xvie siècle, ce genre est extrêmement fréquent (fig. 525), on voit les figures et les têtes se mêler aux rinceaux, et remplacer les volutes et les rosaces. Mais, comme on voit parfois que cette imagination vagabonde tient peu compte de l'ensemble dans ses charmants détails ; comme on voit le mépris du sculpteur pour les questions d'échelle, son peu de souci de la place où sera placée son œuvre. De ce léger défaut les exemples fourmillent ; en voici un spécimen (fig. 526), où un amour minuscule éveille le souvenir de Gulliver perdu dans les gazons au pays de Brobdingnad.

Les *bases* sont traitées par les architectes de la Renaissance avec la même indépendance que celle qui a présidé à la composition des chapiteaux. Simples, copiées sur l'antique comme celle qu'on voit figure 520 ; décorées à profusion comme dans nos dessins numéros 518 et 519 ; en tous cas riches, fortes, et bien faites pour recevoir le fardeau qu'elles ont à porter.

Fig. 527
Corniche.

*Les profils et les corniches.* Dans les premiers temps de la Renaissance, les profils du moyen âge sont encore employés, mais bientôt on en revient complètement à ceux de l'antiquité, mais souvent chargés d'ornements ; tout corps de moulure est prétexte à rang de perles, d'oves, de feuilles. Les corniches, en prenant les grandes lignes de celles des monuments anciens deviennent précieuses, se compliquent de boudins ornés de contre-courbes, la frise se bombe et se couvre de rinceaux (fig. 527).

Les *arcades*. Pendant la période de transition, nous avons vu la Renaissance encore au berceau employer l'arc ogive, l'arc en accolade, et l'arc

Fig. 528. — Arcade à Toulouse.

déprimé, plate-bande que deux arcs de cercles raccordent sur les piédroits. Plus tard, elle emploie volontiers l'arc bombé qui a son centre au-dessous de la naissance ; l'arc plein-cintre qu'elle emprunte à l'antiquité ; et enfin le plus caractéristique de cette époque, l'arc surbaissé, nommé aussi arc en anse-de-panier. — Nous en avons vu une application à la partie Louis XII du château de Blois, mais cette disposition, pour gracieuse qu'elle soit, est mauvaise au point de vue constructif, ce sont presque des architraves que ces arcades où la flèche est presque nulle ; en tous cas, c'est diamétralement l'opposé du rationnel arc ogive. — Mais la Renaissance, en s'écartant du plein-cintre a su néanmoins fort souvent conserver à l'arc surbaissé une flèche suffisante tout en utilisant la courbe charmante (fig. 528).

Les *balustrades* sont extrêmement variées ; de simples balustres, ou des parties de pierre découpée en dentelle, ajourée et refouillée en tous sens, creusée de canaux ou couvertes de sculptures. Voici deux exemples plus modestes provenant du château d'Anet (fig. 529-530).

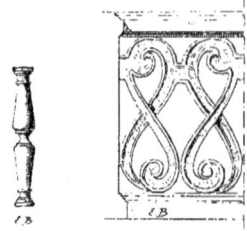

Fig. 529, 530. — Balustre et balustrade.

Les *arabesques*. Les artistes italiens empruntèrent ce genre d'ornementation à des mosaïques ou à des fresques antiques, retrouvés dans des cryptes, que le peuple appelait *grottes*, et leur donnèrent le nom de *groteschi*.

Le nom d'*arabesques*, donné aux grotesques, vient de ce que les Arabes en faisaient un fréquent usage sans toutefois, comme on sait, employer les figures animées. — Les arabesques étaient du reste connues des anciens, sous un autre nom, bien entendu. — Vitruve ne paraît pas avoir aimé ce genre de décoration, car voilà ce qu'il en dit. « On substitue aux colonnes des roseaux ; aux frontons a succédé je ne sais quelle espèce d'entortillage de formes cannelées et bigarrées. On voit des candélabres soutenir des petits temples du faîte desquels sortent, comme d'une racine, des feuilles délicates et flexibles qui, contre toute vraisemblance, portent de petites figures, les unes avec une tête d'animal, d'autres avec la face humaine... » — C'est en effet un mélange fantastique de tous les êtres animés et de tous les végétaux ; ajoutez à cela toutes les combinaisons de lignes et de formes abstraites que peut créer l'imagination, composez un dessin bien symétriquement à cheval sur un axe et vous aurez l'arabesque rêvée. Notre figure 462 montre un exemple. Cette ornementation dans notre architecture française se place sur les pilastres ; elle est parfois coupée par une sorte de candélabre, ou colonnette, engagé sur le pilastre.

Les *attributs* ont une certaine importance dans l'architecture qui nous occupe, et dans toutes les autres époques d'ailleurs, puisque, fixant une date historique, elles peuvent contribuer à faire connaître assez exactement l'époque de l'édification d'un monument. — Nous avons vu déjà au château de Blois le L de Louis XII et le porc-épic du même roi ; l'hermine, la cordelière, et la lettre A, d'Anne de Bretagne. — Au même château encore, le F de François I$^{er}$ (fig. 510), la salamandre enflammée (fig. 511) ;

le C de la reine Claude. — Plus tard sous Henri II nous trouvons partout les lettres H et D, séparées ou entrelacées. — Et à toutes les époques de la Renaissance les fleurs de lis, qui, au château de Chambord font à la fois galerie et fleuron de couronnement de l'élégant campanile (fig. 531).

Les *cartouches*. Cet ornement spécial peut être considéré comme appartenant à la Renaissance. C'est une sorte de cadre affectant une forme quelconque, médaillon par exemple (fig. 532), exécuté en pierre, en bois ou toute autre matière et accompagné d'ornements et de sculptures. — Le cartouche reçoit ordinairement une inscription, un chiffre ou une figure; son ornementation est faite de cuirs roulés, de déchiquetures, de cornes de béliers, de rinceaux, de chimères et de figures, parfois fantastiques; nos deux exemples ci-après (fig. 533-534), sont des fragments de Pierre Courteys. Ces gracieuses compositions peuvent, comme on le voit, s'utiliser en frises, car elles peuvent facilement former motif de répétitions.

Fig. 532. Cartouche.

Fig. 531. — Couronnement de la lanterne de Chambord.

Les *déchiquetures*. « Pendant la première moitié du XVIᵉ siècle, dit

Fig. 533, 534. — Cartouches.

M. Racinet, l'école de Fontainebleau a fourni la France, et particulièrement les émailleurs de Limoges, de modèles de cartouches dont les déchiquetures s'enroulent en volutes sur le principe de la *carta*, » papier des scribes latins, qui était roulé comme les papyrus et qui, développé, avait toujours une tendance à revenir à son repli habituel, « et de chaque côté elle s'enroulait en volute... mais après l'école italienne qui, sous ce rapport, semble avoir reçu l'impulsion de l'Allemagne, on vit ce genre prendre en Europe de larges développements, en même temps que les types affectèrent le caractère de plus en plus décidé de la menuiserie (fig. 535-536). Pendant la seconde moitié du xvie siècle et jusqu'à la première partie du xviie siècle, ce fut un sujet d'émulation entre les artistes de la France, de l'Allemagne et des Flandres, chacun s'appliquant à trouver une modification aux types primitifs, de manière à leur donner une tournure, une élégance et une richesse nouvelle, et toutefois en

Fig. 535, 536. — Déchiquetures.

respectant toujours le principe fondamental. Les productions de cette espèce qui nous ont surtout été léguées par la gravure sont réellement en nombre infini ; souvent leur adroite ingéniosité en fait de véritables chefs-d'œuvre dont le goût et le savoir n'ont pas été dépassés. »

Les *chimères*. Le moyen âge avait employé les chimères ; et à ce point de vue on doit reconnaître que de même que pour son système constructif il fit preuve d'une imagination et d'une verve extraordinaires ; et ses créations, gargouilles, angles de balustrades, etc., sont admirablement en harmonie avec le caractère de l'architecture, là, rien de l'antiquité, c'est le moyen âge mystique, et superstitieux aussi, qui immortalise en la ciselant dans la pierre la faune dont son esprit inquiet a peuplé le purgatoire et l'enfer. — La Renaissance, elle, revient à l'antique ; le griffon surtout, se retrouve souvent ; en entier, comme nous l'avons vu dans le style romain ou interprété comme nous l'indiquons (fig. 537) ; voir aussi les fantaisies représentées figures 533-534.

Les *têtes d'anges ailées* ou *angelots* qu'on voit surtout employées dans l'ameublement, sous forme de petites consoles ou cul-de-lampe d'applique (fig. 538).

Les *médaillons* d'où généralement émerge une tête d'homme ou de femme qui a l'air de se pencher par un œil-de-bœuf pour regarder au dehors.

Les *fleurons*, qui affectent la forme d'une fleur de lis, d'une pomme de pin ou d'un culôt (fig. 539-540).

Les *candélabres* qui forment parfois la branche médiane et principale

Fig. 537. — Griffon.

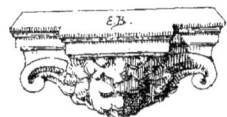
Fig. 538. — Angelot.

Fig. 539, 540. — Fleurons.

des arabesques et qui, d'autres fois, sont engagés à moitié sur l'axe des pilastres.

Les *matériaux*. La Renaissance française a emprunté à l'Italie l'usage des incrustations de marbres de couleur dans la pierre. On voit souvent les frises, comme à Chambord, par exemple, garnies de disques et de losanges ; le larmier orné de plaquettes incrustées qui forment pour ainsi dire une ligne de petites arcades à fond noir.

## SCULPTURE ORNEMENTALE

Avant d'examiner la sculpture de la Renaissance dans ses rapports directs avec l'architecture, disons quelques mots seulement de la statuaire. Celle du moyen âge, absolument mystique, s'ingénie surtout à stéréotyper une expression mélancolique ou douloureuse, à exprimer l'élévation de l'âme humaine vers son créateur, à peindre l'exaltation de la prière. — La Renaissance, logique en cela puisqu'elle procède de l'antique, recherche à son exemple la beauté plastique, se soucie de la vérité anatomique, et, dans un naturalisme puissant, va au delà du but et dépasse ses modèles. Elle tombe dans le sensualisme, exagère les formes plantureuses, développe démesurément la musculature, elle a le culte de la chair, elle a ce qui convient aux mœurs de son temps et en un mot elle est bien rabelaisienne. « Pour l'antiquité, dit M. Guilmard, la beauté humaine était un culte ; pour la Renaissance, c'était l'objet d'un désir. Dans la première, la nudité est chaste ; pendant la seconde, elle fut voluptueuse. Pendant le moyen âge, la statuaire était mystique et religieuse, consacrée exclusivement, sauf les statues funéraires qui semblent appartenir encore à la religion, à des sujets dictés par le culte, dont elle était en quelque sorte une forme ; dans la Renaissance, son but ne va pas au delà du plaisir qu'elle procure. Elle n'est plus un enseignement, elle est un spectacle... » La statuaire de cette époque emprunte surtout ses sujets à l'antique mythologie ; c'est Jupiter, Apollon, et sur-

Fig. 541, 542. — Naïades, fontaine des Innocents.

tout Vénus la déesse préférée, les muses, les nymphes, les naïades, les dryades, les faunes et les satyres qui naissent sous le ciseau des sculpteurs.

Dans son application à l'architecture, la statuaire est plus digne. Les

Fig. 543, 544. — Ornements sculptés.

tombeaux des deux cardinaux d'Amboise à la cathédrale de Rouen et celui de Louis XII et d'Anne de Bretagne à Saint-Denis, nous montrent des œuvres dont la vue réconforte. Enfin, les cariatides du Louvre et les nymphes de la Fontaine des Innocents de Jean Goujon (fig. 541-542), prouvent les ressources immenses que possédait notre art national.

La sculpture ornementale pouvait puiser à deux trésors inépuisables : l'art du moyen âge et la Renaissance italienne. C'est du mélange de ces deux richesses qu'est née l'ornementation si belle de l'époque Louis XII, où les formes usitées en Italie viennent donner un regain de jeunesse à

Fig. 545, 546. — Ornements sculptés.

notre sculpture gothique. Puis l'influence italienne devenant prépondérante, les arabesques peintes deviennent des motifs que les sculpteurs emploient d'une manière souvent heureuse (fig. 543-544). Les rinceaux,

Fig. 547. — Rinceau sculpté.

capricieusement contournés, se décorent de feuilles largement découpées et refouillées avec vigueur ; les extrémités de volutes sont motivées par des têtes d'homme ou d'animal, feuillées et se raccordant gracieusement

Fig. 548. — Rinceau.

au rinceau (fig. 545-546). D'autres rinceaux retournent franchement à l'antique et forment d'élégants motifs courants (fig. 547) ou encore de riches compositions où la flore, la fantaisie, les créations fantastiques et la nature animée, fondent dans un harmonieux mélange leurs formes et leurs aspects si divers ; le règne animal surtout intervient puissamment ; ce sont des scènes animées où dans de capricieux rinceaux se

Fig. 549. — Rinceau.

jouent des chiens, des loups, des sangliers, des oiseaux, etc. (fig. 548-549).

Fig. 550. — Panneaux.

Les remplissages de panneaux nous montrent une même exubérance d'imagination, une même fécondité de composition (fig. 550). Tous les éléments décoratifs y sont représentés, les rinceaux servent de liens à des motifs posés aux places principales ; des figures humaines généralement feuillées servent de départ aux brindilles, les courbes et les attributs les plus variés concourent à former ces gracieux dessins dont la diversité étonne toujours (fig. 551). Nous devons encore mentionner les consoles d'amortissement qui se retrouvent

Fig. 551. — Panneau.

dans les ouvrages de pierre et de bois, soit pour accoler un panneau, soit pour amortir un couronnement (fig. 552). Ce que nous avons dit à propos de la statuaire peut également s'appliquer à une partie de la sculpture ornementale qui est tout aussi sensuelle et profane ; l'époque

Fig. 552. — Amortissement.

de la Renaissance, qui est un peu aussi celle de Panurge, ne se piquait pas de platonisme, jeune et peu raffinée encore, elle n'éprouve pas le besoin de poétiser les choses, de se tromper elle-même, elle a de robustes appétits et il lui faut, même dans les questions d'art, des aliments qui y répondent, des formes vigoureuses et solides qui plaisent aux yeux et appellent le toucher (fig. 553). La feuille, au xvi<sup>e</sup> siècle, est grasse, fortement découpée et modelée, les côtes bien creusées et les extrémités à chaque découpure relevées en bosses adoucies (fig. 554).

Fig. 554. — Feuille.   Fig. 553. — Console.

## PEINTURE

La peinture présente les mêmes qualités et défauts que la statuaire. Ce sont d'abord les artistes italiens, le Rosso, Primatice, Léonard de Vinci qui l'introduisent en France. Puis viennent, formés à leur école, les artistes français, Jean Cousin, Clouet, etc. A Fontainebleau, les artistes italiens exécutent la décoration picturale qui est regardée comme la plus complète qui existe en France.

## MENUISERIE

En tant que construction, nous n'avons pas à signaler de grandes modifications avec celle que nous avons vue dans le style Louis XII. La

Fig. 555, 556, 557, 558, 559, 560. — Balustres de rampe.

sculpture seule qui a subi les changements que nous avons examinés, vient lui donner son caractère spécial. On connaît de cette époque de beaux plafonds en bois apparents, formant des caissons carrés ou hexagones occupés par une rosace ou une peinture; à la rencontre des poutres se trouve un cul-de-lampe ou pendentif.

Les profils rappellent encore par plus d'un point ceux du moyen âge toujours si bien appropriés au bois. — Les balustres de rampe ont été habilement traités par les artistes de la Renaissance, ronds ou carrés, et quelquefois les deux, ils présentent en général de bonnes lignes, en voici quelques exemples (fig. 555, 556, 557, 558, 559, 560), dont plusieurs pourraient être exécutés en pierre.

## LA SERRURERIE

Les forgerons du moyen âge avaient laissé à ceux de la Renaissance un héritage de connaissances acquises qui fut bravement recueilli et utilisé.

L'artiste du xvie siècle, plus capricieux que les maîtres passés, ne se contente plus de demander au fer des objets seulement utiles, il veut en obtenir aussi d'élégants.

Nous devons cependant rendre cette justice aux artisans de l'époque ogivale, que s'ils sont en général restés plus simples dans leurs productions, ce n'était pas manque de talent ni ignorance des qualités de la matière et des procédés propres à la mettre en œuvre, mais seulement parce que cette austérité relative des formes était en accord parfait avec la conception du travail et le milieu où devait être placé l'objet; du reste, certains travaux de fer, pentures, serrures, etc., sont parfois décorés avec une profusion qui n'a rien à envier à la Renaissance.

Une chose qui frappe quand on examine un fragment de métal ouvré provenant d'une des époques dont nous venons de parler, c'est la manière soignée dont a été fait le travail, la recherche que l'artisan a mis à trouver une forme agréable et en un mot le besoin de décoration qui l'a conduit à couvrir d'ornements un objet qui parfois ne paraît pas en nécessiter l'application.

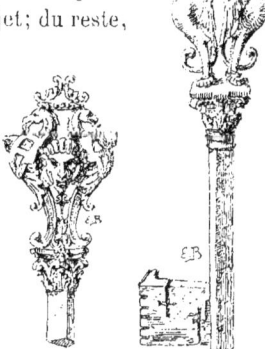

Fig. 561, 562. — Clefs forgées.

Pendant la Renaissance, les forgerons donnent au métal les formes et les lignes du nouveau style, non pas par une imitation brutale, mais bien en tenant compte de la nature si différente de la matière. Cependant, parfois on peut leur reprocher des compositions qui conviendraient mieux à un métal fondu qu'au fer (fig. 561-562), comme le font voir ces exemples exécutés en fer forgé et ciselé.

On sait qu'il y a trois siècles et demi le fer était obtenu par le chauffage au bois; il était plus pur, plus ductile et plus malléable, ce qui permettait dans une masse d'obtenir au marteau une coquille de cuirasse.

— Mais à côté de l'avantage que donnait sa pureté, il faut tenir compte de la difficulté de trouver dans des masses brutes tous les échantillons de fer nécessaires, et dans le cas d'une cuirasse de conserver une épaisseur régulière, suffisante pour amortir les coups et assez réduite cependant pour ne pas charger l'homme d'armes d'un poids inutile.

Mais ce travail préliminaire du fer était un avantage, non seulement l'ouvrier obligé de réduire à une forme et à une dimension données un lopin de fer apprenait à en connaître admirablement la texture, les ressources de malléabilité et de souplesse; forcé d'opérer par morceaux restreints, il devait se familiariser avec les soudures qui impliquent une connaissance parfaite

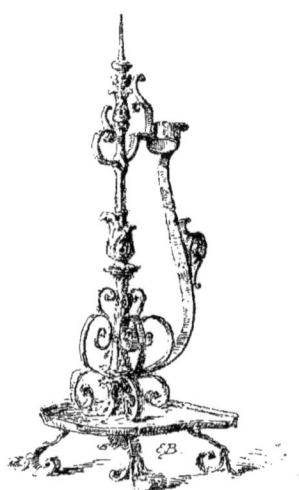

Fig. 563. — Chandelier.

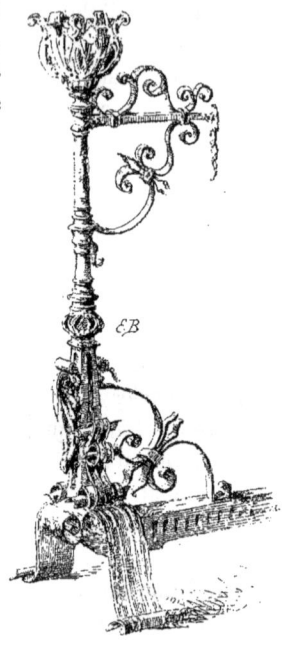

Fig. 564. — Fragment de landier.

des chauffes; mais il arrivait que le fer, péniblement réduit au marteau, acquérait par ce corroyage lent et répété une ténacité et une souplesse singulières.

Dans les objets d'usage journalier on trouve employés des fers extrêmement minces (fig. 563), sorte de feuillard réduit au marteau et qui conserve de ce travail un caractère spécial qu'on n'obtiendrait certainement pas avec un fer laminé.

Les assemblages principaux sont : la soudure à chaud; l'assemblage par rivet, dans le fer percé au poinçon on introduisait un bout de fer forgé en rond et on écrasait une tête sur chaque face. La bouterolle était connue des artisans de la Renaissance, mais ils paraissent avoir préféré le simple rivetage au marteau. — Un autre assemblage qu'on rencontre fréquemment est celui à collier; c'est une sorte de ligature que le forgeron posait et repliait chauffée au rouge, il avait soin de refroidir avec de l'eau le côté de l'ouverture de manière que les deux angles soient rendus rigides par le refroidissement, tandis que les trois autres côtés perdant lentement leur haute température se contractaient et serraient fortement les pièces qu'on voulait assembler (fig. 564).

On retrouve parfois dans le travail du fer l'assemblage claveté que le

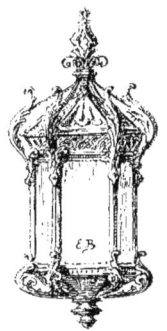
Fig. 565. — Lanterne.

Fig. 566. — Heurtoir.

Fig. 567. — Barreaudage.

moyen âge employait dans la charpente, et très souvent aussi celui à tenon ou à goujon, goupillé ou brasé.

Les fers réduits d'épaisseur étaient, pour en simplifier la forge, étendus en feuille mince, puis recoupés à la cisaille, c'était une première manière d'obtenir des fers d'échantillon par un moyen mécanique. — Les lanternes (fig. 565) offrent au serrurier un vaste champ d'études, il lui faut forger, repousser, et assembler; trois corps d'état de nos jours. La forge consiste à obtenir le fer en la forme ou section voulue, puis à réduire le métal en feuilles d'environ un millimètre d'épaisseur au plus pour y trouver le feuillage décoratif qui doit accompagner les angles. Le repoussé est en quelque sorte un modelage au marteau connu dès la plus haute antiquité et particulièrement employé par l'armurerie et par l'orfèvrerie. On emploie aussi le mot *relever*, qui est aussi vrai, puisqu'on relève le métal en saillie et qu'on le repousse en bosse, ce qui est identique. Ce beau et intéressant travail est obtenu par un martelage doux, mesuré, qui demande une grande sûreté de main, car la forme est obtenu en allongeant certaines parties de la plaque de métal que le marteau en réduisant, l'épaisseur force à se développer en saillie. C'est dans le réglage de cet allongement qui forme la bosse ou relief qu'est le mérite technique de l'artiste releveur (fig. 566).

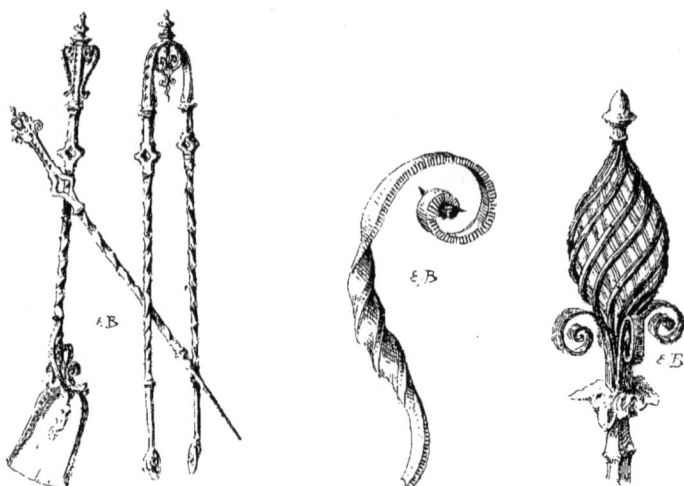

Fig. 568. — Pelle et pincettes.     Fig. 569, 570. — Torsion.

Une autre ressource décorative des forgerons de la Renaissance était l'étampage pour obtenir des pièces rondes ou carrées, des fuseaux pour montants, pour barreaux (fig. 567). — Ils ont aussi employé la torsion

Fig. 571. — Tire-bouchon.

qui donne au fer carré un aspect si miroitant quand il est poli; la torsion peut se faire à froid si le fer est bon et si le pas des hélices est très allongé; quand on veut faire la torsion serrée, par exemple un pas égal à deux fois le côté, il faut l'exécuter à chaud (fig. 568). — D'autres torsions encore sont à noter; celle dans le fer plat qui donne un résultat bien inférieur à celui du fer carré (fig. 569); ou bien encore les torsions multiples qu'on obtient en soudant ensemble un certain nombre de tiges rondes ou carrées, à chaque extrémité, après avoir préalablement donné à chaque pièce la forme d'un arc dévoyé suivant la torsion qu'on veut

Fig. 572. — Imposte.

obtenir (fig. 570). Les tire-bouchons formés d'un fer rond étiré en un cône d'une grande hauteur sur une base insignifiante et roulé sur un cône en fer devant lui servir de moule, ces tire-bouchons sont parfois très serrés (fig. 571) et même au contact, comme dans notre exemple.

Dans son application à l'architecture le fer, toujours au point de vue décoratif, prend parfois des formes où l'imagination semble avoir fait défaut, mais

Fig. 573. — Fragment de rampe.

Fig. 574. — Enseigne.

qui, cependant, n'en n'ont pas cette grâce générale qu'on retrouve même dans les productions les moins heureuses de cette époque (fig. 572). Les formes fantastiques, les chimères, etc., sont employées dans le fer comme dans le travail de la pierre ou du bois, les proportions seules deviennent plus grêles en conséquence de la dureté du métal. Les parties massives se faisaient fréquemment en bronze fondu et ciselé (fig. 573).

Les exemples de serrurerie qui nous restent sont assez nombreux ; nous pouvons citer entre autres belles pièces la porte de la galerie d'Apollon au Louvre, et les fragments de serrurerie fine recueillis à Gaillon et à Ecouen.

Au xv<sup>e</sup> siècle déjà, on voit apparaître dans les grilles la tôle découpée enroulée et rivée. Plus tard, au xvi<sup>e</sup> siècle, le fer étendu est appliqué aux enseignes, il imite dans ses enroulements les déchiquetures et les cuirs (figure 574). Les fers se pénétrant les uns les autres, passant dans un œil et plus loin livrant passage à un autre, le fer ainsi traité présente à nos yeux une extrême difficulté d'exécution et le travail ne peut s'expliquer que par de nombreuses soudures faites avec une perfection inouïe. Les rinceaux traversants, dévoyés, se retrouvent aussi fort souvent (fig. 575). Avec la même liberté que le sculpteur sur un bas-relief, le forgeron semble se jouer des difficultés techniques qu'il résout sans employer de ces moyens hybrides empruntés à d'autres arts, il construit et assemble en fer, c'est-à-dire qu'il emploie la soudure, le collier, le clavetage ; il ouvre le fer après l'avoir préalablement renforcé en le refoulant, et y vient faire passer ou assembler la partie qui doit venir s'y joindre, affirmant franchement le renflement que produit le passage et qui, nécessité de bonne construction, est convertie par l'artiste en un motif d'ornement, d'autant plus beau qu'il a une fonction utile.

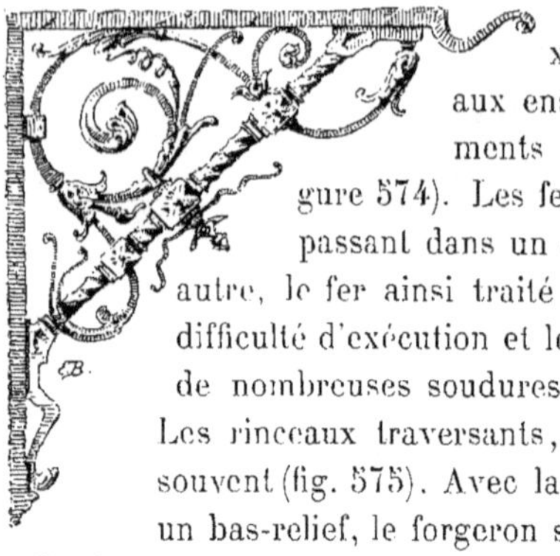

Fig. 575. Console.

Bien avant la Renaissance on avait en serrurerie employé l'enroulement qu'on appelle ordinairement corne de bélier (fig. 576). Mais pendant cette époque, il semble que c'est un des éléments favoris de l'art du forgeron ; on s'en sert pour les extrémités des barreaux, pour les motifs milieux de battements, on en compose une suite de merlons découpés dans la tôle et roulés.

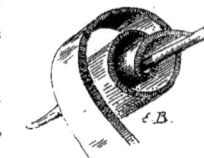

Fig. 576. Corne de bélier.

En l'absence de documents complets et pouvant servir utilement à la composition des grilles, nous avons, en nous inspirant de fragments, composé deux modèles de grilles dans le style de la Renaissance (à deux époques différentes) et répondant à nos besoins modernes et à la construction pratiquée par nos ouvriers. De ces deux études nous avons détaché les deux cornes de bélier qu'on voit au-dessus pour montrer la différence dans la manière employée au xvie siècle pour faire ces enroulements. En A nous montrons un noyau cylindrique sur lequel on a

Fig. 577, 578, 579, 580. — Grilles et cornes de bélier.

enroulé le fer ; en B la corne de bélier ordinaire pour permettre de comparer (fig. 577, 578, 579, 580).

Au point de vue de l'art du forgeron-repousseur, le XVIᵉ siècle marque la plus belle époque, car même au XVIIIᵉ siècle, où cependant nous verrons Jean Lamour travailler le fer, la Renaissance n'a pas été dépassée.

# RENAISSANCE ALLEMANDE

La Renaissance, qui avait pénétré en France comme un butin rapporté par les armées françaises, s'introduit en Allemagne d'une manière plus pacifique. Ce sont les maîtres allemands qui rapportèrent de leurs voyages d'études en Italie le style nouveau; aussi, en voit-on les applications se manifester sur plusieurs points à la fois et sans autre corrélation entre elles que celle provenant de la source commune où les artistes avaient recueilli les termes de l'architecture nouvelle, et de plus un petit nombre d'artistes italiens étaient venus exercer dans le pays. Une certaine quantité d'œuvres sont produites dans la première moitié du XVIe siècle. « Mais, dit M. W. Lübke, dès le milieu du siècle, les maîtres allemands reprennent cette architecture à leur compte, et lui donnent un caractère national en la combinant aux formes du moyen âge. Hauts toits et grands frontons pointus, tours, tourelles et échauguettes, escaliers en saillie, sans compter les détails de construction, voilà pour l'élément indigène. L'élément Renaissance recouvre ce squelette des formes légères qu'affecte la décoration architecturale du nord de l'Italie; mais il s'y mêle encore des motifs gothiques... »

L'œuvre capitale de la Renaissance allemande est le château de Heidelberg. Nous avons choisi comme exemple la plus belle façade, celle

Fig. 581. — Château de Heidelberg.

d'Othon-Henri (fig. 581), construite de 1556 à 1559. C'est à propos de cette façade que Victor Hugo écrivait : « Il y a là debout, ouvertes, livrées au premier venu, sous le soleil et sous la pluie, dans la neige et sous le vent, sans voûte, sans lambris, sans toit, percées comme au hasard, dans les murs demantelés, douze portes de la Renaissance, douze joyaux d'orfèvrerie, douze chefs-d'œuvre, douze idylles de pierre, auxquelles se mêle comme sortie des mêmes racines, une admirable forêt de fleurs sauvages dignes des palatins, *consula dignes*. Je ne saurais vous dire ce qu'il y a d'inexprimable dans ce mélange de l'art et de la réalité ; c'est à la fois une lutte et une harmonie. La nature qui rivalise avec Beethoven rivalise avec Jean Goujon. Les arabesques font des broussailles, les broussailles font des arabesques. On ne sait laquelle choisir et laquelle admirer le plus, de la feuille vivante ou de la feuille sculptée.

« Quant à moi, cette ruine m'a paru pleine d'un ordre divin. Il me semble que ce palais, bâti par les fées de la Renaissance, est maintenant dans son état naturel, le liseron l'habite et la menthe sauvage le parfume. C'est bien. C'est mieux. Ces adorables sculptures ont été faites pour être baisées par les fleurs et regardées par les étoiles. »

Fig. 582. — Arcades à Schalabourg.

Parmi les constructions élevées à la même époque nous mentionnerons le château de Stuttgard, celui de Gottesau près Carlsruhe. Celui de Schalabourg, Autriche, où l'on voit un exemple d'application de terres cuites aux arcades (fig. 582).

L'architecture civile accepte moins facilement la Renaissance et tient davantage aux traditions du moyen âge.

## LA SCULPTURE ORNEMENTALE

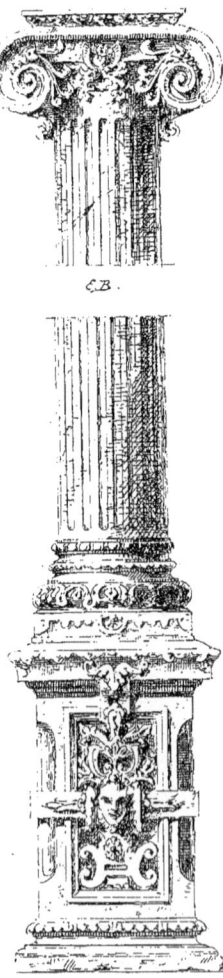

Fig. 583. — Colonne.

La sculpture d'ornement de la Renaissance allemande se distingue par une exubérance de vie qui parfois fatigue et fait regretter de ne pas rencontrer davantage de lignes tranquilles. Elle étonne plus qu'elle ne charme. Les cuirs et les déchiquetures y prennent une grande place, l'arabesque disparaît parfois pour introduire des ornements imaginés aussi, qui s'enchevêtrent et s'entre-croisent en tous sens et couvrent une trop grande partie peut-être des surfaces (fig. 583).

La découpure vient donner au sculpteur un autre élément encore, et l'on voit parfois dans la pierre un certain nombre de plans superposés, assez semblables à des découpages de bois qu'on plaquerait les uns sur les autres. C'est avec une verve infinie que les artistes du xvi° siècle se servent de ces ressources, leur trouvent de curieux et aussi capricieux contours, les relient ensemble par une déchiqueture qui semble les fixer. Dans les découpures ils trouvent des volutes des spires doubles partant d'un même noyau et venant s'amortir sur un talon brusquement recoupé, ou se terminant par une suite de profils; les volutes sont souvent ressorties en corne de bélier et de leur centre partent des guirlandes de fleurs ou de fruits; les figures animées sont aussi largement représentées et tout cela est traité et assemblé avec une grande richesse d'imagination; les fantaisies italiennes ont trouvé un terrain fertile ; c'est peut-être un peu lourd, massif, mais, jusque dans l'excès des détails, il reste quelque chose de posé, de réfléchi et de voulu.

## LA SERRURERIE

Si nous considérons le travail du fer au seul point de vue technique, si nous examinons les difficultés de main-d'œuvre vaincues, nous devons rendre à la ferronnerie allemande de la Renaissance cette justice qu'elle peut au moins aller de pair avec celle de n'importe quelle nation. Car il nous faut dans les œuvres exécutées dans le métal forgeable, mais non fusible, considérer qu'on ne doit pas tenir compte seulement de la valeur du dessin, du talent ou du génie dépensés dans la composition, mais encore et surtout de la difficulté que dut vaincre l'artiste forgeron pour sortir d'une matière, qui fut presque poussière, puis corps extrêmement dur, une forme à laquelle s'opposait l'élément qu'il était appelé à traiter.

Il y a, à notre avis, dans la mise en œuvre du fer appliqué à l'architecture, deux arts distincts : l'un, l'art du dessin qui donne la composition ; l'autre, l'art de la forge, c'est-à-dire cette connaissance complète des qualités, ressources et défauts du métal, des procédés de soudure, des colorations des chaudes, de sa nature fibreuse ou cassante, et enfin de la bonne proportionnalité des membres constitutifs avec la dureté, la souplesse et la solidité particulières au fer. — Pour essayer de bien définir ce point important, nous dirons que dans une grille, dans un ornement de clôture, dans un objet quelconque il doit y avoir, pour obtenir un bon résultat, satisfaisant à la fois le goût et la vue, strictement la quantité de matière nécessaire ; que la forme donnée doit être la plus favorable à la résistance, aux efforts supposables ; et qu'enfin la combinaison des éléments et leurs assemblages doivent contribuer à la solidité générale en solidarisant toutes les parties de manière à ce qu'un seul point de l'ouvrage ne soit jamais appelé à travailler seul.

C'est ce principe qu'appliquent nos ingénieurs modernes dans les grandes constructions où le moindre muscle métallique a sa fonction utile et son effort calculé. — Dans la serrurerie il ne peut pas être question de soumettre au calcul des fers dont les formes réduisent à néant toutes formules, c'est alors qu'intervient ce que nous appellerons le calcul sentimental, cette appréciation de la puissance résistante, qu'on acquiert par l'expérience, de même qu'on évalue la détente nécessaire du

Fig. 584. — Grille à Salzbourg.

Fig. 585. — Grille.

bras pour lancer une pierre vers un but, de même encore l'effort que fait le gymnasiarque pour sauter une hauteur déterminée ou aller retrouver un trapèze lancé dans l'espace. Ces choses ne se calculent pas ; c'est donc, dirons-nous, le sentiment qui guide l'artisan forgeron dans le choix de ses échantillons de fer ; c'est l'expérience qui lui montre les meilleures combinaisons résistantes et c'est son bon sens et son goût qui le conduisent à affirmer les assemblages et moyens constructifs, parce qu'il sent que ce qui est vrai et rationnel en matière de construction, ne peut être que beau.

La ferronnerie allemande, l'armurerie défensive, ont dans leur ornementation la même exubérance vitale que nous avons signalée dans la sculpture décorative ; l'artiste allemand s'est plu à découper et à repousser le métal ; les feuilles de chardon, de houx, sont découpées en fer, vigoureusement repoussées en fortes bosses et les extrémités relevées en fines nervures. Les formes sont bizarrement retournées, relevées et enlacées.

Voici, figure 584, un exemple de grille présentant la construction particulière dont nous avons déjà parlé en examinant la serrurerie de la Renaissance française ; construction où les fers sont alternativement traversés et traversants, et dont nous ne saurions expliquer le travail autrement que par des soudures faites après l'enfilage des rinceaux. On pourrait certainement admettre que le fer a été assez refendu pour laisser passer l'œil et son renflement, et refermé ensuite, ou encore que l'œil de passage était ouvert après, mais le dessin même employé dans ce genre de grilles réduit à néant cette hypothèse, et ne laisse guère d'autre explication qu'une soudure faite après coup avec une grande habileté.

C'est généralement en fer rond que se faisait ce genre de travail, et comme le montre notre croquis les extrémités de rinceaux sont traitées à la manière employée dans les arabesques italiennes. — La grille à barreaux ronds représentée figure 585 nous donne un exemple plus simple, mais de même construction.

# LA RENAISSANCE EN ALSACE

Sur la rive gauche du Rhin on était resté aussi fidèle aux formes ogivales et pendant longtemps on mélange aux lignes de la Renaissance des ogives ou des accolades.

Les hôtels de ville de Mulhouse, d'Oberehnheim, d'Ensisheim sont de

Fig. 586. — Porte des Juifs.

cette époque, et on rencontre aussi quelques maisons qui présentent un sérieux intérêt.

Le caractère général est celui de la Renaissance rhénane à laquelle les artistes alsaciens ont rendu quelques services, témoin Dietterlin, de Strasbourg, qui a coopéré à plusieurs édifices importants d'Allemagne et notamment au château d'Heidelberg.

Comme document dessiné, nous donnerons seulement ici la modeste construction de Hans Frauler, la Porte des Juifs à Strasbourg, construite en 1563. On voit qu'à cette époque en Alsace la forme ogivale avait encore de profondes racines (fig. 586). Cette porte, édifiée à l'époque où Strasbourg était ville libre, fut démolie par les Allemands en 1881.

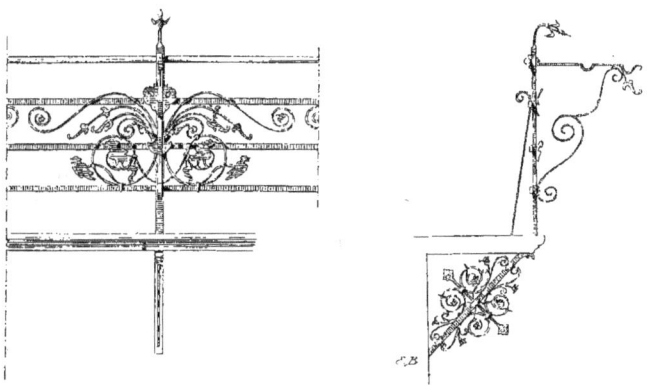

Fig. 587, 588. — Balcon à Strasbourg.

L'art du forgeron participe à la fois de la serrurerie française et de la serrurerie allemande ; aux deux arts il emprunte les moyens et les procédés, il a quelque chose de la lourdeur allemande mitigée par la souplesse du goût français (fig. 587-588) ; mais il conserve toujours le rationalisme et le bon sens qui avaient caractérisé le travail du fer pendant le moyen âge.

## EN ESPAGNE

Dès la fin du xve siècle, la Renaissance pénètre en Espagne et s'y combine avec les styles existants. Ancienne province romaine comme la Gaule, la péninsule ibérique avait sur son sol de nombreux vestiges de l'architecture antique, elle avait aussi des relations très suivies avec l'Italie.

Elle était donc au moins autant que la France disposée à accueillir le nouvel art, qui rappelait dans sa décoration la magnificence de l'architecture arabe et avait cet immense avantage aux yeux de l'Espagne catholique, d'être chrétien.

De la première manière, celle de transition, nous citerons le palais de l'Infant, à Guadalajara, où l'on voit encore ces arcades et ces accolades

Fig. 589. — Collège de Santa-Cruz, Tolède.

bizarres et grandioses de l'art ogival espagnol, déjà entaché d'arabe.

Avec la seconde moitié du xviᵉ siècle l'architecture prend modèle sur la Renaissance italienne, écarte les influences d'ordres différents et produit de fort belles œuvres : la chapelle des Neuf-Rois dans la cathédrale de Tolède ; le bâtiment appelé aujourd'hui Collège de Santa-Cruz dans la même ville (fig. 589) appartiennent à cette époque.

Puis une manière plus classique, plus sévère qui semble refléter le caractère lugubre de Philippe II, et dont l'Escurial est le pompeux et colossal modèle.

La sculpture suit la même impulsion et subit les mêmes variations ; en Espagne comme dans les autres pays, elle contribue à donner à l'architecture son caractère propre et son cachet spécial.

## EN ANGLETERRE

L'Angleterre est le pays des traditions par excellence ; les magistrats londonniens portent encore perruque. — A grand'peine le style ogival a réussi à s'implanter sur le sol, pour cela il a dû se grimer et devenir le style perpendiculaire avec lequel nous avons fait connaissance plus haut ; fort beau et surtout fort anglais, et qui, à son tour, oppose la plus vive résistance à l'introduction d'un art nouveau.

Cependant, vers le milieu du xviᵉ siècle, les maîtres italiens réussissent à construire quelques résidences et châteaux ; mais le nouvel art commence bientôt à devenir prétentieux et lourd, on lui donne le nom de style Elisabeth ; et enfin, au xviiᵉ siècle, on retourne à l'antiquité.

# LA FAIENCE

Le nom de faïence dérive de *Faënza*, ville d'Italie qui a fabriqué les plus belles et les plus nombreuses faïences.

Le nom de majolique (*majolica*), que les Italiens donnent à leurs faïences vient de ce qu'au xv$^e$ siècle ils reçurent les premières pièces de terre émaillée de Majorque.

Vouloir faire ici l'histoire, même très succincte de la faïence, serait pour nous impossible, notre livre entier serait insuffisant. On s'en rendra compte quand on saura que chez tous les peuples et à toutes les époques, cette branche de la céramique a été en grand honneur. C'est une innombrable variété de productions qu'il nous faudrait étudier séparément, classer et distinguer. C'est donc par une sélection que nous arriverons à constituer un résumé abordable, qui ne donnera pas même une nomenclature, mais se bornera à noter les principaux centres où la fabrication de la faïence a brillé.

Voici, d'après M. Ernest Bosc, la division des faïences en cinq grandes familles :

1° Terre cuite opaque à glaçure plombifère ;
2° Terre cuite opaque à glaçure silico-alcaline ;
3° Terre cuite opaque à glaçure stannifère ;
4° Terre cuite translucide à glaçure composée ;
5° Terre cuite translucide à glaçure kaolinique.

La première famille (terre cuite opaque à glaçure plombifère) était connue des anciens ; les faïences de cette catégorie sont recouvertes d'un vernis plombifère transparent ; elles se subdivisent en trois genres :

*a.* Terre cuite opaque vernissée avec ou sans peinture ;

*b.* Terre de pipe vernissée opaque à cassure blanche : toute la faïence anglaise est faite en terre de pipe vernissée ;

*c.* Demi-majolique opaque plombifère des Italiens.

La seconde famille (terre cuite à glaçure silico-alcaline) était également connue des anciens ; c'est une poterie imperméable qui est recouverte d'une glaçure alcaline (sel marin) qu'on évapore à une très haute température de cuisson.

La troisième famille (terre cuite opaque à glaçure stannifère) est une poterie recouverte d'un véritable *émail opaque*, c'est-à-dire composé d'un alcali (sel) d'étain ou de sable. C'est l'étain (*stannum*) qui entre dans la composition de cette glaçure qui rend cet émail opaque. Cette famille de faïence se subdivise en deux catégories :

*a.* Terre cuite à émail stannifère ;

*b.* Faïence à émail stannifère et aurifère.

C'est à cette dernière qu'appartiennent les poteries musulmanes, hispano-moresques et siculo-arabes, qui possèdent ces beaux reflets métalliques stannifères, aurifères et arsénifères.

La quatrième famille (terre cuite translucide à glaçure composée) qu'on nomme *porcelaine à pâte tendre*, est en effet transparente, quand on la regarde en l'interposant entre soi et la lumière. La cassure de cette faïence est blanche, très douce au toucher et légère. On la nomme *à pâte tendre*, parce qu'en effet, la moindre pointe de fer peut la rayer. Cette pâte est très variable dans sa composition ; la plus ordinaire est un mélange de nitre, de sel marin (chlorure de sodium), d'alun, de soude, de sable, de craie ou de gypse et de marne ; son émail est composé de litharge, de silex, de sable et de sous-carbonate de potasse et de soude ; il entre en fusion à une température assez basse.

Enfin, la cinquième famille (terre cuite translucide à glaçure kaolinique) est de la porcelaine à pâte dure, de la porcelaine proprement dite. L'émail de cette porcelaine qui n'est pas une *couverte*, se compose de kaolin, de quartz, de calcaire et de tessons de porcelaine ; sa cuisson demande une température très élevée, aussi élevée que celle de la cuisson de la pâte où les pièces atteignent le rouge blanc. Cette porcelaine se cuit dans des enveloppes en terre réfractaire appelés *gazettes*, terme défiguré remplaçant celui de *cazettes* (petites cases). »

## EN ITALIE

*Faënza.* — Cette ville, qui a donné son nom à la faïence, a laissé presque entièrement tomber cette industrie qu'elle avait portée si haut. « La pâte de Faënza est mince, assez légère, elle est recouverte d'un émail stannifère (du $xv^e$ au $xviii^e$ siècle). Cette fabrique a beaucoup produit : plaques, vases, plats, potiches, vases de pharmacie, etc. Les marques sont nombreuses. Le musée de Cluny possède un plat en camaïeu bleu, qui représente Diane surprise au bain. »

*Florence.* — Terre cuite à émail stannifère ($xv^e$ siècle), dont la belle époque est marquée par Luca della Robbia, élève de Ghiberti. Cet artiste se produit d'abord comme sculpteur, mais il est surtout célèbre pour ses faïences émaillées, dont il a décoré Florence et l'Italie ; ouvrages de haut et bas-relief, ronde-bosse, etc., où son bon sens l'a préservé des erreurs que commettaient souvent ses contemporains, ses reliefs sont simples, fins et précis ; la couleur même y est admise avec modération, mais bien employée pour détacher les sujets sans viser à un jeu de couleurs. Ordinairement les fonds sont d'un bleu clair, uni ; les figures en blanc avec touches de jaune, de vert et de violet.

*Gubbio.* — L'ancienne cité ombrienne d'*Inguvium*, fabrique, aux $xv^e$ et $xvi^e$ siècles, des faïences à émail stannifères avec de beaux tons rubis et des reflets nacrés et métalliques.

*Gênes.* — « Faïence à émail stannifère ; beaucoup de plats ouvragés. » La marque ordinaire représente le phare de Gênes.

## EN ALLEMAGNE

*Bayreuth.* — Déjà célèbre par ses beaux grès bruns ornés de médaillons, de mascarons et de cartouches, fabriquait encore, dès le $xv^e$ siècle, des faïences à émail stannifère presque toujours bleues, avec dessins très fins qui semblent un travail de plume. Les principales marques sont : Bayreuth ou K. Ces ouvrages datent du xv$^e$ au xviii$^e$ siècle.

*Haguenau* et *Strasbourg*. — « Faïence à émail stannifère, généralement décorée de fleurs jaunes, roses et rouges et de feuillages verts, le tout largement dessiné. Les faïences de Marseille ont beaucoup d'analogie avec celles de Strasbourg et de toute l'Alsace (xvii$^e$ siècle). Marque P. H. et J. H., monogrammes de Paul et de Joseph Hanong, les deux céramistes les plus connus dans ce genre de faïence, qu'ils créèrent vers 1760 environ. »

## EN HOLLANDE

*Delft*, petite ville située sur la Schie entre Rotterdam et la Haye, résume l'industrie céramique de la Hollande.

L'étonnante prospérité de la fabrique de Delft est due surtout à l'importance commerciale que la Hollande devait à sa marine. Les Provinces-Unies étaient devenues le trait d'union entre l'Orient et l'Occident ; de la Chine et du Japon les négociants hollandais importaient des vases et des objets de terre cuite, très estimés alors. Malgré l'immense quantité importée, les prix n'en restaient pas moins très élevés, et c'est cette circonstance qui conduisit les potiers de Delft à copier les modèles orientaux pour satisfaire aux demandes du commerce et en même temps livrer les objets de faïence à des prix moins exorbitants.

La fabrication prit une telle extension que : « longtemps en Angleterre on désignait toutes les faïences sous le nom de Delft » (E. Bosc). — La faïence de Delft, à émail stannifère, présente une particularité : après la décoration, elle est recouverte d'un émail translucide, sorte de vernis vitreux, qui donne plus d'éclat aux tons appliqués sur l'émail à base d'étain. Ce procédé permet, par la facilité dont bénéficie le travail, de donner plus de finesse aux sujets ; c'est lui qui a permis aux peintres, — et les plus grands de l'école hollandaise n'ont pas jugé la peinture céramique indigne de leur talent, — de peindre ces magnifiques plaques représentant des kermesses, des chasses, des marines, etc., car il faut savoir que les faïences de Delft ne copièrent pas seulement les chinoiseries, mais trouvèrent dans l'art national une foule de sujets estimés.

La faïence hollandaise présente un grand nombre de marques ; chaque potier avait coutume d'imprimer son cachet propre sur ses œuvres. Il résulte de cela une diversité qui en rend l'étude très aride.

Pour fixer une date à la faïence de Delft et en même temps mettre nos lecteurs en garde contre l'interprétation de certains chiffres qu'on trouve parfois sur les faïences, nous empruntons quelques lignes à la remarquable étude publiée par M. Havard :

« A quelle époque, dit-il, faut-il faire remonter les origines de la faïence de Delft ? Selon nous, c'est aux dernières années du XVIe siècle qu'il faut placer les premiers essais, et aux premières années du XVIIe siècle qu'il faut attribuer les premiers produits commercialement fabriqués.

« Cette date, toutefois, n'est affirmée par aucune pièce officielle. Nous n'avons pu découvrir aucun privilège, aucune charte, aucun octroi, venant nous dénoncer l'année, le jour où la fabrication a commencé, par la bonne raison que cette pièce qui nous manque n'a jamais existé. Mais l'époque certaine de ces commencements résulte d'une foule de documents que nous avons pu retrouver, grouper, et de l'analyse desquels on peut conclure avec une certitude que nous jugeons absolue, car, de toutes les pièces qui nous ont passé sous les yeux, il ne s'en est trouvé que deux qui semblent contredire cette date.

« Ces deux documents sont deux pièces de faïence, deux documents céramiques par conséquent, genre de preuve dont nous ne prétendons en rien diminuer la valeur ni l'importance ; car il est bien clair que si l'on pouvait rencontrer une ou plusieurs œuvres portant un nom et une date bien authentiques, tous les doutes disparaîtraient et le problème serait résolu. C'est ce qu'a parfaitement compris un auteur qui a beaucoup écrit sur la matière, M. Demmin, et c'est à lui que nous sommes redevables de ces deux documents céramiques. Malheureusement, soit manque de réflexion, soit toute autre cause, M. Demmin leur a attribué une valeur historique qu'ils sont bien loin d'avoir.

« Le premier est un petit cheval. Rien dans sa forme ni dans son harnachement n'indique le XVe siècle. Il appartient tout entier au XVIIIe, à l'époque rococo, mais il est marqué $\frac{IHF}{1480}$ et ces lettres qu'on a prises pour une signature, ces chiffres qu'on a pris pour une date, ont fait croire qu'il était vieux de plus de quatre cents ans.

« Il suffisait pourtant de la moindre connaissance de ce que fut le XVe siècle en Hollande, pour empêcher une pareille méprise. En ce temps-là, personne ne l'ignore, les caractères romains et les chiffres arabes étaient sinon inconnus, du moins absolument inusités dans les Pays-Bas. Qui donc aurait pu enseigner au brave céramiste qui a confectionné cette œuvre vulgaire à écrire de la sorte ? Où donc aurait-il appris à former des lettres pareilles ?

« Ce n'est pas en regardant les enseignes : même un siècle plus tard, elles étaient rédigées en lettres gothiques. Ce n'est pas en feuilletant les livres : le premier ouvrage imprimé dans les Pays-Bas, en caractères romains, ne date que de 1483. Ce n'est pas sur les monnaies, car ce n'est qu'aux environs de 1530 qu'on commença à Dordrecht à battre les premières pièces portant des légendes en lettres romaines. Je donne ces explications, non pas à cause de ce petit cheval qui ne peut prêter à contestation, mais pour d'autres ouvrages qui pourraient surgir avec des caractères de modernité moins accentués. Nous savons, du reste, ce que ces trois lettres signifient. I H F veulent dire : IN HET FORTUYN, *à la fortune*. C'était l'enseigne d'une manufacture qui fut fondée en 1691 et, de peur qu'on ne l'ignorât, le propriétaire de cette fabrique a eu soin de nous donner lui-même la traduction de son monogramme. Nous relevons, en effet, sous un petit chandelier de forme Louis XV, à décor polychrome et qui fait partie de la collection Evenepoel, à Bruxelles, l'inscription suivante, qui nous paraît répondre à toutes les objections, tant elle est claire et laisse peu de prise aux fantaisies de l'interprétation :

$$\frac{I H F}{118\tfrac{5}{}}$$

*In I H fortuyn*

« Quant au chiffre, qui est un numéro d'ordre, on voit à quels dangers on s'exposerait en le prenant pour une date. Ce serait maintenant au XII$^e$ siècle qu'il faudrait faire remonter les origines de la fabrication delftoise, alors qu'un petit plat ovale du musée de Sèvres, portant la même marque avec le chiffre 183, assignerait à celui-ci une existence pour ainsi dire préhistorique. »

*Amsterdam*. — La grande ville a, comme Delft, fabriqué des faïences à émail stannifères, vers le XVIII$^e$ siècle. La marque est un *coq* bleu.

Les objets de fabrication hollandaise sont extrêmement variés; nous en citerons seulement quelques-uns : chaufferettes, chauffe-pieds, pots-à-feu pour fumeurs, théières, statuettes, cages, cadres de miroirs, jouets, instruments de musique richement décorés, violons, flûtes, etc.

## EN FRANCE

Les fabriques françaises ne remontent pas au delà du xvi<sup>e</sup> siècle, seule celle de Beauvais est antérieure. — Apt, Avignon, Auxerre, Bordeaux, Clermont-Ferrand, Marseille, Paris produisent des faïences à émail stannifère. Beauvais, dès le xv<sup>e</sup> siècle, exécute des faïences au vernis plombifère.

*Oiron* (Henri II). — C'est à Hélène de Hangest, veuve d'Arthur Gouffier, ancien gouverneur de François I<sup>er</sup>, que nous devons la faïence dite de Henri II.

C'est aux savantes recherches de M. Benjamin Fillon qu'on doit de connaître que les belles pièces que nous admirons ne sont pas, comme on le croyait, dues à des artistes florentins. Nous savons maintenant que, vers 1524, Hélène entreprit avec l'aide de son fils Claude Gouffier, François Charpentier et Jehan Bernard, potiers, de décorer la demeure chère à son mari au moyen de faïences d'une fabrication toute spéciale.

La faïence d'Oiron, qui a été longtemps considérée comme de fabrication anglaise, est une faïence fine qui se distingue des faïences ordinaires par la matière dont elle est faite. La faïence fine a pour base la terre de pipe qui contient beaucoup d'alumine ; dans celle d'Oiron, on croit même à une addition de kaolin, elle est faite d'une pâte choisie, travaillée à la main et extrêmement mince. Sur le premier noyau, le potier étendait une couche de terre plus fine et plus blanche encore, dans laquelle il gravait en creux les principaux ornements, puis remplissait les cavités avec une argile colorée qu'il arasait ensuite. On voit que ce procédé constituait plutôt une incrustation qu'une peinture. La faïence d'Oiron présente encore des exemples où les ornements finement modelés sont en reliefs vigoureusement sortis ; ce sont des figurines nues, des écussons, des mascarons, etc.

Les objets de cette provenance sont marqués d'une salamandre, du H de Henri II, du monogramme de Catherine de Médicis et de Henri II, du D de Diane de Poitiers, des armes de Montmorency-Laval, de l'écu de France portant en chef une couronne de prince au cordon de Saint-Michel et enfin des trois croissants entrelacés de Diane de Poitiers.

*Rouen*. — La première fabrication de Rouen est exécutée au vernis plombifère (1540). C'est vers le commencement du xviie siècle qu'apparaissent les fabriques employant l'émail à base d'étain. C'est à la fin du règne de Louis XIV que la fabrication rouennaise prend sa plus grande extension ; les artistes produisent alors de riches et luxueux services destinés à remplacer l'argenterie, — fondue à la Monnaie, — sur les tables des grands seigneurs. Aussi voit-on les pièces de cette époque se surcharger d'ornements et chaque service porter les armoiries de leurs propriétaires.

Les faïences de Rouen sont exécutées en camaïeu bleu, en camaïeu vert et en polychromie.

*Nevers*. — « Ce n'est qu'au commencement du xviie siècle, dit M. Garnier, que nous trouvons la première mention positive d'une fabrique française un peu importante établie à Nevers, rue Saint-Genest, 12, celle des frères Conrade, transfuges des manufactures de Savone, petite ville de la côte de Gênes renommée pour ses faïences. » Les faïences de Nevers semblent procéder de l'école italienne.

## EN ORIENT

L'Orient est le berceau de la céramique, nous avons vu les monuments de Babylone et de Ninive se couvrir de terres émaillées, et il est certain qu'en Perse et dans l'Inde la faïence était connue et employée dès les premiers temps.

*Perse*. — On ne peut fixer l'époque de la fabrication des faïences persanes que nous connaissons. C'est une pâte blanche et sableuse, dure, mais facile à désagréger. En ce qui concerne le décor, on peut dire que les vases et les revêtements offrent beaucoup de similitude ; ornementation d'arabesques, de rinceaux et de fleurs ; l'œillet de l'Inde, la rose, la jacinthe.

*Delhi* (Inde). — Terres cuites à émail plombifères. Ce sont des dessins persans mitigés par l'ornementation locale.

Nous ne pouvons terminer ce rapide aperçu sans parler de l'homme le plus populaire et le plus connu de ceux qui se sont occupés de l'art de la terre, et qui semble incarner en lui toute la céramique française.

Nous emprunterons cette courte notice biographique à la remarquable étude de M. Garnier.

« Bernard Palissy naquit en 1510, à la Chapelle-Biron, près Agen, d'après quelques-uns de ses biographes, ou en Saintonge, d'après quelques autres. On sait peu de chose sur sa jeunesse ; comme la plupart des artistes et des artisans de son temps, il commença par voyager, exerçant plusieurs métiers, entre autres la vitrerie, qui comprenait la peinture et l'assemblage des vitraux, la *pourtraicture*, l'arpentage et la géométrie ; il parcourut ainsi successivement les Pyrénées, les provinces du Midi et de l'Est, la basse Allemagne, les Flandres, etc., recueillant des trésors d'observations géologiques et des remarques qu'il a consignées plus tard dans ses écrits, et qui devaient l'aider singulièrement dans les recherches qu'il entreprit par la suite.

« Nous le retrouvons établi à Saintes vers 1542, « chargé de femme et d'enfants », et, malgré l'exercice de ses trois métiers, déjà « aux prises avec la pauvreté ». C'est alors qu'il se mit en tête de chercher la composition des émaux. « Ie n'avois nulle connaissance des terres argileuses, ie me mis à chercher les émaux, *comme un homme qui taste en ténèbres.* » Là est la cause des misères que Palissy eut à supporter pendant quinze ans, mais aussi, disons-le, la raison de sa force et de sa supériorité. Il « tastait en ténèbres » pour trouver, c'était là le but de son ambition, la composition d'un émail blanc, semblable à celui qu'il avait vu sur une coupe, alors qu'en Italie la fabrication de la terre émaillée était déjà tombée dans l'industrie commune, et qu'en France, à Rouen et à Paris, Abaquesne et Girolamo della Robia pratiquaient avec succès un art que tout le monde pouvait apprendre facilement. Il le savait bien lui-même, du reste, puisque dans sa dissertation intitulée *l'Art de terre*, il se fait dire par son interlocuteur *Théorique :* « le scay que tu as enduré beaucoup de pôvreté et d'ennuis... et ce a esté à cause que tu ne pouvois laisser ton mesnage pour aller apprendre le dit art en quelque boutique... » Mais dans quelle boutique aurait-il pu apprendre le secret de ces émaux si purs, si vigoureux et si profonds, qui lui sont tellement particuliers qu'ils n'ont jamais été imités depuis ?

« Après des travaux et des essais sans nombre, il arrive enfin à trouver un émail blanc « qui estoit singulièrement beau... », mais au prix de quels sacrifices. « On m'estimoit estre fol, » dit-il, « les autres disoient que je cherchois à faire de la fausse monnoye, qui estoit un mal qui me faisoit seicher sur les pieds, et m'en allois par les rues tout baissé comme un homme honteux. »

« Pour faire taire ses créanciers et nourrir sa nombreuse famille, il a recours à son ancien métier d'arpenteur ; mais aussitôt qu'il a un peu d'argent devant lui, c'est pour reprendre la recherche de ses émaux. Sa première réussite, quelque incomplète qu'elle ait été, l'encourage à continuer. « Je dis à mon âme : qu'est-ce qui te triste, puisque tu as trouvé ce que tu cherchois ? Travaille, à présent, et tu rendras honteux tes détracteurs. » Il se croyait, en effet, tellement sûr de réussir qu'il voulut frapper un grand coup ; il prit avec lui un « potier commun » qu'il lui fallut faire nourrir à crédit pendant six mois, et qui lui tournait des vases suivant les formes qu'il lui dessinait. Il construisit lui-même un nouveau four, allant chercher l'eau, le mortier et la pierre ; puis il prépara ses émaux, les broyant, « sans aucun ayde, à un moulin à bras, auquel il falloit ordinairement deux puissants hommes pour le virer... » Mais le four « estoit plein de cailloux ! » Nouveau déboire auquel il est plus sensible qu'à tous les autres, car il a invité tous ses voisins à venir jouir de son triomphe et qu'il a dépensé ses dernières ressources, « plus de six vingt escus ».

« Mais sa nature indomptable ne se laisse pas abattre, et Palissy reprend bientôt le dessus. « Il considera en luy mesme, dit-il, qu'un homme qui seroit tombé en un fossé, son debuoir seroit de tascher à se relever », et, après avoir gagné quelque argent dans la pratique de son ancien métier de verrier, il fit quelques autres tentatives plus ou moins heureuses, après lesquelles il fut enfin maître de son art. Il fabriqua d'abord ses faïences couvertes d'émaux jaspés qui le firent vivre pendant quelques années ; puis ensuite ses plats ou bassins rustiques, ornés de serpents, de grenouilles, de poissons, de lézards, etc., moulés en relief, et qui sont restés les monuments les plus populaires de son génie. Sa réputation grandit alors : ses curieuses et remarquables vaisselles de terre furent de plus en plus recherchées des grands seigneurs et lui donnèrent, avec l'aisance qui lui fit oublier ses misères passées, des protections qui devaient lui être plus tard d'un grand secours.

« Une des plus puissantes fut celle du connétable Anne de Montmorency, dont l'appui ne lui fit jamais défaut, et qui lui commanda pour son château d'Écouen des travaux importants dont il ne reste malheureusement plus aucune trace.

« Palissy ne devait pas tarder à avoir besoin de protecteurs.

« Emporté par son esprit ardent et inquiet, il avait embrassé les nouvelles idées religieuses et fut un des fondateurs de l'église réformée de Saintes. Son atelier devint un lieu de réunions et de conciliabules, et lorsqu'en 1562 le parlement de Bordeaux ordonna d'exécuter dans son ressort l'édit de Henri II, qui punissait de mort le crime d'hérésie, il fut arrêté, et, malgré la sauvegarde du gouverneur d'Aquitaine, Louis de Bourbon, duc de Montpensier, il fut conduit de suite aux prisons de Bordeaux par des officiers de justice trop zélés. C'est alors que le connétable de Montmorency, apprenant le danger que courait son protégé, employa son influence auprès de la reine mère et lui fit décerner, par Catherine, le brevet d'inventeur des *rustiques figulines du roi ;* il échappait ainsi à la juridiction du parlement de Bordeaux comme faisant partie de la maison du roi.

« Ce fut alors qu'il quitta Saintes, dont le séjour lui rappelait tant de déboires et de privations, pour aller s'établir à la Rochelle, où il séjourna pendant quelques années, et de là à Paris, où il arriva vers 1565.

« Il retrouva dans cette ville la protection de Catherine de Médicis, qui lui commanda une grotte rustique dans les jardins du palais des Tuileries, qu'elle venait de faire construire, et put, tout en fabriquant ses poteries, donner suite à ses autres travaux. C'est à Paris qu'il publia ses *Discours admirables sur la nature des eaux et fontaines, des métaux,* etc., et qu'il fit publiquement des cours scientifiques, véritables conférences auxquelles il conviait les savants de son époque, et qui étaient annoncées au moyen d'affiches collées « dans tous les carrefours ».

« Palissy mourut en 1590. Dénoncé par un de ses anciens coreligionnaires, il fut arrêté en 1588 ; ses protecteurs étaient morts, et, malgré l'appui du duc de Mayenne, qui fit prolonger son procès, mais ne put le rendre à la liberté, il mourut en prison, à l'âge de quatre-vingts ans. »

# STYLES HENRI IV ET LOUIS XIII

Les règnes de Henri IV et de Louis XIII, forment cette seconde division de la Renaissance qui va nous conduire à l'époque pompeuse de Louis XIV.

A la fin du xvie siècle, les guerres religieuses et la Réforme n'étaient pas favorables au développement des arts, la sève puissante de la Renaissance était épuisée, et en Italie même l'architecture était en décadence.

Le protestantisme se complaisait dans une simplicité grave et austère, peu faite pour encourager le culte du beau. D'autre part, la pensée, acculée entre la religion et la politique, ne pouvait continuer le mouvement indépendant que lui avait imprimé la Renaissance, et « laisse exhaler de toutes ses œuvres, même les plus parfaites, un parfum d'idolâtrie monarchique où l'on sent toujours la mendicité du courtisan ».

Toutes ces causes, funestes à l'architecture française, l'amenèrent, au moins dans certaines branches de l'art, à imiter servilement les Italiens déchus.

Nous disons, certaines branches, parce que ce fut surtout dans les édifices religieux que cette influence se manifesta ; quand ils ont à traiter un sujet d'ordre laïque, nos artistes restent indépendants, et ne subissent pas l'ascendant des artistes italiens.

## ARCHITECTURE

Avec les premières années du xvii<sup>e</sup> siècle, nous dit M. L. Château, auquel nous allons faire plusieurs emprunts, les querelles intestines venant à cesser, on recommence donc à songer à l'art, surtout à l'architecture, mais l'idéal que l'on veut atteindre, la majesté, n'étant pas associée à un goût pur et original, présentant la force sans la grâce, la solidité sans l'élégance, ne produit que des conceptions pesantes et massives. Dans les grandes constructions, l'architecture exagère les assises saillantes que Philibert de l'Orme avait employées avec sobriété et justesse ; les lignes architecturales sont rompues désagréablement par ces imitations malheureuses des édifices de la vieille Florence ; ces lourds bossages qui se couvrent de vermiculations ou *vermicelles*, ces ornements d'un goût faux et détestable, enlèvent aux monuments la dignité qu'on a cherché à leur donner.

« Mais ce qui caractérise encore davantage les constructions du temps de Henri IV et de Louis XIII, c'est la recherche des effets pittoresques par le mélange de la brique, de l'ardoise et de la pierre. Ce goût particulier, dont le spécimen le plus complet est la place Royale à Paris (1604), a dû venir d'Italie, où, au siècle précédent, les architectes obtenaient une architecture polychrome bien supérieure avec la brique, la pierre et surtout la terre cuite émaillée, comme nous l'avons vu essayer au château de Madrid.

« Cet emploi de la brique, qui n'est pas adopté d'une manière absolue pour les grands monuments, est suivi au contraire dans la construction des hôtels et des habitations particulières ; on le trouve à Fontainebleau (fig. 590), à Saint-Germain et dans beaucoup de petits châteaux, rendez-vous de chasse, etc., encore debout aujourd'hui dans de nombreuses localités. Malgré ce style nouveau, et à part quelques édifices présentant une physionomie originale, l'architecture de la Renaissance tend à perdre sa libre allure, et à descendre plus rapidement vers la décadence que l'art du moyen âge qu'elle était venue remplacer. « Dès lors l'architecture s'impose, dit M. Viollet-le-Duc, elle devient un art auquel les convenances doivent se plier tant bien que mal. » On cherche la grandeur, et l'on croit la trouver « en supprimant le mode d'ordre par étages, et en les remplaçant par un seul ordre partant du soubassement pour arriver jusqu'à la corniche supérieure » : on avait inventé l'ordre *colossal*. Son succès fut immense; il passa bientôt des grands édifices aux petits, et il s'établit en maître dans l'habitation privée. »

A partir du xviie siècle, l'architecture proprement dite va manquer d'une originalité à elle propre. Elle sera impuissante à créer un art nouveau, des formes bien à elle ; ce sera à l'antiquité qu'elle ira, à chaque tentative nouvelle de transformation, se retremper, reprendre une nouvelle sève. Il semble que, les grandes formes géométriques et construc-

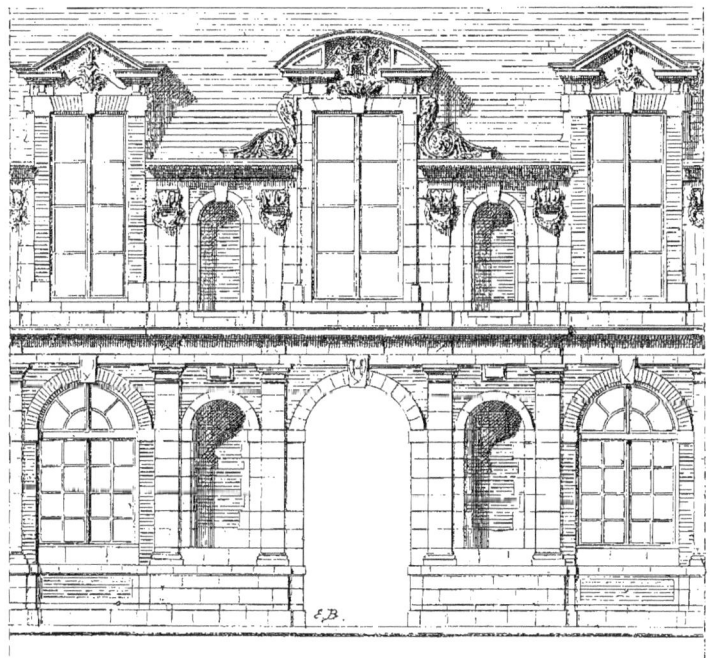

Fig. 590. — Galerie des cerfs. Fontainebleau.

tives paraissant épuisées, il soit difficile, nous ne voulons prononcer le mot impossible (qui, suivant un grand homme qui ne fut pas architecte — bien au contraire — n'est pas français), de trouver une structure neuve procédant de ses propres ressources ; c'est ce que l'avenir dira. Mais ce que nous pouvons dire dès à présent, c'est qu'à défaut de lignes générales, nos architectes ont su au moins dans l'ornementation et dans le détail, donner à chaque époque un caractère bien tranché. C'est la décoration qui va maintenant donner le caractère, on emploiera toujours les ordres et les arcades, les piliers et les architraves ; tous les éléments constructifs connus seront tourmentés et retournés sur toutes faces, mais ce sera seulement dans le détail, dans l'ornement, que l'on pourra apprécier des différences et des caractères particuliers.

Dès le commencement du xvii$^e$ siècle, c'est à l'architecture classique que les artistes vont demander l'inspiration pour leurs grandes conceptions. Mais on voit en même temps surgir « à cette époque, un style d'ornementation intérieure, calme, sévère, empreint de grandeur, dans lequel l'unité préside à une harmonie parfaite, riche sans confusion, style qui se distingue de celui de la Renaissance par moins de recherche et plus de parti pris ».

Un des premiers soins de Henri IV fut de réunir les Tuileries au Louvre. Etienne Dupérac, Baptiste et Jacques Ducerceau, et les Métezeau père et fils, construisirent la façade sur la Seine qui est regardée comme une des dernières et des plus belles productions de la Renaissance. L'ancien pavillon de la bibliothèque est l'œuvre des Métezeau, c'est la plus belle partie de cette façade ; l'aile assez lourde, que Ducerceau avait bâtie pour relier le pavillon de Flore au pavillon de Lesdiguières, alors pavillon du petit clocher, a été reconstruite à l'imitation de cette belle architecture. C'est là que dans l'étage inférieur on voit apparaître ces assises et ces tambours dont nous avons parlé et qui sont couverts de vermiculures.

A Fontainebleau, Dupérac édifie et décore de peintures la galerie des chevreuils, celle des cerfs et celle de Diane. La décoration est empruntée à l'art cynégétique, flattant en cela le goût très prononcé du roi pour la chasse.

Au fond de la cour du Cheval blanc, à cette même époque, on reconstruisit la chapelle de la Trinité. La décoration fut confiée à Martin Fréminet qui arrivait d'Italie imbu de la manière grandiose de Michel-Ange et qui commença en 1608 pour terminer seulement sous Louis XIII. Tous les tableaux, et ils sont nombreux, sont entourés de cadres en stuc, avec ornements où se mêlent les chiffres de Henri IV, de Marie de Médicis, de Louis XIII et d'Anne d'Autriche.

Un curieux monument édifié sous le règne du Béarnais est la porte Dauphine au château de Fontainebleau. On l'appelle aussi : Baptistère du Dauphin, parce que Henri IV, catholique d'une teinte un peu indécise, ce dont nous ne lui faisons pas reproche, avait eu la fantaisie de faire baptiser son fils, alors âgé de cinq ans, sous le dôme qui forme le motif principal. Il y a déjà quelque chose dans cet édifice de ce style *jésuite* qui va bientôt prendre une grande extension dans l'architecture religieuse.

La porte Dauphine du château de Fontainebleau paraît avoir inspiré l'auteur de la porte principale du château de Chantilly.

Le palais de Fontainebleau doit encore aux artistes de cette époque la cour des Fontaines et toutes les constructions de la cour des Cuisines, partie très importante d'une résidence royale. On remarque là l'emploi simultané de la brique mêlée à la pierre.

On voit encore s'élever : le château de Monceaux pour Gabrielle d'Estrée, celui de Verneuil pour Henriette d'Entragues, et enfin le château de Saint-Germain.

Mais, à cette époque, la France n'avait pas seulement un roi disposé à faire ériger des palais pour ses favorites ou pour lui, elle avait encore un homme sage et bien placé pour pouvoir être utile ; Sully, ministre et conseiller de Henri IV, et « grand voyer du royaume », avait des visées plus humanitaires. C'est sous son administration éclairée que Paris commence à s'assainir, que les questions de salubrité et de viabilité sont mises à l'ordre du jour, et si la capitale va perdre le pittoresque curieux que lui avait donné le moyen âge, elle va en revanche commencer ce grand travail qui devait la transformer en la belle cité qu'elle est devenue de nos jours.

La place Royale, ce remarquable exemple de l'emploi de la brique mêlée à la pierre, date de 1605. Henri IV voulait y installer des fabriques de faïences, de soieries, de tapisseries, etc. « Ses trente-cinq pavillons symétriquement disposés, couverts d'immenses toitures aiguës, ses galeries de rez-de-chaussée pour la circulation publique, et ce mélange de couleurs de la brique et de la pierre, tout cela donne à ces constructions un caractère de simplicité, où l'effet des masses est bien accusé, mais où la grâce et l'élégance ont disparu, où l'on commence à sentir l'unité de la puissance monarchique. »

La place Dauphine, conçue dans le même esprit que la précédente, plus sobre encore, mais se dédommageant de cette sévérité par l'emploi des bossages, qui accentuent les assises de pierre.

Le Pont-Neuf, commencé sous Henri III, est repris en 1602 et complètement fini en 1607 ; tout le monde connaît cet ouvrage qui jusqu'à ces derniers temps avait un renom de solidité, qu'un simple affouillement du fleuve est venu détruire.

On construisit encore sous Henri IV, l'hôpital Saint-Louis, plusieurs couvents ; les aqueducs de Belleville et des prés Saint-Gervais furent réparés.

En 1610, Henri IV tombe sous le poignard de Ravaillac, et la régence revient à Marie de Médicis. Cette princesse avait hérité du goût de sa famille pour les beaux-arts ; artiste, elle fut une protectrice intelligente pour les artistes. Mais l'architecture avait pris cet esprit monarchique qui va maintenant dominer, esprit de servitude où le génie de l'artiste devra se ployer à la fantaisie ou au penchant plus ou moins raisonné du prince qui commande et qui, selon son goût du moment, jugera en dernier ressort de la valeur d'un projet ; et l'art aura pour principal objectif de graviter dans le cercle étroit des préférences personnelles d'un homme se croyant d'autant plus impeccable, qu'il ne trouve autour de lui qu'une courtisanerie qui s'évertue à le flatter, à pousser son orgueil aux plus extrêmes limites, et lui dira bientôt, répondant à cette simple question : Quelle heure est-il? « Il est l'heure qui plaira à votre majesté. »

Cependant avec Marie de Médicis nous n'en sommes pas encore là. La régente chargea Salomon de Brosse, neveu de Jacques Androuet Ducerceau de construire le Luxembourg, pour l'édification duquel cette princesse acheta de vastes terrains. Ce palais porta d'abord le nom de Médicis, puis fut appelé palais d'Orléans. Ce fut en 1615, dit M. L. Château, que les travaux furent commencés d'après les dessins de de Brosse, qui s'inspira, dit-on, du palais Pitti à Florence ; le plan et la disposition générale de l'édifice prouvent le contraire, car ils sont tout à fait de tradition française ; les façades seules ont pu prêter matière à cette assertion. En effet, elles rappellent l'architecture de la cour intérieure du palais Pitti, construite par l'Ammanati. Peut-être de Brosse fut-il obligé de suivre en cela les idées de Marie de Médicis qui, en « véritable Italienne, n'admettait peut-être pas que la France pût rien concevoir de mieux en fait d'art que les œuvres de ses compatriotes, ou qui seulement, sous l'influence du souvenir de la patrie, désirait que l'aspect de sa nouvelle demeure pût lui rappeler son pays natal. D'un autre côté, de Brosse, voulant flatter sa royale protectrice, alla-t-il au-devant de ses désirs ? »

De 1614, date la statue équestre d'Henri IV érigée sur le terre-plein qui occupe le milieu du Pont-Neuf. Elle fut détruite pendant la Révolution, et celle que nous voyons aujourd'hui a été refaite en 1817.

Avec Richelieu, l'art retrouve pour un temps une impulsion vivifiante. L'art religieux qui, sous Henri IV, toujours un peu huguenot, était resté languissant, retrouva avec le « grand cardinal » une nouvelle vigueur, comme nous l'allons voir.

Dans l'architecture civile, la même direction puissante se fait sentir ; Richelieu confie à Lemercier la construction du Palais-Cardinal.

Lemercier fournit encore les dessins du fameux escalier en fer à cheval de la cour du Cheval blanc et qui est adossé à la façade méridionale. Il ferme la cour du vieux Louvre en la quadruplant, et eut le bon goût de rester fidèle à l'ordonnance et à la décoration adoptées par Pierre Lescot, ne conservant ses inspirations propres que pour la partie supérieure du pavillon principal où il plaça de belles cariatides groupées deux par deux et que sculpta Jacques Sarazin. — On doit encore à cet artiste l'église de la Sorbonne où il exécuta la première grande coupole construite en France.

Nous citerons encore : le Val-de-Grâce, le pont Saint-Michel, des châteaux et des habitations ; le rendez-vous de chasse que Louis XIII, chasseur comme son père, fit construire à Versailles et qui devait être l'embryon de la magnifique résidence que devait élever Louis XIV ; les hôtels de ville de Reims et de Lyon ; de belles habitations édifiées par les familles nobles, où le meneau de pierre disparaît pour faire place à la croisée de bois ; des hôtels, dont le quartier du Marais a gardé quelques exemples comme l'hôtel de Rambouillet, l'hôtel Lambert, etc.

Dès cette époque, nos artistes s'étaient habitués à aller demander à l'Italie des maîtres et des modèles. Citons encore M. L. Château. « Ils trouvèrent l'architecture libre et puissante de Brunelleschi, de Bramante et de Michel-Ange, enchaînée et affaiblie par les froides règles de Vignole, de Palladio et de Serlio, et l'application des théories de ces architectes, surtout celles de Vignole, à diverses constructions religieuses, telles que l'église de Jésus (1591) et celle de San-Andrea della Valle (1568), à Rome. Le succès qui accueillit ces productions architecturales fut si grand, que les architectes français qui, comme de Brosse, par exemple, avaient passé leur jeunesse à Rome, ne surent ou ne crurent mieux faire que de les prendre pour modèles. »

Le grand mouvement créé en Italie par l'adoption de la coupole n'avait pas donné ce qu'on en attendait, c'est-à-dire une sève aussi puissante que celle qu'avait possédée l'art ogival. « L'épreuve décisive, dit M. Henri Martin, ne pouvait se faire que dans l'architecture, dans l'art collectif, social et religieux par excellence. Ici l'avortement fut complet. Rome et les jésuites réagirent avec un déplorable vandalisme contre l'art païen, mais sans vouloir retourner au moyen âge, comme l'avait essayé Savonarola. (Les destructions de monuments anciens, si considérables sous Sixte V, furent renouvelées avec une telle barbarie au XVI$^e$ siècle, que la *populace* de Rome, à son éternel honneur, en vint à la révolte contre le pape et son architecte (le Bernin), pour sauver les derniers restes des antiquités romaines.) Le sens de l'art du moyen âge était complètement perdu pour les jésuites ; quoi de commun entre le libre et fécond mysticisme des maîtres ès œuvres d'Amiens ou de Strasbourg, et une doctrine de compression morale, qui prétend soumettre à des règlements inflexibles jusqu'aux élans de l'âme vers Dieu ! Les jésuites essayèrent donc de se faire une architecture à eux ; mais ils ne purent rien créer qu'une dégénération de cette Renaissance qu'ils reniaient. Ils voulurent dans leurs constructions être grands et forts ; ils furent lourds et gauches. A Rome, ils atteignirent, par l'énormité des proportions, une certaine grandeur matérielle où la pesanteur s'alliait à la recherche, à la subtilité, au contourné ; ce fut là leur période héroïque, admirée de générations qui perdaient de plus en plus le sens du beau dans l'art monumental ; ils n'y restèrent pas, ils voulurent passer de la force à la grâce ; ils visèrent au joli, afin de se mettre en harmonie avec les petites dévotions coquettes, fardées, parées de fausses fleurs, et ce précipitèrent dans ce dernier abîme de déraison et de mauvais goût, qu'on a nommé « l'architecture des jésuites ». Mais en France « le mouvement de l'art français ne se rattacha pas directement et ostensiblement au mouvement religieux, et l'analogie, heureusement pour nous, ne fut pas complète jusqu'au bout ».

C'est imbu des modèles qu'il avait vus en Italie que Salomon de Brosse construit la façade occidentale de l'église Saint-Gervais, le reste précédemment bâti était ogival ; il la composa de trois ordres superposés : au rez-de-chaussée le dorique, au premier étage l'ionique, et au-dessus le corinthien. Au rez-de-chaussée et au premier, les colonnes accouplées deux à deux forment quatre couples ; et le second étage n'en a que deux surmontées d'un fronton cintré qui termine l'ordonnance.

L'église Saint-Louis, aujourd'hui paroisse Saint-Paul, édifiée par deux pères jésuites, et le Val-de-Grâce de François Massart sont conçus dans le même style jésuite, et sont surmontés de coupoles.

## LES CARACTÉRISTIQUES

Le caractère général de l'architecture, dans l'ordre laïque, est un aspect simple, ferme et sévère, un peu puritain sous Henri IV, et plus maniéré sous Louis XIII. — La décoration est belle, à la fois simple et riche de formes ; il reste beaucoup de la Renaissance et il y a aussi beaucoup d'éléments italiens.

## STYLES HENRI IV ET LOUIS XIII

*La brique.* — Le mélange dans la construction, de la brique et de la pierre de taille, est un des caractères les plus tranchés de l'architecture de cette époque. Une sorte de carcasse en pierre comprenant : soubassements, colonnes ou pilastres, arcs, bandeaux, corniches, etc., avec remplissage en brique. Dans les meilleures constructions de ce genre, les pierres sont appareillées pour faire queue dans la brique. Fontainebleau, la place Royale à Paris, le château de Beaumesnil, etc., en offrent des exemples.

*Les vermiculations*, appelées encore vermicules, vermiculures, et

Fig. 591. — Vermiculures.

même vulgairement vermicelles. — Ce genre d'ornement, introduit en France au commencement du XVII$^e$ siècle, ressemble aux cavités sinueuses que produisent certains vers sur les bois qu'ils corrodent. C'est cette similitude d'aspect qui a fait donner le nom de vermicules à ce genre de décor (fig. 591). Les vermiculures se placent ordinairement sur les bossages, sur les gros tambours des colonnes, et quelquefois sur des assises entières ; on les voit rarement occuper une grande surface, elles ont environ 0,015 de largeur et de profondeur, et sont assez grossièrement taillées. La façade du Louvre à Paris en montre une application qui a été très critiquée ; on ne peut nier cependant que ce capricieux fouillé de la pierre donne aux bossages un singulier effet de force et de dureté.

*Les consoles renversées, les ailerons.* — Les consoles renversées qui paraissent déjà à la fin de la Renaissance se retrouvent dans l'architecture religieuse où elles accolent les frontons comme d'immenses ailerons, ou viennent former à la base des coupoles une sorte de contreforts bizarrement découpés, parfois en forme d'esse (S), avec des volutes aux deux extrémités. Les églises de l'époque, à Paris, en montrent de nombreuses applications. — Les *ailerons* sont aussi des consoles renversées qui flanquent les lucarnes ou les couronnements de motifs centraux, mais sont de dimension moindre, comme on le voit, à la porte de la rue

Fig. 592. — Porte à Paris.

des Francs-Bourgeois à Paris, que nous donnons (fig. 592), qui nous montre en même temps un de ces frontons interrompus fort en usage à cette époque.

*Les coupoles.* — Cet élément de l'architecture byzantine était depuis l'antiquité connu en Italie, mais en France la première coupole de grande dimension est celle de la Sorbonne et elle est définitivement adoptée par l'architecture religieuse qui s'inspire de l'art décadent de Rome.

*Les consoles.* — Comme les autres parties de la décoration, les consoles sont sobres et pures de ligne. Certaines, utilisées en corbeau, c'est-à-dire devant supporter une charge placée en encorbellement sur une façade, sont robustes de formes et peu ornées, ce n'est presque que dans le profil qu'on a cherché l'ornementation avec l'adjonction seule de spires hélicoïdales (fig. 593). Mais la forme de cette console est spéciale à sa fonction, car la console la plus communément employée pendant la première moitié du xviie siècle est celle dite à enroulement; la forme à enroulement est empruntée à l'antiquité, les Grecs et les Romains en avaient conçu de fort belles, en S plus ou moins allongée, terminées à chaque extrémité par une volute, et surmontées d'une tablette mou-

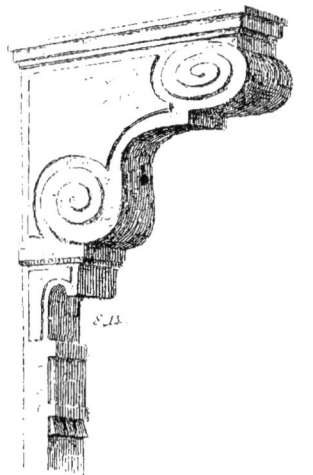 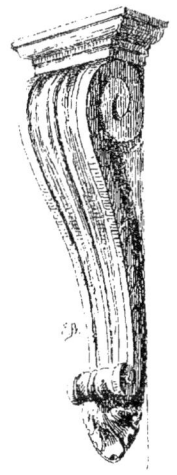

Fig. 593. — Console de l'hôtel Lamoignon, Paris.   Fig. 594. — Console.

lurée. Les consoles de l'époque que nous étudions diffèrent de celles des anciens en ce qu'elles sont faites en forme de fuseau, c'est-à-dire qu'elles sont plus larges à la volute supérieure qu'à celle du bas (fig. 594); elles sont plus ou moins couvertes d'ornements, culots, feuilles, coquilles et volutes inclinées en cornes de bélier. On voit encore la console en forme de talon avec tablette, et la face creusée de canaux; la console composée d'une tablette, d'une volute, d'une face et d'un cavet reliant une face plus haute reposant toujours sur un profil, et aux deux centres de volutes s'attache une forte guirlande qui passe sur la grande face.

*Les chapiteaux.* — Dans les quelques édifices que nous avons mentionnés, nous avons vu, que de même que pendant la Renaissance, les architectectes employèrent les trois ordres : dorique, ionique et corinthien. L'esprit plus austère de l'époque les conduisit en général à conserver aux chapiteaux le caractère que leur avaient donné les artistes italiens, c'est donc à Vignole et à son école que sont empruntés les chapiteaux froids et un peu compassés, mais en somme purs de lignes et harmonieux de proportions.

Fig. 595. — Chapiteau.

Cependant, dans certains cas, les architectes français font d'heureux retours en arrière et décorent les chapiteaux dans le goût de la Renaissance (fig. 595) ; on en voit au Baptistère de Fontainebleau qui remplacent les volutes par des cornes d'abondance d'où sortent des fruits ; par des dauphins, capricieusement enlacés et dont les têtes viennent soutenir les angles du tailloir. Enfin au Louvre, nous trouvons une variété qui atteste que nos artistes ne sont pas restés à court d'imagination.

*Les frontons.* — Les frontons cintrés n'avaient pas été employés dans l'antiquité ; c'est une innovation de la Renaissance mise à la mode par Lescot avec bonheur. Les frontons droits, eux, sont pris à l'antiquité, mais subissent parfois des modifications. On fait au XVIIe siècle des frontons *brisés*, c'est-à-dire, interrompus au milieu pour faire place à un cartouche, à un motif de décoration quelconque. Parfois encore, non seulement le fronton est interrompu, mais ses profils, horizontaux, inclinés ou cintrés, sont ressautés au droit du pilastre ou de la colonne qui supporte l'ensemble. On en est même arrivé à faire des frontons doubles, dans lesquels un fronton cintré était contenu dans un fronton triangulaire, et aussi, mais plus rarement des frontons placés dans l'ordre inverse ; c'est surtout dans le meuble que ces conceptions, indices d'un esprit inquiet, d'un besoin de nouveau quand même, se donnent libre carrière.

*Les couronnements de portes.* — Les frontons nous amènent tout naturellement à dire quelques mots des couronnements de portes qui sont parfois, comme dans l'exemple donné figure 592, pour ainsi dire une réduction du motif principal couronnant certains édifices. Il nous montre le fronton brisé, la niche couverte et enfin les principaux éléments employés, ailerons, consoles, etc.

*Les toitures.* — Le besoin de pittoresque avait amené le mélange de brique et de pierre. On sentit la nécessité de compléter cette polychromie, et on adopta l'usage de l'ardoise d'une manière générale ; cette couverture avec ses beaux tons gris ou violacés complète admirablement les autres couleurs données par les matériaux, et la pente considérable

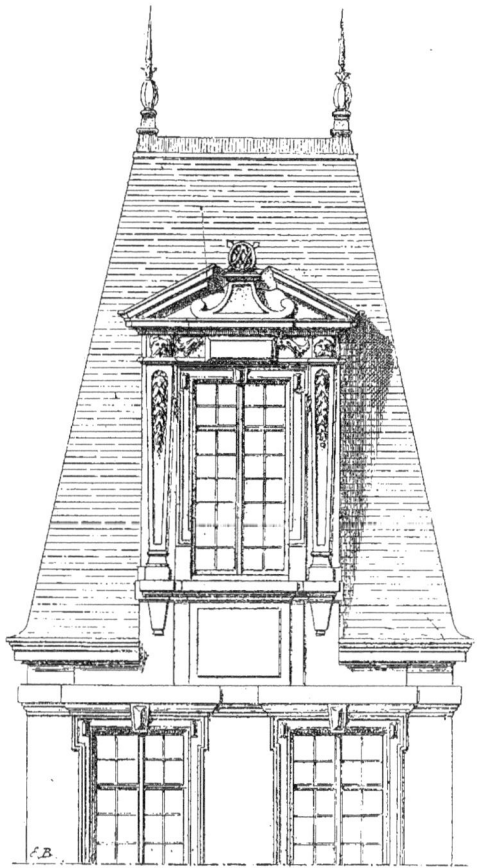

Fig. 596. — Lucarne à Poitiers.

que réclame l'ardoise a fait renoncer aux toits plats, imitations de terrasses, bien à leur place dans l'architecture italienne, mais qui ne conviennent pas à nos climats.

*Les lucarnes.* — Ces fenêtres en attique perdant les formes élégantes de la Renaissance deviennent plus simples et plus sévères ; la gracieuse coquille est trop frivole, c'est le fronton antique qui va couronner les lucarnes; il sera droit ou cintré, complet ou brisé (fig. 596). Heureusement certains ornements viennent corriger la froideur des lignes et donnent un peu de couleur à l'ensemble.

*Les croisées*. — Il nous faut noter que c'est vers cette époque que commencent à disparaître les meneaux en pierre qui divisaient les baies; c'est maintenant la menuiserie qui, sous forme de croisée, sera chargée de clore les ouvertures autres que celles de passage.

## ORNEMENTATION SCULPTURALE

« La décoration appliquée aux édifices, dit M. Viollet-le-Duc, est sobre, finement étudiée, et s'allie à la structure au lieu de s'étaler en dépit de ses exigences. Certaines parties du palais de Fontainebleau,... et quantité d'hôtels et de maisons de plaisance font ressortir ces qualités. »

« C'est surtout dans les intérieurs que la décoration prend à cette époque un caractère original. Les appartements dits d'Anne d'Autriche, à Fontainebleau, quelques salles du palais Mazarin, l'hôtel Lambert, etc., nous ont conservé des spécimens de ces décorations intérieures si bien appropriées à l'habitation et dans lesquelles la richesse ne détruit ni l'unité ni la tranquillité de l'ensemble. »

Nous retrouvons ici le système ornemental de la Renaissance avec des

Fig. 597. — Ornement courant.

lignes plus pures et parfois quelques changements heureux. — L'ornementation courante nous montre des coquilles alternées de feuilles, des godrons droits et inclinés, des rangs de feuilles, de perles, des denticules, des ornements gravés à plat (597). — Les déchiquetures et les cuirs roulés prennent une rondeur, une ampleur qu'ils n'avaient pas précédemment, leurs formes sont plus molles et prennent davantage le même sens d'enroulement, sorte d'esprit de suite qu'évitait avant la déchiqueture qui recherchait les formes anguleuses et contrariées. Elles se décorent d'engravures, de canaux rangés d'inégales longueurs, affec-

## STYLES HENRI IV ET LOUIS XIII

tent des courbes capricieuses, en S, en C, etc. (fig. 598). — Les médaillons servent de prétexte à ces enroulements, où des parties demi-rondes,

Fig. 598. — Ornement, Blois.

bordées de filets, reçoivent des perles, et vont en diminuant se perdre dans une volute rehaussée d'une feuille (fig. 599). Les formes emprun-

Fig. 599. — Couronnement de porte, église Saint-Paul, Paris.

tées aux coquilles, relevées et bordées d'un boudin, interrompues et reprises en volutes avec feuilles, cartouches, retroussis de cuirs et canaux ; des palmes avec graines mélangées aux feuilles, lesquelles sont fortes, robustes et recourbées légèrement comme par leur propre poids ; souvent ces palmes traversent la coquille ou le cuir pour venir sortir à la partie postérieure où elles s'étalent en une gerbe assez serrée (fig. 600, 601). — La feuille est belle, simple, inspirée de la feuille antique, mais plus molle, les découpures plus régulières manquent un peu de vigueur, elles se combinent avec des branches de perles, des lignes de petites bosses ressemblant à celles qu'on obtient en repoussant le

Fig. 600, 601. — Fragment, église Saint-Paul.

métal sur un corps mou, des culots enfilés, c'est-à-dire que plusieurs se succèdent, semblant sortir les uns des autres en diminuant pour arriver à une sorte de bouton faisant la pointe. — Les volutes inclinées en cornes de béliers donnent un très heureux mouvement (fig. 602). — Nous devons signaler encore l'emploi dans l'ornementation de ces imitations de tissus, qu'on appelle aussi *serviettes*, qui remplacent les guirlandes ; ces ornements sont garnis de dents découpées en rond comme on l'a vu figure 595. — Parfois, comme

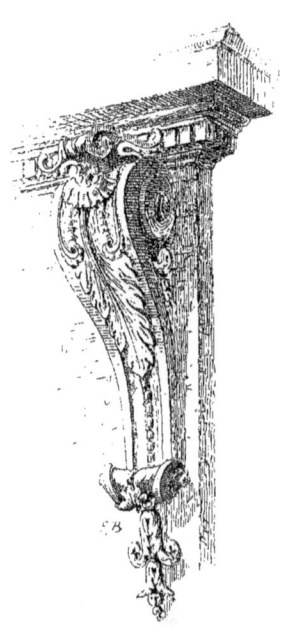

Fig. 602.
Console. Toulouse.

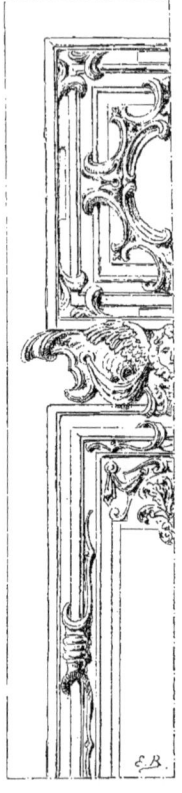

Fig. 603.
Fragment de menuiserie.

dans la Renaissance, on rencontre de ces longues feuilles unies portant une côte d'où part une forme bombée qui se creuse ensuite pour se relever sur le bord de la feuille ; des côtes régulières sont gravées en creux et émergent de la côte principale ; sur le bord de la feuille entre chaque côte est pratiquée une découpure en demi-cercle. Ce dernier détail se retrouve aussi sur les coquilles, comme on peut le voir sur celle qui motive la partie supérieure de la console (fig. 602).

## MENUISERIE

Au point de vue du style, la menuiserie emprunte son ornementation aux données de la sculpture ornementale, elle en suit les formes et en imite les compositions modifiées seulement par la nature différente du matériau travaillé (fig. 602).

Rappelons cependant que c'est de cette époque que date la disparition du meneau en pierre et son remplacement par la croisée à deux vantaux occupant toute la baie.

## SERRURERIE

Nous aurons peu de chose à dire de la serrurerie du commencement du XVIIe siècle. Sous le rapport de la main-d'œuvre, on continue les saines traditions du moyen âge et de la Renaissance, l'armurerie fabrique encore de belles carapaces métalliques que les progrès de l'artillerie rendront bientôt tout à fait inutiles, et nos artisans continuent avec

Fig. 604. — Chiffre forgé, Lyon.

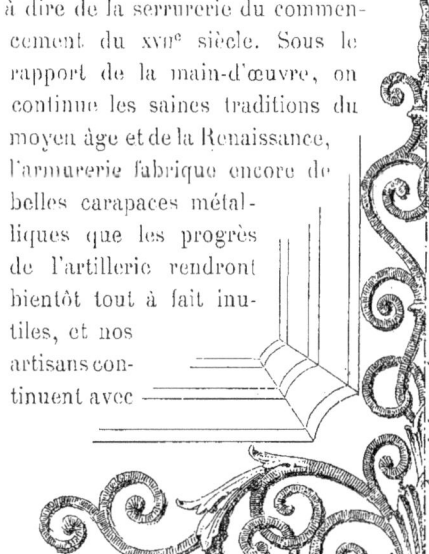

Fig. 605. — Penture, Lyon.

la même science et la même habileté à forger comme en se jouant les pièces les plus difficiles du travail de la forge. En voici une preuve (fig. 604) où nous retrouvons les enlacements que nous avons admirés en étudiant la ferronnerie allemande, l'habileté de main-d'œuvre qu'a dépensée le forgeron, le dessin d'une composition sûre et hardie, fait de ce remplissage d'imposte un fort précieux modèle.

Les pentures apparentes étaient encore en usage, mais la structure de la menuiserie n'est plus la même que celle du moyen âge; aux frises droites, ont succédé les panneaux encadrés, et ici plus n'est besoin de rendre solidaires des frises qui n'existent plus; la penture devient donc une simple applique décorative d'un goût plus ou moins heureux, comme cela se pratique dans le meuble (fig. 605). La composition de notre exemple n'indique pas de la part de son auteur une très grande imagination, les répétitions de rinceaux sont trop fréquentes, mais l'ouvrier n'a pas évité les soudures, et les feuilles qu'il est parvenu à encoller témoignent d'une connaissance profonde de son art.

# LA BARBOTINE. — LES ÉMAUX

Les belles pièces de céramique que nous désignons sous le nom de barbotine doivent cette appellation à un terme de métier.

Dans les fabriques on donne ce nom à la pâte qui sert à opérer le collage des appliques, les anses par exemple. Cette pâte sert encore dans le procédé dit de coulage, elle a alors un état pâteux et est très chargée en eau. — Encore, en céramique on donne le nom d'*atelier de barbotine*, à l'atelier des sculpteurs en pâte sur pâte.

Et nous désignons sous ce vocable bizarre de *barbotine*, les magnifiques poteries chargées de sujets, de sculptures ou de fleurs, auxquelles la peinture vitreuse vient donner l'éclat si charmant qui nous séduit tant dans ces splendides produits de l'art.

L'émail a été connu des anciens, il paraît avoir eu pour berceau l'Inde, d'où ses procédés de fabrication se répandirent en Égypte, en Grèce, puis à Rome et enfin dans les Gaules.

C'est une poudre très fine composée de matières vitreuses mélangées d'oxydes métalliques destinés à donner la coloration. Cette poudre délayée dans l'eau forme une sorte de peinture qu'on applique sur le métal à émailler de différentes manières. La pâte humide adhère sur les surfaces, puis dans un four, on soumet l'objet à une haute température et la couche, appliquée entre en fusion, se vitrifie et fait corps avec le métal qu'on s'est proposé d'émailler. Pour obtenir les divers tons sans que la fusion mélange les couleurs, on procède par couches successives; préparées pour entrer en fusion à des températures différentes, c'est-à-dire que par exemple la première, posée, vitrifiée et refroidie, doit, quand la seconde couche est exposée à la chaleur, ne subir que juste la fusion nécessaire pour assurer l'adhérence de la seconde couche dont la fusion à elle est complète. On voit quelle expérience du travail doit posséder l'artiste émailleur, mais on comprend en même temps que ces difficultés mêmes lui assurent la possibilité de ne pas mélanger les tons nécessaires aux sujets qu'il a voulu représenter en émail.

On divise l'art de l'émailleur en cinq spécialités différentes que nous allons examiner ci-après :

1° *Émaux en taille d'épargne.* — Sous ce nom, on comprend les émaux incrustés dans de petites cellules qu'on a préalablement creusées dans le métal ; on a donc réservé ou épargné de petits filets qui resteront en métal apparent et cerneront l'émail comme dans le vitrail le plomb cerne le verre. On appelle *émail champlevé* ce genre de travail.

2° *Émaux cloisonnés.* — Ces émaux ne diffèrent des précédents qu'en ce que la cloison (ou filet) séparant les émaux, au lieu d'être obtenue par un creusement des surfaces devant recevoir l'émail, est faite d'un mince filet de métal formant le dessin, soudé sur l'objet à émailler. Ils en diffèrent aussi par l'opération de polissage qui fait araser les cloisons et les émaux, le métal brillant découpe alors le dessin, tandis que dans la taille d'épargne l'émail ne subit pas de polissage, il affecte une forme légèrement bombée qui fait saillie sur le métal, d'où sa deuxième dénomination de *champlevé*.

3° *Émaux de basse-taille.* — Ces émaux sont basés sur ce fait qu'une couche d'émail coloré translucide prend différentes intensités de tons suivant qu'elle a plus ou moins d'épaisseur. Si, par exemple, nous prenons deux plaques d'argent et que nous appliquions sur la première une couche de 1 millimètre, et sur la seconde une couche de 5 millimètres d'un même émail légèrement coloré de bleu si l'on veut, nous obtiendrons pour la couche mince un bleu très clair tandis que la seconde nous donnera un bleu beaucoup plus foncé. — Partant de ce principe, l'artiste trace son dessin et le grave en creux en donnant les plus grandes profondeurs aux endroits où il veut obtenir la coloration la plus soutenue, tandis qu'il entame à peine le fond là où il a besoin de parties éclairées. La couche d'émail sous l'action de la chaleur entre en fusion, et produit une surface nivelée dont les différentes épaisseurs translucides donnent les différents tons qui accusent le dessin.

4° *Les émaux mixtes.* — Ce sont ceux où les différents procédés décrits ci-dessus sont simultanément employés.

5° *Les émaux peints.* — Ces émaux se font comme la peinture ; le dessin tracé sur la plaque, l'artiste peint avec des émaux de différentes colorations, puis il enfourne. Il peut dans ce travail procéder par couches successives, comme nous l'avons dit plus haut.

Tous ces différents procédés d'emploi et d'application remontent très loin dans l'histoire. Nous avons vu les Assyriens donner à leurs productions architecturales un caractère tout spécial par l'emploi des briques et plaques émaillées dont les vives couleurs, rendues plus éclatantes encore par le poli de l'enduit vitreux, resplendissaient au soleil. Les Perses et les Hindous plus artistes, introduisirent l'élément dessin dans leurs émaux, firent une peinture de ce qui n'était auparavant qu'une mosaïque gigantesque, et furent amenés à la découverte des nombreux moyens propres à obtenir des effets d'opposition, de superposition et de transparence.

L'art de l'émailleur se répandit rapidement, l'Egypte, la Grèce, Rome et tant d'autres contrées ont laissé des spécimens qui attestent d'un art avancé et d'une connaissance profonde des mélanges.

Les Byzantins au VI$^e$ siècle empruntèrent à l'Orient ses procédés. Avec leur amour des couleurs chatoyantes, des pierreries, des métaux brillants, ils trouvèrent dans l'émaillerie une ressource décorative bien en harmonie avec leur goût pour la somptuosité et la richesse ; les émaux leur procuraient la possibilité de remplacer économiquement les pierres précieuses dans l'ornementation, d'obtenir des objets d'une valeur intrinsèque moindre, mais d'une valeur artistique plus grande. Ils appliquèrent l'émail sur la terre cuite, sur le bronze, le cuivre, l'or et l'argent ; les couleurs employées sont vives, peut-être un peu crues, mais voyantes et riches ; le bleu d'azur, les verts, les jaunes, etc., de toutes nuances sont rehaussés d'or ou d'argent. Ils appliquèrent aussi l'émail à la mosaïque en recouvrant d'un enduit vitrifiable de petits cubes de terre cuite. Une innovation due à Byzance est l'introduction du métal dans l'émail en l'employant non en poudre, comme dans l'aventurine, mais en feuille ou lames minces : sur une première couche d'émail était appliquée une lamelle d'or sur laquelle était ensuite déposé un enduit qui se vitrifiait au feu.

Les matières plastiques reçoivent aussi l'émail, la terre cuite par exemple, qui avant cuisson peut être moulée, est très favorable au procédé dit, basse-taille.

On a aussi obtenu de nos jours de fort beaux résultats en appliquant l'émail sur la lave de Volvic, l'adhérence est parfaite.

Tous les peuples ayant eu leur heure de civilisation ont pratiqué l'art de l'émailleur.

En France, c'est surtout aux ateliers de Limoges qu'on doit les émaux exécutés depuis le xv$^e$ siècle. — L'Italie, et notamment Venise, ont aussi produit des émaux dès la même époque; ce sont généralement des vases, des aiguières, des ornements religieux, crosses, etc.

Nous devons mentionner encore, les *émaux à jour*, connus surtout par les descriptions de Cellini, et les *résilles sur verre*, dessins en fils d'émail dont on décorait la verrerie.

La peinture en émail, art éminemment français, dégénéra vers le xviii$^e$ siècle en une sorte de miniature. On procède alors par une couche d'émail blanc étendue sur le métal et sur cette couche on peint au moyen de couleurs vitrifiables. Comme on le voit, ce n'est plus là de l'émaillerie, c'est une manière analogue à la peinture sur porcelaine.

## STYLE LOUIS XIV

Le règne de Louis XIV est la plus haute expression de l'idée monarchique. C'est à une formidable centralisation des forces et des idées, à une concentration absolue du pouvoir entre les mains d'un seul homme qu'avaient abouti les tendances révolutionnaires du XIIIe siècle. La puissance seigneuriale n'avait pu résister aux puissants efforts réunis de la bourgeoisie et de la royauté. Louis XI et Richelieu avaient employé des moyens dont l'efficacité n'est pas contestable, et le grand nivellement s'était accompli. Le seigneur féodal s'était métamorphosé en courtisan. Une seule tête alors domine tout un peuple, un seul homme tient en mains les destinées du pays, dispose à son gré, à son caprice de la fortune et de la vie de tous les Français, et de la royauté même il ne reste plus que le roi.

Louis XIV, qui a donné son nom au XVIIe siècle, est certainement une figure qui mérite que nous lui consacrions quelques lignes.

Aucun homme plus que lui ne fut doué des qualités propres à faire un roi. Il avait l'instinct du pouvoir, le besoin de diriger, et cette force immense que donne la foi en soi-même, si nécessaire pour commander aux autres. — L'esprit courtisan de l'époque était bien fait pour développer en lui ce colossal orgueil et ce besoin de despotisme effréné qui lui fit considérer la France comme son patrimoine, et l'amena à prononcer ces paroles despotiques qui eussent été ineptes dans toute autre bouche : *l'État, c'est moi !* Mais pour lui c'était vrai ; peu instruit, peu intelligent même, il semble avoir eu cette qualité du critique, qui, incapable de rien faire par lui-même, sait néanmoins discerner le mérite chez les autres, et, s'il n'exerce pas, est doué pour sentir, comprendre et juger ; qui a le sens du beau, des belles formes et des belles couleurs. Car il ne suffit pas, pour avoir le droit de critiquer, de n'être jamais satisfait ni d'être trop enclin à l'indulgence, on doit posséder autre chose. Il faut avoir ce sens droit, ce haut esprit philosophique qui fait considérer les choses par les résultats qu'elles doivent produire ; ce jugement sain qui est la résultante d'un système rationnel appliqué à l'examen des manifestations du génie humain, et d'une certaine croyance en soi-même pour oser se prononcer. Le critique résume l'ensemble de ses contemporains, il en connaît les goûts, les aspirations et les besoins, et enfin son jugement intelligent est d'autant plus indépendant qu'il ne pratique pas. Il est la sensitive intellectuelle qui subit l'impression, la nature d'élite que le créateur a faite pour sentir et désigner aux autres ce qui est noble, ce qui est bon, ce qui est beau.

Louis XIV, venu de nos jours, n'eût peut-être pas fait un critique, car pour cela il faut de l'intelligence et de l'érudition, mais il en posséda assurément cette qualité innée qui permet, parmi les hommes et les choses, à celui qui est doué de cet esprit supérieur, de faire un choix, une sélection, et qui, appuyée par l'autorité souveraine, met l'artiste en lumière, lui donne confiance en lui-même, et dans une certaine mesure impose son goût de nature supérieure qui peut en certains cas être un temps d'arrêt, mais qui n'est jamais un recul.

Quoi qu'il en soit, et laissant de côté le roi absolu, ne lui demandant compte ni de la révocation de l'édit de Nantes, ni des Dragonnades, événements qui sortent de notre sujet, nous devons reconnaître que Louis XIV, orgueilleux, despotique, et personnel au suprême degré, sut, tout en les laissant seulement graviter dans l'orbite de sa propre gloire, comme de modestes planètes brillantes, autour de l'astre étincelant, accueillir et grouper autour de son trône un grand nombre d'hommes supérieurs, qui tinrent de lui l'inspiration et lui donnèrent en échange ces majestueuses conceptions qui devaient immortaliser son règne. Et aussi nous ferions peut-être mieux, ne considérant que les faits acquis, d'envisager Louis XIV comme le fait Boileau, quand, se piquant de ne savoir pas flatter, il lui dit :

> Jeune et vaillant héros, dont la haute sagesse
> N'est point le fruit tardif d'une lente vieillesse,
> Et qui seul, sans ministre, à l'exemple des dieux,
> Soutiens tout par Toi-même et vois tout par Tes yeux.

## ARCHITECTURE

Pendant la minorité de Louis XIV, l'art ne se distingue guère de celui du règne précédent. Nous voyons Mazarin, qui était à Richelieu ce que le renard est au tigre, fonder le collège des Quatre-Nations et, à l'exemple de son prédécesseur, élever un palais à son usage, le palais Mazarin. — Au château de Blois, Gaston d'Orléans fit commencer des travaux importants par François Mansart, mais le projet comprenait la démolition de certaines parties. « Malgré le talent et la magnificence du plan de l'architecte, malgré la beauté d'exécution de ce que le duc d'Orléans eut le temps de conduire à fin, on ne doit pas regretter la réalisation complète de son projet, car il nous eût privés de deux admirables modèles du style architectural du siècle précédent.

« La façade du palais de Gaston, du côté de la cour, a deux étages au dessus du rez-de-chaussée. Dans l'axe de la façade se trouve un avant-corps formé au rez-de-chaussée par quatre colonnes doriques cannelées, portant quatre colonnes ioniques également cannelées au premier étage, le tout surmonté d'un fronton triangulaire sur les pentes duquel on voit les débris des statues assises de Minerve et de Mars. Au deuxième étage, en vue du bâtiment, se trouvent, au lieu de colonnes, des pilastres accouplés, d'ordre corinthien, couronnés par un fronton demi-circulaire, flanqué de trophées, dans le tympan duquel est l'écusson effacé de la maison d'Orléans; au-dessus, on voit la partie supérieure d'un buste de Gaston, de marbre blanc, qui avait été exécuté par le célèbre Sarazin, le dernier des sculpteurs de l'ancienne école française. L'extrémité de la toiture est décorée de lambels d'Orléans. A droite et à gauche de cet avant-corps, le reste de la façade se compose, au premier étage, d'une ordonnance de pilastres semblables à ceux de l'avant-corps, et au deuxième, de pilastres d'un ordre composite moins élevé que ceux de l'avant-corps. L'ordonnance de la façade, du côté des fossés, se compose de deux pavillons saillants aux deux extrémités, et d'une partie centrale au milieu de laquelle se trouve un avant-corps peu saillant. Quant à la décoration architecturale, elle se compose des mêmes éléments que la face intérieure.

« Pour revenir à la façade intérieure : depuis l'extrémité des deux retours du bâtiment, jusques aux coins de l'avant-corps du milieu, régnaient deux terrasses, au niveau du premier étage, qui formaient des portions de cercle dans les angles de l'édifice ; elles étaient soutenues de chaque côté par des colonnes d'ordre dorique accouplées. Sur ces terrasses garnies de balustres, on voit plusieurs groupes de marbre ; le duc d'Orléans était représenté dans celui de l'avant-corps sous la figure de Mercure... L'escalier principal de l'aile de Gaston, qui n'a pas été exécuté, aurait été placé dans l'avant-corps, et ne serait allé que jusqu'au premier étage, la cage de l'escalier étant terminée par une coupole qui devait être vue d'en bas. Cette coupole est ornée de sculptures dans le grand style de Louis XIV, dont une partie a été exécutée avec une remarquable habileté, et dont l'autre est restée à l'état de tracé. (*Archives des monuments historiques.*)

Dans la seconde moitié du xvii$^e$ siècle, Louis XIV règne en maître absolu, il est la cheville ouvrière du grand mouvement artistique et littéraire ; tout est fait pour lui, tout est écrit pour lui ; on reproduit ses traits sous mille formes, on chante ses louanges sur tous les tons ; ce n'est plus un roi, c'est un dieu. Cet asservissement des beaux-arts à la volonté d'un seul est surtout marqué dans l'architecture, la sculpture et la peinture. Jusqu'au « grand roi, la Renaissance, dit M. Viollet-le-Duc, est un fleuve rapide, fécondant, varié dans son cours, roulant dans un lit tantôt large, tantôt resserré, attirant à lui toutes les sources, intéressant à suivre dans ses détours. Sous Louis XIV, ce fleuve devient un immense lac aux eaux dormantes, infécondes, aux reflets uniformes, qui étonne par sa grandeur, mais qui ne nous transporte nulle part, et fatigue le regard par la monotonie de ses aspects. »

Mazarin en mourant avait donné au roi un homme d'une grande valeur, Colbert, le ministre énergique qui apporta dans la direction des beaux-arts cet esprit uniforme et réglé de l'administration ; influence directe peu favorable au développement de l'art, empêchant toute spontanéité et mettant un frein à l'imagination.

Lebrun, qui avait contribué à former l'Académie de peinture et de sculpture, fut nommé peintre de la couronne et, « pendant un quart de siècle, dit M. Vitet, Lebrun devint l'arbitre et le juge suprême de toutes les idées d'artiste, le dispensateur de tous les types, le régulateur de toutes formes ; c'est d'après ses modèles que les enfants dessinent dans les écoles ; c'est lui qui donne aux sculpteurs le dessin de leurs statues ; les meubles ne peuvent être ronds, carrés ou ovales, que sous son bon plaisir, et les étoffes ne se brochent que d'après les cartons qu'il a fait tracer sous ses yeux. Il est vrai qu'il résulta de cette prodigieuse unité d'organisation une espèce de grandeur extraordinaire, un spectacle imposant, dont tous les yeux furent éblouis ».

Il eût fallu un homme de génie pour empêcher l'architecture de subir

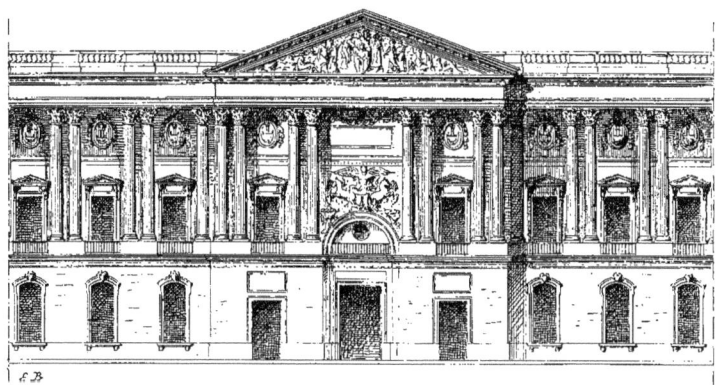

Fig. 606. — Colonnade du Louvre.

cette influence centralisatrice, mais aucun architecte ne se trouva à ce moment pour contre-balancer l'autorité de Lebrun. Le premier architecte du roi était Louis Levau, qui avait élevé le palais Mazarin, le château de Vaux et plusieurs hôtels, et qui eut la direction des bâtiments royaux de 1653 à 1670, époque où il mourut. Levau fit divers travaux aux Tuileries, termina le pavillon de Flore et celui de Marsan.

Colbert, en 1664, fut nommé surintendant des bâtiments du roi, et, digne ministre d'un tel maître, il voulut faire grand et magnifique, et commencer par la continuation du Louvre. Il demanda des dessins à Levau. Mais, non satisfait, il prit le parti de mettre au concours le projet de la grande façade du Louvre. De nombreux dessins furent fournis et Colbert distingua parmi les projets celui du médecin Claude Perrault. Mais, en administrateur prudent il demanda encore des dessins aux artistes italiens, et enfin Colbert conseilla à Louis XIV de faire venir en France Jean-Laurent Bernini, le fameux cavalier Bernin, bruyante personnalité qui arriva en France en triomphateur.

Mais il ne triompha pas, ses plans ne furent pas adoptés, et on décida d'exécuter le projet de Claude Perrault (1665) (fig. 606). C'était un retour absolu vers l'antique, mais c'était aussi un pas immense fait dans le sens de cette architecture colossale si peu faite pour notre climat et nos ressources en matériaux.

L'influence qu'exerça la colonnade sur l'architecture de la France et de l'Europe fut immense, et les monuments qu'elle a inspirés sont innombrables. A Paris seulement : le Garde-Meuble, le Ministère de la Marine, la Monnaie, la place Vendôme sont des exemples de cet engouement.

« Mais malgré l'enthousiasme excité par la colonnade, dit M. L. Château malgré l'influence qu'elle exerça et qu'elle exerce encore sur notre architecture, on est bien revenu sur la grande réputation qu'elle possède. Les hommes les plus compétents sont tous d'accord pour reconnaître son aspect imposant et majestueux ; mais on n'y reconnaît rien de ces beautés dont on retrouve les modèles chez les anciens. Ce n'est qu'une décoration théâtrale, sans liaison entre ses parties, ni avec l'édifice qu'elle sert à masquer ; elle paraît construite pour étonner les yeux, tandis que les monuments grecs satisfaisaient à la fois les yeux, le goût et la raison. Perrault, oubliant qu'il avait à terminer un édifice, ne tint aucun compte de ce qu'avaient fait ses prédécesseurs. De là le manque absolu d'accord entre l'œuvre de Lescot et le sien. Cette décoration plaquée était tellement peu en relation avec l'intérieur de la cour et avec les appartements du premier étage, » « que le médecin-architecte, disent MM. Lenoir et Vaudoyer, n'avait pu ouvrir de fenêtres sous son portique dans l'impossibilité où il se fût trouvé de les faire coïncider avec celles des façades sur la cour. En outre, le niveau de la corniche supérieure de la façade de Perrault dépassant de beaucoup celui de l'attique de Lescot, il fallut chercher un moyen de dissimuler cette choquante irrégularité, et ce fut en substituant un troisième ordre à l'élégant attique du Louvre de Henri II qu'on y est parvenu. Il est à regretter que cette modification de l'ordonnance des trois étages de la cour n'ait pas eu uniquement lieu sur cette façade, et que plus tard on se soit cru obligé d'opérer une déplorable mutilation en démolissant une partie de l'attique décoré des belles sculptures de Paul Ponce, pour le remplacer par ce troisième ordre, qui est certes bien loin de produire un effet aussi satisfaisant. »

De médecin, Perrault était devenu artiste; d'ailleurs pourquoi non ? Il fit encore l'Observatoire, la chapelle du château de Sceaux, etc., et publia un certain nombre d'ouvrages traitant de l'art de l'architecture, et des études sur les sciences.

Mais Paris bruyant et travailleur plaisait peu à Louis XIV, sa grandeur, « qui sur le Rhin le retenait au rivage », comme l'a dit malicieusement Boileau, se trouvait à l'étroit dans le palais du Louvre, et les autres résidences royales étaient devenues indignes d'abriter le souverain qui se comparait modestement au soleil. Il tourna ses regards du côté de

Fig. 607. — Pavillon à Versailles.

Versailles, et du simple rendez-vous de chasse de Louis XIII il créa le palais fastueux qui fut depuis le séjour habituel des rois.

Le palais de Versailles est l'œuvre symbolique du règne du « grand roi »; il en pétrifie la pensée, les grandeurs, l'orgueil immense et cruel à la fois.

Versailles a coûté un demi-milliard à la France, on voit que la grandeur du règne pas plus dans le domaine de la paix que dans celui de la guerre n'a été obtenue qu'aux prix des plus lourds sacrifices faits par le pays. Mais Louis « le Grand » dans son naïf égoïsme eut une demeure digne de lui, « un petit univers dont il fut le centre, la vie ».

Le palais de Versailles est trop important pour qu'il nous soit possible d'en aborder la description ici, cependant nous en examinerons sommairement l'édification.

Levau commence en 1661, avec ordre de respecter les constructions de Louis XIII et pousse les travaux avec une telle activité que la cour peut s'installer à Versailles en 1672. A Levau succède Jules Hardouin-Mansart, neveu de l'architecte italien et le fils de Jules Hardouin, premier peintre du cabinet du roi.

Dans l'ordonnance de son œuvre, qui allait avoir une action considérable sur l'architecture européenne, « Hardouin-Mansart, dit M. L. Château, ne put pas échapper à l'influence de la colonnade de Perrault, dans les façades du jardin on retrouve en effet un soubassement élevé portant un premier étage richement décoré de colonnes, et un second étage formant attique surmonté d'une balustrade (fig. 607). Cette ordonnance se répète sur une immense étendue, la symétrie absolue qui y règne dans toutes ses parties et le vaste développement des grandes lignes horizontales que n'interrompent ni l'extrême saillie du corps central, ni celle à peine sensible des divisions de la façade, cette ordonnance est malgré la masse grandiose de l'édifice, d'une monotonie fatigante ».

Ce n'est ni le goût ni même le génie qui a manqué pour faire de Versailles un incomparable édifice, c'est la liberté de l'artiste. Tout est ployé au goût du maître. Le satisfaire, tel est l'objectif. Le programme, c'est faire grand, majestueux ; le beau que peut seule donner la pensée libre ne serait pas compris ; à grand roi il faut grandes choses, et le palais en effet est grand. Mansart l'a construit, Lebrun l'a décoré de peintures, et Le Nôtre en a tracé les jardins. On doit encore à Mansart le château de Marly.

La plus belle œuvre architecturale du règne de Louis XIV est sans contredit l'hôtel des Invalides, monument complet dans toutes ses parties, admirable de proportions et imposant dans son ensemble, et qui plus qu'aucun autre de cette époque répond admirablement à sa destination.

Libéral Bruant, l'architecte qui a élaboré les plans de l'Hôtel des Invalides, semble avoir joui d'une plus grande liberté que ses confrères chargés des autres constructions. C'est par un arrangement général d'emprunts faits à l'antiquité que Bruant composa son chef-d'œuvre, il a franchement accusé l'origine, et logiquement a su réunir les parties dans le seul ordre qui pouvait convenir et les proportionner pour former ce tout harmonieux qui fait l'admiration des artistes.

Fig. 608. — Hôtel des Invalides.

L'édifice fut commencé en 1670 par Libéral Bruant et continué à partir de 1675 par Hardouin Mansart.

La façade principale, au nord, présente un grand développement et est d'une grande simplicité de lignes ; au centre couronnant la porte, on voit la statue équestre de Louis XIV. L'autre façade au midi est celle de l'église royale ou du dôme (fig. 608). « On y entre du côté du midi, où s'élève une façade quadrangulaire au milieu de laquelle se trouve un portique décoré de deux ordres... Le Dôme est l'œuvre qui mit le comble à la réputation de Mansart. Extérieurement le tambour qui supporte la coupole est orné de quarante colonnes composites accouplées ; entre chaque couple s'ouvre une vaste fenêtre carrée ; une balustrade surmonte l'entablement de cette ordonnance. Au-dessus s'élève un attique percé de fenêtres cintrées, contrebuté par des piliers en forme de volute, placés au droit des couples des colonnes inférieures et surmonté d'une corniche ornée de candélabres. La coupole s'élève derrière cet attique. Elle se compose d'une calotte extérieure en charpente recouverte de plomb ; de larges côtes décorées de trophées militaires, chacun couronné par un casque dont l'ouverture sert à éclairer la charpente intérieure composent une riche ornementation encore augmentée par la dorure... « Au-dessus du dôme de charpente s'élève une lanterne à jour terminée par un petit clocher très aigu terminé par un globe et une croix... Cette construction élégante donne au Dôme des Invalides une hauteur totale de plus de 100 mètres. »

On doit encore à Hardouin Mansard : les bâtiments de Saint-Cyr, la place Vendôme, la place des Victoires, la chapelle du château de Versailles, etc.

Nous aurons à citer maintenant la porte Saint-Denis, œuvre capitale de Blondel, et élevée au roi comme l'indique l'inscription : *Ludovico magno*, que tout bon Parisien parisiennant se doit à lui-même de traduire par « la porte Saint-Denis ». Blondel, qui n'était pas architecte, mais mathématicien, s'éprit en Italie d'un bel amour pour l'architecture, travailla, étudia et devint professeur. Parlant des belles proportions qu'il a su donner à l'édifice il dit : « J'ay même recherché avec soin, que le peu d'ornemens dont elle est parée fust extraordinaire, et choisi parmi ceux qui ont eu et qui ont encore le plus de réputation dans les ouvrages des anciens ; et comme tout le monde tombe d'accord qu'il n'y a rien de plus beau parmi les restes de l'antiquité que la colonne Trajane, que les obélisques qui ont été transférés d'Egypte en la ville de Rome, et ce reste de la colonne rostrale que l'on voit encore au Capitole, j'ay voulu que l'ornement de la porte Saint-Denis fust composé de parties copiées sur de beaux originaux » (fig. 609).

La porte Saint-Martin (1674) est l'œuvre de Pierre Bullet élève de Blondel.

Pour l'architecture religieuse, nous nous bornerons à mentionner les églises : Saint-Roch, Notre-Dame des Victoires, Saint-Louis en l'Ile, Saint-Thomas d'Aquin et Saint-Sulpice.

Dans le domaine de l'architecture civile le grand mouvement fut suivi.

Fig. 609. — Porte Saint-Denis.

On imita partout les constructions royales et particulièrement Versailles. Contrairement au moyen âge les habitations deviennent vastes, aérées, lumineuses. Cependant on recherche plus l'espace que la commodité, la distribution indique un manque complet d'étude ; mais nous aurons à revenir plus loin sur ce sujet.

Une habitation se composait, disent MM. A. Lenoir et L. Vaudoyer, « d'un bâtiment principal, précédé d'une cour plus ou moins vaste, destinée à la circulation et au stationnement des carrosses ; sur les côtés de cette cour, des bâtiments de dépendance pour les remises, les écuries et les communs avec des entrées séparées sur la rue. Derrière le bâtiment d'habitation un jardin, auquel donnaient accès les portes-fenêtres des appartements du rez-de-chaussée. Le vestibule et l'escalier étaient ordinairement placés dans un angle, quelquefois aussi au centre même du bâtiment. Outre l'escalier principal qui s'arrêtait au premier étage, des escaliers de dégagement étaient disposés de manière à faciliter le service. Les appartements se divisaient en appartements de réception et en appartements d'habitation : les premiers, situés au rez-de-chaussée, se composaient de plusieurs grandes pièces différentes de forme et de décoration, appropriées à l'usage duquel elles étaient destinées, et mises en relation entre elles par des percements pratiqués avec symétrie. Les appartements d'habitation étaient ordinairement au premier étage ; ils offraient des recherches et des commodités auxquelles on n'avait pas été habitué antérieurement à cette époque. Au XVIIe siècle, la dimension des portes fut notablement accrue ainsi que celle des fenêtres ; on éleva celles-ci jusqu'aux plafonds, pour les mettre en rapport avec les portes et à la fois pour donner plus de gaieté à l'intérieur, en permettant de jouir de la verdure des jardins. La hauteur des étages et la grande dimension des pièces dont se composaient les appartements permirent d'introduire un nouveau système de décoration, d'y apporter à la fois plus de recherche et plus de luxe. La peinture et la sculpture, ces deux sœurs jumelles de l'architecture, furent appelées à lui prêter leur concours pour réaliser ces harmonieuses décorations dont l'Italie jusqu'alors avait gardé le privilège.

« Ce qu'il importe de remarquer dans les productions architecturales de cette époque, c'est l'uniformité qui existe dans la disposition, la distribution et le mode de construction des bâtiments, c'est l'unité de style qu'on retrouve dans les moindres détails, toutes les formes de la menuiserie, de la serrurerie, tous les éléments décoratifs étaient empreints du même caractère ; il en résultait cette harmonie complète qui est le signe de tout art véritable. Quant au goût proprement dit qui dominait alors, ce n'était certainement pas le plus pur ; mais les arts ne peuvent se soustraire à l'influence du goût général qui prévaut dans chaque période sociale, et l'on peut affirmer que les mêmes artistes, doués des mêmes facultés, s'ils avaient vécu à une autre époque, se seraient manifestés d'une autre façon, tout en déployant le même talent. »

Nous aurons une idée suffisante du style des façades en donnant un dessin composé par Lebrun (fig. 610). Le grand peintre dont l'œuvre colossale eut une action immense, savait aussi parfois faire de l'architecture et, dans ce cas particulier, on doit avouer que, étant donné le goût de l'époque, il ne s'est pas montré malhabile.

Il nous reste à mentionner en bloc de nombreux hôtels d'où nous détacherons seulement les noms de : de Luynes, de Clermont, de Belle-Isle, de Saint-Aignan, de la Vrillère (aujourd'hui la Banque de France) et tant d'autres.

Fig. 610. — Dessin de Lebrun.

Les châteaux aussi sont nombreux : ceux de Dampierre, de Chantilly, de Chavigny, de Chevreuse, de Sceaux, etc., etc.

## LES CARACTÉRISTIQUES DU STYLE

Il se dégage de l'ensemble des œuvres architecturales du règne de Louis XIV un caractère de puissante unité, de grandeur majestueuse et d'orgueilleuse magnificence. C'est bien l'architecture monarchique convenant au roi absolu, dont le goût réglemente l'art, dont le caprice fait loi, et autour duquel tous rampent et flattent.

Le style Louis XIV est grand, il n'est pas beau ; il est luxueux, mais non rationnel. On sent dans presque toutes les productions que l'artiste est savant, délicat et habile, mais que sa pensée entravée ne peut prendre son vol, et qu'il lui faut se courber sous le despotisme d'une mode.

*Soubassements élevés.* — L'antiquité, pour placer ses édifices dans de bonnes conditions d'aspect, les avait souvent élevés sur une sorte d'immense piédestal. Au XVII$^e$ siècle, c'est un haut rez-de-chaussée qui joue le rôle de soubassement, comme on le voit au Louvre par exemple.

*Les ordonnances colossales.* — C'est la colonnade du Louvre qui implanta en France les colonnes ou pilastres occupant toute la hauteur d'un édifice divisé par étage. C'est le besoin de pompeux et de solennel qui en est cause, on voulait de la grandeur, et, pour l'obtenir, on se préoccupa peu des convenances à satisfaire, de la nature des matériaux et même de la destination du monument.

*Les toitures.* — Beaucoup de toitures sont plates, à l'italienne (en imitation de terrasse). L'attique des façades dans ce genre de couverture est fait d'une balustrade. — Les combles à la Mansart, du nom de l'architecte François Mansart, « qui, dit M. Chabat, les a non pas inventés, comme on l'a cru longtemps, mais remis en usage ». Ces combles sont à deux égouts, mais à rampants brisés (fig. 611) ; la partie se rapprochant le plus de la verticale, se nomme le vrai comble, et la partie supérieure à pente douce est le faux comble. Les logements ménagés dans la charpente de cette toiture, ont pris le nom de mansardes.

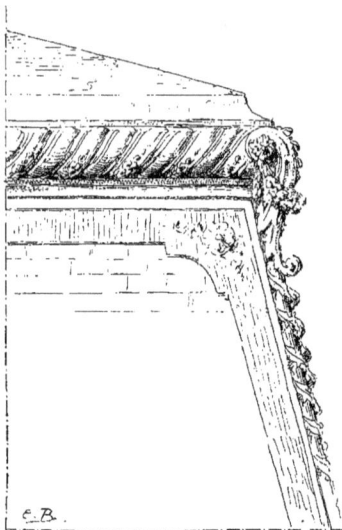

Fig. 611. — Comble à la Mansart.

*Les balustrades.* — Pour imiter la terrasse italienne, il fallait un balcon, un garde-fou et on en revient au balustre tourné. Au droit des pilastres ou des colonnes, les balustrades sont coupées par de petits piédestaux qui portent un vase ou un trophée.

*Symétrie.* — Déjà, au XVIe siècle, on avait inauguré la symétrie dans le sens de la répétition absolue des motifs ou membres d'architecture des deux côtés d'un axe. Au XVIIe siècle, le goût des *pendants* a force de principe ; pas de bel édifice si son côté droit ne répète absolument son côté gauche ; ce système fut, à cette époque, employé partout. Etait-ce bien ? était-ce mal ? Nous croyons pouvoir répondre, sans nous compromettre, à la fois oui et non ; oui, quand la symétrie ne gêne en rien et sert au contraire en facilitant la conception ; non, si la symétrie est un embarras et conduit à modifier un bon plan pour la satisfaire.

## STYLE LOUIS XIV

*Les corniches.* — Les corniches, comme du reste tous les profils, sont empruntés à l'architecture ancienne. Cependant l'élément Renaissance vient de ses formes gracieuses animer un peu la froideur des moulures (fig. 612).

Fig. 612. — Profil. Hôtel de ville de Lyon.

*Les guirlandes.* — Nous avons déjà rencontré ces éléments décoratifs dans les styles précédents, mais peu fréquemment employés. Ici nous les retrouvons sur les consoles, sur les chapiteaux, sur les corniches, dans les frises. Parfois ce sont des fruits, des fleurs ou des feuillages.

*Les rubans.* — Les rubans sont très employés dans la décoration, ils servent à lier les branches formant les couronnes, à attacher les guirlandes, etc. Ils sont toujours capricieusement ployés, chiffonnés, contournés, et leur extrémité est coupée en double pointe. On en verra un exemple plus loin sur une clef provenant de l'hôtel des Invalides.

*Les trophées.* — En général, les trophées sont composés d'armes et d'armures. Ils sont en bas-reliefs comme ceux qu'on voit sur le dôme des Invalides ou sur les piliers de la porte Saint-Denis; ou bien placés en couronnement, ainsi que le montre notre dessin de pavillon à Versailles. On voit aussi des trophées champêtres et allégoriques.

*Les vases.* — Ils tiennent une place considérable dans l'architecture et dans la décoration de l'époque qui nous occupe. Souvent employés en couronnement, ils remplacent les fleurons;

Fig. 613.
Vase du bassin de Neptune. Versailles.

on les voit aussi surmonter les colonnes et les pilastres et saillir sur l'attique. Ces vases affectent souvent la forme d'une soupière allongée, et de l'orifice supérieur sort une flamme. Dans les jardins et les parcs, les vases sont très variés, cependant c'est la forme dite « Médicis » qui domine (fig. 613).

*Les larmes.* — Elles s'emploient sur les bossages, sur les faces des bassins et des fontaines, c'est une sorte de stalactites d'applique. Le vase précédent nous en montre un exemple sur son socle. (On désigne encore ces coulures sous le nom de flocons.)

*Les gaines, les fuseaux.* — Ces formes se retrouvent souvent dans le style Louis XIV, aussi bien dans la pierre que dans le bois et le fer. Parfois même la gaine est formée de lignes courbes. Les extrémités sont toujours terminées par un sujet, des volutes ou une coquille, et la gaine est en applique.

Fig. 614, 615. — Chapiteau et base. Hôtel de Lauzun.

*Les chapiteaux.* — En dehors des chapiteaux classiques, dorique, ionique et corinthien, l'architecture de la fin du xvii<sup>e</sup> siècle a employé un grand nombre de compositions. On peut dire que souvent ces créations font un plus grand honneur à l'imagination et à l'habileté du dessinateur, qu'à son goût et à sa faculté de concevoir le beau. Nous voyons la corbeille habillée de nervures à volutes remplie d'ornements plaqués, têtes, guirlandes, entrelacs, médaillons, chimères, perles et pierreries ; encore, la corbeille est cannelée, ventrue et fouillée ; mais cette abondance de sujets décoratifs a cet inconvénient grave de forcer à la maigreur, il faut faire petit, chétif, pour pouvoir faire tout tenir. C'est quand ils cherchent les inspirations chez les anciens que les artistes font leurs meilleurs chapiteaux (fig. 614, 615), savent leur donner plus d'ampleur et de grâce. Comme on le voit sur ce croquis la tête, un peu forte cependant, ne jure nullement avec l'entourage.

*Les bases.* — Elles suivent absolument les mêmes variations que les chapiteaux, mais, occupant une place moins en vue elles échappent souvent à cette profusion d'ornements mesquins placés sans raison, et souvent sans lien entre eux. (Voir les figures 614, 615, ci-dessus.)

*Les consoles.* — Par plus d'un point, les consoles ressemblent à celles du règne de Louis XIII. Comme elles, elles ont des volutes inclinées, des coquilles et autres ornements, mais elles en diffèrent par la grande ligne qui réunit les volutes extrêmes ; cette ligne est formée de deux courbes se réunissant par une brisure (fig. 616). La ligne qu'indique notre croquis est parfois plus allongée, ou encore plus accentuée. Dans certains exemples, les consoles s'unissant à la décoration générale ressautent les profils et en adoptent l'ornementation ; la galerie d'Apollon au Louvre nous en offre un spécimen (fig. 617). Beaucoup d'autres formes sont

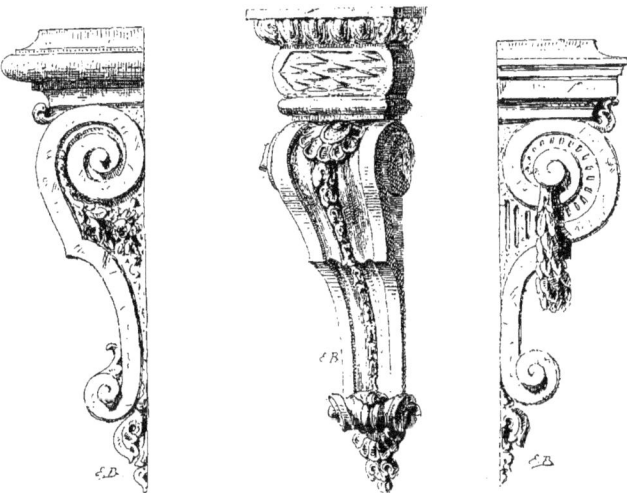

Fig. 616. — Courbe de console.   Fig. 617, 618. — Consoles.

encore usitées dans les consoles, et ce n'est souvent que par le caractère de la partie décorative qu'on peut arriver à les distinguer ; nous pouvons encore mentionner les consoles droites, avec canaux ou glyphes, astragale et tablette, une simple saillie et un cavet rappelle le corbeau ; les consoles en forme de gaines avec courbe en S, et volutes haut et bas : enfin d'autres consoles sont formées de deux courbes en sens inverses et réunies par une face (fig. 618) ; ces consoles sont parfois ornées d'une guirlande.

*Les coquilles*. — Elles servent dans l'ornementation à habiller les consoles, elles se placent dans les feuillages des frises, elles forment amortissements, départs, etc.

*Les clefs*. — En général les clefs, formant le motif principal de couronnement des portes, sont très riches, mais fort souvent elles n'ont qu'un caractère d'applique. Ce n'est pas toujours cet élément solide et robuste, qui doit par sa force apparente indiquer sa fonction, c'est quelquefois une tête appliquée sur le nu sans aucun autre accompagnement qu'un feuillage, des rinceaux et des rubans ; d'autres fois c'est une sorte de

Fig. 619. — Clef. Hôtel des Invalides.

console avec guirlandes et rubans (fig. 619). Comme on le voit, cette clef, d'une bonne composition cependant, semble une applique, elle est en pierre sculptée dans la masse, et possède des formes qui seraient surtout exécutables en carton-pierre ou staff.

## ORNEMENTATION SCULPTURALE

La statuaire française a, dans une certaine mesure, échappé à l'influence de l'école italienne dont la recherche théâtrale était poussée à l'extrême. Michel Auguier sculpte les énergiques bas-reliefs de la porte Saint-Denis,

Fig. 620. — Ornement courant.

le portrait en marbre de Colbert, etc. Pierre Puget, de Marseille, était sculpteur sur bois ; il se mit à travailler le marbre. On a de lui le Milon de Crotone, le Persée délivrant Andromède, etc., etc. Mentionnons encore pour mémoire, Girardon, le Lebrun du marbre, Coysevox, et tant d'autres.

Dans l'ornementation, nous voyons beaucoup de détails empruntés à la Renaissance dont la capricieuse imagination, souple et sûre, se complaisait dans les entrelacs, les figures formées de lignes droites et de lignes courbes (fig. 620). Des lignes contrariées, succession de volutes ou spirales, de parties droites, de courbes en forme d'S, s'entre-croisant par demi-motifs symétriques (fig. 621). Des canaux droits avec forme en

Fig. 621. — Ornement détaché.

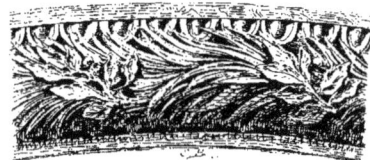

Fig. 622. — Ornement courant.

niche par le haut et quelquefois occupés par une enfilade de petits fleurons dont les dimensions vont en diminuant. Des canaux obliques,

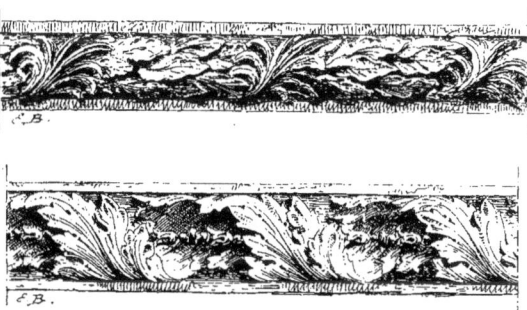

Fig. 623, 624. — Ornements courants.

des torsades profilées, de grandes esses formant postes et alternées de cercles, de rosaces et de feuilles. Des feuillages de chêne et de laurier, sculptés particulièrement sur les gros boudins des profils, parfois mélangés de feuilles de palmier ou d'olivier comme au salon de la Guerre à Versailles (fig. 622-623). Les feuilles roulées sur un boudin cannelé ou décoré d'une manière quelconque ; autour d'une baguette profilée, (fig. 624) ; moyen décoratif qui cependant convient mieux à la peinture.

## LA PEINTURE

C'est Charles Lebrun, élève de Simon Vouet, qui incarne la peinture au temps de Louis XIV. Il a, on peut dire, fait Versailles, car, non content de décorer le palais par un travail immense et grandiose, il a encore fourni une foule de dessins de décoration architecturale, et il n'a pas dédaigné de ployer son talent à la simple peinture décorative, il excellait à marier les ors et sa palette avait les plus belles couleurs.

La décoration peinte de cette époque affectionne les tons chauds, riches, jamais violents ; de beaux dégradés fortement mis en valeur par de vigoureuses et transparentes ombres brunes. Le brun, le chamois, les bleus, les verts, les rouges et plus particulièrement le violet et le carmin sont employés avec une harmonie parfaite ; on peut ne pas goûter le style de la composition, mais il est difficile de ne pas reconnaître l'admirable richesse de la tonalité, qui vient encore éclairer et rehausser l'or, qui partout est répandu à profusion.

## LA SERRURERIE

Nous avons vu plus haut que l'uniformité, l'unité si l'on préfère, était le caractère dominant de l'art en général pendant la durée du gouvernement absolu de Louis XIV ; nous avons vu les mêmes formes appliquées de parti pris à différentes natures de matériaux. Eh bien, il en est de même pour le travail du fer, nous allons retrouver les lignes qu'on peut voir dans la pierre, dans le meuble, dans la décoration peinte.

La petite serrurerie est fort belle, la ciselure et la dorure creusent et rehaussent les ornements délicats qui les couvrent. C'est à cette époque, que l'amour de la symétrie apporte l'usage des gâches de répétitions, ces fausses serrures qui n'ont d'autre utilité que de faire confondre le vantail dormant avec le vantail mobile ; mais à part cet inconvénient, et d'autres encore, c'était de la symétrie. Les charnières, les boutons de portes, sont également ciselés d'ornements du même style. Parmi les objets mobiliers, nous devons citer de belles garnitures de cheminées, quoique généralement on donne alors la préférence au cuivre.

Mais cette fine serrurerie si délicate si précieuse et si belle si l'on veut, marque une transformation dans le travail du fer ; le cuivre y entre pour un grand nombre d'éléments, il est fondu et ciselé ; le fer est limé et poli, guilloché, gravé ; c'est un amoindrissement du travail de la forge, c'est l'ouvrier de précision, l'ajusteur qui apparaît et va demander au ciseau et à la lime ce travail mathématique qui est loin d'avoir le caractère artistique du marteau. Il est vrai que ce dernier ne convient guère qu'aux pièces qui doivent rester noires, brutes de forge et ne demander d'autre polissage que celui que peut leur donner l'usage.

Mais hâtons-nous de le dire, l'ajusteur n'a pas tué le forgeron, celui-

Fig. 625, 626. — Chapiteaux.

ci va continuer à corroyer durement ce métal qu'il aime, et, comme ses devanciers, lui commander la souplesse et la malléabilité.

Les lignes de la décoration appliquées à la serrurerie composèrent de fort beaux morceaux de ferronnerie (fig. 625-626). Dans les balcons, les appuis de fenêtres on faisait un peu comme de nos jours, un cadre en fer rempli par des enroulements dans le goût de l'époque avec quelques culots en tôle repoussée ; on voit alors souvent les extrémités des brindilles ondulées en flammes, formées par une série de billes dont la grosseur va en diminuant pour se terminer par une brindille plus petite roulée en noyau à son extrémité. La décoration des balcons est plus ou moins riche : un cercle et quatre esses enfermés dans un cadre suffisent à faire le remplissage. Parfois, même dans la largeur d'une fenêtre il est divisé par panneaux, un petit à chaque extrémité et un grand dans le milieu. Dans les panneaux extrêmes, on fait la garniture par des gaines volutées et feuillées, et dans le panneau central un remplissage riche, où les fers s'entre-croisent en s'assemblant moitié par moitié d'une façon symétrique, et sont ornés de fleurs et de culots. Une forme très carac-

Fig. 627, 628. — Grilles de parc.

térisée des balcons de l'époque est celle dite « ventrue » c'est-à-dire galbée. La ligne partant presque verticalement de la main-courante se

# STYLE LOUIS XIV

courbe légèrement vers l'extérieur en demi-cercle pour venir retrouver l'aplomb de la main-courante. En plan, les balcons prennent souvent la forme ovale ou elliptique au milieu avec raccords à angle droit aux extrémités.

Les grilles Louis XIV sont fastueuses, c'est toujours plus une décoration qu'une défense, le portail est très important et très haut tandis que les bas côtés, d'une hauteur relativement beaucoup moindre, se raccordent à la partie centrale par des consoles renversées à la manière des ailerons de frontons (fig. 627-628). Ces figures proviennent d'une ancienne estampe indiquant un travail à peu près inexécutable; nous les avons remaniées, sans changer toutefois le caractère, pour en faire des documents utilisables et répondant à nos besoins modernes.

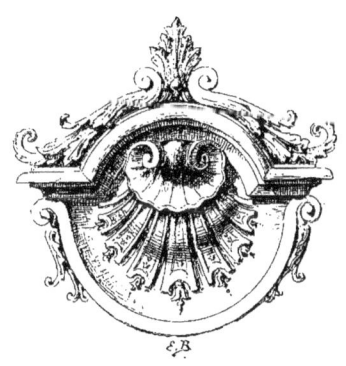

# MARQUETERIE

La marqueterie est une sorte de mosaïque en bois, cependant elle en diffère par le dessin donné aux contours des éléments qui la composent. En effet la mosaïque est faite de petits cubes de différentes couleurs qui forment une sorte de tapisserie, tandis que dans la marqueterie chaque morceau devant concourir à l'ensemble a ses contours tracés et découpés à l'avance ; il occupera la seule place qui lui était destinée. C'est donc plutôt la pierre ou le marbre, s'ils étaient découpés suivant un dessin, qui seraient de la marqueterie.

Nous distinguerons deux espèces distinctes de marqueterie :

1° Celle où le bois entre seul et doit fournir les nuances nécessaires. Dans ce travail, étant donné le peu de nuances naturelles que donnent les différentes essences, on est forcé de recourir à la teinture pour obtenir une plus grande variété de tons. Les sujets qui conviennent le mieux à ce genre de travail du bois sont des compositions simples procédant par surfaces de même ton, ainsi par exemple : les dessins géométriques, les arabesques, les oiseaux, les fleurs, etc.

2° La marqueterie où les métaux, les écailles, l'ivoire, les nacres, etc., viennent s'incruster dans le bois. C'est de beaucoup la plus riche.

Dans les deux espèces ci-dessus, les artistes rehaussaient leurs compositions par des engravures qu'ils remplissaient ensuite avec une cire résineuse capable d'acquérir une grande dureté et colorée en noir, en brun en vermillon, ou mouchetée de paillettes d'or.

La marqueterie fut d'abord exécutée en ivoire et en ébène ; l'opposition du blanc et du noir était favorable surtout aux dessins géométriques, fougères, damiers, etc. Le développement des relations commerciales eut une part notable dans les progrès de la marqueterie. Les bois naturellement colorés recueillis aux divers points du globe ne donnaient cependant pas aux artistes une quantité suffisante de tons, on recourut à la coloration artificielle.

« Le plus difficile, dit M. Jacquemart, était, sans contredit, le modelé destiné à donner aux choses l'apparence réelle; on y arrivait par deux moyens : le feu et les acides.

Pour colorer le bois au feu, voici comment on s'y prenait : On mettait du sablon ou du sable fin de rivière dans une pelle de fer soumise à l'action du feu; lorsque, par des essais opérés au moyen de petites tablettes de bois blanc, on s'était assuré que la chaleur du sable était suffisante pour roussir la fibre sans la brûler, on y plongeait debout les plaques à ombrer, d'abord dans toute l'étendue à colorer, puis successivement, de moins en moins, pour dégrader la teinte jusqu'à la nuance la plus foncée.

La coloration par les acides était plus délicate et plus variée; on pouvait se servir : 1° d'eau de chaux tenant en dissolution du sublimé corrosif; 2° d'esprit de nitre; 3° d'huile de soufre.

L'esprit de nitre produit l'effet le plus puissant; il pénètre le bois à l'instant, en lui donnant une couleur roussâtre, mais il faut l'employer antérieurement à toute teinture, car il détruit les couleurs artificielles.

L'huile de soufre est moins violente; elle donne au bois blanc une teinte d'un brun vineux et rehausse le ton des teintures; enfin l'eau de chaux est d'un effet plus doux encore.

Les acides s'étendent sur le bois avec un pinceau ou une barbe de plume et l'opération se renouvelle autant de fois qu'il est nécessaire pour nuancer l'ombre et lui donner son maximum d'intensité.

La teinture se fait généralement à froid et peut aider elle-même à l'effet du travail : ainsi, quand le bois est pâle encore on peut le retirer du bain, le sécher, couvrir de cire les parties qu'on veut avoir claires, et le retremper de nouveau pour le reporter à la teinte voulue. Les bois ainsi préparés sont découpés et mis en œuvre, puis, lorsque la marqueterie est complète, on la rehausse, d'abord en creusant au burin quelques traits spirituellement jetés, qui donnent de la vigueur à l'ensemble et aident à la perfection des détails. Ces traits sont remplis par un mastic noir.

On peut aussi, quand la mosaïque est en place, en augmenter l'effet par des teintures posées par masse au pinceau; on se sert alors de teintures chaudes pour qu'elles pénètrent, autant que possible, afin d'avoir de la solidité. »

Quoiqu'il ne nous reste aucun spécimen de la marqueterie dans l'antiquité, il semble certain pourtant que cet art fut connu des anciens, car Pline parle d'un travail qu'il désigne sous le nom de *opus cerostrotum* qui semble analogue à une incrustation. Il nous faut arriver au xiii° siècle pour voir les *intarsiatori* de Venise faire des marqueteries de bois noir et blanc, avec filets d'ivoire laissés blancs ou parfois teintés en vert. De Venise l'art se répand rapidement en Italie, en France, en Portugal et en Espagne. « On distingue facilement dit M. E. Bosc, les meubles de la péninsule ibérique par les motifs décoratifs, qui ont beaucoup moins de finesse que ceux exécutés dans la péninsule italique, ensuite par une ornementation de cuivres découpés et dorés ; les travaux espagnols sont plus grossièrement exécutés, mais ils ont parfois beaucoup de cachet. » A Florence dès la Renaissance on incrusta dans l'ébène « des plaquettes et des colonnettes de jaspe, de lapis-lazuli, d'agate, de cornaline. Le bronze fut également employé à cette décoration ; il servit à faire les bases et les chapiteaux des colonnettes, à sertir les plaquettes de pierres fines, et à faire les cadres de panneaux ». Sous Louis XIII, en France, la marqueterie emploie les bois d'amaranthe, de rose, de violette, le palissandre et le caroubier. C'est avec Boulle au xvii° siècle, que nous voyons reprendre le plaqué d'écaille et de métal. « Les applications d'écaille découpée sont accompagnées d'arabesques, de rinceaux et d'ornements de toutes sortes, découpés également dans l'étain et dans le cuivre, et toute la partie métallique de ces incrustations est relevée d'un travail de gravure au burin. »... Il y a toute une dynastie de « Boulle » qui a porté le travail du meuble à son plus haut degré de perfection et de somptuosité.

Sous Louis XVI nous voyons apparaître les incrustations de porcelaines peintes, de camées et de médaillons.

## STYLE LOUIS XV

Nous avons à maintes reprises affirmé que le style d'une époque était la conséquence de l'état de l'esprit, des mœurs et des besoins d'un peuple à ce moment précis où la forme d'art se manifeste. Celui que nous allons brièvement examiner nous en fournira une nouvelle preuve.

Nous avons vu les civilisations despotiques de l'Orient créer chacune une architecture immuable ; nous avons vu les Grecs artistes et aimables pratiquer le culte de la beauté et en chercher l'expression dans la pureté des formes ; les Romains conquérants, hommes d'action, pratiques et positifs, remplacer la grâce et la pureté par la grandeur et la magnificence. Puis, à l'aurore du christianisme, nous avons vu les chrétiens, habitués à cacher leur foi, à vivre dans les catacombes, donner à leur architecture ce caractère d'effacement extérieur et de simple et symbolique décoration de l'intérieur. Plus tard, aux premières manifestations du réveil de l'esprit révolutionnaire nous avons vu les peuples se retourner vers les anciennes institutions romaines en reprendre les idées d'organisation sociale, et enfin créer l'architecture romane en s'inspirant des vestiges de l'art romain. Mais c'est dans les cloîtres que s'est réfugiée l'idée, c'est dans les cloîtres qu'est le peu de lumières échappées aux invasions des barbares, c'est là encore que les artisans laïques font leurs études. Alors apparaît cet esprit particulier du moyen âge, mélange de force brutale et de force morale, de tendances religieuses et de superstitions, de bien et de mal. Des malheurs, des injustices subis, des consolations reçues sort un composé d'idées revendicatrices et de résignation, qui se retourne vers un être suprême lui demande et en attend la justice. Et c'est cet esprit à la fois puissant et mystique qui écrit ces splendides poèmes de pierres que sont nos cathédrales. Mais le justicier d'en haut fait la sourde oreille et l'homme devient sceptique, il va discuter la divinité et tourner ses appétits vers les choses profanes. Les nouvelles générations jeunes et vivantes, incrédules et licencieuses traduisent leur état d'esprit par une forme nouvelle, la Renaissance. Alors l'architecture empruntant à tous les arts passés, ressemble à ces écoles philosophiques qui se basent sur l'éclectisme, elle devient une sorte de discussion et les mille formes qu'elle revêt sont autant d'arguments qui s'entre-croisent, se choquent et se détruisent les uns les autres. Nous venons de voir enfin, sous le règne de Louis XIV toutes les forces morales et intellectuelles convergeant vers un seul point, le roi, qui « est l'Etat », comme il se plaît à dire. Alors de ce foyer où règne l'étiquette, où la centralisation est absolue, sort cette puissante unité monarchique qui a fait la grandeur du xvii$^e$ siècle, et nous voyons l'architecture se faire grandiose orgueilleuse, et uniforme.

L'esprit humain est porté aux extrêmes, nous avons vu partout dans l'histoire, les périodes de paix et de mollesse succéder aux périodes de guerres et de violences ; chaque époque mystique a été suivie d'un temps d'incrédulité, et enfin les plus brillantes civilisations ont été suivies par l'état de barbarie le plus sombre, éternel mouvement dont chaque phase cependant semble marquer un progrès.

L'époque de Louis XIV avait donné d'abord à la France la grandeur et la gloire ; puis les revers, venus, la ruine et la désolation. Le « grand roi », à la fin de son règne était tombé dans une dévotion exagérée et jésuitique se couvrant du manteau de l'austérité. La mort du roi fut pour la jeune noblesse une sorte de délivrance et avec le régent une réaction se produisit, on s'était tellement ennuyé à la fin du grand règne qu'on éprouvait le besoin de prendre un peu de gaieté. Mais on en abusa, la Régence et le règne de Louis XV sont une longue saturnale dont la France, comme toujours paya les frais. Louis XIV disait « l'Etat c'est moi » ; Louis XV se faisait appeler « la France » et une favorite célèbre pouvait dire familièrement au roi : « La France, ton café f... le camp. »

Cette époque de libertinage et de dissolution se peint admirablement dans les arts qui en sont le miroir fidèle ; c'est le règne du joli, du coquet, du galant ; le madrigal n'est plus seulement en vers, il se cisèle dans la pierre et le marbre, dans le bronze et dans l'or; tous les objets sont gracieux, frivoles et contournés ; la pensée de l'artiste est un papillon capricieux incapable de se poser nulle part, et qui prend aux mille beautés qu'il visite dans son vol aventureux, les grâces et les charmes, qu'il va répandre sur son œuvre de libre fantaisie.

L'art sous Louis XV est surtout un art ornemental, il prend d'abord les formes du règne précédent, les modifie, les place aux idées légères de son époque, et y ajoute sa part de créations nouvelles. Et l'on peut dire : que le style Louis XV est une renaissance, dont le Louis XIV serait l'antique.

## ARCHITECTURE

Nous devons, dans le style Louis XV distinguer deux catégories de constructions distinctes :

1° Les monuments qui ne peuvent se ployer au goût du jour et doivent être inspirés de l'architecture classique et surtout de celle du règne précédent.

2° L'architecture privée qui est véritablement l'art constructif de l'époque caractérisé par la distribution et la décoration.

« Dans l'architecture monumentale, et en quelque façon officielle, dit M. Guilmard, les artistes graves consciencieux, nourris de bonnes études et portant très haut le respect de leur art, mais plus recommandables par leurs bonnes intentions que par la puissance de leur génie, défendirent courageusement les doctrines de l'âge qui venait de s'écouler ; ils soutinrent avec persévérance la cause de la *grande architecture*, mais leurs œuvres solennelles et pompeuses comme celles de leurs maîtres, sont empreintes d'une certaine sécheresse, d'une froideur plus pénible encore, et en ont l'emphase, sans en atteindre le grandiose. Comme dans tous les arts qui se posent l'imitation pour principe, l'esprit d'invention le sens des convenances et l'intelligence des besoins véritables vont en s'amoindrissant et le travail de l'artiste se réduit de plus en plus à l'application de certaines formules convenues. »

Au commencement de la Régence, Robert de Cotte fit le portail de l'église Saint-Roch et d'importantes constructions en province ; Boffrand, plus tard, restaure le Petit Luxembourg, construit plusieurs châteaux, et exécute de beaux travaux d'art. — Gabriel (Jacques-Ange), peut-être le meilleur architecte de l'époque, élève de nombreuses constructions ; à

Paris, il achève la cour du Louvre ; en 1751, il commença l'école militaire destinée par le roi à « y faire élever sous ses yeux cinq cents gentils-hommes nés sans biens, dans le choix desquels il préféra ceux qui, en perdant leur père à la guerre, étaient devenus enfants de l'État ». La façade est formée par une ordonnance dorique surmontée d'un ordre

Fig. 629. — Panthéon. Paris.

ionique ; au milieu, une partie en avant-corps ornée de colonnes corin-thiennes franchissant les deux étages et supportant un fronton avec attique. Un dôme quadrangulaire couvre cette partie. — Il construit encore le Garde-Meuble et le Ministère de la Marine, la place Louis XV, le château de Compiègne, la salle de spectacle du château de Versailles, « ici, la critique doit se taire, dit M. Vaudoyer, pour faire place à une admiration sans réserve. Disposition des plus heureuses, grandiose d'ensemble et de style, richesse et harmonie de détails, tout se trouve réuni pour faire de cette salle un incomparable chef-d'œuvre. Si l'on veut se figurer ce théâtre brillant des feux de mille lustres reflétés par des glaces innombrables placées au fond des galeries, et les loges occupées par une société richement costumée, il doit paraître impossible d'imaginer un effet plus magique et plus merveilleux. » — En 1757, Soufflot (Jacques-Germain) vit adopter ses plans au concours pour la reconstruction de la basilique de Sainte-Geneviève, que nous appellerons ici Panthéon, nom qu'elle porte aujourd'hui. « En 1763, dit M. L. Châ-

Fig. 630. — Fontaine à Paris.

teau, l'église souterraine était achevée, et l'année suivante Louis XV posait la première pierre d'un des piliers du dôme. Soufflot ne vit pas la fin de son œuvre ; il éprouva au sujet du dôme des critiques si amères et si violentes, qu'il ne put les supporter. En vain, ses amis prirent sa défense contre les attaques de son rival l'architecte Patte : le coup était porté, et il mourut de dépérissement, le 29 août 1781, entre les bras de l'abbé de l'Épée. » Soufflot a encore fait de nombreuses constructions, notamment l'École de droit, mais le Panthéon reste son œuvre principale ; Servandoni élève Saint-Sulpice ; Chalgrin, Saint-Philippe du Roule, une réminiscence des anciennes basiliques. — Les ordonnances colossales continuent à être à la mode. Nous avons vu Gabriel les employer et nous les retrouvons encore dans plusieurs édifices. Nous devons mentionner encore : l'hôtel des Monnaies (1771), de Jacques-Denis Antoine, qui présente une incontestable grandeur ; l'église de la Madeleine, de Coutant d'Ivry ; la Halle aux blés, de Camus de Mélière ; la fontaine de la rue de Grenelle, par Edme Bouchardon (fig. 630) ; enfin et parmi beaucoup d'autres œuvres, le pont de Neuilly, que construit l'ingénieur Perronnet.

Parlant du progrès réalisé dans l'architecture, Pierre Patte nous dit : « C'est l'art de la distribution des bâtiments ; rien ne nous fait tant d'honneur que cette invention. Avant ce temps, on donnait tout à l'extérieur et à la magnificence. A l'exemple des bâtiments antiques et de ceux de l'Italie que l'on prenait pour modèles, les intérieurs étaient vastes et sans aucune commodité. C'étaient des salons à double étage, de spacieuses salles de compagnie, des salles de festin immenses, des galeries à perte de vue, des escaliers d'une grandeur extraordinaire ; toutes ces pièces étaient placées sans dégagement au bout les unes des autres : on était logé uniquement pour représenter, et l'on ignorait l'art de se loger commodément et pour soi. Toutes ces distributions agréables que l'on admire aujourd'hui dans nos hôtels modernes, qui dégagent les appartements avec tant d'art, ces escaliers dérobés, toutes ces commodités recherchées qui rendent le service des domestiques si aisé et qui font de nos demeures des séjours délicieux et enchantés, n'ont été inventés que de nos jours. Ce fut au palais Bourbon (bâti par Lassurance, en 1722) qui en fit le premier essai, qui a été imité depuis en tant de manières. Ce changement dans nos intérieurs fit aussi substituer à la gravité des ornements dont on les surchargeait toutes sortes de décorations de menuiserie, légères, pleines de goût, variées de mille façons diverses. On supprima les solives apparentes des planchers ; on les revêtit de ces plafonds blanchis qui donnent tant de grâce et de lumière aux appartements, et que l'on décore de frises et de toutes sortes d'ornements agréables ; au lieu de ces tableaux et de ces énormes bas-reliefs, on les a décorés de glaces qui, par leur répétition avec celles qu'on leur oppose, forment des tableaux mouvants qui grandissent et animent les appartements, et leur donnent un air de gaieté et de magnificence qu'ils n'avaient pas. » L'architecture privée, les *petites-maisons* surtout présentent en effet une distribution et une ornementation bien en rapport avec les goûts de l'époque, et sont commodes et confortables.

Les quelques lignes et croquis qui précèdent nous ont fait voir que la *grande architecture* n'avait pas de caractère bien tranché d'avec celle qui l'avait précédée. C'est que les artistes instruits et consciencieux s'étaient tenus en garde contre l'influence italienne représentée par Borromini, le génie de la décadence. Mais voici venir chez nous son élève Gilles-Marie Oppenord qui apporte ce genre bizarre, contrarié, mais toujours gracieux, que nous nommons *pompadour*, *rocaille*, *rococo*, et qui, léger, capricieux et frivole, est bien en harmonie avec la société d'alors. Nous passerons sous silence les travaux de cet architecte, notamment Saint-Sulpice, pour mentionner seulement son influence sur l'art au XVIIe siècle. On l'a nommé le père de la rocaille, et il eut de nombreux imitateurs. L'architecture mondaine et galante s'arrangeait admirable-

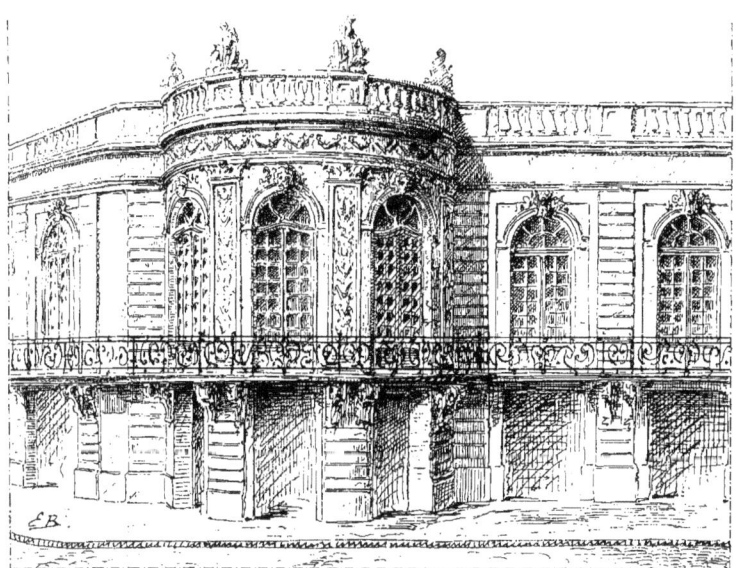

Fig. 631. — Pavillon de Hanovre, Paris.

ment de ces formes extravagantes et gracieuses, folles et souples, qui constituaient l'art nouveau; aussi voit-on partout s'élever ces charmantes retraites dédiées surtout à Vénus et qu'on a nommées les petites-maisons, et les hôtels des grands seigneurs conçus dans un goût aussi heureux. Il nous en reste quelques exemples et nous pouvons donner ici un fragment du pavillon de Hanovre qui fut construit pour le duc de Richelieu (fig. 631).

## LES CARACTÉRISTIQUES DU STYLE

Il y a à notre avis deux caractères généraux bien distincts dans le style Louis XV.

1° Celui de l'architecture monumentale, où les architectes essayent de résister à la rocaille en allant se retremper dans l'art antique. Le caractère de ces édifices se ressent de cette lutte ; il est élégant, mais grave et même un peu triste ; et certains monuments, tels que le Panthéon, le Garde-meuble et le Ministère de la Marine, devraient, en faisant abstraction des dates, être classés de préférence avec le style Louis XVI.

2° Le caractère de l'architecture privée et de la décoration est aussi gai que celui de l'architecture monumentale est triste, aussi frivole et capricieux que l'autre est sévère et calme. Il est impossible de trouver dans un même art, cultivé par un même peuple, des physionomies plus dissemblables.

Nous ne retiendrons que le second caractère ; le véritable style Louis XV ne peut nous être donné par l'église Sainte-Geneviève, mais bien par l'art pompadour, rocaille et rococo, appliqué surtout à la décoration. — L'art est joli, coquet et frivole ; autant la décadence italienne se montre pompeuse et enflée, autant le rococo se montre léger et capricieux, certes il n'est pas sérieux, cet art, mais il est toujours absolument français.

*La dissymétrie.* — La symétrie qui était de règle absolue sous le règne

Fig. 632. — Ornement.

précédent, s'emploie encore pour les grandes lignes et les motifs principaux, mais est souvent abandonnée dans le détail et dans les ornements qui se roulent et se retournent en sens inverses de la manière la plus fantaisiste (fig. 632).

*Les courbures contrariées.* — Elles sont très caractéristiques, et quoique employées parfois dans les autres styles, elles prennent dans celui-ci une forme particulière et parfaitement distincte. La courbe la plus simple est celle que nous donnons figure 633. C'est elle qui a fait donner le nom de « pompadour » à certaines cheminées que livre le commerce.

Fig. 633. — Courbes pompadour.

Les courbes prennent encore des formes plus compliquées avec retours brusques ou répétitions de lignes (fig. 634-635).

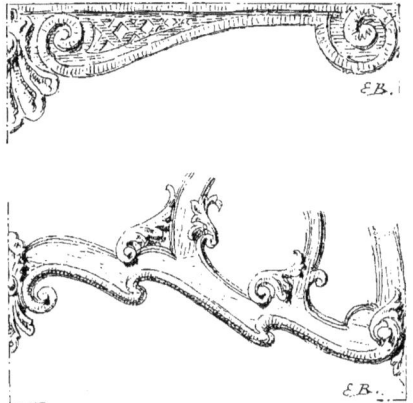

Fig. 634, 635. — Courbes diverses.

Les *angles arrondis*. — Le style Louis XV affectionne surtout l'élégance, répudie toute brutalité, ainsi les angles vifs avaient-ils paru

Fig. 636. — Angle de glace.

défectueux aux artistes qui s'y prirent de toutes manières pour les adoucir ; aussi les panneaux, les cadres, les figures de toutes sortes sont-ils à angles ronds sortants ou rentrants; arrondis par une feuille, par une volute, ou tout autre moyen (fig. 636).

*La forme des baies.* — Généralement les baies sont en plein-cintre, mais on en voit cependant qui affectent la forme dite « anse-de-panier », mais courbe et fort peu surbaissée et se rapproche beaucoup du plein-cintre. L'arc bombé, c'est-à-dire une portion de cercle moindre que la demi-circonférence, se rencontre aussi fréquemment. La baie carrée est fort rare et paraît être évitée.

Fig. 637. Pied de table.

*Les rocailles.* — Ce genre d'ornement est absolument spécial au règne de Louis XV, et il faut avouer que les artistes ont su tirer de l'imitation des coquillages une décoration extrêmement jolie, mais ils se sont plu encore à contrarier davantage ces formes, où la nature, artiste aussi, avait pourtant déjà usé beaucoup du caprice. Quoi qu'il en soit, en exerçant leur imagination, nos artistes nous ont laissé de charmants motifs, appliqués aussi bien à la décora-

Fig. 638. — Couronnement de porte.

tion des meubles et des objets qu'à l'architecture proprement dite (fig. 637, 638).

*Les coquilles.* — A toutes les époques, les artistes dignes de ce nom, ont toujours recouru à la nature pour y puiser l'inspiration et y trouver des modèles, et comme d'humbles plantes avaient formé de magnifiques ornements, la modeste coquille apporta aussi son appoint décoratif. Pendant la Renaissance, la coquille est très employée, sous Louis XIII elle se découpe davantage, et sous Louis XIV elle devient à peu près celle que nous allons examiner. — La coquille

Fig. 639. — Coquille.

Louis XV est quelquefois la coquille naturelle, mais elle est aussi, et plus souvent encore, une coquille formée de feuilles tridentées, recreusées et ajourées ; l'ajour n'est plus qu'un canal lorsque la coquille n'est pas entièrement détachée (fig. 639).

*Les fleurs.* — Les fleurs et les fruits se présentent sous forme de chapelets ou de guirlandes, parfois aussi en bouquets. Cet élément de décoration ne pouvait manquer de plaire à une époque aussi « parfumée » ; aussi le voyons-nous jouer un rôle considérable dans l'ornementation (fig. 640).

Fig. 640. — Angle de console.

*Les treillages.* — Le goût de l'époque était assez porté au genre pastoral. Marquises et marquis se faisaient volontiers peindre en bergères et bergers, et dans ces tableaux on voyait des gardeurs de moutons habillés de dentelles et de soie, et armés d'une houlette d'or ; ils reposaient à l'ombre sous une tonnelle de treillage. On ne manqua jamais, dans la décoration des demeures particulières, de rappeler ces charmants

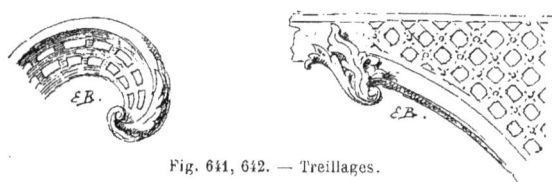

Fig. 641, 642. — Treillages.

tableaux ; la peinture surtout s'y prêtait à ravir. Mais les treillages furent surtout employés pour donner plus de légèreté. Ils remplacèrent les panneaux et les tables saillantes, les artistes se complurent surtout à les sculpter sur des surfaces courbes (fig. 641, 642).

*Les balcons courbes.* — Quoique dans un grand nombre de cas, on trouve de l'époque qui nous occupe, des balcons rectangulaires, ils sont plus généralement cintrés suivant la courbe dite « pompadour » que nous avons vue plus haut.

*Des profils.* — Les profils autres que ceux de l'architecture monumentale, sont en général adoucis, la ligne courbe domine et les corps de moulures y sont multipliés ; ils rappellent par plus d'un point ceux de la Renaissance, dans ce que ceux-ci ont de délicat et de maniéré.

*Les chapiteaux.* — Les artistes n'ont pas montré moins de verve dans la composition des chapiteaux que dans les autres parties de la décoration architecturale. Ils ont su marier, d'une manière souvent délicieuse, les formes empruntées à l'antiquité avec l'ornementation du jour, et si nous rencontrons parfois des productions extra-fantaisistes, nous en trouvons aussi dans lesquelles les architectes ont fait preuve d'un goût sûr et d'une grande habileté de dessin (fig. 643). Ce chapiteau, emprunté au palais de Versailles (salon des médailles), nous montre un heureux arrangement des volutes ioniques avec les rocailles et les brindilles rococo ; on pourrait

Fig. 643. — Chapiteau.

seulement lui reprocher une certaine maigreur du tailloir, ce qui est un défaut presque constant. Dans l'architecture proprement dite, les chapiteaux employés sont ceux des ordres dorique, ionique et corinthien, et ils présentent peu de différences avec ceux des époques précédentes.

*Les figures animées.* — Les têtes servent souvent de motifs milieu

Fig. 644. — Motif central.

(fig. 644) ; elles sont aussi employées dans les consoles, les chapiteaux, etc. Les amours surtout tiennent une grande place dans la décoration ; on les voit couronner les frontons, garnir les tympans, surmonter les pilastres ; dans les intérieurs, ils reposent sur les corniches, sur les portes où ils soutiennent un cartouche ; en pleine décoration, ils se jouent dans les feuillages et les fleurs ; mais partout ces charmants petits dieux sont armés de la flèche réglementaire (fig. 645). Ce travail est de Boffrand, les formes de la menuiserie sont encore celles du précédent règne, mais la décoration est très franchement Louis XV.

Fig. 645. — Décoration intérieure.

*Les consoles*. — Il n'est peut-être pas un détail de l'architecture de cette époque qui présente autant de variété que les consoles, et on ne s'en étonnera pas si on considère la facilité avec laquelle on peut changer la forme et la décoration de cet élément constructif ; et, si d'autre part, on tient compte de la grande liberté laissée à l'artiste, et du besoin dans une société aussi frivole et légère dans ses goûts, de trouver toujours du nouveau. Aussi prennent naissance les compositions les plus fantastiques (fig. 646). Dans cet exemple, on voit réunies plusieurs des formes décoratives que nous avons déjà examinées : les courbes contrariées, les coquilles, les feuilles, le tout agrémenté d'un masque de satyre. Une autre combinaison est la console en S placée à l'opposé de ce que nous avons vu jusqu'ici. Il n'y a peut-être pas grand mérite dans ce changement qui, au premier abord, ressemble à « cheval blanc, blanc cheval », mais on ne peut nier que ce simple changement suffit pour donner à la

Fig. 646, 647. — Consoles.

console un aspect tout particulier (fig. 647). Nous compléterons ces quelques lignes sur les consoles par un dernier modèle qui indique mieux

Fig. 648. — Consoles.

que tout autre ce besoin de changement quand même ; cet exemple est emprunté au couvent des Dames de Saint-Chamond, nous avons présenté deux consoles supportant un balcon (fig. 648). Les deux volutes sont, comme on le voit, roulées dans le même sens, l'artiste a seulement coupé la ligne par une brisure, ce qui rappelle les formes du règne précédent.

## SCULPTURE ORNEMENTALE

Les formes les plus caractéristiques étant plutôt celles de l'ornementation que celles de l'architecture, tous les exemples que nous venons d'examiner ci-dessus appartiennent à la sculpture ornementale, nous n'aurons donc pas à y revenir.

## LA MENUISERIE

La menuiserie suit la décoration dans son engouement pour les formes tourmentées, elle se rapproche beaucoup du meuble, affecte des lignes

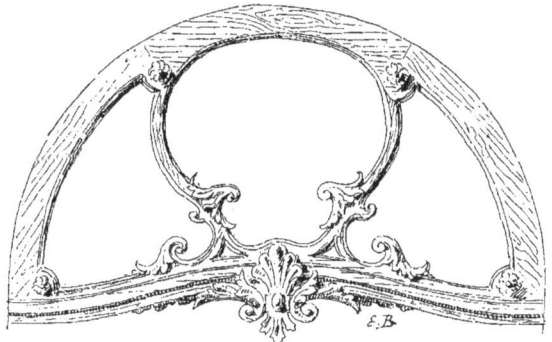

Fig. 649. — Imposte.

courbes, des traverses curvilignes, et se couvre de sculptures. Les profils en sont fins et délicats ; les surfaces ornées de rinceaux, de feuillages, de guirlandes, d'amours, etc. Les angles des panneaux sont arrondis rentrants, avec rosace au centre de l'arc de cercle. Les petits bois, dans les parties hautes, sont capricieusement courbés (fig. 649) et quelquefois une riche ornementation de feuilles vient en motiver les principaux points.

## LA SERRURERIE

La serrurerie, sous le règne de Louis XV, se ressent déjà beaucoup plus de l'ajustage; la forge est un peu délaissée. La cause en est que

Fig. 650. — Grille à Nancy.

l'on veut obtenir des formes décoratives déterminées sans tenir compte du matériau employé, que l'on veut profiler le fer comme on fait pour le bois, et que les assemblages à tenons et mortaises font souvent ressembler le fer à un travail de menuiserie. — Jean Lamour, maître serrurier

## STYLE LOUIS XV

à Nancy, qui semble incarner en lui la serrurerie du xvɪɪɪ[e] siècle, nous le dit lui-même. « Tout ce qui est en forme solide, comme les carcasses et les bâtis, les socles, les piédestaux, les bases, les corps de pilastres, les chapiteaux, les architraves, les corniches, etc., sont en fer battu et rivés sur les marnages. Les tôles sont *si exactement appliquées*,

Fig. 651.
Console porte-lanterne.

Fig. 652. — Grille de parc.

qu'elles semblent ne faire *qu'un même corps*. Les saillies des corniches, les différents profils y sont *observés avec une précision qui fait douter que ce soit du fer forgé; à peine y aperçoit-on les rivures et les joints.* Pour construire ces ouvrages, il a fallu établir une carcasse nue, *distribuer les parties si exactement*, qu'une ligne aurait changé les profils et les saillies. » On voit que Jean Lamour parle là surtout en ajusteur, et qu'il met principalement en vue le travail de précision. Pourtant il aimait beaucoup son art et pratiquait la forge avec une rare habileté; les belles grilles de la place Stanislas, à Nancy (fig. 650), ont rendu son nom inoubliable. Ce qui nous a le plus frappé dans ces magnifiques décorations métalliques, c'est moins le travail proprement dit que la composition. Le travail est habile, ingénieux, précis et fort bien ajusté, beaucoup de petits moyens ont été employés pour éviter des pièces difficiles, mais, comme dit Lamour, « on ne les voit presque pas ». Ce qu'on peut admirer sans restriction, c'est la composition, où une imagination exubérante et d'un goût parfait, a su noyer les lignes un peu froides du fer dans une décoration charmante. Jean Lamour a laissé un grand nombre d'œuvres et aussi des dessins, des projets. Rien de plus capricieusement joli que ses consoles, porte-lanternes, etc., qu'il traçait avec une verve inépuisable (fig. 651). Mais comme malheureusement nos lecteurs qui s'occupent de serrurerie n'auront pas toujours à construire des pièces aussi luxueuses que celles de Nancy, nous avons cru devoir placer ici un exemple plus modeste, une simple grille de parc empruntant tout son caractère à la seule courbure des fers qui la composent (fig. 652). On comprend que ce croquis peut être facilement modifié et qu'il peut aussi recevoir une certaine ornementation de feuilles qui, de la modeste grille, fera si l'on veut un portail très riche.

# MINIATURE

« Ce terme dit M. Bosc, est dérivé de *minium* (oxyde de plomb) parce que les lettres rouges (rubriques) étaient placées par les calligraphes du moyen âge au commencement des chapitres et des alinéas. Ultérieurement on désigna de même les lettres ornées d'arabesques de diverses couleurs et d'or, ou d'enroulements de feuilles de vigne (d'où le terme de *vignette*); enfin le nom de *miniature* fut appliqué aux dessins coloriés, aux enluminures ou sujets peints que les miniaturistes exécutèrent dans de grandes lettres, puis sur des feuillets entiers. Après la découverte de l'imprimerie, les miniaturistes abandonnèrent forcément l'illustration des livres; ils exécutèrent leurs travaux sur panneaux, sur ivoire, sur vélin et sur parchemin. La plupart de ces œuvres faites soit à la gouache soit avec des couleurs gommées servirent souvent à l'ornement des boîtes des bonbonnières et même des tabatières. »

Les miniatures furent exécutées de différentes manières : on les peignit à l'œuf, à la colle, à l'huile, en émail, mais la miniature proprement dite était une aquarelle sur vélin ou sur ivoire. « Toutefois, dit M. Ch. Blanc, les délicates peintures sur vélin ou sur parchemin, qui ont si richement orné les manuscrits du moyen âge, étaient plutôt des gouaches puisqu'on y appliquait des couleurs mates et qu'on y rehaussait de blanc les carnations, tandis que les miniatures sur ivoire sont de véritables lavis parce qu'on y épargne le blanc du fond. Aussi les nommait-on autrefois peintures à l'*épargne*. »

Dès le VIe siècle, les moines de la Syrie ornent luxueusement leurs livres saints; ils les écrivent en lettres d'or sur des peaux teintes de pourpre. Les moines grecs peignent leurs livres de sujets représentant des animaux et les ornent de feuillages et de décorations de fleurs et de vigne qui encadrent le texte.

En France, au xiv siècle, l'enluminure est un art véritable, et ses précieux spécimens nous ont conservé le secret de la coloration au moyen âge.

La miniature, comme nous l'entendons actuellement, est surtout une peinture en petit, et on la considère généralement comme une réduction mathématique d'un portrait ou d'un sujet. C'est une grave erreur, la miniature n'est pas une copie réduite d'un sujet, elle en est l'interprétation.

« Si l'art était une simple imitation du vrai, dit encore M. Ch. Blanc, toute représentation en miniature serait proscrite, parce qu'elle implique une contradiction entre l'éloignement que suppose la petitesse de l'image et le fini précieux qui détruit l'idée de cet éloignement. Dès qu'un objet est représenté en petit, je ne puis le voir qu'en le rapprochant de mes yeux; mais, le voyant de près, je dois le voir nettement, car il serait absurde qu'il y eût de l'indécision dans un objet qui est tout proche de mon œil. D'une autre côté, comme il n'y a que la perspective qui rapetisse les objets, tout ce qui est plus petit que nature est censé vu de loin. Il y donc une contradiction manifeste dans l'art du miniaturiste, puisqu'il rapproche par la précision des formes ce qui semble éloigné par la petitesse des proportions. Heureusement que la peinture est autre chose qu'une contre-épreuve du réel; l'art est une belle fiction qui nous donne le mirage de la vérité à la condition que notre esprit sera complice du mensonge.

« C'est donc une erreur de penser que le peintre en miniature doit traiter ses figurines comme si elles étaient enfoncées dans le tableau, séparées de nous par des couches successives d'atmosphère, et qu'il doit les faire fuir au moyen de couleurs légères et aériennes. Rien ne serait ici plus insipide qu'une exécution vaporeuse qui laisserait s'évanouir à nos yeux ce que nous serrons dans nos mains. » C'est donc par une tricherie heureuse que l'artiste peut exécuter ces peintures toutes conventionnelles, c'est en exagérant le dessin, en déformant savamment le sujet, en poussant trop loin les couleurs, qui arrive à donner l'illusion à établir une espèce d'échelle entre notre faculté de vision et l'objet représenté beaucoup plus petit qu'il n'est en réalité.

Au xviii siècle la miniature a surtout été employée pour les portraits, on en a fait des broches et de menus objets de toilette ou d'usage, des boîtes, des bonbonnières, etc. Les sujets étaient peints sur ivoire, sur émail et même sur porcelaine.

# STYLE LOUIS XVI

A Louis XV, égoïste et débauché, succéda Louis XVI, roi honnête et bon mais sans caractère et sans force, incapable malgré les bonnes intentions dont il était animé, de réparer le mal fait par ses prédécesseurs. Faible et irrésolu il subit des influences néfastes et paya de sa tête les erreurs qu'on lui fit commettre. Ce roi, qui eût probablement fait un brave homme, un bon bourgeois, avait dans une certaine mesure subi l'effet de l'esprit d'analyse du siècle, la philosophie avait pénétré à sa cour et lui-même, pensant peut-être à des retours de fortune possibles, avait appris un état ; il était serrurier et même assez habile si on en juge par les spécimens qui nous sont restés. Vertueux et austère, Louis XVI fut, au moins en apparence, imité par les seigneurs, et le goût, frivole durant le règne précédent, tend à devenir plus sévère et plus calme.

## ARCHITECTURE

L'esprit de l'art antique domine de plus en plus dans l'architecture mais l'inspiration fait défaut, et c'est encore seulement dans l'ornementation que nous pourrons trouver les caractères permettant de distinguer cette époque. Cependant nous aurons néanmoins à citer quelques exemples d'édifices construits sous le règne de Louis XVI pendant cette période difficile et troublée qui précéda la Révolution.

Le Grand-Théâtre de Bordeaux (1677) fut élevé par l'architecte Louis, c'est un des plus beaux monuments de ce genre. L'école de médecine à Paris, œuvre de Gondouin, se composait de quatre corps de bâtiments formant une cour rectangulaire. La façade était d'ordre ionique avec un

Fig. 653, 654. — Porte du lycée Louis-le-Grand. Élévation et coupe.

étage d'attique. Le théâtre de l'Odéon (1789). Une façade du palais de justice. Certaines parties du lycée Louis-le-Grand à Paris, notamment la porte (fig. 653-654). L'architecture privée nous donna un grand nombre de petits hôtels ; ces constructions n'avaient plus l'originalité des petites maisons élevées sous Louis XV, mais en revanche elles étaient d'un style plus ferme et plus sérieux.

## LES CARACTÉRISTIQUES DU STYLE

Le caractère qui se dégage tout d'abord des œuvres exécutées sous Louis XVI est une élégante mélancolie, une certaine tristesse qui semble pressentir les terribles événements qui vont bientôt précipiter la royauté dans l'abîme.

« On peut chercher les causes des révolutions, dit M. César Doly, en art comme en politique, simplement à la surface des choses ou bien à des profondeurs diverses ; car les révolutions sont comme les océans, elles ont leurs sous-courants qui tantôt précipitent et tantôt ralentissent le mouvement des courants superficiels par une action qui échappe au regard physique de l'ignorant, mais qui est très visible aux yeux de l'esprit qui cherche et qui médite.

« A première vue, le style Louis XVI semble né uniquement d'une réaction contre les frivolités exagérées qui avaient caractérisé grand nombre des œuvres d'art produites pendant la régence et sous Louis XV. Cette réaction existait en effet. Mais un second regard, moins superficiel permet de reconnaître aussi parmi les agents de la réforme dans l'art de cette époque, l'influence de ce sous-courant qui entraînait alors la vieille société tout entière vers une transformation radicale. La réforme tentée timidement dans les arts était un des signes de l'esprit nouveau qui s'agitait au fond des entrailles de la vieille civilisation et dont la naissance devait lui coûter la vie.

« Le style Louis XVI est caractérisé par un retour plus général vers l'antiquité, qu'explique le penchant qui se prononçait chaque jour davantage du côté des idées sérieuses et des sentiments graves. Il semblerait que le génie de l'art, pressentant les événements dramatiques qu'un avenir prochain réservait au pays, voulût tenter d'y préparer l'âme de la nation en élevant le sentiment public et en trempant les courages au contact des fortes traditions et des virils souvenirs des peuples héroïques de l'histoire.

« Le style Louis XVI, succédant aux fantaisies « rocailles » du style Louis XV, fut un hommage rendu à la sagesse et à la raison, à la suite d'une période de débauche d'esprit et de goût. Ce fut le régime après l'orgie.

« Mais parfois le régime adopté trop tard ou incomplètement, facilite au lieu d'écarter la crise finale. La réforme de l'art, sous Louis XVI, eut en effet les allures indécises de la réforme politique tentée par ce malheureux roi ; aussi l'une et l'autre subirent-elles la même fortune.

« Ce serait un sujet intéressant à traiter que celui des efforts parallèles, sous Louis XVI, des hommes politiques et des artistes pour réformer l'Etat et l'Art. Ni les politiques ni les artistes n'allaient au fond des choses. Ceux-ci étaient bien le reflet de ceux-là, et l'art exprimait fidèlement le caractère de la société à laquelle il appartenait. Chez les hommes politiques comme chez les artistes, les intentions étaient excellentes ; mais la faiblesse et la mollesse étaient partout, partout l'énervement. A tout instant on reconnaît le désir du bien, mais jamais ne se voit ni la science suffisante, ni la forte volonté de faire tous les sacrifices nécessaires.

« On semblait oublier que ce principe si simple de la mécanique : « *La réaction est égale à l'action,* » est vrai au moral comme au physique, que cette formule appartient aussi bien à la mécanique du mouvement social qu'à la « mécanique rationnelle » et à la mécanique pratique. On paraissait ignorer que vouloir traiter par des palliatifs et des opérations à fleur de peau les maux invétérés et anciens de la société et de l'art, c'était donner à la maladie le temps d'empirer et rendre la crise inévitable et fatale ; on hésitait, on atermoyait, et pendant ce temps les éléments de la tempête s'accumulaient à l'horizon, et enfin, dans le ciel sombre, éclatèrent les foudres de la grande Révolution.

« A l'*action* de l'ancien régime répondit la *réaction* de la tourmente :
« En *Politique*, en effet, aux excès du despotisme et de la noblesse succédèrent les excès de la liberté et de la foule ;
« Dans les relations *Sociales*, au tableau d'une classe de privilégiés, spirituelle, élégante, corrompue et brave, fut substitué celui d'une masse populaire énergique, enthousiaste et brutale ;
« Dans les *Arts*, le contraste ne fut pas moindre. La *Marseillaise* et le *Ça ira* étouffèrent, ou peu s'en faut, sous leurs vibrations éclatantes les gentilles chansonnettes des Colin et des Lisette ; les sujets champêtres et les bergeries disparurent à peu près des ateliers des peintres, où se voyaient en revanche des compositions héroïques comme le *Léonidas aux Thermopyles*, ou patriotiques comme le *Serment du jeu de Paume ;* tandis que dans l'architecture les lignes et les formes capricieuses où avaient dominé trop exclusivement les courbes et les sinuosités, tendaient à devenir géométriques, sèches et raides, comme si la sagesse du compas et de la règle avait dû se substituer aux folles allures d'un crayon trop libre.

« La sagesse normale est à mi-chemin des extrêmes, et il est vrai de dire que le style Louis XVI ne pèche ni par la fantaisie excessive et l'exubérance décorative du *rococo*, ni par la raideur géométrique et la sécheresse d'ornementation de la République et de l'Empire. On y sent au contraire à la fois la main habile à manier le crayon et l'esprit ami des utiles disciplines. Comment donc ces excellentes qualités n'ont-elles pas suffi pour donner à ce style une longue existence? Comment expliquer qu'il ait disparu si lestement avec le vieux monde aristocratique et militaire dont il a honoré les derniers moments?

« La réponse est facile.

« En art comme en politique, les réformateurs de la fin du xviiie siècle voulaient trop emprunter à l'Antiquité et n'observaient pas d'assez près la nature des choses de leur temps.

« Ils connaissaient d'ailleurs fort mal la véritable Antiquité. En France ce n'est, en effet, que de nos jours, depuis peu d'années même, qu'on étudie les origines et le caractère du culte, des lois et des institutions des sociétés grecque et romaine avec l'impersonnalité et la rigueur positive qui appartiennent aux études vraiment scientifiques. Mais on croyait connaître l'Antiquité. On admirait son héroïque patriotisme et on voulait l'imiter, sans comprendre que le patriotisme antique n'avait existé qu'aux dépens de toute liberté individuelle. On lui prêtait même de bonne foi une notion de la liberté individuelle qu'elle ignorait complètement et qu'elle aurait repoussée avec horreur dans ses beaux jours, comme entachée d'impiété, si on avait pu la lui présenter.

« Les arts des anciens et leur rapport avec le génie de notre temps n'étaient pas mieux entendus. Parce que l'Antiquité a laissé des œuvres d'art dignes d'admiration, confondant la lettre avec l'esprit, on croyait qu'il suffisait de les imiter pour donner pleine satisfaction au sentiment esthétique et aux tendances de l'esprit moderne. Les dix-huit siècles de christianisme et la domination de races nouvelles dans le monde ne devaient pas empêcher, croyait-on, de trouver le salut de l'art dans une imitation presque servile de l'Antiquité.

« Sous Louis XVI, l'art, comme la politique, demandait donc trop à l'érudition. Plus tard, sous la République, aux erreurs d'une érudition imparfaite est venue s'ajouter une passion malheureuse pour la mise en scène, qui a trop souvent usurpé la place de la sincère et honnête simplicité du cœur et de l'esprit. Les Brutus et les Cincinnatus pérorant aux clubs, les Démosthène lançant leurs foudres au sein des assemblées de la nation, de belles dames se promenant aux Tuileries dévêtues à l'antique, nos armées se composant de légions, les aigles de Rome surmontant nos drapeaux et les faisceaux consulaires décorant nos édifices, toute cette archéologie, tous ces emprunts faits aux morts n'étaient propres à infuser ni la force, ni la santé au sein des vivants.

« La société de la fin du xviiie siècle était traversée par un double courant, dont l'un assurément se dirigeait vers le progrès, mais dont l'autre, portant sur un passé lointain et prenant sa source dans des illusions et des erreurs historiques, était trop puissant et s'écartait trop du chemin de l'avenir pour ne pas troubler profondément le mouvement du développement vrai de la société moderne sous le triple rapport social, politique et d'art. »

*Les grecques.* — Ces ornements, empruntés à l'antiquité, ont été fréquemment employés pendant la période qui nous occupe. Ils sont composés d'une suite de lignes droites qui s'entre-croisent en restant toujours parallèles ou perpendiculaires entre elles. — Nous avons réuni un certain nombre d'exemples que nous allons examiner successivement en commençant par les plus simples :

1° La grecque en forme de postes (fig. 655) est la plus simple de toutes, elle se trace au moyen d'un quadrillage de sept lignes en hauteur et d'un nombre indéfini dans le sens longitudinal. En commençant, on laisse le premier carré pour former le champ, puis on teinte les cinq carrés suivants ; appuyant à droite, on teinte quatre carrés ; retournant vers le bas, deux ; revenant vers la gauche, encore deux ; puis vers le bas, deux ; enfin vers la droite, trois ; et on recommence autant de fois qu'on veut donner de membres à la grecque.

 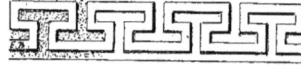

Fig. 655. — Grecque en postes.        Fig. 656. — Grecque en T.

2° La grecque en T (fig. 656), variante de la précédente qui s'obtient de la même façon, mais en comptant : trois carrés sur le deuxième espace à partir du bas ; puis deux en remontant ; deux en allant vers la gauche ; deux en remontant ; six en allant vers la droite ; deux en redescendant ; deux vers la gauche ; deux vers le bas ; six horizontalement ; et ainsi de suite.

3° La grecque entre-croisée à deux rubans (fig. 657), est, en réalité, deux séries tracées en escalier qui s'enchevêtrent l'une dans l'autre. — Elle se fait aussi en prenant neuf divisions ou carrés, et par motifs interrompus et enchevêtrés (fig. 658).

4° La grecque mixte, en T avec retours. Elle se fait d'un seul ruban en divisant la hauteur qu'elle doit occuper en onze parties (fig. 659).

5° La grecque entrelacée, qui demande aussi onze divisions (fig. 660).

## STYLE LOUIS XVI

6° La grecque entrelacée et interrompue, formée de motifs isolés ou soudés entre eux (fig. 661).

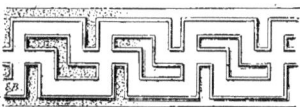

Fig. 657. — Grecque entre-croisée.

7° La grecque entre-croisée en carrés, qui est une combinaison de notre deuxième exemple, mais avec onze divisions en hauteur (fig. 662).

Fig. 658. — Grecque interrompue.

8° La grecque crénelée, faite d'un seul ruban, formant des dents alternativement verticales et horizontales (fig. 663).

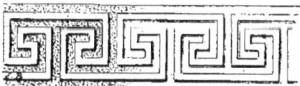 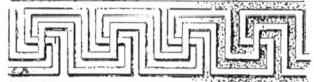

Fig. 659. — Grecque mixte.    Fig. 660. — Grecque entrelacée.

9° La grecque entre-croisée avec carrés rattachés et pointés, variante des précédentes formes données ; elle se fait aussi avec carrés détachés (fig. 664, 665).

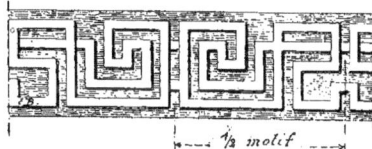 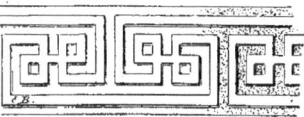

Fig. 661. — Grecque interrompue.    Fig. 662. — Grecque entre-croisée.

10° La grecque ornée, qui peut se faire de mille façons différentes, avec deux ou plusieurs rubans et des ornements quelconques (fig. 666).

11° La grecque à quatre retours qui se fait à deux rubans s'entre-croisant et avec quinze divisions de hauteur (fig. 667).

12° La grecque en T interrompue, ou plutôt composée d'éléments entrelacés. Ces motifs sont placés horizontalement et pénètrent les uns dans les autres pour former l'ensemble (fig. 668).

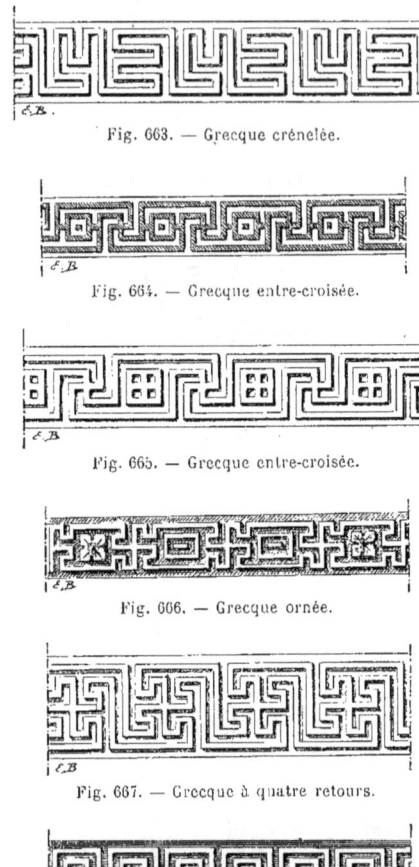

Fig. 663. — Grecque crénelée.

Fig. 664. — Grecque entre-croisée.

Fig. 665. — Grecque entre-croisée.

Fig. 666. — Grecque ornée.

Fig. 667. — Grecque à quatre retours.

Fig. 668. — Grecque en T.

En dehors de l'ornementation courante, les grecques sont encore utilisées dans un grand nombre de cas : ainsi, avec addition d'une partie courbe on en a fait des anses de vases, des remplissages de panneaux triangulaires, des consoles, des amortissements et des ailerons.

## STYLE LOUIS XVI

*Les ovales*. — La forme géométrique qui se compose de quatre arcs de cercle semblables deux à deux est très caractéristique du style Louis XVI, c'est généralement celle des médaillons, des œils-de-bœuf et de beaucoup d'ornements. L'ellipse est moins fréquemment employée.

*Les spires allongées*. — Les spires donnent leur forme aux volutes des consoles, aux rinceaux d'ornement; souvent un feuillage, un rinceau en spirale entoure le médaillon ovale. Parfois un amour terminé par une touffe de feuilles sert de départ à ces rinceaux.

*Les nœuds de rubans*. — Ils servent en général à rattacher les guirlandes aux rosaces qui paraissent les supporter; ils soutiennent les médaillons et parfois sont un simple motif de décoration sans fonction apparente.

*Les guirlandes*. — Elles sont de chêne ou de laurier, et aussi de fleurs; au milieu, elles sont serrées par un ruban croisé. Elles portent des points de suspension du milieu d'un culot, et vont en augmentant de grosseur jusqu'au milieu, puis elles diminuent jusqu'à l'autre attache. A chaque extrémité, et partant aussi du point de suspension, la guirlande est terminée par deux pendants également en feuillage.

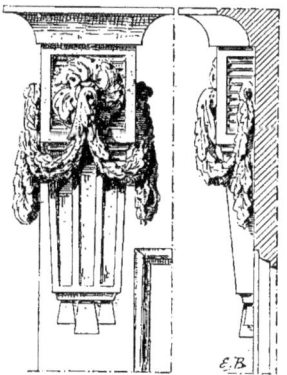

Fig. 669, 670. — Console.
Élévation et vue de côté.

*Les consoles*. — Les formes sont multiples; on en trouve qui ne diffèrent de celles des deux règnes précédents que par le caractère propre de certains détails décoratifs. Cependant, la forme la plus généralement adoptée pendant la période Louis XVI est celle que nous donnons figures 669, 670. Les consoles présentent un aspect solide, un peu massif; composées de lignes simples et sévères qui ne manquent pas d'élégance, elles sont presque toujours accompagnées d'une seule guirlande attachée sur les côtés latéraux. La console en S, quand elle est employée, est très allongée, pure de lignes, avec volutes en spires ovalisées et porte sur la face une belle et opulente feuille; le reste est occupé par des canaux.

*Les enfilages*. — Le style Louis XVI a emprunté à l'antiquité l'ornementation courante obtenue par une succession de disques, de fleurs ou de figures curvilignes posés obliquement et paraissant enfilés sur une baguette. On rencontre aussi des enfilages de disques engagés perpendiculairement à la baguette et alternés de culots de feuillage (fig. 671).

*Les baguettes à torsades.* — Dans les profils, certains corps de moulures sont entourés d'un ruban qui tourne en hélice. Quelquefois le ruban est remplacé par un feuillage assez espacé pour laisser largement apparaître la baguette (fig. 672).

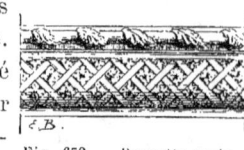

Fig. 672. — Baguette ornée.

*Les treillis.* — Les treillis sont parfois employés par panneaux entiers. Généralement présentés sur la diagonale, les éléments qui les composent portent à leur intersection une rosace ou un bouton; et sont encore amortis dans les angles par un quart de rond ou un petit ressaut à angle droit. Notre

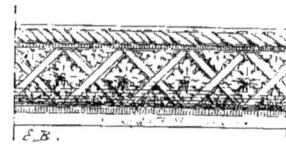

Fig. 673. — Ornement courant.

Fig. 671.
Enfilage. Ancien Hôtel des Postes. Paris.

figure 644 donne une idée de ce treillis, mais dans le style Louis XVI les ajours sont plus considérables par rapport à la grosseur des parties formant le dessin. — Les treillis se font encore sur les boudins, mais alors les vides restant entre les croisillons sont remplis par des rosaces qui les garnissent entièrement (fig. 673).

*Les chapiteaux.* — Comme dans les précédents styles, les chapiteaux dans l'architecture monumentale sont empruntés à l'antiquité. Mais la fantaisie ne perdait pas ses droits pour cela, et les sculpteurs ont fait de charmantes compositions où le sentiment du dessin est bien d'accord avec l'esprit général de la décoration; toujours une nuance de mélancolie et de tristesse, mais en somme contours heureux et bien étudiés (fig. 674).

Fig. 674. — Chapiteau.
Hôtel de Boufflers
Paris.

*Les angles.* — Les panneaux, les cadres, qui dans le style Louis XV sont toujours adoucis, sont dans celui-ci franchement à angle droit. Mais pourtant, les artistes cherchèrent tout en conservant le caractère de gravité, à être moins froids,

STYLE LOUIS XVI 183

à donner le mouvement qui anime et contribue à la décoration. De cette tendance sont nés les angles carrés rentrants. Ils sont proportionnés à la dimension du panneau et occupés par une rosace. — Les angles carrés sortants sont l'opposé des premiers, nous les avons indiqués sur le cul-de-lampe placé à la fin de l'étude du style Louis XVI.

## LA SCULPTURE ORNEMENTALE

L'ornementation plastique, appliquée à la décoration intérieure, est certainement une des plus belles que nous connaissions; il s'en dégage un sentiment grave, posé et marqué au coin d'un goût très ferme et très sûr de lui; c'est l'élégance calme et la distinction réunies. — Aux formes tourmentées ont succédé les lignes sobres et quelque peu rigides, une certaine froideur qui appelle le recueillement, qui porte la pensée aux choses sérieuses, c'est l'antiquité mise au diapason de nos mœurs et de nos besoins d'alors.

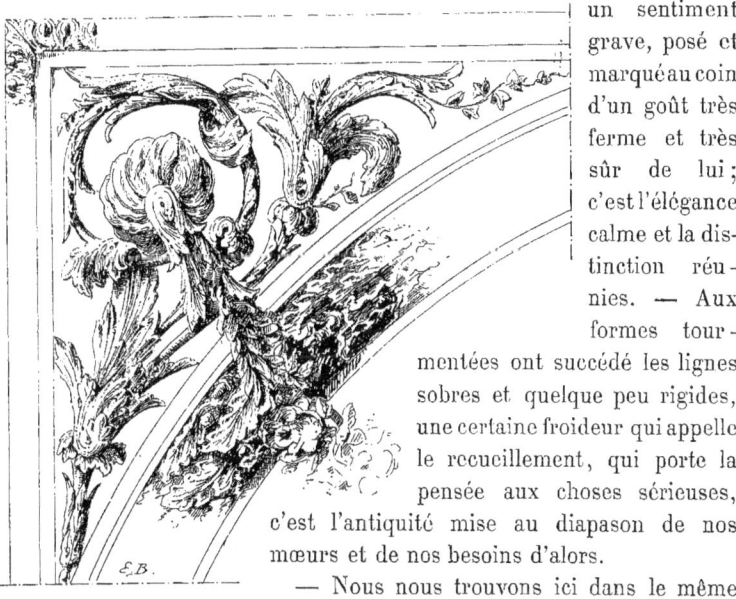

Fig. 675.
Fragment d'ornementation.
Hôtel des Postes, Paris.

— Nous nous trouvons ici dans le même cas que celui où nous nous sommes trouvés pour le style Louis XV, nous avons, pour caractériser le style, épuisé les formes ornementales propres à nous faire comprendre, il nous restera donc à dire seulement quelques mots sur les rinceaux et feuillages (fig. 675). Ce bel exemple, inspiré de la riche décoration du palais de Versailles, en diffère cependant par le caractère spécial donné aux feuilles; les rosaces aussi sont particulières, formées de feuilles de sauge, chaque élément va s'infléchissant en une gracieuse courbure. La feuille entremêlée de culots et de feuillages a une certaine raideur qui ne lui est pas habituelle. Au contraire, la feuille Louis XVI est grassement modelée, forte, sans être nerveuse et affectant souvent, comme nous l'avons dit, la forme en spirale allongée. — La feuille de chêne, celle du laurier; les amours, les profils en bas-reliefs sur médaillons; les guirlandes et les attributs champêtres se retrouvent fréquemment.

## LA MENUISERIE

La menuiserie revient aux lignes droites du style Louis XIV qu'elle marie fort heureusement avec certaines courbes empruntées au Louis XV. Comme dans ces deux styles, elle se couvre de délicates sculptures qui se détachent en bleu ciel, en or, sur fond blanc. De fort jolies peintures pastorales viennent encore l'agrémenter.

## LA SERRURERIE

A toutes les époques le travail du fer a, dans les formes adoptées pour sa mise en œuvre, suivi l'architecture. Sous Louis XVI, nous le retrouvons empruntant ses lignes nouvelles aux données générales qui régissent l'art. Nous voyons donc la serrurerie composer ses enroulements et ses motifs d'après ceux employés dans la sculpture ornementale.

Il nous est resté de fort beaux exemples de serrurerie, l'escalier de l'ancien hôtel des Postes, à Paris, possédait une splendide rampe en fer forgé (fig. 676). Le rampant considérable qu'on voit donné à notre croquis qui représente la rampe développée s'explique par ce fait que l'escalier était demi-circulaire et que les marches mesurées sur le limon étaient extrêmement étroites, tandis qu'au giron elles avaient la largeur normale. Nous avons relevé cette rampe avant la démolition et nous devons avouer que, étant donné la forme spéciale de l'escalier, cette rampe était admirablement comprise et forgée avec une grande habileté. On peut y remarquer l'emploi des formes que nous avons étudiées plus haut, les ovales, les spirales et les grecques.

# STYLE LOUIS XVI

Nous avons également dessiné à Sèvres la grille de l'ancienne manufacture, actuellement transformée en école supérieure d'enseignement secondaire des jeunes filles. Cette grille que nous donnons (fig. 677) pourrait par plus d'un point être classée dans le style Louis XIV; c'est la date seule de sa construction qui nous a engagés à la donner ici. Evidemment l'artiste qui a conçu ce travail s'est inspiré d'un autre déjà exécuté, et, placé aussi près de Versailles, il ne manquait pas de modèles. Quoi qu'il en soit, pour donner une idée plus nette du métal employé à la clôture, nous avons composé un second exemple dont les formes sont plus en harmonie avec l'esprit du style Louis XVI (fig. 678), et dans lequel nous avons réuni tous les éléments de lignes et d'ornements propres à la serrurerie. Dans le panneau du bas, que nous avons figuré plein, nous avons employé pour le cadre, l'angle rentrant dont nous avons parlé plus haut. Enfin nous avons essayé de réunir là des documents dont le développement nous est interdit par notre cadre.

Parmi les ornements secondaires nous appellerons l'attention sur les brindilles, celle (fig. 679) est déjà donnée en petit sur la rampe de l'hôtel des Postes. La figure 680 nous montre une autre brindille avec culot et fleuron; on doit remarquer dans cet exemple que souvent, comme dans la Renaissance, les parties à sections rectangulaires succèdent à des parties tournées. Les figures 681, 682 sont des variantes.

Fig. 676.
Rampe en fer forgé.

La figure 683 représente une rosace en tôle repoussée. Nous avons déjà examiné ce travail précédemment nous savons que les travaux au repoussé ou au relevé s'exécutaient dans de la tôle douce ou dans du cuivre plus malléable et par cela plus favo-

Fig. 677, 678, 679, 680, 681, 682, 683. —Grilles et détails.

rable au martelage qui doit dilater le métal. — A cette époque, on fait aussi beaucoup d'ornements de feuillage en bronze, parce que ce métal

STYLE LOUIS XVI

se prête à la ciselure qui donne un cachet de richesse et de fini qu'on n'obtiendrait pas avec le cuivre ou la tôle.

La petite serrurerie a suivi les errements des règnes précédents, mais prend les formes d'ornementation nouvelles qui lui donnent le caractère propre de l'époque.

# ORFÈVRERIE

L'orfèvrerie est l'art de travailler les métaux précieux. A l'origine, l'art de l'orfèvre embrassait la bijouterie et la joaillerie, dont depuis nous avons fait des spécialités.

Le travail de l'or et de l'argent remonte à la plus haute antiquité, car il paraît établi que la connaissance de ces métaux a précédé celle du fer. Il nous est resté des premières civilisations orientales des spécimens d'orfèvrerie extrêmement remarquables. En Egypte surtout, le respect des sépultures a assuré la conservation de nombreuses richesses qui meublent actuellement les musées de Boulacq au Caire, le British Muséum, le Louvre, etc. L'histoire nous rapporte qu'à leur sortie d'Egypte les Israélites avait emporté en grande quantité des objets d'or et d'argent, qui servirent à confectionner le fameux veau d'or qui fut ensuite détruit par Moïse.

Chez les Grecs, l'orfèvrerie apparaît dès les temps fabuleux, si l'on s'en rapporte aux descriptions des poètes. Plus tard, aux époques historiques, le travail des métaux précieux marche de pair avec tous les autres arts.

Les Romains prennent l'art de l'orfèvrerie à la Grèce. « Sous l'empire, dit M. E. Bosc, la vaisselle d'or et d'argent, de même que certains meubles faits avec des métaux précieux, étaient d'une grande abondance; les vases d'or et d'argent ciselés, les patères, les coupes, étaient d'un usage fort journalier.

« ..... Que de pièces d'orfèvrerie ont dû périr dans les guerres et dans les incendies ! Ce que Rome avait accaparé aux peuples vaincus représente une bien faible partie des richesses fabriquées aux premiers siècles de notre ère. Rome avait tellement pillé et rançonné le monde entier, pour se parer de ses dépouilles, que l'on comprend que les généraux des pays barbares (ainsi les nommaient les Romains) emportassent à leur tour avec eux leurs trésors. Cela expliquerait jusqu'à un certain point les trouvailles faites, dans les contrées éloignées, de pièces d'orfèvrerie romaine. »

Quand la Gaule devint province romaine, l'orfèvrerie y prit un grand développement, et plus tard, au vi<sup>e</sup> siècle, l'école de Limoges avait une réputation universelle. C'est à cette époque qu'apparaît Eligius, saint Éloi, le plus populaire quoiqu'un des plus anciens orfèvres de la terre des Gaules. Il est vrai qu'il fut aussi ministre et conseiller du roi Dagobert, et enfin évêque de Noyon. Saint Eloi a exécuté des travaux remarquables, un grand nombre de châsses, des sièges ornés de pierreries pour Clotaire II et un trône en or pour Dagobert ; on voit au musée du Louvre un siège en bronze dont on lui attribue la fabrication, sans preuves du reste. Vers le xi<sup>e</sup> siècle, Paris et Limoges fabriquent des objets destinés au culte, des châsses et des vases sacrés. Le travail est alors divisé par spécialités : la monnaie, la joaillerie, et l'orfèvrerie proprement dite, qui comprend les gros objets et la fonderie. Au xiii<sup>e</sup> siècle apparaît la corporation des orfèvres ; Limoges fabrique des objets décorés d'émaux ; l'art ogival commence à avoir une influence marquée dans la conception des œuvres.

Mais il nous faut arriver à François I<sup>er</sup> pour voir l'orfèvrerie réellement florissante « parce que des peintres tels que Léonard de Vinci, le Primatice, le Rosso, et des bijoutiers-orfèvres tels que Mattéo del Massaro, Benvenuto Cellini, et d'autres encore, que le roi fit venir à sa cour, excitèrent grandement l'émulation des orfèvres français. Le dernier des artistes cités fabriqua.... un vase d'argent pour la duchesse d'Étampes, une véritable merveille, et pour le palais de Fontainebleau un Jupiter en argent : le dieu lance la foudre d'une main et porte de l'autre le monde...

« Nous venons de dire que les artistes italiens excitèrent l'émulation de nos orfèvres ; en effet, l'orfèvrerie française était à cette époque remarquable et portait bien le cachet des œuvres de notre pays. Les principaux orfèvres français du xvi<sup>e</sup> siècle sont : Pirame Triboulet, Pierre Mangot, Bénédict Ramel, Etienne Delaune, F. Dujardin, F. Briot, Jean de la Haye, etc. Ce dernier était l'orfèvre de Gabrielle d'Estrées. Au commencement du xvii<sup>e</sup> siècle, l'orfèvrerie avait atteint son apogée et réalisé de grands perfectionnements. » Sous Louis XIV, l'art de l'orfèvre fut en grand honneur, Lebrun et Bérain fournissaient des dessins ; Ballin exécutait tous les genres, pour les églises et pour les châteaux ; il meubla Versailles de véritables merveilles. « Il y avait là, dit Perrault, des tables d'une sculpture et d'une ciselure si admirables, que la matière, toute d'argent et toute pesante qu'elle était, faisait à peine la dixième partie de leur valeur. C'étaient des torchères ou de grands guéridons de huit à neuf pieds de hauteur, pour porter des flambeaux ou des girandoles ; de grands vases pour mettre des orangers et de grands brancards pour les porter où l'on aurait voulu ; des cuvettes, des chandeliers, des miroirs, tous ouvrages dont la magnificence, l'élégance et le bon goût étaient peut-être une des choses du royaume qui donnaient une plus juste idée de la grandeur du prince qui les avait fait faire. »

Nous devons mentionner encore parmi les orfèvres en renom : Delaunay, Loir, Lacoste, etc. ; au xviiie siècle, Meissonnier, orfèvre du roi, peintre, sculpteur et architecte.

## STYLE EMPIRE

Né de la Révolution, l'empire hérita surtout de cet amour immodéré pour l'antiquité, plagiat inconséquent et étroit qui n'avait même pas la force d'une renaissance et n'était qu'une sorte d'exhumation du passé de races différentes et placées dans d'autres conditions. Le théâtral, la mise en scène, avaient dominé et dominaient encore ; toutes les forces vives étaient tournées vers la gloire militaire, on avait battu de nombreux peuples, donc on était des Romains ; et puisqu'on prenait leur organisation politique, on pouvait bien leur prendre leur architecture. Un retour vers le moyen âge était à cette époque impossible, notre art national symbolisait les temps maudits du servage et de la royauté, l'art antique au contraire représentait ou plutôt semblait représenter la liberté. L'empire trouva donc l'antiquité implantée sur le vieux sol des Gaules, les noms, les costumes, certaines mœurs même, étaient grecs ou romains, et Athènes, Pæstum, Rome et Pompéi nous fournissaient des modèles. Bonaparte était César et le moindre fantassin était un légionnaire.

On parle toujours de l'antiquité, de la source féconde où doit se retremper l'art; certes nous ne pouvons pas oublier non plus que le seul art véritablement national que nous ayons eu, art qui avait son système constructif et son ornementation propres, sans emprunts, est précisément celui qui fut le plus en opposition avec les monuments et d'Athènes et de Rome.

L'art, sublime manifestation de l'esprit humain, doit, pour se transformer, avoir une cause; à chaque changement sérieux que nous avons pu observer jusqu'ici, nous avons vu que l'art nouveau était amené par des événements religieux ou politiques, assez puissants pour modifier profondément le genre de vie, les relations internationales et les mœurs; nous avons observé aussi que chaque fois que les regards se sont tournés vers l'antiquité, c'était pour s'en inspirer et en interpréter les formes de manière à les ployer aux besoins du moment; mais jamais, à aucune époque antérieure, on n'avait assisté à une semblable résurrection.

L'empire français, les aigles françaises, faisaient songer à la grandeur romaine, et des artistes comme David proclamaient « qu'en dehors des traditions antiques, les arts ne pouvaient que retourner à la Régence et à Louis XV ».

## ARCHITECTURE

« Le premier empire présente, dit M. Léon Château, dans les monuments qu'il a élevés, cette grande préoccupation de faire revivre les arts de Rome, les architectes poussent l'enthousiasme pour l'antiquité jusqu'à copier, sur une échelle plus ou moins grande, les édifices qu'ils ont dessinés et mesurés en Italie; s'ils modifient quelque chose, c'est dans les motifs de décorations. Ils n'ont pas, du reste, la liberté d'esprit qui leur est nécessaire; les idées qui sont répandues dans la société dominent: l'empire... fait songer à Rome. »

Par un décret en date de 1806, Bonaparte ordonne l'édification d'un arc de triomphe à la gloire de nos armées.

Deux architectes, Percier et Fontaine, sont chargés des travaux et ne font en réalité qu'une intelligente réduction de l'arc de Septime-Sévère à Rome (fig. 684). Cependant tous deux étaient doués d'un talent incontestable, ce qui fait regretter davantage que le goût de l'époque ne fût pas dirigé d'une manière moins absolue. Percier marqua de bonne heure de grandes dispositions pour l'architecture, il entra chez Peyre jeune, alors architecte du roi. « Il acquit bientôt une habileté remarquable pour le dessin ce qui lui donna un grand avantage qu'il appréciait beaucoup, car il faut, avant tout, qu'un architecte soit artiste, et, chez Percier le dessinateur domina comme chez tous les architectes célèbres. »

A Rome il connut Fontaine, et dès lors ces deux amis ne se séparèrent plus. Revenus en France ils demandèrent à l'industrie privée le travail que ne pouvait alors leur donner la grande architecture, et ils travaillèrent pour l'ameublement. « Cet essai leur réussit, dit M. Raoul Rochette

Fig. 684. — Arc de triomphe du Carrousel.

dans une notice sur Charles Percier. Un premier travail, payé d'un prix qu'on n'oserait pas citer aujourd'hui, mais que la rareté du numéraire rendait alors très avantageux, leur attira d'autres commandes du même genre. Dès ce moment, la plume et le crayon de Percier et de son ami ne furent plus employés qu'à dessiner des étoffes, qu'à esquisser des meubles; ils travaillaient pour les manufactures de tapis et de papiers peints; ils produisent des compositions pour les décorations de théâtre; ils font des modèles pour les bronzes, les cristaux, l'orfèvrerie, et tandis qu'ils s'exercent ainsi de toute manière à introduire dans l'ameublement moderne les formes du mobilier antique, avec le sentiment et le goût qui leur sont propres, c'est à peine s'ils s'aperçoivent qu'avec leur fortune qui commence, c'est une révolution qui s'accomplit par eux dans les habitudes domestiques d'une société qui ne les connaît pas encore même pour tapissiers, et qui, plus tard, les reconnaîtra pour de grands architectes dans l'arc de triomphe du Carrousel et dans l'achèvement du Louvre. Qui peut dire maintenant quelle a été, dans cette seule période de leur destinée, l'influence de ces deux architectes, alors pauvres et ignorés, qui du sein de leur mansarde aérienne, renouvelaient toute l'industrie française et rendaient l'étranger même tributaire de nos modes rajeunies et de leurs goûts épurés? Qui peut dire ce que le commerce de la France dut aux talents de Percier et de Fontaine, à ne voir que le *Recueil des décorations intérieures* qu'ils ont publié ensemble comme ils l'avaient composé en commun, et où se trouvent, avec les meubles qu'ils firent exécuter à Paris, ceux qui leur furent demandés pour l'Espagne, pour la Prusse, pour la Pologne, pour la Russie? »

Ces deux architectes furent chargés encore de restaurer les Tuileries, de continuer le Louvre : ils construisirent la rue de Rivoli et entre autres importants travaux, ils réparèrent Fontainebleau, Saint-Cloud et Compiègne.

A la même époque que le décret ordonnant la construction de l'arc de triomphe du Carrousel, un autre décret décidait l'érection d'un autre arc de triomphe pour perpétuer le souvenir des victoires des armées françaises, « et décidait qu'il aurait des dimensions colossales pour annoncer dignement à une grande distance la capitale de l'Empire ».

L'arc de triomphe de l'Etoile fut commencé par Raymond et Chalgrin mais ils ne s'entendirent pas et Chalgrin resta seul. Il conduisit les travaux jusqu'à la corniche du piédestal et mourut en 1811 ; il fut remplacé par Goust, son inspecteur, qui continua jusqu'en 1814. Enfin, après des vicissitudes sans nombre, l'édifice fut terminé par Abel Blouet, et inauguré seulement en 1836. Le monument, de proportions colossales, frappe par sa position et sa masse surtout, qui, au moins en dimension dépasse tous les arcs antiques. Comme la majeure partie des constructions élevées à cette époque, l'ensemble de l'arc de triomphe est romain et le détail est inspiré de Pompéi. A la grandeur réelle due aux belles et simples lignes autant qu'à la masse s'ajoute le prestige de ces prodigieuses sculptures entre autres le groupe appelé « le chant du départ », ou encore « les volontaires de 1792 » de François Rude, de Dijon (terminé en 1836). Nous en laissons la description au poète :

« Rude ! — quel nom choisi pour tailler dans la pierre,
« Le granit ou le marbre un groupe de Titans ! —
« Ton *Départ* fait frémir, car tes grands combattants
« Marchent contre l'Europe en lui criant : Arrière !

« Il n'est mont ni rampant, précipice ou rivière
« Qui les puisse arrêter. Ils vont drapeaux flottants.
« Humant la poudre au bruit des clairons éclatants
« Qui font des fiers chevaux se dresser la crinière !

« Au-dessus de leur tête, en un vol irrité,
« S'élance, glaive au point, la fille Liberté,
« Sein gonflé, cuisse nue, indomptable et farouche

« Un souffle d'ouragan semble la diriger,
« Et dans les chants de morts qui sortent de sa bouche,
« On entend sangloter la patrie en danger ! »

En 1806, Napoléon pensait certainement beaucoup à l'architecture, car étant à Posen, il décréta l'érection d'un monument à l'emplacement ou était commencée l'église de la Madeleine. Ce temple de la gloire, dédié aux soldats de la grande armée, fut commencé par Pierre Vignon, qui conduisit les travaux jusqu'à la fin de l'Empire. Sous la Restauration, le temple fut restitué au culte catholique, mais il ne fut terminé qu'en 1842. Le péristyle du palais législatif, dû à Poyet, est de la même époque. La colonne Vendôme, à Paris est encore une manifestation frappante de ce besoin d'imitation dont on semble alors possédé. Elle est érigée aussi à la gloire de la grande armée, et est, sauf le détail des bas-reliefs, une reproduction de la colonne Trajane que nous avons donnée dans le style romain. La colonne Trajane est en marbre blanc, et les bas-reliefs qui l'entourent en hélice racontent les deux expéditions de Trajan contre les Daces (aujourd'hui les Roumains), et elle était surmontée de la statue de l'empereur. La colonne Vendôme est en pierre avec une enveloppe en bronze (métal qui, paraît-il, provient de canons enlevés à l'ennemi) sur laquelle se déroulent les exploits de la campagne de 1805, depuis le camp de Boulogne jusqu'à la bataille d'Austerlitz; Napoléon, vêtu à l'antique, était placé au sommet. Cette statue fut plusieurs fois changée ; à la restauration des Bourbons elle disparut (?); en 1833, on plaça sur la colonne un Napoléon dans son costume le plus populaire : la redingote, les bottes et le chapeau bien connu ; sous le dernier Empire, enfin, on refit la statue costumée en empereur romain. La colonne Vendôme est due aux architectes Lepère et Gondouin.

Nous mentionnerons simplement : la Bourse, de Brongniard; le marché Saint-Germain, la Halle aux vins, des Abattoirs, des ponts et des canaux.

## LES CARACTÉRISTIQUES DU STYLE

On a parfois donné, et improprement selon nous, les noms de *néo-grec* et *néo-romain* au style de l'Empire ; car il ne s'agit pas ici d'une renaissance mais seulement d'une imitation ou plutôt d'une réédition. Bonaparte, qui fut tout aussi despote que Louis XIV, ne pensait pas que l'on pût faire mieux que d'emprunter à l'antiquité, c'était son goût, et il écrivait au sujet du concours fait pour la construction de la Madeleine : « J'ai entendu un monument tel qu'il y en avait à Athènes et qu'il n'y en a pas à Paris. » L'art de l'Empire est donc grec ou romain, suivant que c'est à Rome ou à Athènes que l'on va chercher le modèle.

Mais il en est de ce style comme de toute copie, la reproduction est toujours inférieure à l'original. L'imagination des artistes se glaça au contact des idées impériales et il en résulta un art classique absolu guindé et froid, auquel les architectes n'arrivèrent à donner quelque grandeur qu'à force de talent.

Dans l'ordre ornemental, c'est moins le grec que le romain, moins le romain que le pompéien que l'on copia ; c'est-à-dire, non pas la grande Rome, mais la Rome pervertie par une pléthore de richesses, la Rome jouisseuse et blasée... Aussi, à quelques exceptions près dues aux Percier et aux Fontaine, ne trouvons-nous qu'une ornementation sans vie, prétentieuse et souvent lourde ; que des formes surannées, disgracieuses, qui sont à la mode, mais en opposition complète avec le génie de la nation.

*Les chapiteaux.* — En dehors de ceux de l'antiquité scrupuleusement reproduits, quelques exemples nous montrent combien le champ libre laissé à l'imagination était étroit. Notre figure 686, donne une idée de la sécheresse, de l'absence de tout esprit inventif ; c'est une palmette flanquée de deux gousses qui forment ce chapiteau, avec cela, des lignes trop droites, un tailloir trop maigre. C'est ce genre qu'on retrouve souvent en cuivre dans le mobilier de l'époque. — Nous devons cependant constater que nos artistes qui avaient travaillé à Rome, qui avaient visité l'Italie, étaient bien loin d'être aveugles ; ils n'avaient pu, tout en admirant sincèrement les édifices antiques, rester insensibles aux beautés architecturales dont la Renaissance avait peuplé Florence, Venise, Rome et d'autres villes et on retrouve parfois dans leurs œuvres un souvenir des belles constructions entrevues (fig. 685) ; et l'on voit alors à certaines formes trop caractérisées se joindre des rinceaux, des feuillages, ou un groupement qui semble appartenir à une architecture plus récente. Du

Fig. 685, 686. — Chapiteaux.

reste, c'est un fait avéré que Percier, tout en sacrifiant complètement au goût du jour dirigé par l'empereur, avait une prédilection marquée pour

l'art de la Renaissance ; il lui semblait avec raison qu'il était mieux d'interpréter que de copier, et surtout dans ses projets inexécutés (fig. 687) on voit cette tendance se faire jour et prouver un peu timidement peut-être qu'il est regrettable que cet excellent dessinateur ne fût pas venu à une autre époque.

*Les consoles.* — Elles sont comme les autres

Fig. 688. — Console.

Fig. 687.
Fragment d'un dessin de Percier.

motifs copiées sur celles de l'antiquité. Tantôt c'est la console grecque, tantôt la console pompéienne mais plus souvent encore le modillon romain, avec une nuance de lourdeur qu'on ne retrouve pas dans le modèle (fig. 688). Elles sont ornées de détails fins, parfois hors d'échelle avec l'ensemble.

*Les ornements courants.* — C'est surtout l'ornementation des édifices de la grande Grèce qui est imitée dans la décoration courante ; des palmettes et des feuillages (fig. 689-690). On rencontre aussi les postes, les chiens-courants, les oves, les rais de cœur et les feuilles ; parfois ce sont des motifs complets formant répétition, qui, quoique bien dessinés et

Fig. 689, 690. — Ornements courants.

modelés, sont froids et maigres ; ils se détachent sur un fond plat ou sur une gorge à profil mesquin (fig. 691).

Fig. 691. — Ornement de cadre.

*Les chimères.* — Le goût de l'antiquité était dû surtout aux nombreux ouvrages que le xviiie siècle vit paraître sur Rome et sur la Grèce, mais la « sublime campagne d'Égypte » eut aussi son influence, et les chimères

Fig. 692, 693. — Chimères.

dans un grand nombre de cas, font penser aux sphinx qui peuplaient les avenues conduisant aux vieux temples des pharaons. Certaines chimères accroupies à la manière des monstres égyptiens sont traitées à la romaine (fig. 692), avec des ailes volutées et le corps se terminant en rinceau de feuillage. La chimère purement classique est plus fréquente elle affecte différentes formes, c'est parfois un griffon, un lion à tête d'homme ou de femme (fig. 693), mais les ailes sont presque toujours roulées à l'extrémité en forme de spirale ou volute.

*Les profils.* — Ils sont en général maigres par rapport aux masses qu'ils accentuent, leur finesse à l'air d'être recherchée, voulue, comme

STYLE EMPIRE

si on y avait vu de l'élégance et de la distinction à faire délicat et mince. Souvent aussi les saillies de corniche sont poussées à l'extrême, de même que le fit Chalgrin à Saint-Philippe du Roule; ces saillies peuvent produire des ombres peut-être, mais sont à coup sûr moins rationnelles que le profil du moyen âge qui par sa forme, utilisait la vitesse acquise de l'eau pluviale pour la projeter par une courbe assez loin de la façade. Quand des architectes de talent ont copié l'antique, ils ont certainement conservé aux profils leurs valeurs et leurs masses relatives mais il n'en a pas toujours été ainsi et nous ne pouvons que constater souvent des profils défectueux, imitations timides qui indiquent une grande indécision (fig. 694-695), et fréquemment même une certaine naïveté prétentieuse qui se croit capable de faire le portrait plus beau que l'original.

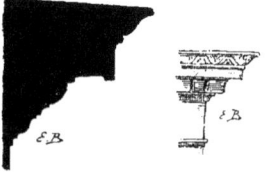

Fig. 694, 695. — Profils.

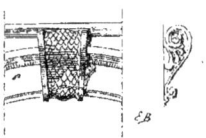

Fig. 696, 697. — Clef.

*Les clefs*. — La clef de l'arc de Titus a été imitée, on en a fait de toutes sortes, mais la plus usitée est celle à écailles ou imbrications; elle semble, à cette époque guerrière, rappeler les armures souples des légionnaires romains (fig. 696-697).

## LA SCULPTURE ORNEMENTALE

Dans les quelques exemples qui précèdent on voit que la sculpture d'ornement suit la même marche que l'architecture; imitation servile de l'antique jusque dans les moindres détails, pénurie complète d'invention dans les formes comme dans la décoration. Les seuls beaux motifs sont ceux qui reproduisent presque identiquement l'ornementation des monuments antiques sur un édifice en présentant les mêmes lignes.

## LA SERRURERIE

C'est la forme seule que nous allons examiner, les procédés de main-d'œuvre sont les mêmes qu'à la fin du xviii<sup>e</sup> siècle mais là encore on cherche dans l'antiquité les motifs d'ornement et les lignes résistantes.

Les grilles sont faites de barreaux droits, en fer rond ou carré ; ces barreaux assez forts, passent dans deux traverses à trous renflés, ils se terminent en bas par une lance à boule, tandis que le haut est motivé par une lance plate. Quand il y a un couronnement, il est fait de deux grandes S allongées, garnies de feuilles et remplies de gousses ou de palmettes. Les pilastres, quand ils sont en métal, affectent la forme d'un faisceau de lances et les colliers de la grille ouvrante viennent s'assembler sur les fortes ligatures qui relient le faisceau.

Les consoles sont aussi en S avec le même remplissage que les couronnements. On trouve parfois des grilles dans lesquelles le barreau porte sous la traverse une bague en forme de chapiteau et en bas une base; cette maigre imitation de colonne n'est certainement pas à recommander.

# LES PIERRES

En architecture, la pierre est le matériau par excellence ; c'est à elle que l'on demande les masses solides, les points d'appui isolés et aussi les parois. Ses qualités de résistance aussi bien aux efforts mécaniques qu'aux agents atmosphériques en ont fait une matière très précieuse à l'humanité et c'est sur des pages de porphyre et de granit que fut écrite l'histoire des premiers âges.

La pierre est un corps dur et solide, extrait de la terre ou détaché du flanc des montagnes. Le mot, pris en général, désigne une substance minérale solide, insoluble dans l'eau incombustible et non malléable. La composition des pierres est très variée, et pourtant toutes sont formées d'un métal à l'état d'oxyde, combiné avec un acide ou avec un corps qui en tient lieu. Le silicium, le carbone et le soufre sont les trois corps simples qui, par leur combinaison avec différents oxydes, constituent la plupart des substances que l'on comprend sous le nom vulgaire de *pierre*.

On distingue les pierres entre elles par leurs caractères physiques et leurs caractères chimiques.

Les premiers sont la densité, la dureté, la structure, la cassure et la couleur.

La densité s'apprécie comme pour les autres corps en comparant le poids d'un décimètre cube de pierre à celui d'un volume égal d'eau pesé dans les conditions qu'on sait.

La dureté se spécifie par ce fait que la pierre raye l'acier, le fer, le cuivre, l'ongle, ou est rayée par eux.

La structure qui peut être compacte, granuleuse, lamellaire, cristalline ou granitoïde, saccharoïde, fibreuse, grésiforme, grossière, terreuse, cellulaire, schistoïde.

La cassure, qui est droite, conchoïde, raboteuse ou lisse.

La couleur qui est d'un si grand secours à la polychromie naturelle des édifices.

Les caractères chimiques, qui sont les effets produits sur chaque nature de pierre par l'action du feu qui l'attaque plus ou moins et en change les qualités ou les propriétés ; l'action des acides, qui est nulle ou dissolvante suivant les espèces.

La dilatation de la pierre évaluée à 0,001 pour une différence de 100 degrés est négligeable dans la majeure partie des cas. Certains calcaires élevés à une haute température se transforment en chaux, et on a vu quand de grands incendies se sont produits, de graves accidents causés par la pluie tombant sur des édifices construits avec cette nature de pierre.

Les agents atmosphériques, l'humidité, la sécheresse, la gelée surtout, sont des causes d'altération graves pour certaines pierres. — L'action de la gelée fait que les pierres qui ont le défaut d'être gélives s'égrènent se fendent et se délitent en feuillets ou se cassent en fragments irréguliers. On s'assure de la gélivité de la manière suivante : on plonge dans un bain contenant un sel cristallin quelconque un morceau de la pierre qu'on veut expérimenter ; on le retire et on laisse sécher ; le sel cristallise et s'il ne se détache aucun fragment de l'échantillon éprouvé, c'est que la pierre n'est pas gélive.

On distingue les pierres en deux classes principales : les pierres dures et les pierres tendres, suivant que leur taille se fait avec plus ou moins de facilité ; mais d'autres qualités ou défauts les ont fait désigner par les différents noms suivants :

*Pierre fière*, qui est compacte, dure, difficile à travailler et qui éclate sous le ciseau. — *Pierre vive*, qui durcit en carrière et à l'air. — *Pierre pleine*, qui est d'un grain uniforme, sans coquillages ni aucun défaut. — *Pierre poreuse*, qui est entièrement occupée par des trous. — *Pierre ferrée*, où l'on remarque des veines beaucoup plus dures que dans les autres parties. — *Pierre coquillère*, qui est remplie de coquillages. — *Pierre feuilletée*, qui se sépare en feuilles ou en écailles, etc.

L'innombrable quantité d'espèces différentes de pierres ne nous permet pas même d'en citer les noms. Elles présentent à peu près toutes les couleurs désirables depuis le plus beau blanc jusqu'au noir et cette grande variété de tons donne une splendide décoration polychrôme. Les granits bleus, gris, roses, rouges, gris-noir, etc ; les belles pierres blanches, les pierres veinées, tachetées de jaune et de rose ; les grès variant du blanc au rouge ; enfin les pierres volcaniques d'un noir mat si communes dans les provinces du centre.

Dans le choix de la pierre, l'architecte doit se préoccuper : de la qualité au point de vue de la durée, de la puissance résistante, de la difficulté de la mise en œuvre. Il doit donc choisir sa pierre non gélive et la la placer sur son lit de carrière ; il doit employer la pierre dure dans les soubassements qui doivent supporter toute la charge et graduer ensuite pour arriver à la pierre tendre. Cette marche est d'autant plus rationnelle qu'au point de vue artistique la gradation ornementale se fait dans le même sens, les parties inférieures sont très simples et la richesse du décor croît au fur et à mesure qu'on s'élève davantage. La sculpture en se compliquant devient en même temps d'une taille plus facile.

*La taille.* — « La nature de la taille, dit M. Viollet-le-Duc, est un des moyens les plus certains de reconnaître la date d'une construction ; mais, dès le xiiᵉ siècle, les diverses écoles de tailleurs de pierre ont des procédés qui leur appartiennent, et qu'il est nécessaire de connaître pour éviter la confusion. Ainsi, certaines provinces n'ont jamais adopté la laye ou bretture (outil dont le taillant est dentelé), ou n'ont employé cet outil que très tard. Des tailleurs de pierre ne se sont servi, que du ciseau étroit ou large ; quelques contrées ont employé de tout temps le marteau taillant sans dents, avec plus ou moins d'adresse. »

La taille chez les Grecs et les Romains était l'objet de soins infinis ; plus tard, pendant la période gallo-romaine les parements sont négligés. La taille préparatoire est faite au moyen d'une ciselure sur l'arête, la partie apparente de la pierre conservant la taille de carrière. Les lits et joints sont particulièrement soignés ; ils sont souvent moulinés à l'aide d'une pierre plus dure et rugueuse, la meulière ou la lave, par exemple. Un procédé antique, très supérieur au moulinage, consistait à parachever la taille en frottant deux pierres l'une sur l'autre, ce qui donnait un joint qui, dans certains marbres ou pierres dures, était presque invisible. Ce genre de taille était surtout employé pour les colonnes.

Au vᵉ siècle la science du tailleur de pierre se perd complètement « On ne construit plus qu'en moellon smillé, et les quelques blocs de pierre de taille qu'on met en œuvre dans les bâtisses sont à peine dégrossis. Cependant une façon nouvelle apparaît dans la taille de ces parements de moellons. On sait le goût des races indo-germaniques pour les entrelacs de lignes. Les bijoux que l'on découvre dans les tombeaux mérovingiens présentent une assez grande variété de ces combinaisons de lignes croisées, contrariées, en épis, formant des méandres ou des échiquiers. On voit apparaître à l'époque mérovingienne les tailles dites en arête de poisson. » Ces tailles en épis faites à l'aide du taillant droit romain large, ressemblent assez, mais en petit, à ce que nous appelons dans les parquets, appareil en fougère ou point de Hongrie.

Dès le xi$^e$ siècle la taille est remise en honneur surtout dans les contrées où se rencontrent les pierres dures.

Avec le xii$^e$ siècle le travail de la pierre, sous l'influence des arts de la Syrie, reprend courage et arrive promptement à une grande perfection ; « les parements sont dressés au taillant droit, tandis que les moulures sont travaillées au ciseau et souvent polies...

« Pendant ce temps, dans les contrées où le grès rouge abonde, dans les Vosges et sur les bords du Rhin, on continue à faire les tailles à l'aide du poinçon, du large ciseau et du marteau de bois. » Les traces de taille affectent la forme en fougère et en damier dont chaque carré est recoupé sur la diagonale par des traces en sens différents.

Au xiv$^e$ siècle on commence à employer la *ripe*, ciseau recourbé et dentelé très fin qu'on emploie comme un grattoir. Au xv$^e$ siècle c'est l'outil spécialement employé pour les moulures. La pierre dure se travaille toujours au poinçon, au taillant droit et au ciseau.

Pendant la Renaissance, même outillage ; mais plus de négligence dans le travail.

De nos jours on emploie tous les procédés connus. L'outil qui rend le plus de service dans la taille des moulures est le *guillaume*, sorte de *rabot*, qui permet au tailleur de pierre de pousser une partie de profil comme s'il s'agissait simplement d'une moulure en bois.

# STYLE MODERNE

Avons-nous un style ? N'en avons-nous pas ? Voilà les questions que beaucoup de personnes se posent et auxquelles nous allons essayer de répondre.

D'abord, reprenant le mot style, nous voyons que c'est le caractère général de l'art à une époque et dans une contrée déterminées. Mais il y a lieu de plus, au point de vue de l'architecture, de dédoubler le style en deux parties distinctes : le système constructif, les grandes lignes, et la partie purement décorative.

Le système constructif est donné : 1° par une figure géométrique, la ligne droite, l'arc en plein cintre, l'arc surbaissé, l'ogive, etc.; 2° par les matériaux qui, suivant leur résistance et leurs dimensions, donnent un caractère de lourdeur massive ou de hardiesse infinie.

Or, quand les Egyptiens et les Grecs construisirent les édifices que nous admirons, ils avaient un grand avantage pour créer un style, c'est qu'il n'y en avait pas d'antérieur, et que toutes les formes géométriques, hélas très limitées, étaient à leur disposition ; dans ces contrées riches en matériaux de granit et de marbre, ils se servirent de ces éléments qui savent braver les siècles. Mais ne connaissant pas, ou ne voulant pas employer la voûte, ils employèrent l'architrave reposant sur des colonnes. C'est tout le système pour l'Egyptien et le Grec n'y ajoute que le fronton.

Avec ces grandes lignes, l'entre-collonnement donne les belles proportions qui nous charment dans les temples grecs; cependant la cause véritable du rapprochement des colonnes, c'est que l'architrave travaillant à la flexion ne permettait pas une portée plus grande, et nous croyons pouvoir dire que si les Égyptiens avaient disposé de poutres métalliques pouvant franchir une grande portée, nous n'aurions pas eu l'avantage de rester étonnés devant la forêt épaisse de leurs salles hypostyles.

Les Romains, libres de toute influence hiératique, et voulant faire grand, rejettent l'architrave et prennent le plein-cintre, la voûte.

Les architectes du moyen âge demandent à l'ogive une architecture chrétienne, et savent tirer de ce principe de construction un système admirable.

La Renaissance enfin utilise l'arc surbaissé.

Et voilà toutes les grandes lignes géométriques, toutes les formes caractérisées, employées dès cette époque, et nous ne voyons plus depuis lors que des retours au passé, ou des styles qui n'ont d'originalité que dans l'ornementation.

On peut donc dire qu'au point de vue des grands caractères il y a trois styles bien marqués : le grec, le romain, l'ogival, et qu'il sera bien difficile, étant donné que *tout* a été utilisé par nos pères, de trouver une nouvelle figure géométrique non encore connue qui constitue « notre style ».

Pour les styles de décoration, ils sont possibles à l'infini, chaque élément est pour ainsi dire une lettre qui, suivant la position qu'elle occupe, peut se prêter à d'innombrables combinaisons.

Mais l'ornementation ne suffit pas et il ne s'agit pas d'appliquer une ornementation nouvelle et originale sur une structure romaine pour obtenir un style nouveau, il faut aussi trouver la structure nouvelle.

Maintenant nous posons à nouveau la question : Avons-nous un style ? et nous sommes bien tentés de répondre affirmativement. Mais nous dirons : jusqu'au milieu de ce siècle nous avons vécu sur l'antiquité, ce n'est guère que de nos jours qu'une pléiade de savants et d'artistes, réagissant contre la manie de tout puiser à Rome, ont courageusement ramené nos regards vers notre passé national. C'est aussi de ce moment que les progrès énormes réalisés dans les sciences et l'industrie sont entrés dans la pratique ; serait-il donc dès à présent possible de dégager de la masse des constructions faites les édifices qui donneront aux générations futures la mesure de notre savoir et de notre puissance artistique ? Nous ne le croyons pas, et nous pensons que, de même qu'on ne canonise prudemment un saint qu'après sa mort, de même on fera bien de ne définir « notre style » que quand nous ne serons plus là.

Après la forme géométrique, ce sont les matériaux qui sont les plus puissants motifs constitutifs d'un style; or, si l'on veut bien réfléchir au temps qu'il a fallu pour apprendre à mettre la pierre en œuvre et lui donner un caractère, il convient de penser aussi que les matériaux nouveaux, l'acier, le fer, la fonte, le verre, etc., sont bien jeunes; qu'égarés par les formes antérieures, ils n'ont peut-être pas eu le temps encore de prendre leur complet développement, de montrer toutes les ressources qu'ils renferment. Il est certainement évident que nos connaissances acquises, l'expérience du passé, nous donneront le moyen d'épuiser promptement les essais et d'arriver dans un délai très court aux grandes solutions que nous sommes en droit d'attendre de nos conquêtes scientifiques et de celles qui forcément en seront la résultante.

Mais est-ce à dire que rien n'est fait? qu'aucun travail ne puisse permettre au moins de préjuger de ce que pourra donner l'avenir? Non, car surtout dans la construction, qu'on veut trop souvent séparer de l'architecture, le fer est apparu, et n'est peut-être encore que ce qu'a été le premier libage pour la pierre, mais ses premiers pas sont consolants. Le pont de Broocklin en étendue et la tour Eiffel en hauteur, nous promettent certainement quelque chose. Les formes en sont modernes, les courbes savantes tracées sur la limite même des efforts sont rationnelles et seront belles quand nous les aurons comprises, senties, car ce qui est vrai et atteint le but proposé ne peut être laid. Ce sont ces formes-là qui seront les grandes lignes de notre art, la courbe d'égale résistance, la parabole, la courbe de chaîne, etc., en seront les caractéristiques.

Un autre exemple est la Galerie des machines à l'Exposition de 1889, qui, si nous admettions que le dernier mot est dit sur notre art contemporain, en serait certainement pour nous la plus belle et la plus grandiose expression.

Est-ce à dire que le fer seul, que les matériaux nouveaux doivent seuls concourir à la formation d'un nouveau style? Nous ne le pensons pas, et d'ailleurs ce nouveau style, comme ceux qui l'ont précédé, sera le résultat de cette loi immuable qui veut que l'art véritable soit la conséquence des besoins, des moyens, de la destination et des mœurs, c'est-à-dire du goût produit par le milieu ambiant où se développe une nation.

Dans l'ordre ornemental, si les éléments sont plus susceptibles d'extension, en revanche la science et l'industrie ne nous ont guère fourni que les moyens de faire des imitations souvent défectueuses; parfois des compositions de mérite auxquelles la répétion obtenue par le gaufrage, le moulage, le poncif, enlève toute valeur artistique. Nous sommes certainement convaincus que l'artiste qui compose savamment les couleurs qui produiront une belle chromolithographie a du talent, mais nous ne pouvons faire que si le diamant était aussi commun que le silex, sa valeur se trouverait immédiatement considérablement réduite; car il est bien humain que ce qui fait la valeur d'une chose ou d'un objet n'est le plus souvent que sa rareté.

De consciencieux essais cependant ont été faits. Le *néo-grec* est non

Fig. 698. — Couronnement.  Fig. 699. — Console.  Fig. 700. — Motif d'angle.

plus une copie de l'antique, mais bien une interprétation souvent charmante et dont d'habiles architectes ont développé le système ornemental

Fig. 701, 702, 703. — Profils.

avec un grand talent de dessin. Les couronnements découpés se détachent vigoureusement (fig. 698) et leur ornementation délicate et nerveuse les met bien en valeur. — Les *consoles* sont solides, mais présentent souvent des raideurs (fig. 699). — Les antéfixes, les motifs d'angles, sont plus restés dans la tradition, mais la grâce de leurs enroulements et la pureté de leurs lignes en font de fort jolis exemples (fig. 700). — Les *profils* sont camardés, peu saillants, mais extrêmement étudiés; ce ne sont pas là des pastiches plus ou moins exacts d'anciens profils; ce sont des études, des résultats de recherches, qui certainement auront une sérieuse influence (fig. 701, 702, 703).

Un autre genre d'ornementation est la *flore ornementale* où l'on procède par un mélange d'engravures et de fines parties en saillie. Cette délicate décoration, qui a fourni de belles compositions, est due à M. Ruprich-Robert. C'est une des plus heureuses tentatives faites pour créer une décoration nouvelle et elle sera certainement un des importants jalons qui marqueront la marche de l'art (fig. 704).

Travaillons, utilisons nos ressources constructives et décoratives modernes ; employons-les judicieusement en leur demandant tout ce qu'elles peuvent donner, mais sans les torturer pour aller au delà. Que

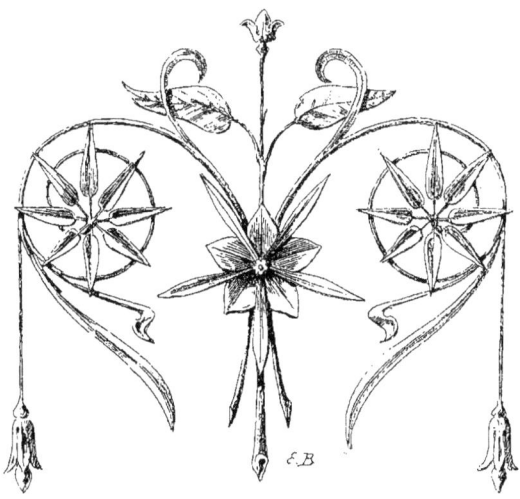

Fig. 704. — Ornement.

chaque matière soit utilisée à la place qui lui convient, qu'elle ne remplisse que le rôle que lui assigne sa conformation naturelle, que la forme à elle donnée soit rationnelle, c'est-à-dire que dans sa mise en œuvre on tienne un compte absolu de ses qualités et défauts, de sa souplesse ou de sa force ; qu'on emploie les matières dures et cassantes en les faisant travailler à la compression, les matières fibreuses à la traction ou à la flexion ; et de ce système logique se dégagera « notre style », qui sera bien caractérisé et différent de ceux qui l'ont précédé parce qu'il sera né de l'emploi de matériaux nouveaux qui, par leur nature, impliquent des formes nouvelles.

# LIVRE QUATRIÈME

STYLES DIVERS, DÉRIVÉS, ÉPOQUES INCERTAINES

### Style gaulois ou celtique.
D'une époque indéterminée jusqu'à 50 ans avant J.-C.

### Style mexicain et style péruvien.
D'une époque indéterminée à 1534 ans après Jésus-Christ.
De l'origine de la race indigène à la destruction de l'empire des Incas par les Espagnols.

### Style russe.
Du x<sup>e</sup> siècle jusqu'à nos jours.

### Style roumain.
Du XIII<sup>e</sup> siècle jusqu'à nos jours.

### Style vénitien.
Du moyen âge à la Renaissance.

### Style suisse.
De l'âge de pierre à la Renaissance.

### Style belge et style hollandais.
De l'époque celtique au XVIII<sup>e</sup> siècle.

# STYLE CELTIQUE

Venue du fond de l'Asie, cet antique berceau des races humaines, la famille celtique ou gauloise, aussi loin qu'on peut remonter dans l'histoire, occupait à l'extrême occident de l'Europe l'espace compris entre le Rhin, les Alpes, les Pyrénées et l'océan Atlantique.

Race hospitalière, généreuse, gaie, vive et railleuse, aimant par-dessus tout les combats et curieuse de nouveauté ; elle a longtemps promené ses braies par le monde ; l'Angleterre, l'Irlande, l'Espagne, l'Italie, les rives du Danube, la Macédoine, la Thrace, la Thessalie, l'Asie Mineure et tant d'autres contrées, ont vu passer le Gaulois vagabond, le nez au vent et l'épée sur la cuisse.

Ne reconnaissant qu'une loi, la force, et pensant que les biens de la terre appartenaient aux seuls braves, ils guerroyaient volontiers pour s'emparer des richesses d'autrui. D'un caractère ardent et mobile, franc et impétueux, « ouvert à toutes les impressions, éminemment intelligent ; mais, à côté de cela, une mobilité extrême, point de constance, une répugnance marquée aux idées de discipline et d'ordre si puissantes chez les races germaniques, beaucoup d'ostentation, enfin une désunion perpétuelle, fruit de l'excessive vanité. Si l'on voulait comparer sommairement la famille gauloise à la famille germanique..., on pourrait dire que le sentiment personnel, le *moi* individuel est trop développé chez la première, et que, chez l'autre, il ne l'est pas assez; aussi trouvons-nous à chaque page de l'histoire des Gaulois, des personnages originaux qui excitent vivement et concentrent sur eux notre sympathie, en nous faisant oublier les masses, tandis que, dans l'histoire des Germains, c'est ordinairement des masses que ressort tout l'effet. » (Amédée Thierry, *Histoire des Gaulois*.)

Si l'on faisait le portrait du Français de nos jours, trouverait-on beaucoup à changer ?

## LA LANGUE

Les Gaulois parlaient deux langues correspondant aux deux rameaux différents de leur race : la langue gaélique, du premier rameau, qui fut transportée par les migrations en Irlande, dans l'île de Man et en Ecosse ; la langue kimrique, celle du deuxième rameau, qui se subdivise en gallois, cornique et armoricain, parlés dans les pays de Galles, de Cornouailles et dans l'Armorique en Bretagne. Le basque ou euscuara, ou gallo-ibérien, était parlé sur les deux versants des Pyrénées, et pour la Gaule, sur toute l'Aquitaine au temps de César.

Les Gaulois ne paraissent pas avoir eu une écriture qui leur fût propre, et chose assez étonnante chez une race aussi loquace qui aimait tant à conter et à entendre raconter, il ne nous est rien resté d'écrit. « Ils employaient, dit Latour-d'Auvergne, les caractères grecs ; Tacite parle de plusieurs inscriptions gauloises trouvées sur les frontières de la Germanie, et observe qu'elles étaient écrites en caractères grecs. »

## LA RELIGION

Le druidisme, du celtique derwiddin ou derwiddon, de derw (chêne), wyd (gui), et dyn (homme), c'est-à-dire homme du gui de chêne, derwwyd-dyn, et par corruption, druide, d'où druidisme.

Le druidisme constituait la hiérarchie religieuse et sociale des Gaulois. « Il enseignait d'une manière mystérieuse à ne point faire le mal et à déployer du courage » (Aristote). Pline regarde les druides comme des mages habiles et pouvant être les maîtres de ceux d'Orient.

Les druides, prêtres du druidisme, se divisaient en trois castes : d'abord les prêtres proprement dits, les ewagh's, prêtres sacrificateurs, enfin les bardes, poètes qui composaient et chantaient les hymnes aux divinités et célébraient les exploits des héros.

Ils croyaient à l'immortalité de l'âme et enseignaient qu'après la mort les âmes allaient revivre ailleurs plus heureuses et plus satisfaites qu'en ce monde. La nature était la base du druidisme, mais cependant les druides pratiquaient un polythéisme qui, pour être moins considérable que celui des Grecs, n'en était pas moins assez bien partagé en divinités, lesquelles n'avaient ni statues ni images.

Le druidisme n'avait pas de temples, une croyance assez raisonnable voulait qu'il fût impossible de mettre un dieu en cage, et les fidèles se réunissaient dans les forêts épaisses dont la Gaule était alors couverte, et à certains jours y cueillaient en grande pompe le gui sacré avec une serpe en or.

Les femmes étaient admises au sacerdoce, mais avec des fonctions particulières, elles consultaient les astres et aussi, douce occupation, les entrailles des victimes ; elles présidaient à certains sacrifices, accomplissaient entre elles des rites mystérieux, et enfin rendaient des oracles.

*Teutatès* tenait entre ses mains les destinées des hommes, il présidait aux voyages, aussi bien dans les zones supérieures que sur notre globe. « C'est, dit César, un véritable guide des voies et des voyages. »

*Hésus* (je suis celui qui suis), c'était le dieu suprême des Gaulois, une sorte de Jupiter.

*Ogmi*, était fort prisé de nos pères, il était dieu de l'éloquence et des récits.

*Elldud*, « le saint homme de Cordewdws, dit Jean Raynaud (druidisme), qui enseigna aux Gaulois une meilleure manière de cultiver la terre que celle qui était connue auparavant, leur montra l'art de la marner et de labourer à la charrue ; avant le temps d'Elldud, la terre était seulement cultivée avec la bêche et le hoyau ».

*Coll*, qui apporta le froment et l'orge.

Et enfin, un quantité d'autres dieux ou saints ayant chacun sa spécialité bien définie.

## NOTES SUR LES GAULOIS

« Les Gaulois, dit M. Amédée Thierry, étaient robustes et de haute stature, ils avaient le teint blanc, les yeux bleus, les cheveux blonds ou châtains, auxquels ils s'étudiaient à donner une couleur rouge ardent, soit en les lessivant avec de l'eau de chaux, soit en les enduisant d'une pommade caustique, composée de suif et de certaines cendres. Ils les portaient dans toute leur longueur, tantôt flottant sur les épaules, tantôt relevés et liés en touffe au sommet de la tête. Le peuple se laissait croître la barbe ; les nobles se rasaient le visage, à l'exception de la lèvre supérieure, où ils entretenaient d'épaisses moustaches.

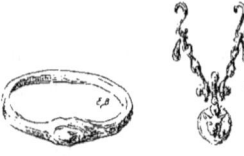

Fig. 705, 706. — Bijoux.

« L'habillement commun à toutes les tribus se composait d'un pantalon ou *braie*, très large chez les Belges, plus étroit chez les Galls méridionaux ; d'une chemise à manches, d'étoffe rayée, descendant au milieu des cuisses, et d'une casaque ou *saie*, rayée comme la chemise ou bariolée de fleurs, de disques, de figures de toute espèce, et chez les riches, superbement brodée d'or et d'argent ; elle couvrait le dos et les épaules, et s'attachait sous le menton avec une agrafe en métal.

« Les dernières classes du peuple la remplaçaient par une peau de bête fauve ou de mouton, ou par une espèce de couverture en laine grossière, appelée dans les dialectes gallo-kimriques *linn* ou *lenn*. Les Gaulois montraient un goût très vif pour la parure ; il était d'usage que les hommes riches et élevés en dignité étalassent sur leur corps une grande profusion d'or, en colliers, en bracelets, en anneaux pour les doigts, et en ceintures. » (Fig. 705, 706.)

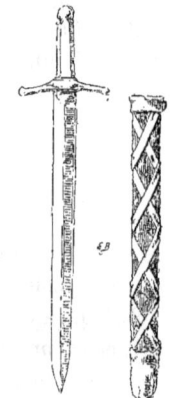

Fig. 707, 708. — Sabre gaulois.

Les armes primitives des Gaulois étaient sensiblement celles de tous les peuples à la sortie de l'âge de pierre, haches et couteaux de pierre, gais, sorte d'épieu appointi et durci au feu, des arcs, des flèches garnies de silex et de coquillages ; le cateïes, pieu qu'ils lançaient tout enflammé sur l'ennemi. Comme arme défensive, les casaques et casques de peau tannée et le bouclier composé de planches grossièrement jointes, d'une forme étroite et allongée.

Plus tard vint le sabre, fabriqué d'abord en cuivre, puis en fer (fig. 707, 708), et l'épieu ferré ; les Gaulois se servaient aussi d'une espèce de hallebarde dont le fer, long de plus d'un pied et très large, se recourbait près du bois en forme de croissant.

Pendant des siècles, les Gaulois avaient répudié comme indigne de leur valeur l'emploi des armes défensives ; ils combattaient couverts de leur seul costume et poussaient même l'ostentation jusqu'à se dépouiller complètement de leur vêtement pour combattre un ennemi couvert de fer. Ce préjugé, fruit d'une folle bravoure, disparut au contact des peuples plus civilisés, Massaliotes, Latins et Carthaginois, qui inculquèrent aux rudes Gaulois le goût des belles armures, et dans de nombreuses occasions leur en démontrèrent l'incontestable utilité.

Les armes de la Grèce et de Rome furent adoptées, le casque fut souvent surmonté de cornes, de panaches ou de figures d'animaux, et les boucliers prirent des formes plus recherchées et furent garnis de figures fondues, ciselées ou repoussées dans le métal.

## ARCHITECTURE

Les monuments mégalithiques dont la France, et particulièrement l'Ouest possèdent de nombreux exemples, ont été longtemps regardés comme des monuments religieux, et on les a appelés pierres druidiques. Il est très vrai que les druides se sont servis de ces pierres colossales pour faire leurs sacrifices, mais il est vrai aussi, d'autre part, que l'on retrouve des monuments semblables dans d'autres contrées où jamais le druidisme n'a pénétré : en Angleterre, en Danemark, aux Orcades, en Espagne, en Russie, en Afrique, et même dans l'Inde et en Amérique.

Quoi qu'il en soit, aucune légende, aucune tradition, ne vient jeter la lumière sur l'origine et la destination de ces blocs de pierre. Cependant ils paraissent n'avoir été autre chose que des pierres funéraires ; en Bretagne, où ils se trouvent en grande quantité, on les appelle encore « pierres de souvenir », et dans les éminences coniques qui dominent les chambres des allées couvertes on a retrouvé des débris humains, la face tournée vers l'est, entourés d'instruments de pierre et quelquefois, mais plus rarement, de bronze.

On a conservé à ces pierres leurs noms bretons : les *menhirs* (pierres debout) ou *peulwans* (pilier de pierre), les *cromlechs*, les *dolmens*, les *allées couvertes*, etc. Nous allons les examiner successivement.

*Menhir*, du celtique *men* (pierre) et *hir* (long, étendu, élevé, grand). — Les menhirs sont des monolithes allongés, fichés verticalement dans le sol ; ils ont de dix à vingt mètres de hauteur et se trouvent isolés ou en groupe, mais ordinairement bruts ; cependant à Trédion, près de

218   HISTOIRE DES STYLES D'ARCHITECTURE

Vannes, on en connaît deux qui sont terminés par des têtes grossièrement taillées et on les nomme dans le pays le *babouin* et la *babouine*. — La seule distinction entre ces pierres, est leur position ; elles sont brutes, (fig. 709) et souvent même de forme très irrégulière (fig. 710). — Le plus grand des menhirs connus se trouve dans le Morbihan à côté de Locmariaquer : c'est le Men-er-Hroeck ou Pierre de la Fée ; il a vingt et

Fig. 709. — Menhir.

Fig. 710. — Menhir de Quiberon.

un mètres de hauteur, et on estime qu'il doit peser plus de deux cent mille kilogrammes.

*Alignements*. — Les menhirs sont parfois réunis en grand nombre sur un ou plusieurs rangs ; ils prennent alors le nom d'alignements.

Le plus célèbre des alignements est celui de Karnak ou Carnac, dans le Morbihan ; il se composait, au xviie siècle, de plus de six mille pierres, il en reste aujourd'hui à peine treize cents. Elles sont plantées parallèlement sur onze lignes qui sont terminées à leur extrémité par un vaste demi-cercle partant des alignements extrêmes (fig. 711). Voici la description faite par Ogée, au xviiie siècle, dans son dictionnaire de la Bretagne.

« Karnac, sur la côte, à cinq lieues et demie à l'ouest-sud-ouest de Vannes, son évêché, à vingt-cinq lieues de Rennes et deux lieues et demie d'Auray, sa subdélégation et son ressort.

« Sur la côte, au sud du Morbihan, tout auprès du bourg de Karnac, sont ces pierres étonnantes dont les antiquaires ont tant parlé ; elles occupent le terrain le plus élevé en face de la mer, depuis ce bourg jusqu'au bord de la mer de la Trinité, dans une longueur de six cent soixante-dix toises ; elles sont placées en quinconce comme des allées d'arbres, et forment des espèces de rues tirées au cordeau. La première de ces rues, en les prenant du côté de Karnac, a six toises de largeur ; la seconde, cinq toises trois pieds ; la troisième, six toises ; la quatrième, six toises deux pieds ; la cinquième et la sixième, cinq toises chacune ; la septième, trois toises trois pieds ; la huitième, trois toises quatre pieds ; la neuvième, quatre toises, et la dixième, deux toises ; ce qui fait une largeur totale de quarante-sept toises. — Ces pierres sont de grosseurs différentes et plantées à dix-huit, vingt, vingt-cinq pieds les unes des autres ; il y en a qui ne sont pas plus grosses que des bornes ordinaires ; mais en revanche il s'en voit, surtout à l'extrémité des rangs, qu'on ne peut considérer sans étonnement. Elles sont hautes de seize, dix-huit et même

Fig. 711. — Champ de Karnac.

cinquante pieds ; quelques-unes sont d'une masse si prodigieuse qu'elles doivent peser plus de quatre-vingts milliers. Ce qu'il y a de plus étonnant, c'est que la plus grande grosseur est en haut et la moindre en bas, de sorte qu'il en est plusieurs qui sont portées comme sur un pivot ; elles sont brutes, telles qu'on les a tirées du rocher. On remarque seulement quelques-unes qui ont un caractère aplati, et l'on a affecté de tourner ce côté de manière qu'il fait face aux rues. »

*Dolmen*. — Les dolmens sont composés de pierres posées à plat, horizontalement, sur d'autres pierres plantées debout en terre et faisant office de supports. Les dolmens sont de plusieurs sortes : le dolmen incliné ou demi-dolmen, qui se compose d'une pierre appuyée inclinée sur le sol et reposant en haut sur une autre pierre plate plantée sur champ ; les lichavens, dont nous parlerons plus loin, et enfin les dolmens proprement dits qui sont des grottes rectangulaires formées de trois pierres pour former trois côtés, et une quatrième formant table ou toiture.

*Allée couverte*. — Les allées couvertes sont, à proprement parler, une suite de dolmens placés à la suite les uns des autres et formant une longue galerie (fig. 712). — Un des plus beaux exemples d'allée couverte se trouve à Essée, près de Rennes; on cite encore celles de Maintenon, d'Epone, et de Lockmariaker ou Lockmariaquer. — « Le transport et

Fig. 712. — Allée couverte.

l'érection de ces blocs énormes, dit M. G. Cardon, nous étonnent chez ces peuples primitifs : de quels puissants moyens ne devaient-ils pas disposer ! La plupart des pierres qui composent la fameuse allée couverte de l'île de Gavr'inis, dans la mer du Morbihan, n'ont pu être trouvées, au plus près, que dans les terrains continentaux de Baden, à l'extrémité orientale de la Gaule. » — On appelle encore vulgairement les allées couvertes : coffres de pierre, grottes aux fées, tables des fées, palais de Gargantua, etc., etc.

*Lichaven*. — On appelle lichavens ou trilithes, des dolmens plus éle-

Fig. 713. — Lichaven.

vés qui affectent la forme d'une porte (fig. 713), grossier et rustique monument ne conservant pas plus que les précédents aucune trace de travail.

*Cromlech*. — Les cromlechs consistent en menhirs rangés en cercle, en demi-cercle, en ovale ou en rectangle, avec une pierre plus grande au milieu (fig. 714); parfois aussi, ils sont composés de plusieurs rangées concentriques. — Ces enceintes se retrouvent encore dans l'Orne, les Côtes-du-Nord, l'Eure-et-Loir, l'Angleterre (où la plus fameuse se trouve à Salisbury), en Scandinavie, etc.

Il va sans dire que de nombreuses légendes s'attachent à ces monuments mystérieux des premiers âges : les pierres de Karnac, par exemple, ne sont, au dire des Bretons, autre chose que des païens, qui, poursuivant saint Corneille ou Cornely, furent changés en pierre par le seul

Fig. 714. — Cromlech.

effet de son regard. — On leur donne aussi une foule de noms étranges : pierres qui virent, pierres folles, pierres qui dansent, etc., parce que certaines d'entre elles, de forme ronde ou ovale, sont posées en équilibre sur d'autres pierres et tournent sous une pression peu considérable ; d'autres sont appelées, suivant les localités : *mensaô*, en Bretagne, laderes dans la Beauce (de *lach*, pierre sacrée, et de *derch*, qui se tient droit); pierres fiches, pierres fîtes, pierres levées, pierres droites, pierres debout, etc., etc.

Nous sommes loin d'être riches en documents sur les constructions gauloises, et nous ne savons guère que ce que nous ont laissé les récits des anciens et particulièrement César. — Malgré cette pénurie de données positives, nous essaierons pourtant, en réunissant quelques renseignements épars, de donner une idée de ce que furent les constructions de nos pères, en examinant les vestiges que le temps n'a pas entièrement détruits.

Les Gaulois vivaient dans des bourgs pendant la paix et dans des enceintes fortifiées pendant la guerre. Le gîte ordinaire était une grotte creusée dans le flanc d'une montagne. D'après César, les Gaulois du midi, en contact plus fréquent avec les premières colonies grecques, se ressentaient de ce voisinage. « les maisons, dit M. Amédée Thierry, spacieuses et rondes, étaient construites de poteaux et de claies, en dehors et en dedans desquelles on appliquait des cloisons en terre ; une large toiture, composée de bardeaux de chêne et de chaume, ou de paille hachée et pétrie dans l'argile, recouvrait le tout ».

Dans cette habitation rudimentaire, le cône de la couverture formait la cheminée, et l'âtre se trouvait au milieu de l'espace circulaire formé par la paroi ; nos aïeux, comme tous les hommes des premiers âges, vivaient dehors, aussi les maisons n'avaient le plus souvent qu'une ouverture servant d'entrée et assurant la ventilation. — Dans le nord, moins civilisé que le midi, qui pourtant ne l'était guère, les Gaulois habitaient des huttes en terre, élevées dans les forêts, réunies en petit nombre et même souvent isolées ; le bois à peine équarri, les branchages, la terre, le pisé étaient les éléments de construction. — La cité proprement dite, n'existait pas dans le sens que nous lui donnons aujourd'hui il n'y avait que villages ouverts ou enceintes fortifiées.

En temps de guerre, les Gaulois enfermaient dans un espace palissadé, les femmes, les enfants, les vieillards, avec leurs bagages, richesses et vivres. Car il n'en était pas des armées d'alors comme de celles de nos jours, c'était une multitude qui, quand elle partait en guerre, n'avait pas toujours l'esprit de retour et était toujours très disposée à s'accommoder d'une patrie (?) nouvelle, si le sol était plus riche que celui du pays qu'on venait de quitter. — Appelée à résister à une attaque, l'enceinte fortifiée était généralement établie sur une élévation naturelle ou factice et entourée d'un mur composé comme il suit : « On posait d'abord, dit M. Amédée Thierry, une rangée de poutres de toute leur longueur, à la distance de deux pieds ; on les liait l'une à l'autre en dedans, et on les revêtait d'une grande quantité de terre ; les vides étaient comblés en avant avec de grosses pierres. On commençait alors un second rang, en conservant les mêmes intervalles, mais de manière que les poutres de ce second rang se trouvassent superposées aux pierres du premier, et réciproquement les pierres aux poutres ; on achevait ainsi l'ouvrage jusqu'à ce que le mur eût atteint sa hauteur (environ trois mètres). » « Ces poutres et ces pierres entremêlées avec ordre, présentaient un aspect où la régularité se joignait à la variété ; et ce mode de fortifications avait de grands avantages pour la défense, car la pierre bravait le feu, tandis que le bois n'avait rien à craindre du choc du bélier. Les poutres ayant ordinairement quarante pieds de long, et se trouvant assujetties l'une à l'autre en dedans, aucun effort ne pouvait les disjoindre ni les arracher. Telles on peut se représenter les fortifications des villes dans la partie civilisée et populeuse de la Gaule (fig. 715). » « Au nord et à l'ouest, parmi les tribus les plus sauvages, il n'existait pas de villes proprement dites ; les lieux d'habitation ordinaires n'était protégés par aucuns travaux ; mais de vastes enclos construits, au moyen d'abatis d'arbres croisés en tous sens, dans quelque îlot au milieu des marais, ou dans quelque recoin embarrassé des bois, servaient de refuges ou de citadelles. C'était là qu'au premier cri de guerre, la population, désertant ses chétives cabanes, courait se renfermer avec ses troupeaux et ses meubles. »

Fig. 715. — Fortification gauloise.

Parmi les restes, malheureusement trop rares, des fortifications gauloises, on possède encore la forteresse de Roc-de-Vic, dans la Corrèze ; c'est à ce genre de travaux de défense que César donne la dénomination d'*oppidum* (fig. 716). « L'*oppidum* gaulois de Roc-de-Vic, dit M. Abel Hugo, est un ovale d'environ 200 mètres dans son plus grand diamètre ; il est entouré de deux fossés, dans l'un desquels est

Fig. 716. — Oppidum de Roc-de-Vic.

une source recouverte de décombres et qui apparaît à quelque distance du sommet. Les murailles coupées à pic dans le roc, ou faites avec des blocs superposés ont de six à douze mètres de hauteur. Une pente étroite, ménagée de chaque côté, permet l'accès du plateau culminant. Là se trouvent des amas de pierres de différentes grosseurs propres à servir de projectiles, une pierre branlante et un reste de muraille circulaire qui peut avoir servi à abriter un vaste foyer, ou qui est peut-être bien la base d'une tour aujourd'hui renversée. D'ailleurs nulle inscription, nulle sculpture, nul débris qui puisse servir à faire connaître pour quels guerriers ces lieux de défense et de retraite avaient été préparés. »

## ARTS ET INDUSTRIES DIVERS

Les principales essences de bois étaient : le chêne, le bouleau, l'ormeau, le pin, l'if, le buis.

Les mines d'or, d'argent, de cuivre, de fer et de plomb étaient nombreuses.

Les Gaulois travaillaient le fer et le cuivre avec une rare perfection. « Les Gaulois de Bourges, nous dit Pline, appliquaient l'étain à chaud sur le cuivre avec une telle habileté, que l'on ne pouvait le distinguer de l'argent. Des vases, des mors de chevaux, des harnais, des chars entiers étaient ainsi ornés. »

Parmi les arts gaulois, la bijouterie était arrivée à un certain degré de perfection, ce qui, comparé à ce que nous connaissons de l'architecture,

Fig. 717
Urne funéraire.

semble prouver que nos aïeux savaient peut-être se construire des demeures moins sauvages que celles que nous avons décrites, mais que, peu soucieux du lendemain, ils ne cherchèrent jamais à les construire en matériaux indestructibles et qu'ils préférèrent écrire leur histoire avec la pointe de leur épée dans les annales des autres peuples que de tailler et graver laborieusement le granit. Les musées de Cluny à Paris, de Londres (South Kensington), de Munich (musée germanique), possèdent de curieux spécimens de l'orfèvrerie gauloise. Le bronze fut souvent employé ; moulés et ciselés avec habileté, les bijoux étaient souvent creux pour obtenir plus de légèreté ; des bracelets, des chaînes, des colliers étaient aussi exécutés en argent et en or.

Le corail des îles d'Hyères et le grenat brillant ou escarboucle étaient communs en Gaule et fournissaient aux orfèvres un élément de décoration très apprécié.

L'art du potier eut aussi son éclat ; les produits gaulois étaient recherchés même par les Romains. Les urnes funéraires (fig. 717) étaient indispensables à toute famille gauloise.

Pour l'ameublement, laissons la parole à Posidonius. « Autour d'une table fort basse, on trouve, disposées par ordre, des bottes de foin ou de paille : ce sont les sièges des convives..... On boit à la ronde dans un seul vase de terre ou de métal..... Dans les festins nombreux et d'apparat, la table est ronde..... »

Presque toutes les monnaies gauloises portaient une tête de cheval. On en rencontre portant une tête personnifiant la Gaule et sur l'autre côté deux mains jointes avec le mot « Fides ». D'autres monnaies portent un profil de Vercingétorix et au revers un cheval galopant.

# ÉTAMAGE

Nous avouons n'écrire ces quelques lignes sur un art aussi simple que l'étamage, que pour avoir une fois de plus l'occasion de rendre un pieux hommage aux premiers pas industriels de nos pères. Certes, ils ne savaient pas faire que cela, mais ils ont excellé dans l'art d'appliquer l'étain sur le bronze et le cuivre au point de les confondre avec l'argent et à défaut de renseignements sur les autres industries nous examinerons brièvement celle-ci.

L'étain est un métal blanc, légèrement gris, moins cassant que le zinc moins mou que le plomb. Il fond à 230° environ et pèse $7^k,300$ le décimètre cube.

L'étamage a pour objet : 1° de protéger la surface d'un métal facilement oxydable par l'adjonction d'une couche de métal moins propice à l'oxydation ; 2° de donner une couleur claire, blanche semblable à l'argent à un métal noir, brun ou jaune, comme le fer, le bronze, le cuivre. Le mot étamage, qui vient d'étain, s'emploie aussi pour désigner les couvertes de plomb et de zinc que l'on applique sur le fer pour le protéger contre les agents atmosphériques et chimiques, mais ces opérations se font au bain (voyez *Galvanisation*), tandis que l'étamage se traite et se traitait au temps des Gaulois d'une tout autre manière.

La première opération consiste à *décaper* le métal, c'est-à-dire à enlever la croûte d'oxyde qui le recouvre pour le mettre à vif. On peut pour cela employer un moyen quelconque, grattage énergique au moyen d'un instrument d'acier, ou de préférence la lime. Mais le procédé le plus pratique consiste à employer les agents chimiques, acides sulfurique et nitrique, puis chauffant l'objet on y applique l'étain qui fond et qu'on étale au moyen d'un tampon généralement en étoupe. On arrive par le frottement à ne laisser sur l'objet qu'une couche extrêmement mince qui ne déforme en rien les saillies, bosses ou ciselures qui doivent être étamées; le refroidissement fait, — on l'obtient en plongeant l'objet dans l'eau froide, — l'étain est susceptible de recevoir le plus beau poli.

# STYLE GALLO-ROMAIN

Dans son histoire de l'habitation à l'Exposition Universelle de 1889, M. Charles Garnier a admirablement rendu son vrai caractère à l'architecture gallo-romaine. Quel pouvait être l'art à cette époque de trouble et de barbarie qui succéda à la chute de l'Empire romain? On ne construisait que des demeures indispensables, des abris, et quand un peu de décoration s'y trouvait mêlé c'était par pur hasard ; aussi voyons-nous à des briques mal faites se joindre sans raison des pierres arrachées aux monuments en ruine, et parfois des parties ornées et sculptées : fûts de colonnes, chapiteaux, fragments d'arcade, etc., enclavés dans les murailles ; preuve saisissante de la désolation qui dut alors se répandre sur l'Occident.

# STYLE CELTICO-SCANDINAVE

Le style d'ornementation que nous dénommons celtico-scandinave pourrait tout aussi bien être appelé : irlandais, saxon, danois, etc., car il se retrouve dans ces différentes contrées, aussi bien qu'en Gaule pendant les périodes mérovingienne et carolingienne.

Les ornements les plus beaux et les plus purs du genre datent du viie siècle, ils sont les plus amples et les mieux dessinés (fig. 718). Très

Fig. 718. — Ornement.

souvent on n'employait que des têtes d'oiseaux, de serpents ou de quadrupèdes enchevêtrés dans un jeu de lacets très habilement conçu ; enfin on y mêla aussi la figure humaine.

Dans ces lacets dont « les répartitions diffèrent si sensiblement du dessin géométrique ouvertement tracé à l'aide de l'équerre et du compas, ainsi qu'on en voit user les ornemanistes de souche sémitique, sont, au contraire un jeu de lignes dont les projections enchevêtrées, tour à tour rigides et curvilignes, prennent la physionomie d'un caprice logique et charmant. Ce sont de véritables artistes que les créateurs d'un genre où le caprice réglé prend une animation décorative si réelle, qu'il n'y avait qu'un pas à faire pour que les simples lacets de cette sorte engendrassent des enroulements de nature animale ; aussi ce pas fut-il immédiatement accompli, car l'âge des dragons s'enroulant à la place des lacets ou dans

Fig. 719. — Ornement.

leurs nœuds, est le même que celui des lacets seuls (fig. 719-720).

Fig. 720. — Ornement.

« Les drakslingor (enlacements de dragons) dont les riches compositions ont fait une si belle parure aux pierres runiques, se retrouvent du même genre dans le décor des métaux de l'île de Gotland, qui a fourni les souvenirs les plus abondants de cette ornementation, sur des objets du temps des wikings. Ceux des manuscrits irlandais (fig. 720) sont également d'une même famille. » (Racinet.)

Le même mode de décoration se retrouve aussi en Danemark et en Suède (fig. 721), où on l'appelle celto-scandinave, et elle a aussi été employée en motifs de répétition où les éléments géométriques se rencontrent beaucoup plus accentués (fig. 722).

Les Anglais, qui se complaisent à voir dans cette ornementation

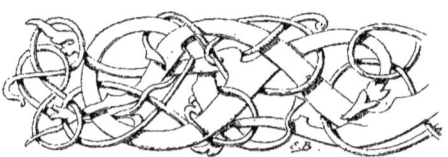 

Fig. 721. — Ornement.     Fig. 722. — Ornement.

une manifestation indigène du génie de leur nation, désignent ce genre..., manié supérieurement par les Irlandais qui sont des Celtes, sous le nom d'*anglo-saxon*.

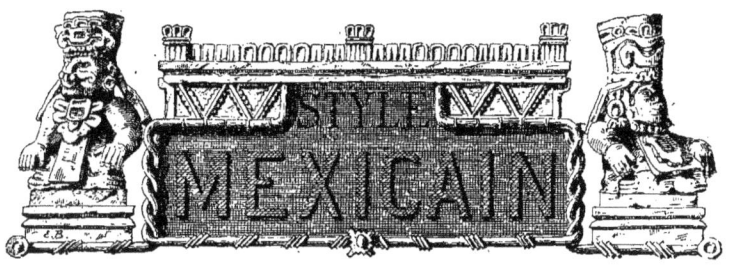

# STYLE MEXICAIN

Quand Christophe Colomb découvrit l'Amérique, ce continent était habité par une race d'hommes intelligents et forts et qui étaient arrivés à une civilisation très avancée.

Les premiers habitants de l'Amérique sont-ils autochtones? sont-ils issus de migrations asiatiques venues par le détroit de Behring? on ne sait encore. Cependant deux points sont acquis : les caractères ethnologiques semblent les rattacher à la race blanche ; et l'on est à peu près certain grâce aux traditions recueillies, qu'avant d'habiter l'Amérique centrale ils avaient pendant des siècles occupé les contrées septentrionales.

Si, maintenant, et pour n'y plus revenir, nous comparons les monuments des Aztèques et des Incas avec ceux de l'ancienne Egypte nous sommes frappés des nombreuses analogies que présentent les formes, il y a comme une parenté, très éloignée il est vrai, mais dont certains traits saillants sont incontestables. C'est surtout frappant dans la reproduction de certaines divinités ; voici par exemple (fig. 723) une figurine que nous relevons dans le travail fait sur l'Egypte, par M. C. S. Sonnini, ingénieur de la marine française, par ordre du gouvernement de Louis XVI. Eh bien, si l'on veut comparer avec les statuettes dont nous avons accompagné notre en-tête, et qui provien-

Fig. 723.
Figurine égyptienne.

nent de photographies rapportées par le capitaine Malar de son voyage à Téhuantepec, on ne pourra que reconnaître qu'il existe une grande ressemblance entre ces statuettes exécutées à des époques et dans des pays si éloignés.

Des traditions conservées par les indigènes et surtout des hiéroglyphes retrouvés dans les tombeaux permettent de fixer approximativement la date de la grande migration du Nord vers le Sud au vii<sup>e</sup> siècle de notre ère. Les Toltèques, les Cicimèques, les Acolhuèses, les Tlascaltèques et les Aztèques quittèrent les régions glacées pour venir habiter un climat plus clément. Bientôt une brillante civilisation se développa et atteignait son apogée au moment de la conquête espagnole au commencement du xvi<sup>e</sup> siècle. Mais la fureur des soldats de Cortez, la stupide intolérance religieuse qui les poussaient à détruire ce qui se rapportait à un culte abhorré par eux ont fait des palais et des temples des monceaux de ruines ; quant aux hommes, aux idolâtres, ils en tuèrent le plus qu'ils purent. C'est presque toujours ainsi du reste, que les nations européennes apportent la civilisation, sur laquelle, étant donnés les moyens de propagande, les « sauvages » doivent se faire de singulières idées.

Actuellement, « ces ruines consistent pour la plupart, disent MM. V. Tissot et Caméro, en immenses terrasses, en tours, en constructions pyramidales de dimensions diverses, mais ayant toujours trois étages au moins, auxquels on monte par une série de degrés. On trouve aussi des caves et des passages souterrains. Il existe peut-être vingt-cinq ou trente groupes de ces monuments imposants répandus dans le pays d'une mer à l'autre. Les plus connues de ces ruines, les plus visitées sont celles de Copan, qui abondent en statues et en hiéroglyphes ». C'est par quelques restitutions de ces ruines que nous essaierons de donner à nos lecteurs une idée de l'art mexicain.

## ARCHITECTURE

L'architecture mexicaine atteignit sa plus haute expression sous la puissante domination des Aztèques, les derniers venus des grandes migrations du Nord. — Les plus importants parmi les monuments sont les téocallis et les palais. — Le téocalli, ou maison de Dieu, est une pyramide tronquée, composée de quatre ou six assises superposées. Sur une face, et quelquefois sur les quatre, se trouve une sorte d'escalier composé de gradins très étroits où l'on ne pourrait monter et qui forme la caractéristique de ce genre d'édifice (fig. 724). La partie supérieure est

Fig. 724. — Téocalli à Guatasco.

couronnée par une tour ou une chapelle où sont enfermées les idoles. A l'intérieur sont ménagés des caveaux pour la sépulture des rois.

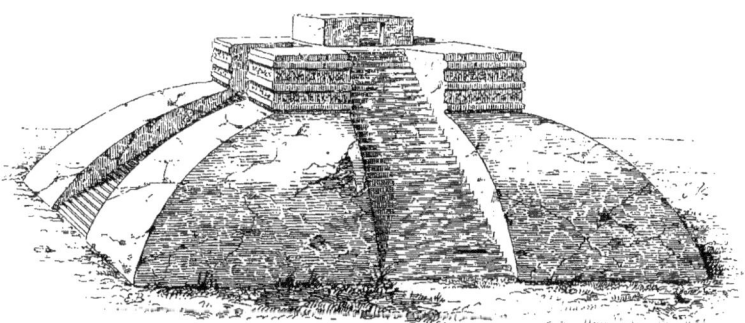

Fig. 725. — Téocalli de Téhuacan.

Le téocalli était entouré d'une vaste enceinte comprenant des jardins, des logements pour les prêtres, des magasins, et servait en même temps d'arsenal. Le peuple ne pénétrait jamais dans l'enceinte sacrée, mais il était admis à voir de loin les teopixqui ou prêtres, se prosterner devant l'astre qui symbolise la puissance créatrice.

Des dimensions des téocallis varient de vingt-cinq à cinquante mètres à la base. On cite cependant, mais exceptionnellement celui de Cholula, vaste ruine qui paraît avoir mesuré quatre cent quarante mètres de côté. On en rencontre quelques-uns construits en pierre par les Toltèques qui ne reculaient même pas devant l'emploi du granit.

Un autre téocalli qui présente un caractère bien tranché est celui de Téhuacan (fig. 725), élégante construction en pyramide curviligne.

## ORNEMENTATION SCULPTURALE

Fig. 726. — Statuette.

De la statuaire il ne nous reste guère que des idoles grossières, sortes de *manitous* qui peuvent difficilement nous fixer sur le talent des sculpteurs. Voici une statuette représentant un téocalli surmonté d'une tête singulièrement coiffée (fig. 726) et qui pourrait bien, si nous en jugeons par l'élégant éteignoir qui lui couvre la tête, être le dieu de l'ignorance.

« Les débris de l'art mexicain, dit M. W. Lübke, nous font assister aux débuts d'une manifestation nouvelle de l'art, *l'ornementation*. Ici, comme chez les vieux Celtes, le génie inventif de l'homme procède de deux sources : ou bien il emprunte ses modèles à la vannerie et à la tissanderie, ces premiers métiers des premiers peuples ; ou bien il s'inspire directement de la nature, et reproduit la vie des animaux et des plantes. Les ornements dérivés des tissus sont de beaucoup les plus riches, les mieux trouvés, les mieux rendus ; ce sont des

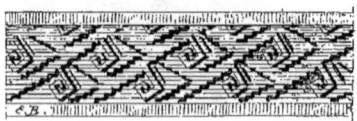

Fig. 727. — Ornement courant.

méandres, des zigzags, des postes et même des nébules, ornement qu'on a cru longtemps exclusif à l'art européen du moyen âge. Ces divers motifs de décoration, les méandres surtout, sont communs à toute l'humanité ; ils s'allient de bonne heure aux œuvres de l'architecture et ne tardent pas à se plier aux besoins de la grande construction. Mais au commencement il n'en est pas ainsi : la décoration n'accompagne pas la construction, elle la couvre ; et les murs sont traités comme des cadres à tapisseries » (fig. 727, 728, 729).

A côté d'ornements purement géométriques on en rencontre des-

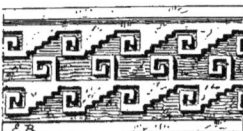 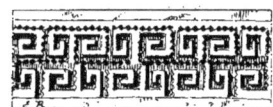

Fig. 728, 729. — Ornements courants.

quels l'imagination a tout fait. Dans des fragments comme ceux qu'on trouve à Uxmal, l'ornementation est absolument dissymétrique, les éléments en sont posés au hasard ; on sent qu'aucun ordre n'a présidé à leur disposition, c'est un assemblage de formes les plus disparates

Fig. 730, 731, 732. — Ornements.

capricieusement réunies. Mais, à côté de cela, certains motifs sont étudiés avec soin, symétriquement dessinés et sculptés ; telles sont les figures (730, 731, 732) que nous avons dessinées d'après des bas-reliefs décorant des statuettes.

# STYLE PÉRUVIEN

Pizarre a rendu au Pérou le même service que Cortez avait rendu au Mexique ; il y a porté la civilisation. Peut-être les Incas se fussent-ils bien passés de ce bienfait, mais c'est un point acquis à l'histoire et sur lequel il n'y a pas à revenir.

Les monuments péruviens, exécutés sous la dynastie puissante des Incas, se distinguent par leur caractère cyclopéen, à la fois énorme et

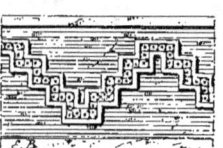

Fig. 733. — Ornement.

sévère. Il paraît que le Pérou était sillonné de grandes routes, et l'on cite l'une d'elles qui ne mesure pas moins de onze cents lieues, coupe les montagnes et franchit les précipices, de manière à laisser bien en arrière les splendides travaux de viabilité des Romains si grands cependant dans le genre. On cite encore d'autres travaux plus surprenants : des ponts suspendus établis à quatre mille mètres d'altitude ; voilà qui suppose au moins une connaissance très approfondie de l'art de l'ingénieur.

Mais tout cela est en ruines et même mieux encore... Il nous reste bien quelques murailles qui, par leur masse ont résisté « à la civilisation » qu'apportait Pizarre, comme par exemple celles de Truxillo, qui

STYLE PÉRUVIEN 237

sont ornées de bandeaux redentés (fig. 733). A mentionner encore, sont les palais et les tombeaux, qui, d'après les vestiges qui en restent paraissent avoir été richement décorés. — Mais la décoration ne paraît pas avoir cependant surpassé celle du Mexique.

# LES BOIS PRÉCIEUX

On comprend, sous la dénomination de bois précieux, les bois qui ne s'emploient pas ordinairement dans la construction à cause de leur rareté et par suite de l'élévation de leur prix.

Nous allons examiner rapidement quelques-unes des principales essences :

*Acajou.* — L'acajou se retrouve originairement dans l'Inde et dans l'Amérique méridionale. Il est rouge-brun ou marbré de jaune et de blanc et devient plus foncé en vieillissant. Les diverses espèces se distinguent par le dessin des veines, et l'on a : l'acajou uni, l'acajou moiré, et l'acajou ronceux. Ce bois s'emploie rarement autrement qu'en placages.

*Buis.* — Le buis est un genre de plantes de la famille des euphorbes. Nous sommes habitués à ne voir le buis qu'en bordure dans nos jardins ou dans nos cimetières, mais sous d'autres climats : en Sardaigne, en Corse, à Minorque, il atteint parfois 30 mètres de hauteur. Son bois est d'un jaune pâle, aussi compact que les bois exotiques, et sa densité est supérieure à celle de l'eau ; sa dureté est considérable ; il est toujours exempt de gerçures et de carie, ce qui le fait rechercher pour les ouvrages de tour et de tabletterie, surtout la racine qui est très agréablement veinée.

*Campêche.* — On l'appelle aussi bois d'Inde, mais il est naturel à l'Amérique et son nom scientifique est hœmatoxylon. Il fournit une belle teinture rouge très employée.

*Cèdre.* — Les anciens Sémites employaient beaucoup de cèdre, et maintenant encore les Arabes et les Orientaux en font un très fréquent usage. — Il croît naturellement dans une plaine élevée entre les sommets du mont Liban et on ne le retrouve en nulle autre contrée à l'état indigène. Cet arbre, qui appartient à la familles des conifères, a le port le plus noble et le plus majestueux ; sa tige ne s'élève pas à une très grande hauteur, mais ses branches puissantes s'étendent au loin et se distribuent en rameaux toujours verts. — Son bois est résineux, blanc rougeâtre, veiné de lignes brunes assez droites ; sa durée est très grande ; il est presque incorruptible et est odoriférant. Sa densité spécifique est d'environ 0,412. — Dans le temple de Salomon, il revêtait toutes les parois ; on l'emploie encore en Orient et en Afrique pour en faire des lambris et même de la menuiserie.

*Citronnier.* — Il est originaire de l'Inde orientale et appartient à la famille des hespéridées ; c'est un arbrisseau qui ne dépasse jamais quatre à cinq mètres de hauteur ; son bois, d'un blanc jaune, n'est propre, étant donné ses faibles dimensions, qu'à confectionner de très petits objets. Il est assez odoriférant.

*Cyprès.* — De la famille des conifères, il fournit un bois dur, résineux et compact, de couleur pâle, veiné de rouge. Il peut recevoir un très beau poli et est regardé comme presque imputrescible. Il pèse 0,650 environ.

*Ébène.* — L'ébénier est originaire de l'Inde et d'Afrique. Il donne un beau bois noir très dur et très pesant (1,300) et qui se prête bien au polissage. — Dans l'Inde, à Ceylan, on fait de beaux travaux où l'ébène se mêle à l'ivoire. — En Europe, il a donné son nom à l'ébénisterie qui l'emploie beaucoup soit pour la marqueterie, soit pour le meuble. — A notre époque d'imitation effrénée, on fait de l'ébène avec du poirier teint, mais ce produit n'en a ni la dureté ni la pesanteur.

*Érable.* — Il appartient à la famille des arécinées. C'est un arbre d'une haute stature et d'un port élégant. Son bois est dur, un peu jaune, et brun vers le cœur ; le plus beau, l'érable sycomore, est jaune et marbré de brun, d'un dessin qui rappelle un peu les vermiculures. Il est recherché des luthiers et des ébénistes ; il reçoit un très beau poli et ne se laisse pas attaquer par les vers ; son poids spécifique est de 0,755.

*Gaïac.* — Arbre de l'Amérique méridionale et appartenant à la famille des rutacés. Son bois est brun, légèrement veiné de jaune ; très pesant

(1,340) et très dur. — On l'emploie dans toutes les occasions où on a besoin d'une grande résistance soit comme ténacité, soit comme usure, dans la mécanique et dans la menuiserie ; dans le meuble, il ne sert guère qu'à la confection des roulettes.

*If.* — C'est un arbre vert de la famille des conifères, originaire de la Chine et du Japon et qui est aujourd'hui répandu dans toute l'Europe. Il fournit un beau bois rouge veiné très dur et susceptible d'un très beau poli. Suivant les contrées, son poids varie de 0,770 à 0,815. Il est très employé en ébénisterie et dans la marqueterie, pour laquelle sa couleur est précieuse.

*Noyer.* — Genre de la famille des balanifères ayant pour type un arbre originaire de l'Asie, et très répandu maintenant en Europe où on le cultive pour ses fruits et surtout pour son bois. Ce dernier est brun, légèrement veiné, et d'une texture fine ; il est facile à travailler, se polit bien et ne se gerce pas. — Il est très attaquable par les vers et se corrompt facilement à l'eau. On l'emploie beaucoup dans l'ameublement, en revêtements intérieurs, et dans les modèles destinés à la fonte. — Son poids varie suivant les provenance de 0,600 à 0,775.

*Thuya.* — Arbre de la Chine, très employé en ébénisterie à cause des dessins extrêmement variés que présente ses coupes. Son bois pèse 0,570, est très odorant (il était employé comme encens) et sa couleur est d'un jaune rougeâtre très marbré.

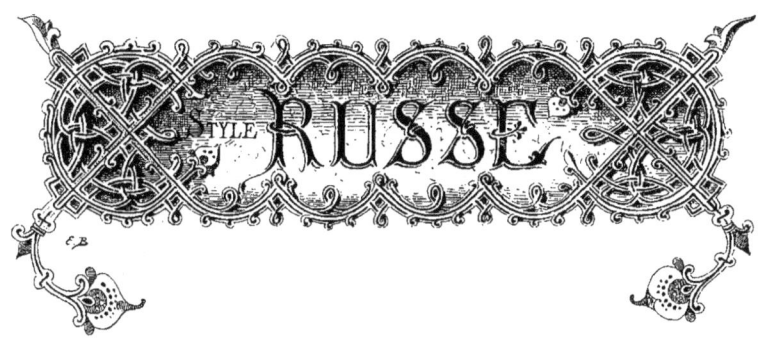

## STYLE RUSSE

« Le christianisme, et l'art byzantin à sa suite, pénétrèrent en Russie dès le x<sup>e</sup> siècle. Mais nulle part ils n'ont donné lieu à de pareilles divagations architecturales. La construction russe ne se contente pas de défier les lois reçues, au mépris de toute convention, elle joint l'horreur du simple et du beau. » C'est ainsi que M. Vilhem Lübke, dans son *Essai sur l'histoire de l'art*, juge l'architecture russe. Pour nous, qui avons évité jusqu'ici de marquer aucune préférence personnelle, nous nous sommes bornés à réunir quelques documents qui amèneront peut-être nos lecteurs à trouver les paroles du savant auteur allemand un peu trop sévères, et qui en tous cas, nous en avons l'espoir, leur fourniront quelques données sur cette architecture presque orientale, à laquelle on ne peut du moins refuser une puissante originalité.

Le grand et mystérieux pays qui occupe la moitié orientale de l'Europe est à plus d'un titre l'héritier naturel de l'ancien empire d'Orient. Par sa position géographique, par sa religion, par ses arts, la Russie est la continuatrice de Byzance. Ses peuples si peu connus, sont jeunes, pleins de sève, et l'avenir leur réserve certainement une grande place dans l'histoire. Que faut-il pour cela? De la persévérance, de la ténacité et du courage; les Slaves ont tout cela.

Les Slaves sont d'origine asiatique. La race arisrh-indienne était restée au berceau de la famille en Asie, pendant que les Celtes, les Germains, les Grecs, les Latins et les Slaves prenaient possession de l'Europe actuelle.

Comme on le voit, les Slaves arrivent en dernière ligne ; aussi conservent-ils dans leurs mœurs et dans leur langue une ressemblance plus grande que les autres peuples avec les populations primitives des hauts plateaux de l'Asie centrale : les Arisch-Indiens.

Les langues slaves sont nombreuses et il ne peut en être autrement dans une contrée aussi vaste où les populations n'avaient que de rares rapports entre elles. Les langues slaves forment une famille que l'on divise en trois branches distinctes :

1° La branche slavonne. Cette branche comprend le Slavien parlé par

АРХИТЕКТУРЫ. Фасадъ.
*(Architecture)* *(Façade)*

ЦЕРКОВЬ. ПАРИЖЪ. Планъ.
*(Église)* *(Paris)* *(Plan)*

Fig. 734, 735, 736, 737, 738. — Exemples de caractères.

les Slaves méridionaux habitant les contrées limitrophes, ou appartenant aux empires autrichien et ottoman. Elle se divise elle-même en deux rameaux ; le *slawenski* ou russe ancien, et le *slavon* proprement dit. Ce dernier se subdivise en différents dialectes : le serbe, le croate, le bosnien, le monténégrin, l'uscoque, etc.

2° La branche russe, qui comprend le russe moderne parlé dans tout l'empire, ses principaux dialectes sont : le russe de la grande Russie, qui est devenu la langue écrite (fig. 734, 735, 736, 737, 738) et c'est à Moscou qu'il est parlé avec le plus de pureté ; il se subdivise en nowogorodien et en cosaque. — Le russe de la petite Russie qui diffère beaucoup du précédent. Le langage des Cosaques de la mer Noire en est une variété. Le Souzdalien, parlé dans le gouvernement de Vladimir. L'Olonetzien, dans celui d'Olonetz. Le rousniaque, un des plus anciens dialectes, parlé en Gallicie, en Pologne, en Wolinie et en Podolie.

## ARCHITECTURE

Lorsque Vladimir, à la fin du xe siècle, prit la résolution d'abandonner le culte païen, il avait à choisir entre l'islamisme, le judaïsme et la religion chrétienne. Il était fort embarrassé, mais « sur le rapport des députés qu'il avait envoyés à Constantinople, et qui en revinrent pleins d'admiration pour la magnificence du culte grec », il se décida pour la religion orthodoxe. — Avec la religion, l'architecture byzantine entra en Russie et se mélangea avec les éléments d'art déjà acquis.

Fig. 739. — Cabane de paysan russe.

Il ne faut pas s'attendre à voir dès lors changer le caractère de l'architecture russe, telle elle était dans le principe, telle elle est encore. Est-ce à dire que la Russie a complètement échappé à la mode européenne de copier les monuments anciens? Non, l'art classique y a pénétré tout comme l'habit noir et le chapeau à haute forme; mais ce n'est pas de ces constructions que nous nous occuperons, mais bien de celles seules qui ont un caractère national et qui portent l'empreinte bien marquée du génie slave.

Le bois a longtemps été l'élément principal des constructions, les villages et villes russes ne compte plus les incendies depuis longtemps, et Moscou, pour ne citer que cette vieille ville, brûla trois fois entièrement pendant le seul xvie siècle; et nous, Français, nous savons par expérience combien l'antique cité moscovite était inflammable.

L'*isba*, demeure du paysan russe, se compose ordinairement de l'habitation proprement dite et d'une cour où se trouvent les écuries, les remises et enfin les étables.

Comme dans toutes les contrées où le bois est abondant et la pierre relativement rare, on emploie le bois en Russie, comme en Norwège et

Fig. 740. — Isba.

en Suisse, c'est-à-dire en assez gros échantillon pour constituer les épaisses parois indispensables pour garantir contre le froid intense qui sévit dans ces régions. Dans certaines constructions de peu d'importance, les bois sont employés entièrement bruts, simplement coupés de longueur, ce qui suffit amplement si l'on considère que les arbres présentent en général cette qualité précieuse d'être très droits et qu'il suffit de les appareiller en contrariant les diamètres gros et petits (fig. 739).
— Les habitations plus importantes ont deux étages avec escalier extérieur desservant le premier étage qui, en conséquence des mœurs orientales, est réservé aux femmes ; c'est le *terem*, appartement du haut, et qui correspond à peu près au « gynécée ». L'ornementation, découpée,

taillée et sculptée, y est extrêmement recherchée (fig. 740). Les abouts des rondins formant les parois sont parfois décorés d'une manière particulière, mais possédant bien le caractère propre du génie national russe ; ou ils sont terminés par un cône ou taillés en pointe de diamant, ou enfin, suivant un tracé spécial dont nous donnons une des nombreuses variantes (fig. 741). Les entailles sont faites à mi-bois dans tous les rondins et forment un appareil d'autant plus solide que le poids de chaque pièce est plus considérable ; cependant, pour plus de solidité, ces bois sont fort souvent chevillés ; mais alors, pour contrarier toute

Fig. 741.
Abouts de rondins

Fig. 742. — Maison de campagne.

tentative de disjonction, les chevilles sont lardées, c'est-à-dire posées en biais et contrariées de droite et de gauche. Ce système fait de ce genre de construction un tout compact et indéformable.

Si de l'isba qui convient au riche paysan russe, nous passons à la maison de plaisance, nous trouvons de délicieuses compositions dont la capricieuse originalité, bien empreinte du goût local, montre en même temps l'érudition de l'artiste et la science du constructeur (fig. 742). La maison de campagne que nous donnons ici est empruntée aux *Motifs d'architecture russe* et est due à M. Kouzmin, architecte ; nous regrettons vivement de ne pouvoir copier qu'au trait ce charmant motif auquel les couleurs donnent encore plus de charme, si cela toutefois est possible. Nous ne décrirons pas cette façade, nous bornant à faire remarquer que dans plusieurs endroits de l'ornementation on retrouve les caractères et les lacets de la décoration celtico-scandinave que nous avons précédemment étudiée ici.

Pour le style russe comme pour les autres, c'est surtout dans les édifices du culte que l'architecture atteint sa plus haute expression. Dans de nombreux cas, malgré quelques détails d'origine asiatique, on pourrait se croire en présence d'édifices romano-byzantins, car on retrouve beaucoup d'éléments des deux styles mélangés avec beaucoup d'harmonie. A Jaroslav, dans la grande Russie, nous en voyons un exemple dans la cathédrale de la Nativité (fig. 743) où sous Pierre le Grand, Démétrius soutint des controverses théologiques et dogmatiques contre les Raskolniki, secte dissidente.

Fig. 743. — Cathédrale de la Nativité.

Les seules différences que présente ce monument avec certains édifices romans se trouvent dans les couronnements de baies et dans la poire qui surmonte le clocher.

Mais dans l'architecture religieuse, l'édifice qui rend le mieux l'originalité du caractère slave est la cathédrale de Vassili Blagennoï (église de l'Intercession de la Vierge) à Moscou. — A ce monument se rattachent particulièrement deux légendes ; nous allons voir la première, puis après description nous dirons quelques mots de la seconde.

Vassili Blagennoï, qui a donné son nom à la cathédrale, était un saint ermite qui dans ce pays assez éloigné du tropique avait pris l'habitude de vivre constamment nu. De plus, mécontent et frondeur, il ne trouvait jamais rien de bien à ce que faisait Ivan IV, le souverain d'alors, que

Fig. 744. — Église Vassili Blagennoï, Moscou.

son humeur douce et paternelle avait fait surnommer « le Terrible » et à chaque fête il ne manquait jamais de se rendre au Kremlin, dans le costume dont l'avait gratifié la nature, pour reprocher au czar ses crimes et ces excès.

Le doux monarque, qui n'avait reçu du Créateur qu'une dose de patience très minime, finit par prendre ces remontrances du mauvais côté; et, comme il ne lui convenait pas d'emprisonner un saint, il prit le parti de le tuer; c'était le meilleur argument à opposer aux reproches que lui faisait le peu costumé ermite.

Puis le remords le prit, cet homme tout nu hantait son sommeil, et comme, après la prise de Kazan il voulait construire à Dieu une église, il se dit qu'elle pourrait servir à deux fins : à Dieu pour le culte et à Vassili Blagennoï comme tombeau, espérant ainsi se débarrasser du fantôme comme il s'était défait de l'homme. Et l'église devint pour tous les vrais Russes l'objet d'une vénération particulière.

« L'histoire entière de la Russie moscovite est là dans tous ses détails, dit M. P. Armatot, représentée dans ses phases diverses, écrite en pierre, en or, en argent, illustrée de mille couleurs qui se marient entre elles avec une combinaison artistique de nuances que le peintre le plus habile atteindrait difficilement. On est saisi d'un sentiment d'émotion inexprimable à la vue de cette masse confuse de flèches, de campaniles, de toits, de coupoles, de croix et de tourelles, de cette agglomération inouïe de reflets, d'ornements, de peintures, de fleurs et d'arabesques. Le tout est concentré dans un ensemble harmonieux.

« Pour chanter son poème épique, la Russie déroule des pages colossales d'architecture, un livre aérien de marbre et de granit.

« Nous le répétons, l'histoire est complète depuis l'origine de l'existence politique de l'empire, en 862, jusqu'à la prise de Kazan par Ivan le Terrible, qui, en 1552, posa le couronnement de la puissance des tzars.

« C'est le résumé de toute la voie parcourue dans l'intervalle de sept siècles; c'est le chant plaintif des franchises novogorodiennes anéanties; c'est le cri de guerre poussé dans l'interminable lutte avec les Palovtsis, les Petchénègues, les Polonais et les Tatars; c'est le cri de vengeance de la nationalité russe, excitée dans toutes ses fibres, bondissant de toutes ses rancunes et reprenant tour à tour ses droits usurpés à Souzal, d'abord, puis à Wladimir et enfin à Moscou; c'est la résurrection des Slaves; c'est l'écrasement des hordes barbares.

« On ne voit là ni l'Europe, ni l'Inde, ni la Perse, ni la Chine; on ne voit que la Russie, la sainte Russie, fière de son affranchissement et de sa victoire, telle enfin que l'avait vue l'architecte en jetant les fondations de l'église, heureuse, dégagée, triomphante.

« Chaque pierre, chaque ornement, chaque clocher, chaque campanile est un chef-d'œuvre à part. On trouve là le produit le plus frappant du génie moscovite, genre qui a pour nom la patience. » (Fig. 744.)

Nos lecteurs, comme nous-même, ne verront peut-être pas dans le dessin que nous donnons tout ce que l'auteur russe y voit; il manque dans cette église les grandes lignes d'ensemble qui indiquent une conception large et intelligente, mais on ne peut nier l'impression d'étonnement et même d'admiration que produit cette masse rutilante et bizarre, d'une originalité puissante et qui n'a rien de ressemblant avec aucun autre édifice.

Il y a seize clochers couronnés par des coupoles toutes différentes entre elles, et de formes et de couleurs, où le jaune, le vert, le rouge se heurtent sans cependant rompre l'heureuse harmonie de l'ensemble.

Toutes les espèces de couvertures y sont représentées, en écailles, à côtes, en spirales, en côtes torses, en pomme de pin ou ananas, à pointes de diamant, etc. Toutes ces coupoles servent de satellites à une haute tour carrée surmontée d'un clocher revêtu de faïences de toutes couleurs et portant, de même que les autres coupoles, la croix grecque avec ses chaînes d'or.

L'édifice pèche surtout par l'absence d'une façade; il n'y a pas de portail, chaque tour possède une façade particulière qui concourt à former un ensemble bas et sans grand caractère. — On pénètre dans l'église par deux escaliers renfermés dans deux charmantes logettes, surmontées de clochers en poivrières, couvertes en tôle verte.

Aussi bizarre à l'intérieur qu'elle est étrange au dehors, l'église de Vassili Blagennoï, se compose de dix-neuf chapelles ou plutôt dix-neuf petites églises à voûtes basses, mais très richement ornées, et qui ne communiquent entre elles que par des couloirs étroits qui en font un véritable dédale. — Toutes ces chapelles, assez sombres, renferment chacune les reliques d'un saint, et sur des autels ces souvenirs reposent en paix depuis des siècles.

L'édifice est situé hors du Kremlin dans la partie de la ville où se vendent les produits de la Chine et qu'on appelle pour cela la ville chinoise.

La deuxième légende concerne l'architecte. Après que la construction fut achevée, le tzar Ivan le Terrible fit venir l'architecte et, après l'avoir complimenté chaudement, lui demanda s'il croyait pouvoir édifier quelque chose de plus merveilleux encore. L'artiste, sans méfiance, répondit naïvement oui. Le tzar alors, ne voulant pas être dépassé dans sa magnificence, lui fit crever les yeux.

## LES CARACTÉRISTIQUES DU STYLE

*Toitures.* — Les toits sont élevés et raides pour éviter que la neige y séjourne ; les corniches, les entablements, les sacomes, les moulures sont souvent exécutés au ciseau par le charpentier.

*Couvertures.* — La couverture en bardeaux (fig. 745) est très employée en Russie. Elle se fait de bois refendus et taillés en pointe à l'extrémité ; ces bois varient beaucoup de dimensions réelles et de pureau, on ne laisse parfois qu'un pureau de 0,05, ce qui donne pour une longueur de 0,40 huit épaisseurs superposées avec joints contrariés ; n'étaient les dangers d'incendie, ce serait une excellente couverture. Les couvertures à écailles

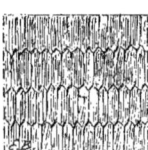
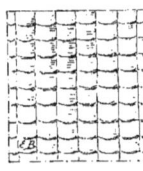

Fig. 745. — Bardeaux.   Fig. 746, 747. — Couvertures.

avec deux épaisseurs seulement sont aussi des bardeaux, et par leurs dimensions, des tuiles en bois. Elles se terminent en pointe formée de lignes droites, en ogives, en coupes curvilignes rentrantes et en arrondis. Ce genre de couverture est simplement cloué sur le lattis. — On emploie aussi la terre cuite et même le métal (fig. 746, 747) et les propriétaires qui disposent d'une certaine aisance se plaisent à enduire le bois, la terre ou le métal avec de vives couleurs. — Dans la Russie méridionale, on fait aussi usage de fer-blanc pour les couvertures.

*Flèches.* — Nous avons déjà vu (fig. 743) un exemple de flèche ; avec l'église de l'Intercession de la Vierge, une série de coupoles. Nous y revenons malgré cette abondance relative, parce qu'il semble que dans l'architecture russe on délaisse volontiers, on néglige comme méprisable, ce qui touche au sol et qui ne peut être apprécié que de près, pour reporter tout le luxe et tout l'effet sur les parties supérieures qui doivent être vues de loin, et aussi quoique d'une infime différence se rapprochent davantage des régions célestes où tout bon Russe ira un jour jouir du repos éternel. — Cette observation, si on ne tenait compte que de la simplicité, serait commune à toutes les architectures, mais ici on pourrait presque dire qu'on a négligé volontairement ; tandis que les parties élevées sont admirablement étudiées et dessinées, les régions basses semblent ne devoir pas être regardées ; elles ne sont là que pour porter les autres, pour ainsi dire, et rien de plus, la partie émergeante seule méritera, mais méritera largement, d'attirer l'attention ; non contents de chercher

 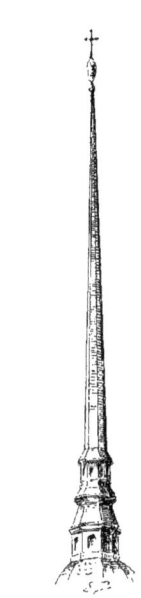

Fig. 748. — Dôme de Nikolski, Kasan.   Fig. 749. — Église de la forteresse.

dans la silhouette et dans l'ornementation une richesse parfois excessive, les artistes russes rehaussent encore leurs conceptions par de vives couleurs éclairées par des parties dorées. — Les flèches sans exception sont toujours surmontées par la petite coupole en forme de poire (fig. 748). Le dôme de Nikolski a été construit sous le règne d'Ivan IV. A côté de ces flèches octogonales d'une forme si pure on a des modèles de flèches qui ne sont guère comparables qu'à des paratonnerres, telle est par exemple celle de l'église de la Forteresse à Saint-Pétersbourg (749).

*Coupoles.* — La cathédrale de l'Intercession de la Vierge, à Moscou, nous a déjà fourni une assez riche collection de coupoles offrant en général les lignes que présentent la poire et l'oignon, c'est-à-dire une accolade très étroite et resserrée par le bas. En voici encore quelques variétés que nous représentons fig. 750 et fig. 751. Dans ces exemples l'influence asiatique est sensible, il est incontestable que la petite couverture du couvent de Smolnoï offre quelques analogies avec les formes de certaines pagodes.

*Fenêtres*. — Dans l'architecture religieuse, les fenêtres sont empruntées aux monuments byzantins, elles en sont souvent une reproduction exacte ; mais comme on l'a vu ci-dessus dans nos croquis, elles présentent parfois cette disposition particulière d'être mi-partie plein-cintre et mi-

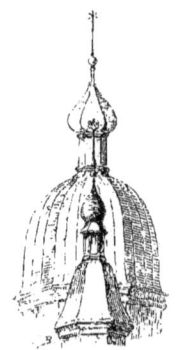
Fig. 750. — Monastère de Saint-Serge à Saint-Pétersbourg.

Fig. 751. Couvent de Smolnoï.

Fig. 752. Fenêtre.

partie en accolade resserrée, ou en ogive flamboyante. D'autres fois encore, elles sont franchement flamboyantes, mais diffèrent des fenêtres de l'Occident par une répartition spéciale des courbes dont le caractère d'ensemble est propre à l'Orient. Dans le domaine de la fantaisie, l'imagination des artistes russes a créé des formes d'une gracieuse originalité (fig. 752). C'est surtout dans la construction en bois qu'ils excellent, et il semble que, pour eux, ce matériau primordial soit une terre molle dans laquelle ils modèlent les plus charmantes compositions.

*Consoles*. — Les consoles affectent différentes formes ; en quart de cercle, comme celle qui soutient la marquise dans la maison de campagne figure 742 et où tout le mouvement est donné par une décoration taillée dans chaque élément composant la console ; droite en triangle, quand elle doit présenter une grande force ; enfin, elle est composée par l'encorbellement des rondins posés les uns sur les autres.

## ORNEMENTATION

L'art russe dérive de deux sources distinctes : 1° du style celtico-scandinave, qui appartient aussi bien aux Russes qu'aux autres peuples du nord; 2° du style byzantin introduit en Russie vers le xe siècle. Du mélange de ces deux styles avec des influences asiatiques est né un art

Fig. 753, 754, 755. — Ornements.

particulier où cependant domine alternativement l'une ou l'autre des ornementations, et qui présente comme caractère principal un esprit d'ordonnance, de répartition, des combinaisons d'entrelacs mélangés de figures, qui lui donnent un aspect spécial et bien arrêté.

Dans notre figure 742 on voit dans les ailerons qui accolent le fronton ogival, des lacets entrelacés et des figures qui ne le cèdent en rien aux

Fig. 756, 757. — Ornements.

dragons, mais il y apparaît une ordonnance plus soutenue, un caprice mieux réglé qui va en faire une décoration moins heurtée et moins sauvage. L'entrelacs régularisé se prête bien à l'ornement courant (fig. 753), composé de motifs se répétant de distance en distance et reliés entre eux par des filets ou des rinceaux également enlacés. Dans d'autres cas l'influence asiatique apparaît très nettement; ce sont des mélanges d'entrelacs curvilignes avec de légers rinceaux feuillés (fig. 754). D'autres encore toujours entrelacés, se rapprochent davantage des formes occidentales en conservant cependant par certains points leur caractère propre (fig. 755).

Dans beaucoup d'ornements, on trouve réunies les diverses influences, mariées avec ce tact spécial et pondéré du slave ; d'autres fois l'influence byzantine domine et donne aux motifs obtenus un cachet calme et tranquille, par une répétition uniforme d'éléments encadrés dans un lacet et contenus dans une denteture (fig. 756). L'ornement détaché est en général symétrique, il est suivant le matériau employé, traité en feuillage, en rinceaux et en fleurs fantastiques. Toujours les enlacements y sont introduits (fig. 757).

## LE TRAVAIL DU BOIS

Le bois était dans l'architecture russe le matériau principal, aussi les artistes et les artisans sont-ils parvenus à le travailler au point de constituer de la charpenterie un art véritable.

*Les découpages*. — Nous sommes accoutumés à ne voir dans le découpage du bois qu'un produit industriel économique, plat et quoique souvent bien dessiné, sans aucun caractère. Souvent même le bois mal em-

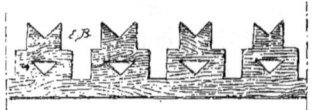 

Fig. 758, 759. — Merlons, Kief.

ployé ne donne qu'un produit fragile parce que le dessinateur n'a pas tenu compte des défauts du matériau employé, ne s'est pas préoccupé du fil du bois, et son dessin, excellent peut-être pour une tôle ajourée, est défectueux pour un élément ligneux, résistant dans le sens transversal des fibres, mais cassant dans le sens parallèle quand il est réduit à une faible épaisseur.

En Russie, rien de pareil : le découpage était fait à la main à la scie et au ciseau ; l'artisan slave se préoccupait sévèrement du sens des fibres et si le dessin ne permettait pas d'éviter le danger il augmentait alors l'épaisseur.

Les merlons qui sont d'origine orientale se retrouvent comme le plus simple motif de découpure ; ils sont droits (fig. 758) ou taillés obliquement (fig. 759) et toujours repercés d'un jour circulaire, carré ou triangulaire.

La nature même du travail implique une différence très accentuée avec nos découpages occidentaux, la main manœuvre la scie et la délaisse volontiers pour employer le ciseau. Il en résulte que presque tous les découpages se compliquent d'engravures, nous sommes tentés de dire, de sculptures ; l'artisan se méfiant de ces grandes surfaces planes,

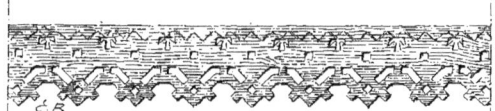

Fig 760. — Découpage.

animées seulement par des ajours essaie de leur donner un relief et pour cela, conservant sa masse, il refouille pour faire valoir certaines parties et obtenir des ombres. Cette manière de traiter le bois se retrouve en Orient dans les travaux les plus infimes. La sculpture sur bois paraît avoir été inventée par les pasteurs ; il n'est pas un berger qui ne se plaise à historier son bâton à le décorer de mille dessins qui reproduisent ses idées. En Russie, on rencontre fréquemment des caisses, des coffres qui portent la trace de ce goût ; ce sont des sculptures naïves certainement, mais qui peignent bien le caractère national, contemplatif et patient. On

Fig. 761. — About.

comprend qu'avec ces tendances, les artisans intelligents qui font du travail du bois leur occupation journalière doivent acquérir une incontestable habileté ; aussi tout en conservant le caractère général émanant du milieu ambiant, ils savent obtenir d'excellents effets avec des moyens relativement restreints (fig. 760). Les constructeurs ont coutume de terminer les toitures sur les pignons par un bois de peu d'épaisseur découpé et taillé sur toute sa longueur, mais terminé en haut et en bas par une décoration spéciale (fig. 761). Ce genre d'about s'emploie aussi pour masquer les terminaisons de parois, les consoles, etc. ; il est alors placé en pendentif. Notre figure indique l'ornementation la plus généralement adoptée et qui est empruntée à un art très russe aussi, à la broderie ; les charpentiers n'emploient alors que le découpage et la taille au ciseau, mais ce que nous ne pouvons montrer ici, ce sont les vives couleurs qui viennent animer ces surfaces; le rouge, le vert, le jaune et le bleu y détachent harmonieusement chaque motif.

*Consoles.* — Elles sont de toutes dimensions suivant leur emplacement, encadrées avec un motif occupant l'intérieur du cadre (fig. 762) et formé d'un découpage simple ou relevé par une engravure. Des entrelacs de boucles, enlevés dans une même épaisseur et de même rehaussés d'une taillé au ciseau (fig. 763). Les motifs dans ce genre sont extrêmement variés; on comprend la facilité qu'a l'artiste pour remplir de mille manières un espace aussi restreint; les consoles en quart de cercle offrent

Fig. 762, 763, 764, 765. — Consoles.

elles-mêmes une grande variété de combinaisons dont on profite habilement en variant seulement la décoration. La console découpée n'a de caractère qu'autant que le dessin est tracé absolument dans le style, un reperçage même en Russie ne peut être qu'un reperçage (fig. 764). Nous préférons de beaucoup la console en éventail qui rentre dans l'ordre de celles en quart de cercle; notre croquis (fig. 765) nous en montre une disposition taillée en éventail, c'est une des nombreuses variantes du quart de cercle, mais une des mieux caractérisées.

*Les crêtes.* — Les crêtes sont la continuation obligée des découpages de rives; ceux-ci comme nous l'avons dit, s'entre-croisent au faîtage et se terminent par un découpage composé d'éléments rectilignes, curvilignes ou empruntés à la nature animée. Les crêtes sont traitées de même : motifs semblables dans toute la longueur et ornementation spéciale des extrémités. Le cheval est l'animal favori des habitants des grandes plaines, et en Russie, il était dès les temps les plus reculés le grand agent locomoteur. De nos jours, on voit encore certains Russes regarder avec un mélange de mépris et de superstition le puissant cheval de fer, la locomotive, et ils préfèrent certainement le bidet maigre, peu soigné, encore moins nourri, et garni d'un long poil, qui, pour tourner bride, ne

# STYLE RUSSE

réclame pas des courbes de trois cents mètres de rayon. Imitant Jules Noriac, qui disait que le lézard était l'ami de l'homme, parce qu'un gamin empêché par un passant de martyriser un de ces inoffensifs reptiles, avait reçu d'un de ses compagnons de jeux ce conseil : « Laisse-le donc tranquille, c'est l'ami de ce monsieur, » nous dirons que le cheval est l'ami du Russe, et que tout bon Russe étant un peu cosaque, nous ne saurions imaginer un cosaque sans cheval, ce qui serait un personnage fantastique, né d'une trop vive imagination, et bon seulement à faire pendant à un amiral suisse portant éperons. Est-ce cependant par seule raison d'amitié que la tête du cheval est si souvent reproduite dans les découpages des bois ?

Fig. 766. — Crête.

Nous ne le croyons pas; nous pensons plutôt que le caractère bien arrêté de cette tête, ses grandes lignes simples et faciles à rendre l'ont indiquée aux ornemanistes comme une figure pouvant être simplement représentée, qui peut se dessiner au besoin par un nombre restreint de lignes droites (fig. 766); aussi remarquons-nous que les têtes de cheval découpées dans l'élément ligneux reproduisent toujours les lignes énergiques qu'on retrouve dans cet étrange petit cheval marin, l'hippocampe.

*Poteaux ornés.* — Dans toute construction en bois, comme dans les autres genres du reste, les points d'appui verticaux ont une des plus importantes fonctions ; mais il faut avouer qu'en bois surtout, matériau facile à travailler, la forme unie manque absolument d'agrément. On a donc, dans tous les pays où le bois est abondant, essayé, par des profils, des moulures, de donner aux poteaux, sans diminuer sensiblement leur résistance, des formes plus agréables à l'œil et assez mouvementées pour les faire concourir à l'ornementation générale (fig. 767). La variété en est considérable, mais il nous

Fig. 767, 768. Poteaux.

suffira de deux croquis pour en bien faire comprendre le caractère. Les Russes procèdent par chanfreins et engravures; des profils sobres, assez saillants, viennent seuls couper les longues lignes (fig. 768). Quand ce sont des supports, ils sont parfois de forte dimension et découpés en balustres très allongés, carrés, à pans ou même tournés ; dans certains cas la forme en fuseau est donnée en attaquant seulement les arêtes ; ce sont des chanfreins irréguliers qui sur la diagonale donnent l'illusion d'une diminution de grosseur, mais qui, en réalité, se renferment dans l'équarrissage total de la pièce.

*Balustres.* — Il nous a paru intéressant à rechercher parmi les nombreux balustres en bois de l'architecture russe quelques modèles donnant, en même temps que des profils, des exemples de ces charmants éléments qui constituent les balustrades.

Mélange de parties tournées et de formes rectilignes, ces balustres,

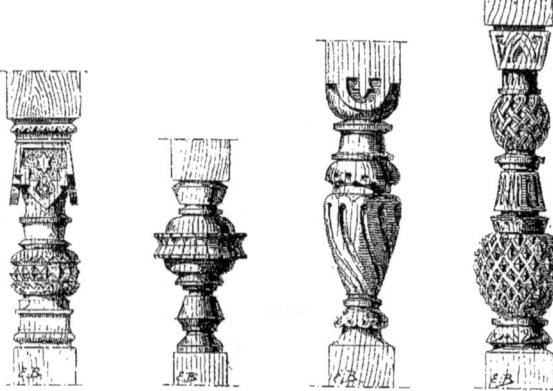

Fig. 769, 770, 771, 772. — Balustres.

dans lesquels on retrouve l'influence orientale, ont une grande originalité ; la taille du bois y ressemble singulièrement à de la sculpture, car la décoration tout entière implique le travail à la main, au ciseau et à la gouge (fig. 769, 770, 771, 772).

Fig. 773. Pontet.

*Pontets.* — Nous avons donné ce nom à de petits motifs de couronnement qui terminent un poinçon, une tige, etc. ; on en rencontre beaucoup en forme de poire, d'autres en pyramide, mais la variété la plus commune est celle tournée en cône et surmontée d'une boule (fig. 773). Ils sont agrémentés de cannelures droites ou en spirale et de profils également tournés, mais simples et très accentués.

*Culs-de-lampe.* — Comme dans les autres architectures, on termine ordinairement les pièces pendantes par un motif de décoration quelconque, depuis la simple pointe de diamant jusqu'à l'ornementation la plus riche. C'est un exemple entre ces deux extrêmes que nous donnons (fig. 774) et qui a bien le caractère spécial de cet art russe qui doit tant à l'Asie. Les lignes ainsi que le travail marquent plus de patience dans l'exécution que de recherche dans le dessin.

Fig. 774.
Cul-de-lampe.

*Les lambris.* — Comme dans toutes les contrées froides, on emploie dans les intérieurs les revêtements en bois (fig. 775). Ils sont traités sensiblement comme en Occident avec plinthe, panneau et cymaise, mais ils en diffèrent par le dessin qui comporte un travail de découpage et

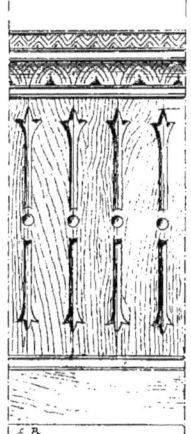

Fig. 775. — Lambris.

Fig. 776. — Porte.

d'engravures que généralement nous ne faisons pas.

*Portes.* — Les artistes russes se plaisent, et avec raison, à bien motiver l'utile paroi mobile qui permet d'entrer et de sortir, et ils en font un des principaux points de la décoration intérieure ne négligeant rien pour lui donner toute la richesse et la meilleure apparence possibles. Des assemblages de cadres qui paraissent un défi porté à la difficulté donnent les formes les plus fantaisistes; une multitude de panneaux profilés, bizarrement appareillés étonnent l'œil et confondent l'imagination. C'est encore une occasion pour nous de regretter de ne pouvoir en donner la polychromie en vert deux tons, avec rehauts de rouges et les ferrures gris-fer, qui ajouteraient encore au caractère déjà pourtant bien marqué (fig. 776).

Les fenêtres n'offrent pas, au point de vue du style, un intérêt spécial; mais, par contre, les volets traités à la façon des portes sont très riches. Composés de pièces assemblées et engravées, ils forment une riche tapisserie qui encadre agréablement la baie; au-dessous de celle-ci on voit souvent une sorte de tablier en bois décoré et dentelé dans le genre de ce que nous avons représenté (fig. 752).

## SERRURERIE

La petite serrurerie emprunte ses formes et son ornementation à l'architecture en général, mais surtout au travail du bois. Nous y rencontrons également le découpage et l'engravure qui viennent donner un peu de vie aux surfaces (fig. 777). Cependant l'artisan russe pratique

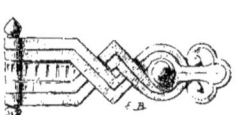
Fig. 777. — Charnière.

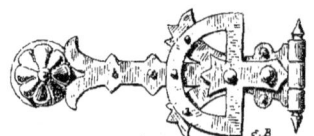
Fig. 778. — Penture.

aussi la forge, car les surfaces sont étalées au marteau, prises dans un lopin et découpées à chaud; il y ajoute les boutons et les enroulements pour donner des saillies. Quelquefois il procède par pièces superposées, découpages rivés l'un sur l'autre par de grosses têtes rondes (fig. 778) et enfin par des rosaces prises dans une masse, dégrossies à chaud et finement ciselées. Dans la ferronnerie encore, nous retrouverons les influences celtico-scandinaves que nous avons déjà rencontrées souvent ici; les lacets s'entrelaçant sont pourtant une difficulté quand ils s'adressent au fer, mais on ne peut en nier le charmant effet. On en voit l'application dans notre figure 779, qui représente un loqueteau de porte et qui est composé de découpages et de pièces forgées et ciselées.

Nous possédons peu de renseignements sur les autres travaux en fer, voici cependant une balustrade byzantine qui appartient au palais de

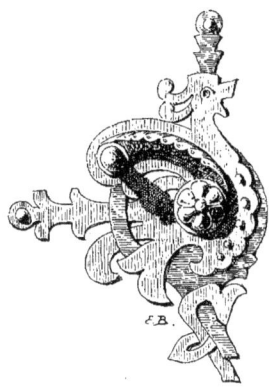

Fig. 779. — Loqueteau.

Fig. 780. — Balustrade.

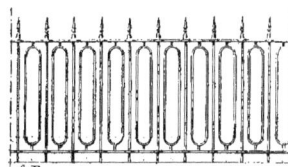

Fig. 781. — Grille.

l'Ermitage à Saint-Pétersbourg (fig. 780). Les grilles sont en général fort simples, très sobres d'ornementation et robustes; la composition laisse souvent à désirer, comme un peu aussi la construction. Ainsi par exemple, dans la grille qui entoure la statue de Pierre le Grand, à Saint-Pétersbourg (fig. 781) nous voyons les grandes pièces de remplissage entre barreaux simplement montées sur deux boules, ce qui nécessite pour chacune des boules un rivet carré pour empêcher l'ensemble de tourner. Voici enfin une grille ogivale qui se trouve à la cathédrale Saint-Sauveur à Moscou (fig. 782); elle ne présente que peu d'intérêt au point de vue qui nous occupe,

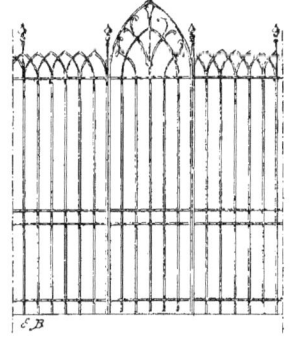

Fig. 782. — Grille.

mais nous l'avons avoué, sur cette matière, nous sommes très pauvres de documents.

# PIERRES PRÉCIEUSES

Dans son *Dictionnaire de l'art, de la curiosité et du bibelot,* M. Ernest Bosc donne une excellente classification des pierres ; nous la lui emprunterons en entier, parce qu'elle a cet avantage de dire beaucoup en peu d'espace et d'apprendre beaucoup en peu de temps.

### I. — Classement des principales pierres suivant leur densité

1° Opale ; 2° turquoise pierreuse ou de vieille roche ; 3° quartz, malachite ; 4° émeraude, aigue-marine, saphir d'eau ; 5° turquoise osseuse, tourmaline ; 6° chrysolithe fossile ou commune ; 7° péridot ou chrysolithe des volcans, idocrase ; 8° diamant ; 9° prinelle et rubis balais ; 10° grenat et ses variétés ; 11° corindon ou pierre orientale ; 12° zircon et hyacinthe.

### II. — Divers degrés de transparence des pierres

1° Opacité, absence totale de transparence ; 2° translucide sur les bords, premier degré de transparence ; 3° translucide, deuxième degré de transparence ; 4° demi-transparente, troisième degré de transparence, comme certaines agates par exemple ; 5° complètement transparente, comme l'hyalin.

### III. — Classement des pierres par couleur

1° *Pierres sans couleur*. — Diamant blanc, saphir blanc, émeraude blanche, topaze de Saxe, gouttes d'eau, jargon blanc ; les quartz hyalins incolores dont les principaux sont : cristal de roche, cailloux de Cayenne, cailloux de Bristol, cailloux de Médoc, cailloux du Rhin, diamant d'Alençon.

2° *Pierres translucides blanches.* — Astérie orientale, chatoyante orientale, œil de chat ou chatoyante commune, opale laiteuse, pierre de lune (adulaire), gypse soyeux, calcédoine, cornaline blanche, girasol ou astérie commune.

3° *Pierres transparentes jaunes.* — Diamant jaune, topaze orientale, topaze du Brésil, topaze de Saxe, topaze dite de l'Inde, topaze dite de Bohême, fausse topaze, chrysolithe orientale, chrysolithe opalissante ou chatoyante, chrysolithe commune, jargon de Ceylan.

4° *Pierres translucides jaunes.* — Ambre jaune, cailloux d'Egypte ou de Rennes, cornaline jaune.

5° *Pierres transparentes bleues.* — Diamant bleu clair, saphir oriental, saphir indigo, saphir mâle, saphir femelle, saphir d'eau, faux saphir, saphir du Brésil, disthène, aigue-marine orientale.

6° *Pierres translucides et opaques bleues.* — Saphir étoilé, lapis-lazuli, turquoise de nouvelle roche, turquoise de vieille roche, feldspath bleu.

7° *Pierres transparentes rouges et roses.* — Diamant rose, rubis oriental, rubis spinelle, rubis de Barbarie, rubis de Bohême, rubis de roche, rubis de Silésie, faux rubis, grenat ordinaire, grenat de Bohême, grenat syrien, grenat vermeil, hyacinthe orientale, hyacinthe la belle, vermeille, orientale.

8° *Pierres translucides rouges.* — Cornaline, grenat commun, rubis calcédonien, tourmaline rouge.

9° *Pierres transparentes vertes.* — Aigue-marine, chrysolithe verte, diamant vert, émeraude du commerce, émeraude orientale, péridot du commerce, péridot oriental.

10° *Pierres translucides vertes.* — Agate verte, chrysoprase, malachite, pierre des Amazones, prime d'émeraude, tourmaline verte.

11° *Pierres transparentes violettes.* — Améthyste orientale, améthyste du commerce, diamant violet, liliathe, rubis violet.

12° *Pierres noires translucides et opaques.* — Agate d'Islande (obsidienne), diamant noir, rubis noir opaque, jayet ou jais. »

Au point de vue général de notre travail, après la couleur vient immédiatement la taille, qui a pour objet, surtout dans le diamant, de donner aux pierres l'éclat et le scintillement réfracté par les facettes.

« Dans l'antiquité et jusqu'au xiv° siècle, dit M. Eugène Fontenay, on ne connut guère que les pierres taillées en *cabochons*... Ce n'est qu'au xv° siècle qu'on voit apparaître la taille en *table,* tant pour les pierres de couleur que pour le diamant.

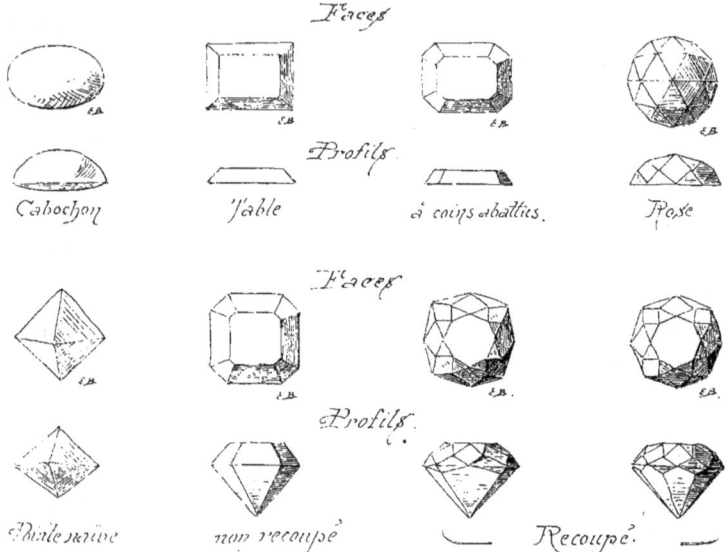

« Au xvi° siècle, on abat les coins de la table pour les pierres de couleur et on taille le diamant en rose, en pointe naïve; on cherche une disposition de facettes qui puisse augmenter le jeu et l'éclat des pierres. L'une des deux pyramides de la pointe naïve ayant été coupée, la surface plate qui résulte de cette opération et qui donne à la pièce l'aspect d'une table permet d'apprécier les propriétés de la culasse par rapport à la table. Au xvii° siècle, on fait l'application de cette découverte en abattant les quatre angles de la pyramide dessus et dessous; on obtient ainsi le diamant *non-recoupé*, et grâce aux encouragements que Mazarin donne aux lapidaires, la taille définitive du diamant est enfin découverte. »

La taille prend en général, et surtout dans le non-coupé et le recoupé, beaucoup de matière; ainsi, par exemple, le fameux diamant « le Régent », qui pesait brut 410 carats, ne pèse, taillé, que 136.

# STYLE ROUMAIN

Les provinces danubiennes de Valachie et de Moldavie, qui étaient anciennement sous la domination turque, sont actuellement indépendantes et forment le royaume de Roumanie. Le pays est borné au nord et à l'ouest par la chaîne des Carpathes ; au sud et à l'est par le Danube et le Pruth.

C'est l'ancienne Dacie, dont la conquête fit la gloire de Trajan. La route romaine taillée dans les masses lithiques des portes de fer étonne le voyageur. Entre autres antiquités on voit encore les restes des culées d'un pont sur le Danube et Turnû-Severinû prend son nom d'un édifice que fit construire l'empereur Sévère.

La race roumaine, malgré les nombreux peuples différents qui entourent la contrée, est relativement très pure. On la décompose ainsi :

Neuf dixièmes composés de *Daces* et *colons romains*.

Un dixième composé de *Grecs*, qui s'introduisirent au xv<sup>e</sup> siècle sous prétexte de faire du commerce, et plus tard, par les hospodars phanariotes (Nicolas Mavrocordato fut le premier prince phanariote) ; de *Bul-*

*gares*, qui apparurent au viie siècle ; d'Arméniens, qui au xie siècle furent refoulés par les invasions persanes ; de *Juifs*, espagnols, portugais, polonais ou allemands ; enfin les Tziganes, étrange population sur laquelle nous allons bientôt revenir quand nous aurons à traiter de la ferronnerie.

La langue roumaine est une langue latine, mais elle prend une couleur particulière de l'adoption d'un grand nombre de mots russes, turcs, etc., introduits sous les différentes dominations et aussi par les rapports fréquents avec les peuples voisins. — Jadis la langue officielle était le grec, et cela s'explique par la longue administration des Grecs du Phanar, hospodars, sorte de gouverneurs auxquels la Turquie affermait la Moldavie et la Valachie et qui n'étaient guère autre chose que des entrepreneurs (au plus offrant) de perception d'impôts. Plus tard, de courageux citoyens entreprirent de faire revivre la langue nationale ; leur constance et leur énergie furent récompensées et le vieil idiome roumain sert maintenant aux classes dirigeantes comme au peuple.

Jusque dans la première moitié du siècle, on employait pour écrire, les caractères serviens, presque analogues aux caractères russes ; mais en même temps qu'on abandonna le grec comme langue officielle, on en revint aux caractères latins actuellement seuls employés.

## ARCHITECTURE

L'architecture monumentale dérive de l'architecture byzantine. On y remarque une grande recherche d'ornementation, et une prédilection marquée pour la couleur.

Une différence importante que présente l'architecture roumaine avec l'art byzantin est le soin apporté à la décoration extérieure. Presque nulle dans les églises grecques de Constantinople, la richesse des façades est extrême sur le sol de l'ancienne Dacie ; on dirait que les artistes roumains se sont plutôt inspirés des châsses somptueuses que des monuments. Dans certaines régions, à Bucharest notamment, la pierre fait complètement défaut ; aussi a-t-on volontiers remplacé la sculpture par des sujets peints.

Parmi les charmantes églises de Roumanie nous prenons à titre d'exemple un petit édifice qui possède peut-être mieux qu'un autre le caractère spécial de l'architecture roumaine (fig. 783). Elle présente cette particularité que l'entrée se fait latéralement par un porche à la fois riche et gracieux, qui en est du reste le plus intéressant motif. —

Sur un socle en pierre porte un soubassement décoré de bas-reliefs représentant au milieu un chevalier armé de toutes pièces et de chaque côté des lions se jouant dans des rinceaux. Les bases des colonnes sont remplacées par d'énormes culots d'où sortent des colonnes torses décorées d'entrelacs et de feuillages délicatement sculptés et relevés de filets rouges et verts. Les chapiteaux, corinthiens pour la masse, sont byzantins pour le détail. Au-dessus, de charmantes arcades, composées de

Fig. 783. — Église à Bucharest. (Stravopoleos.)

deux lobes réunis par l'accolade russe, sont ornées d'arabesques peintes qui s'en détachent par de violentes oppositions de blanc sur bleu, d'or sur rouge ; puis un profil à torsade. La frise est garnie de figures de saints nimbées d'or et hautement coloriées sur un fond d'un bleu intense. Enfin la corniche, largement en saillie et richement ornée de torsades et de fleurs. — Cette décoration est la même sur les autres faces apparentes, et la couverture est faite de tuiles romaines, demi-cylindres en poterie de 0$^m$, 27 de longueur.

Il serait impossible de se faire une idée exacte du chatoyant aspect que la sculpture et la polychromie donnent au plus modestes églises roumaines, et si l'on considère qu'elles sont encore mises en valeur par les murs des habitations environnantes peintes à la chaux, en blanc, en bleu de ciel, et enfin, et surtout, par le splendide ciel de l'Orient.

Le presbytère se trouve toujours dans le voisinage de l'église ; il y est même parfois accolé. C'est là qu'habite le « pope », qui représente à peu près le curé. C'est un brave homme qui possède toutes les qualités, et peut-être aussi quelques-uns des défauts des autres hommes, qui vit comme eux, et est presque toujours marié et père de famille. Le presbytère est souvent décoré comme l'église elle-même et les saints aux couleurs voyantes et nimbés d'or semblent chargés d'inspirer une sainte terreur au profane tenté de ne pas respecter la maison de Dieu (fig. 784).

L'édifice religieux, le plus célèbre de la Roumanie, est sans contredit la belle cathédrale de Curtea d'Argis, sur laquelle il existe une légende digne de faire pendant à celle concernant la cathédrale de Vassili Blagennoï, à Moscou. La voici :

Negru-Voda (le noir Voïvode) voulant choisir un emplacement favorable à l'établissement d'un monastère, s'en fut un jour accompagné de neuf maîtres maçons et de Manol le maître.

Fig. 784. — Presbytère à Bucharest.

Après un jour de recherche, l'emplacement fut choisi, et tout le monde coucha dans l'endroit. Pendant la nuit qui s'écoula, Manol fit un rêve étrange qu'il raconta ainsi à ses compagnons :

« Une voix du ciel m'a dit que tous les travaux que nous ferons ici s'écrouleront si nous ne jurons de murer dans les murs la première femme, épouse ou sœur qui apparaîtra demain à l'aurore apportant des vivres à l'un de nous. » Tous jurèrent, prenant l'engagement de se soumettre quoi qu'il arrive ; mais à l'heure indiquée, quelle terrible angoisse s'empare de Manol ; quelle est la femme qui s'avance confiante et gracieuse ? C'est Flora, la jeune épouse de Manol. « O Seigneur Dieu, s'écrie-t-il, fais que les ruisseaux se changent en torrents, que la nature, ta création, se bouleverse, et force ma femme à reprendre la route d'où elle vient. »

Dieu, malgré le bourdonnement que doivent produire les nombreuses voix qui l'implorent le prient et quêtent ses faveurs, distingua probablement la prière de Manol, car en ce moment même tombe une pluie torrentielle. Dieu fait ce qu'il peut. Mais rien n'arrête la fidèle épouse, elle avance, elle avance toujours !... Rien de tous les éléments déchaînés n'arrête sa marche et Manol, le désespoir dans l'âme, mais voyant là la volonté divine, lui parle en ces termes : « Reste ma fière amie, reste sans crainte, car nous voulons rire, et pour rire te murer. » Et l'épouse docile est enfermée vivante dans un mur solide, puis à toutes ses prières, car elle commence à craindre, Manol ne répond plus; mais la muraille monte et Manol bâtit, bâtit toujours...

. . . . . . . . . . . . . . . . . . . . . . . . . . .

Negru-Voda vient au monastère pour faire ses dévotions; il admire ce monument sans pareil, il s'exprime ainsi : « Vous, les architectes, les maîtres maçons, déclarez ici, la main sur le cœur, si votre science peut me construire un autre monastère, monument de gloire, plus grand et plus beau? » Les maîtres maçons, les dix architectes, penchés sur le toit, se sentent tout fiers et répondent : « Il n'existe pas sur la terre, pareils à nous dix, dix maîtres maçons; sachez qu'à nous dix nous pouvons construire un autre monastère plus grand et plus beau. » — Alors, le Noir Voïvode avec un méchant rire commande à sa suite de détruire tout moyen de descente, de briser l'échelle et les échafaudages afin que les auteurs de l'œuvre périssent sur le toit. Mais ces hommes habiles se construisent des ailes faites de menus bois, puis s'envolent; mais bientôt ils tombent et se changent en pierres. Pour Manol, au moment où il prend son élan pour s'élever dans les airs, il entend sortir du mur les plaintes de Flora, il pâlit, ses regards se voilent et il tombe soudain. Mais, ô miracle! la place où il tombe se creuse, se change en fontaine; l'eau en est claire, amère et salée; c'est une eau mêlée de larmes, mêlée de larmes amères.

Comme beaucoup de légendes, celle-ci présente un grave anachronisme : elle donne Négru Voda (1250) comme le fondateur de la ville d'Argis, tandis que l'église ne fut terminée qu'en 1518, c'est-à-dire deux cent soixante-huit années plus tard.

L'église de Curtea-d'Argis fut construite sous le règne de Nagu I$^{er}$, qui comprend la période comprise entre 1513 et 1521. Ce prince fut élevé par le patriarche Niphon, son père spirituel (depuis canonisé). Pendant tout son règne il conserva le souvenir des enseignements et des conseils qui avaient instruit sa jeunesse. Libéral et bon, il fut même prodigue envers l'église de Curtea-d'Argis (fig. 785, 786).

Comme on le voit sur ce croquis, la fameuse cathédrale, dans son plan ainsi que par la disposition des quatre tours presque en contact, sa robustesse trapue et la simplicité de ses profils à grandes saillies est la presque exacte reproduction à grande échelle d'une châsse byzantine.

L'architecte s'est évidemment inspiré d'un de ces admirables bijoux émaillés où l'on renferme précieusement de vieux ossements qui sont des reliques.

La nef carrée et le chœur en croix massive supportent par la seule épaisseur de leurs murailles les tours et les coupoles appareillées avec la

Fig. 785, 786. — Cathédrale de Curtea-d'Argis.

plus grande simplicité. — A propos des tours, nous devons relater un fait extrêmement curieux : Lors d'un tremblement de terre, une des tours torses éprouva un mouvement de rotation, si bien que, vers le milieu, il se produisit un décollement et que la partie supérieure tournant sur elle-même se trouva déplacée, de manière que les petites baies se trouvaient interrompues. On a réparé cet accident vers 1874. C'est un architecte français qui fut chargé de ce travail.

A l'intérieur, les murs sont couverts de peintures sur fond d'or. Les sujets tirés de l'Apocalypse et les portraits de saints sont traités à la manière byzantine, c'est-à-dire ne tenant pas compte de la vie, mais soignant les accessoires et exagérant la richesse des costumes. Parmi toutes les images, le portrait de Nagu-Bassaraba occupe la place d'honneur et dépasse toutes les autres figures de toute la hauteur de la tête. — Le chœur, comme cela se pratique dans l'Église grecque, est séparé de la nef par le voile du sanctuaire (catapetazma), lambris sculpté à jour, peints de vives couleurs où l'or domine et encadre les images de la Vierge et des saints.

Ce magnifique monument est entièrement construit en marbre blanc.

Fig. 787. — Fontaine à Curtea-d'Argis.

Les églises roumaines d'une certaine importance sont toujours précédées d'une sorte de petit kiosque quadrangulaire où, dans les cérémonies, le pope procède à certains exercices du culte (fig. 786, qu'on voit placée en avant de la cathédrale).

Il semble que c'est une loi, que pour se développer, une architecture a besoin d'être cultivée dans un grand pays et surtout dans une contrée où les habitants et les artistes sont jaloux de leur art national et peu disposés à subir les influences étrangères. Aussi, en Roumanie, devons-nous reconnaître que beaucoup d'éléments exotiques viennent se mêler à la forme byzantine. Mais cependant, dans certains petits édicules, nous allons trouver un art vraiment national.

Dans cet ordre d'idées, la petite fontaine (fig. 787), nous montre un excellent type de l'architecture locale, simple et légèrement empreinte de cette tristesse résignée qu'on retrouve dans les douces mélodies des chants nationaux, sortes de berceuses souffrantes et mélancoliques, qui peignent bien l'état d'esprit de ces populations trop longtemps courbées sous un joug despotique. — Ces petites constructions sont toujours élevées à l'endroit d'une source et sont placées sous le haut patronage d'un saint, Dimitrù, Giorgiù, etc. La partie la plus caractéristique est la toiture en bardeaux sur laquelle nous reviendrons plus loin.

Quand on voyage sur le Danube, de Turnù-Severinù à Braïla, par exemple, on constate la ressemblance parfaite entre les habitations de la rive bulgare et de celle valaque. Cela tient à la longue domination turque et aussi à la similitude des climats communs aux deux versants de la vallée du Danube; sol et productions sont les mêmes, c'est un peu comme dans notre Occident la vallée du Rhin également belle et fertile sur les

Fig. 788. — Maison roumaine.

deux rives. — En Roumanie, contrée essentiellement boisée, l'architecture civile emploie beaucoup le bois; nous avons même vu à Slatina, vers 1873, un édifice qui, si nos souvenirs ne nous trompent, était le tribunal ou la sous-préfecture, et où s'étalait un magnifique portique au premier étage (tout comme la colonnade du Louvre), mais dont les colonnes étaient simplement des pièces de bois, arbres seulement dépouillés de leur écorce et à peine équarris. — C'est un peu comme cela que le plus souvent est construite la maison valaque proprement dite, c'est-à-dire celle du roumain homme du peuple. — Un étage de rez-de-chaussée construit en briques ou en pan de bois rempli en pisé, et au-dessus un premier étage en encorbellement soulagé par des poteaux. Au premier étage, construction en bois avec remplissage en pisé et large balcon sur la face principale (fig. 788). — Plus fréquentes sont les habitations qui ne comprennent qu'un rez-de-chaussée. Elles sont également bâties en brique, en pisé ou en bois, mais partout on retrouve toujours une disposition particulière, qui est à la fois la résultante des mœurs et du climat; c'est l'abri couvert et à air libre que nous appellerons ici vérandah. La vie roumaine se passe au salon ou au dehors, suivant qu'il s'agit d'un citoyen aisé ou d'un pauvre homme. Le Valaque, même celui qui dispose d'une certaine fortune, méprise la chambre à coucher, il se contente d'un réduit où il repose sur un lit presque rudimentaire ; fort sobre, il s'inquiète peu de la salle à manger, il préfère se nourrir de mamaligà (bouillie de farine de maïs) et d'eau, et avoir un, deux, ou un plus grand nombre encore de salons, offrir à ses invités le dulcétà

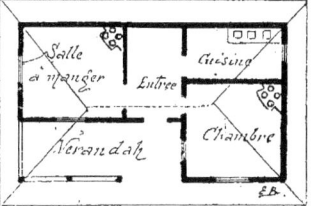

Fig. 789. — Maison.

(une cuillerée de confiture et un verre d'eau), et surtout être très richement habillé et couvert de bijoux. En l'absence de salon, les réceptions se font sous la vérandah, mais cela seulement pendant la belle saison (fig. 789).

On peut presque dire qu'il n'y a en Roumanie que deux saisons, l'été et l'hiver, auxquelles correspondent deux objets que nous devons mentionner. D'abord, en été, la vie en plein air est de règle, mais le soleil atteint parfois une telle force qu'on recherche l'ombre comme une chose fort précieuse. C'est là l'origine des avant-toits à grandes saillies et surtout des vérandahs. — En hiver, un froid intense force à se réfugier à l'intérieur. Mais ce serait bien insuffisant si on n'avait pas ces grands monuments domestiques qu'on appelle des cheminées, et qui chauffent fort bien, mais ont le grave inconvénient de tenir une place considérable dans les pièces où elles se trouvent. Ces cheminées monumentales se composent ordinairement d'un fort foyer en brique avec de nombreux carneaux de passage de fumée, et de quatre colonnes creuses, en poterie (quelquefois en fer) dans lesquelles voyagent les produits de la combustion avant de s'échapper à l'extérieur. Certains de ces énormes appareils sont de véritables pièces d'architecture.

Presque partout on trouve l'eau à peu de profondeur ; dans le district d'Argis on la trouve à 3 ou 4 mètres au plus, et les Roumains construisent pour se procurer de l'eau une sorte de puits qui, par son originalité, mérite d'être mentionné ici. — Le puits proprement dit consiste en un trou carré d'environ $1^m,20$ et boisé de madriers ou de troncs d'arbres entaillés, comme dans les puits de mines. Mais le plus pittoresque est l'armature qui consiste en un pieu fourchu et étayé, planté à 4 ou 5 mètres du puits et sur lequel repose presque en équilibre une sapine ou un arbre, que deux chevilles transversales placées de chaque côté de la fourche du picu empêchent de se déplacer. A l'extrémité la plus faible, celle qui se trouve du côté du puits est attachée par une ferrure, une perche dont la longueur varie avec la profondeur où se rencontre la couche liquide, et qui reçoit un seau destiné à puiser l'eau. A l'autre extrémité pour équilibrer le poids du récipient plein d'eau, on charge l'arbre avec une grosse pierre retenue par des chevilles (fig. 790).

Fig. 790. — Puits roumain.

Pour manœuvrer un puits de ce genre, l'effort à la descente du seau est égal au poids de la quantité d'eau qu'il peut contenir, tandis que, pour remonter, il n'est pas nécessaire de dépenser aucune force, puisque la pierre équilibre parfaitement le poids à enlever.

Dans le puits de ce genre qu'on avait construit auprès du cabaret roumain à l'Exposition universelle de 1889, on avait remplacé la pierre par un crâne de bœuf muni de ses cornes. C'était certainement très pittoresque, mais ce n'est pas d'un usage général et pour notre compte à nous, qui avons vu beaucoup de ces puits, nous n'avons vu le crâne joint à la pierre que dans certains villages, notamment entre Slatina et Milcova sur l'Oltù; mais nous devons dire que ce n'est pas seulement aux puits que se placent ces espèces de trophées, mais surtout sur les pointes des palissades où, crânes de bœufs, de buffles, et même de moutons, font la plus étrange figure. Nos pères les Gaulois usèrent aussi de ce genre d'ornementation après qu'ils eurent renoncé à exposer ainsi les crânes des ennemis qu'ils avaient vaincus.

Nous avons, à titre d'indication, placé auprès du puits un paysan valaque avec ses longs cheveux. Son costume se compose de sandales taillées dans une peau et serrées par des lanières de cuir ; d'un pantalon de laine, généralement blanc et collant comme un caleçon ; d'une chemise de toile à manches larges qu'il porte comme une blouse ; d'une ceinture de laine, rouge ou bleue, qui remplace à elle seule toutes les poches, et qui est traversée par un immense et terrifiant couteau, dont le paisible Dace moderne se sert pour couper son pain, son gâteau de maïs, ou son fromage de lait de brebis ; d'une veste en peau de mouton sans manche (cojocà) et qui est quelquefois richement brodée ; enfin du bonnet de peau de mouton (caciulà) qui atteint souvent les dimensions de la gracieuse coiffure connue ici sous le nom de bonnet à poils.

## MATÉRIAUX

Nous l'avons déjà dit, la pierre est rare en beaucoup de districts de la plaine ; elle est au contraire commune dans les régions qui confinent aux Carpathes, Campulongù possède de belles carrières. Mais l'état des routes, la pénurie des moyens de transport n'a pas encore permis d'en généraliser l'emploi, et à cause de son prix élevé on n'emploie guère de pierre que pour les marches d'escaliers.

La brique, qu'on trouve d'assez bonne qualité, est le matériau par excellence ; elle a $0,065 \times 0,13 \times 0,27$ ; d'une dureté moyenne, faite d'une bonne terre, elle se taille facilement, aussi lui fait-on épouser tous les profils, moins une épaisseur de $0,025$ réservée pour l'enduit en mortier.

Les enduits, tant extérieurs qu'intérieurs se font en mortier de chaux grasse et de sable ; les ouvriers maçons sont ordinairement servis par des tziganes, hommes, femmes et enfants, et tout ce monde de servants prend pour domicile le chantier où il travaille.

Le pavage aujourd'hui se fait en pavés, dont certains viennent de Belgique, mais autrefois on pavait en gros galets, comme cela se pratique aussi dans beaucoup de villes de France. Mais le vrai pavage national était en bois ; les rues, — celles qui étaient pavées, — étaient garnies transversalement de fortes pièces de bois qui en faisaient un véritable tablier de pont, et, pour cette raison, on appelait une rue podul (le pont), nom que beaucoup de vieux roumains donnent encore à la principale artère de Bucharest qu'ils appellent « podu Mogochoï ».

La couverture mérite également d'être mentionnée. La plus commune est faite de bardeaux de bois refendus qui forment une épaisseur qui atteint parfois 0$^m$,12 d'épaisseur ; le pureau est très variable, variant de 0$^m$,05 environ à 0$^m$,10. D'autres fois, c'est un véritable tuilage en bois, mais cette manière de faire est peu commune. — La couverture en terre cuite est toujours faite de tuiles romaines demi-cylindriques alternativement posées, de manière à présenter l'intérieur et l'extérieur. — La couverture en tinicheà (fer-blanc) est aussi très usitée. Il est impossible de se faire idée de l'effet splendide que produisent ces couvertures en fer étamé quand on les voit la nuit par un beau clair de lune, et où, semblables à un colossal lingot d'argent, elles sont un jalon utile au voyageur. Ce genre de couverture est composé de feuilles d'environ 0$^m$,50 × 0$^m$,50, simplement clouées sur un voligeage.

## PEINTURE

La peinture des édifices roumains est semblable à la peinture byzantine ; souvent naïve, elle fait moins de cas des apparences de la vie que de la richesse des costumes et du luxe des accessoires.

Appliquée aux édifices civils, elle couvre les plafonds, où elle imite des caissons, des cadres, des compartiments de toutes sortes remplis des sujets les plus variés. Sur les parois verticales, elle imite, au moyen de poncifs, le papier peint, et cela avec une telle perfection que l'effet obtenu est charmant. Quant aux plafonds et aux parois dessinés et peints au pinceau, on rencontre de véritables chefs-d'œuvre de métier, nous dirions volontiers d'art.

## SCULPTURE

Là où la pierre est employée, et c'est l'exception, la sculpture n'a de valeur que celle du modèle auquel elle est empruntée, mais quand on construit en brique destinée à être recouverte de mortier, on emploie la terre-cuite pour toutes les parties modelées. Les chapiteaux, les oves, rais de cœur, et en un mot toute espèce d'ornementation, se font en terra-cotta, comme disent les Roumains en se servant de l'appellation italienne. Les terres-cuites destinées à la décoration sont scellées au mortier et de plus fixées par de petits scellements en fer.

## SERRURERIE

Il y a certes des serruriers roumains, mais en général le travail du fer est plutôt pratiqué par les tziganes, et comme il conserve en leurs mains une manière de faire primitive, c'est pour cela que nous nous en occuperons.

L'outillage du tzigane est des plus simples : un marteau, une tenaille, un poinçon, un ciseau, et un tas en métal; quand ce dernier manque, il se sert d'une pierre. Avec ces éléments si incomplets il arrive à tirer d'un lopin de fer doux des pièces de forge qui souvent feraient reculer nos meilleurs ouvriers, mais lui, le tzigane, ne doute de rien, et de cette confiance sortent parfois de curieuses pièces (fig. 791). On voit que si ce petit travail était à scellements, il n'y aurait pas un seul trou et que cependant aucune des pièces qui le composent ne peut être sortie.

Il nous a été donné de voir un jour travailler un de ces singuliers ouvriers, ou plutôt entrepreneurs de serrurerie puisqu'ils se déplacent avec tout leur matériel sur le dos et qu'ils travaillent pour leur compte. Nous avions besoin d'une charnière, de plusieurs clous et d'une clef.

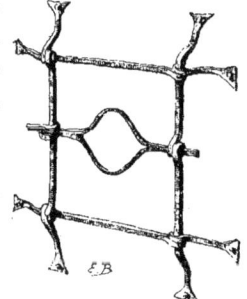

Fig. 791. — Grillage relevé Strada Herestreu, Bucharest.

On fit le prix d'abord et notre homme se mit à l'œuvre. Nous allons essayer de procéder par ordre : il s'installa dans la cour, fit un trou en terre et y alluma du feu avec du charbon de bois (fourni par nous), et à côté, il planta un petit tas semblable à un énorme clou, c'était l'enclume. Alors il tira de son sac un lopin de fer allongé et en forme de pyramide à section rectangulaire dont il mit chauffer l'extrémité en activant le feu avec un sac de toile portant d'un bout un petit tube de fer et de l'autre une grande ouverture garnie de deux barres de bois qu'il écartait et rapprochait violemment, cet instrument bizarre était le soufflet. Le fer rougit, et bientôt battu sur l'enclume à l'aide d'un marteau, s'allongea, se fit pointe, puis enfin clou; cette opération fut répétée à un certain nombre d'exemplaires. Puis vint le tour de la clef, bien simple il faut le dire, mais qui cependant avait forme de clef, avec panneton et boucle et fonctionnait bien dans la serrure. Enfin on s'occupa de confectionner la charnière; le même lopin qui s'étirait si complaisamment en pointe s'étale maintenant en lame mince sous les coups répétés du bizarre marteau sans tête, et se change en une plaquette de tôle que notre artisan chauffe à nouveau, et découpe en deux parties en pratiquant sur un côté de chaque partie les dentelures qui doivent former le nœud. Au poinçon et toujours à chaud il perce les trous qui donneront passage aux clous, car la vis, ce produit industriel, est méprisée par le tzigane comme le raisin placé trop haut est méprisé par le renard de la fable ; pour terminer, il commence sur l'angle de son tas à rouler les nœuds qu'il termine sur une tige ou sur son poinçon, il réunit les deux plaquettes, passe un clou dans les différents nœuds et cloue la charnière en la place qu'elle doit occuper.

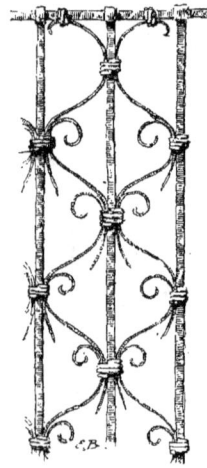

Fig. 792. — Fragment de grille à Bucharest.

Un travail plus considérable ne diffère de celui que nous venons de voir que par la puissance des moyens : marteau plus lourd, forge plus grande et plus grand nombre d'ouvriers, mais la même simplicité, les procédés aussi primitifs sont seuls employés.

Les assemblages se font de trois manières : 1° par le passage dans un œil et le serrage produit par le retrait du fer en refroidissant ; 2° par des ligatures, moyen le plus usité, qui sont aussi faites à chaud (fig. 792), et qui donnent tant de caractère à la ferronnerie ; 3° par la rivure faite d'un bout de fer étiré au marteau, passant par des trous percés au poinçon, et rabattu en tête sur chaque face.

Cette curieuse serrurerie tient de la manière dont elle est traitée, des procédés employés, un aspect qui n'est pas sans présenter quelque analogie avec nos vieilles ferrures ; car il faut tenir compte que c'est seule la nature du travail qui donne le caractère, et que ce qui différencie la vieille ferronnerie de nos produits modernes, que nous n'hésitons pas à reconnaître supérieurs au point de vue de la perfection, c'est l'absence de tout moyen mécanique et de tout travail de la lime, en un mot de l'art de l'ajusteur.

# MESURES ANTIQUES ET MODERNES

C'est une difficulté qui se présente souvent en architecture, surtout quand on consulte les auteurs anciens, de connaître la valeur relative des mesures antiques; on sait bien à peu près ce que représente un pied, une coudée, parce que ces mesures empruntées aux proportions du corps humain sont presque partout sensiblement les mêmes, mais pour toutes les autres mesures, linéaires ou itinéraires, il est nécessaire d'avoir des renseignements plus précis, et c'est pour répondre à ce besoin que nous donnons les quatre tableaux suivants :

## TABLEAU DES MESURES LINÉAIRES ANTIQUES

| NOMS DES PAYS | DÉSIGNATIONS ET RAPPORTS DES MESURES | VALEURS EN MÈTRES |
|---|---|---|
| *Grèce :* Attique, Péloponèse, Sicile, Villes grecques d'Italie. | Système olympique { Pied grec ancien de 600 au stade olympique | 0,308664 |
| | Paleste | 0,077166 |
| | Dactyle | 0,019291 |
| | Coudée | 0,462996 |
| Thessalie, Illyrie, Phocide, Thrace, Marseille. | Système pythique ou delphien. { Pied pythique de 600 au stade pythique. | 0,247650 |
| | Paleste | 0,061912 |
| | Dactyle | 0,015478 |
| | Coudée | 0,371480 |
| Macédoine | Pied dit philétérien, de 600 au stade dit philétérien. | 0,350230 |
| | Pied dit macédonien. | 0,353500 |
| Sicile | Pied d'Archimède, de 600 au stade de Cléomède. | 0,222240 |
| *Rome :* Système olympique | Pied du Capitole, de 625 au stade olympique = 12 onces. | 0,296318 |
| | Pas = 5 pieds | 1,481589 |
| | Palmus = 4 digitus | 0,074080 |
| | Pertica ou décempeda = 10 pieds | 2,963180 |
| | Gradus ou gressus = 2,5 pieds | 0,740795 |
| | Coudée ou cubitus = 1,5 pieds | 0,444477 |
| | Actus = 120 pieds | 35,558160 |
| *Asie grecque :* Mysie, Lydie, Carie, Bithynie, Phrygie, Lycie, Pamphylie, Pisidie, Paphlagonie, Pont, Cappadoce, Cilicie. | Coudée commune de 640 au grand stade asiatique de 500 au degré moyen, dit stade alexandrin. | 0,347247 |
| | Paleste de 8 à la coudée commune. | 0,043406 |
| | Condyle de 16 à la coudée commune. | 0,021703 |
| | Dactyle de 32 à la coudée commune. | 0,010851 |
| | Pléthre = 80 coudées communes | 27,779788 |
| | Décapode ou acène de 10 au pléthre. | 2,777979 |
| Colchide et Arménie. | Bême diploun ou ampelos de 20 au pléthre | 1,388989 |
| | Bême aploun (pas simple) de 40 au pléthre | 0,694495 |
| *Asie hébraïque et Babylonie :* | Coudée commune de 640 au grand stade asiatique de 500 au degré moyen, dit stade hébraïque ou alexandrin. | 0,347247 |
| | Coudée lithique de 400 au stade, de 666, 667 au degré moyen, dit stade moyen nautique ou persien | 0,416697 |
| | Coudée sacrée de 400 au grand stade asiatique. | 0,555596 |
| | Asla = 80 coudées communes. | 27,779788 |
| | Chébel de 10 au stade nautique persien et = 48 coudées communes. | 16,667873 |
| *Perse :* | Coudée dite royale, de 400 au stade persien. | 0,416697 |

## TABLEAU DES MESURES ITINÉRAIRES ANTIQUES

| NOMS DES PAYS | NOMS DES MESURES DES PEUPLES ANCIENS | VALEURS EN MÈTRES |
|---|---|---|
| Grèce. | Stade olympique de 600 au degré = 6 plèthres = 10 hamma = 60 décapodes, acènes ou calamos = 100 orgyies = 240 pas grecs = 600 pieds grecs. | 185,1986 |
| | Stade philétérien = 600 pieds philétériens | 210,1400 |
| | Stade pythique ou delphien. | 148,5900 |
| | Dilochos = 3 hippicon = 6 diaulos = 12 stades olympiques | 2222,3829 |
| Rome. | Stade romain ou olympique. | 185,1986 |
| | Mille romain = 8 stades olympiques = 1000 passus. | 1484,5886 |
| | Lieue gauloise ou lieuga = 1,5 mille romain. | 2222,3829 |
| Grèce asiatique. | Grand stade asiatique de 500 au degré = 8 plèthres = 640 coudées communes. | 223,2383 |
| | Stade nautique de 666,667 au degré = asparèze des Arméniens = 6 plèthres = 480 coudées communes. | 166,6787 |
| | Mille oriental, million des grecs = 7,5 grandes stades = 60 plèthres = 4800 coudées communes. | 1666,7872 |
| Judée, Babylonie. | Parasange juive = 3 milles orientaux = 150 traités de jours de sabbat = 14400 coudées communes. | 5000,3616 |
| | Grand stade hébraïque, phénicien, arabe, ou reison des Juifs, de 500 au degré | 222,2383 |
| | Mille palestin ou mil, mila, kibrat barah des Hébreux, des Chaldéens et des Syriens, égal au mille oriental de 66,667 au degré. | 1666,7872 |
| Perse. | Parasange = 30 stades persiens ou nautiques. | 5000,3616 |
| Égypte. | Grand stade égyptien ou d'Alexandrie de 500 au degré. | 222,2383 |
| | Mille égyptien ou mille oriental. | 1666,7872 |
| | Schene du Delta = 19200 coudées communes. | 6667,1488 |
| Stades divers déduits de la grandeur de la terre dite astronomique. | Stade antique ou d'Aristote, de 400 000 au méridien | 100,0072 |
| | Stade de Cléomène et d'Archimède de 300 000 au méridien | 133,3430 |
| | Stade d'Eratosthènes, de 252 000 au méridien. | 158,7416 |
| | Stade nautique ou persien de 240 000 au méridien. | 166,6787 |
| | Stade grec ou olympien de 216 000 au méridien. | 185,1986 |
| | Grand stade égyptien ou alexandrin de 180 000 au méridien | 222,2383 |

(Extraits de *Un million de faits*.)

## TABLEAU DES MESURES LINÉAIRES MODERNES

| NOMS DES VILLES | DÉSIGNATION DES MESURES | VALEURS EN MILLIMÈTRES |
|---|---|---|
| Amsterdam | Aune | 690,3 |
| Berlin | Aune nouvelle | 666,9 |
| Constantinople | Grande mesure | 669,1 |
| Florence | Brasse | 594,2 |
| Genève | Aune | 1 143,7 |
| Leipsig | Aune | 565,3 |
| Milan | Brasse | 594,9 |
| Naples | Canne (8 palmes napolitaines) | 2 096,1 |
| Palerme | Canne de 8 palmes | 1 942,3 |
| Pétersbourg | Archine | 711,5 |
| Rome | Brasse de 4 palmes | 848,2 |
| Stockholm | Aune de Suède | 593,7 |
| Varsovie | Aune | 584,6 |
| Weimar | Aune | 584,0 |
| Venise | Brasse de laine | 683,4 |
| Vienne | Aune de Vienne | 779,2 |
| Zurich | Aune | 600,1 |

## TABLEAU DES MESURES ITINÉRAIRES MODERNES

| NOMS DES PAYS | DÉSIGNATION DES MESURES | VALEURS EN MÈTRES |
|---|---|---|
| Angleterre | Mille = 8 furlong = 1760 yards = 5280 pieds | 1 609,315 |
| Id. | Mille géographique ou marin de 1'. | 1 851,986 |
| Id. | Lieue de 20 au degré moyen = 3 milles marins | 5 555,598 |
| Autriche | Mille = 4000 toises = 24000 pieds | 7 586,472 |
| Belgique | Mille métrique | 1 000,072 |
| Espagne | Lieue commune = 19800 pieds | 5 596,569 |
| France | Lieue marine de 20 au degré | 5 555,957 |
| Id. | Lieue de 25 au degré | 4 444,766 |
| Id. | Lieue de 22,5 au degré | 4 938,628 |
| Id. | Lieue de poste de 2000 toises | 3 898,073 |
| Id. | Mille géographique de 60 au degré = 1' | 1 851,986 |
| Hollande | Mille hollandais = 20692 pieds | 5 555,995 |
| Hongrie | Mille de Hongrie | 8 343,750 |
| Portugal | Lieue de 18 au degré | 6 173,286 |
| Prusse | Lieue de 15 au degré | 7 407,943 |
| Rome | Mille romain de 75 au degré = mille ancien | 1 481,588 |
| Russie | Verste = 500 sagènes = 1500 archines = 3500 pieds anglais | 1 066,784 |
| Turquie | Berri | 1 669,670 |

## STYLE VÉNITIEN

On peut dire que Venise fut au moyen âge la Tyr de l'Occident. C'est en effet de cette ville que sont distribués sur l'occident tous les produits des peuples encore civilisés, de l'Europe orientale et de l'Asie. Ce rôle d'intermédiaire, Venise le doit à sa position géographique et à sa marine; peu de possessions continentales et le royaume des mers. Venise fut en petit au moyen âge ce qu'est l'Angleterre de nos jours et ce que furent les Hollandais à leur heure. Faible par ses armées, redoutable par ses alliances et les intérêts commerciaux qu'elle centralisait. — Il faut peut-être encore chercher le secret de la puissance vénitienne dans l'énergie inébranlable de son gouvernement, dans la forte direction imprimée par le Conseil des Dix ; et encore et surtout dans le triumvirat des trois Inquisiteurs d'État, qui pendant de longues années sut tenir haut et ferme le drapeau de la République de Venise.

Le nom de Vénétie vient de celui des premiers habitants historiquement connus, les Vénètes ou Hénètes, qui, dans les temps les plus reculés, occupaient, en plus des plaines du continent, les îles qui s'élèvent au milieu des lagunes. Jules César leur accorda le droit de cité, et lorsque Attila envahit l'Italie en 452, une nombreuse population se réfugia dans ces îles et le Rialto (Rivo Alto) devint le centre. En 568, lors de l'invasion des Lombards, eut lieu une autre immigration, laquelle comptait beaucoup de prêtres fuyant l'aryanisme des nouveaux conquérants. Telle est l'origine de Venise, qui doit sa fondation à la facilité que présentait alors la défense des îles, et sa puissance à sa qualité d'insulaire qui la força à faire le commerce, lui procura d'excellents marins, et lui fit donner le nom de reine de l'Adriatique.

« Venise, a dit M. Du Pays, est un de ces noms magiques qui prennent l'imagination non seulement par la splendeur des souvenirs historiques et par celle de l'art, mais encore par la poésie mystérieuse d'un passé plein de fêtes, de courtisanes, de licence et de drames sombres. Elle reste encore aujourd'hui une ville à part entre toutes les villes, la plus étrange du monde peut-être. Elle ne connaît ni le bruit ni la poussière. Le pied de ses maisons est dans la mer, ses rues sont des canaux, ses voitures sont des gondoles. La *gondole*, la plus charmante invention humaine, pour satisfaire en même temps notre double besoin de repos et de mouvement, est un des traits les plus remarquables de cette physionomie si originale. « C'est un bâtiment long et étroit comme un poisson ; au milieu est posée une espèce de caisse (ou petite cabane, à toit cintré, recouverte de gros drap noir et qui s'appelle *felze*. (Ce felze se place et s'enlève à volonté, suivant le temps qu'il fait ou l'incognito qu'on désire.) Il n'y a qu'une seule portière au-devant par où l'on entre. Il y a place pour deux dans le fond, et pour deux autres de chaque côté sur une banquette qui sert principalement pour étendre les pieds de ceux qui sont dans le fond. Tout cela est ouvert de trois côtés et se ferme quand on veut, soit par des glaces, soit par des persiennes, qu'on fait glisser sur des coulisses. Le bec d'avant de la gondole est armé de lames de fer en col de grue, garni de six larges dents. Cela sert à la tenir en équilibre. Tout le bateau est peint en noir et verni ; la caisse doublée de velours noir en dedans et de drap noir en dehors, avec des coussins de maroquin de même couleur, sans qu'il soit permis (depuis le $xv^e$ siècle) aux plus grands seigneurs d'en avoir une différente en quoi que ce soit de celle du plus petit particulier, de sorte qu'il ne faut songer à deviner qui peut être dans une gondole fermée. » (Le président de Brosses.) On comprend combien de choses mystérieuses ont dû cacher ces pirogues uniformes. Les seuls ambassadeurs eurent le droit de conserver pour leurs barques les couleurs et les décorations qu'ils voulurent. Deux hommes, l'un à l'avant, l'autre à l'arrière, vous conduisent sans vous voir, si vous le voulez ; ils se tiennent debout sur le pont, manœuvrant et poussant l'aviron, qui prend son point d'appui dans une des entailles d'un morceau de bois irrégulier, fixé sur un des bords de la barque. Au moyen de leur mouvement bien ensemble, on glisse insensiblement et avec rapidité sur l'eau ; quand il n'y a qu'un seul rameur, on ressent un mouvement d'oscillation à chaque coup de rame. A l'angle des canaux, à l'approche des ponts, les gondoliers s'avertissent pour éviter les rencontres... »

## ARCHITECTURE

Venise, intermédiaire entre l'Occident et la Grèce depuis le VII<sup>e</sup> siècle, avait à choisir entre l'art italien alors en pleine décadence et l'art de la Grèce qui avait conservé en grande partie les traditions de l'antiquité. Mais à cette époque (X<sup>e</sup> siècle) un art nouveau commençait à refleurir en Gaule et en Allemagne : c'était l'art roman. Venise par ses relations, par ses intérêts, se trouvait donc placée entre deux influences différentes. De l'Orient où elle allait chercher les produits manufacturés, elle rapportait les inspirations byzantines ; et de l'Occident où elle écoulait ces mêmes produits, elle prenait les idées et les formes nouvelles. C'est donc peut-être en commerçante soucieuse de ses intérêts, ou en artiste éclectique que Venise arriva à fondre ensemble deux architectures distinctes : l'architecture byzantine et l'architecture romane, et à faire de ce mélange un art suffisamment caractérisé pour mériter d'être traité à part, et en tout cas assez indistinct et indéfini pour embarrasser celui qui entreprendrait de classer l'art vénitien dans les architectures de l'Orient ou dans celles de l'Occident. Pour nous, nous avons préféré prendre un parti franc, c'est-à-dire considérer les monuments de Venise comme appartenant à une école locale, éclectique certainement, mais cependant bien empreinte de ce cachet particulier que le génie spécial de chaque peuple donne à ses productions, même lorsqu'il les a seulement copiées sur celles des peuples avec lesquels il est en contact. — On dit volontiers de Saint-Marc : « C'est un édifice byzantin, » ou encore : « C'est un monument roman. » La vérité est que ce n'est ni l'un ni l'autre, tout en étant les deux, et que les architectures des différentes époques à Venise, gardant toujours leur originalité propre, il vaut mieux encore en faire ici l'objet d'un chapitre spécial.

A la fin du xe siècle les Vénitiens, voulant élever à saint Marc un grand monument religieux, choisirent en Grèce des artistes et des modèles, et Sainte-Sophie de Constantinople servit de plan à Saint-Marc. Mais la célèbre basilique vénitienne n'est pas une copie de l'église byzantine, le plan même en croix grecque en diffère considérablement ; cependant on ne peut nier qu'elle soit inspirée de Sainte-Sophie ; mais les architectes hésitèrent devant la grande coupole et ne pouvant la reproduire « ils en donnèrent la monnaie, dit M. F. de Verneilh, Saint-Marc eut cinq coupoles, la plus grande au centre (42 pieds de diamètre) et quatre

Fig. 793. — Saint-Marc.

autres plus petites sur les deux branches de la croix, copies réduites de celle de Constantinople ; c'est-à-dire, chacune est exhaussée sur quatre piliers et quatre grands arcs, auxquels elle se rattache par des pendentifs, et enfin un cordon de petites fenêtres l'éclaire à sa base et semble l'isoler de ses supports. »

La façade, d'un style si singulier se compose d'un ordre inférieur percé de cinq portes en plein cintre et surmonté de cinq arcades en diadèmes, où se fait sentir l'influence orientale, et séparées par des clochetons. Aux extrémités se trouvent encore deux arcades plus petites qui mènent aux galeries latérales, lesquelles permettent de faire extérieurement le tour de l'église (fig. 793).

Le porche médian de plus grandes dimensions que les autres est flanqué de deux groupes de quatre colonnes en vert antique et au premier étage en porphyre ; le second étage compte six colonnes de chaque côté.

Tous les tympans des arcades sont garnis de splendides mosaïques

Celle du milieu représente le *Jugement Dernier* : une autre, les magistrats vénitiens rendant les honneurs au corps de saint Marc (dessin de S. Rizzi, exécution de del Pozzo); plus loin une curieuse mosaïque représentant l'ancien aspect de l'église de Saint-Marc; enfin deux sujets représentant l'*Enlèvement du corps de saint Marc* d'Alexandrie (de Pierre Vecchia, 1650).

On raconte au sujet de cet enlèvement, que deux navigateurs vénitiens obtinrent d'enlever le corps de saint Marc d'une église en ruines; et que, pour tromper la vigilance des préposés à la visite au sortir de la ville d'Alexandrie, ils le mirent dans un panier, enveloppé d'herbes et recouvert de tranches de porc, et que cette viande regardée comme immonde par les musulmans empêcha des recherches qui auraient fait découvrir le corps du saint.

La basilique de saint Marc dans sa façade étrange entre toutes, a fait des emprunts à toutes les architectures connues; mais ce que n'a aucune autre église, ce sont ces quatre célèbres chevaux de bronze qui surmontent le portail principal. Ces chevaux, quoiqu'en bronze, ont fait beaucoup plus de chemin que certains de leurs congénères en chair et en os. Fondus à Corinthe ou à Chio, ils furent transportés à Rome où ils ornèrent les arcs de triomphe de Néron et de Trajan, puis ils suivirent Constantin à Byzance et de Constantinople ils prirent le chemin de Venise ($XIII^e$ siècle). On aurait pu croire que c'en était fini des pérégrinations, il n'en était rien; en 1798 ils furent amenés à Paris où ils ornèrent l'arc de triomphe de la place du Carrousel jusqu'en 1815, époque à laquelle ils retournèrent à Venise.

Venise conquérante dépouilla les autres peuples pour embellir Saint-Marc; les plus beaux marbres d'Orient y sont employés; on compte cinq cents colonnes, en vert antique en porphyre en serpentine, dépouilles de la Grèce et de Constantinople. Les portes sont marquetées en argent; les vantaux de celle de droite ont été enlevés à Sainte-Sophie.

A l'intérieur, la mosaïque recouvre toutes les surfaces; voûtes, coupoles, etc., en sont couvertes. Parmi les richesses qui encombrent l'édifice se trouve tout d'abord le bénitier en porphyre dont la base est un autel antique de sculpture grecque; puis la chapelle des fonts baptismaux avec un grand bassin de marbre et un couvercle en bronze orné de bas-reliefs œuvre de deux élèves de Sansovino : Titien Minio, de Padoue, et Désidério, de Florence, sur le couvercle est posée la statue en bronze de saint Jean-Baptiste, de F. Segala de Padoue. Non loin se trouve le tombeau du dernier doge enterré à Saint-Marc, Andrea Dandolo. L'oratoire de la croix, le maître autel et tant d'autres merveilles dont une description même abrégée demanderait des volumes.

Sur la Piazzetta on voit deux colonnes de granit transportées de l'Orient à Venise en 1127 (doge Machieli) et érigées en 1170 alors qu'on y avait ajouté des bases et des chapiteaux. L'une porte le lion ailé de saint Marc (fig. 794), et portait anciennement, pendus par les pieds, les criminels d'État condamnés par le Conseil des Dix. L'autre est surmontée de la statue de saint Théodore ayant pour piédestal un crocodile. Il était protecteur en titre de Venise, mais il est probable qu'il remplit mal ses fonctions, car bientôt on donna son emploi à saint Marc, qui en est encore titulaire.

Les édifices de Venise que souvent on classe dans le style gothique, sont en réalité un alliage d'ogival, de roman et d'arabe sicilien. Beaucoup d'éléments empruntés de force à l'Orient font de l'ensemble un amalgame étrange, bizarre mais toujours gracieux assemblage de mille objets disparates qui a fait dire à un romancier que Venise ressemblait à « un pirate retiré des affaires ».

Encore sur la Piazzetta, se trouve le palais ducal dont les façades datent du commencement du XVe siècle. C'est l'ancien palais des doges, le capitole de l'aristocratique Venise ; édifice original et grandiose avec sa base ajourée soutenant une partie pleine. « Son origine est formidable dit Valery ; le doge qui le commença, Marino Faliero, eut la tête tranchée et Calendario fut pendu comme conspirateur. » Des deux ordres qui forment la partie inférieure, le premier est composé de colonnes d'apparence massive reliées par des arcs en ogive ; au-dessus un second rang de colonnes formant une « galerie dans le style arabe, dit Jules Lecomte, galerie trilobée, à jour, d'une légèreté qui n'en contraste que plus gracieusement avec la masse énorme et pleine qu'elle doit soutenir. L'angle de cet étonnant édifice sur la Riva est d'une hardiesse élégante qu'admirent tous les jours les architectes modernes les plus versés dans les progrès qu'a faits depuis Calendario, l'art de la statique.

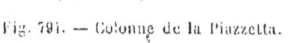

Fig. 794. — Colonne de la Piazzetta.

## STYLE VÉNITIEN

Un seul pilier, un peu plus fort que les autres, supporte cet angle au milieu de tant d'ornements, que c'est vraiment la force déguisée par les grâces. La partie massive des deux façades (sur la Riva et sur la Piazzetta) est plaquée d'une sorte de large mosaïque de marbres blanc et rouge figurant des dessins dans le goût oriental ; une corniche de style gothique-byzantin, découpée à jour se festonne en pyramides évidées et en aiguilles sur tout le sommet de l'édifice. Aux angles, de gracieux clochetons terminent par les airs les colonnettes en vis qui ourlent les coins de ce palais digne de la Grenade des poètes » (fig. 795). L'entrée du palais, qui se trouve placée comme en dehors de l'édifice est appelée porte *della Carta*, parce que c'était là dans le péristyle, que se tenaient les scribes du Grand-Conseil, et où ils rédigeaient les édits et ordonnances qu'on affichait sous la voûte. Cette porte s'ouvre entre deux piliers carrés apportés de Saint-Jean-d'Acre, placés là comme pièces de musée, et la grosse colonne qui supporte l'angle du palais. Cette entrée, d'un goût délicieux, est composée d'éléments gothiques et arabes ; c'est une merveille ciselée dans le marbre par Bartolomeo Buono et son fils en 1440.

Les palais de Venise n'ont rien de la sévérité rebarbative extérieure des palais de Florence, ils ont au contraire un caractère avenant et gracieux.

L'édifice le plus élégant parmi tant de palais splendides, est certainement la Cà-d'Oro, dont le vrai nom est Casa d'Oro ; mais le dialecte vénitien, le plus doux de tous les langages italiens, adoucit les consonnes et supprime des syllabes ou des lettres ; de *g* il fait *z*, de padre, madre, figlio, casa, il fait : *pare, mare, fio, ca*, et avec cela il emploie une prononciation efféminée, presque enfantine. On ne sait au juste

Fig. 795. — Palais Ducal.

si le nom de Cà-d'Oro, est dû aux dorures de la façade, ou si ce palais a appartenu à une famille Doro ; quoi qu'il en soit, l'édifice est charmant et donne mieux que tout autre une idée de cette architecture riche, élégante et capricieuse qui correspond à la période ogivale.

La Cà-d'Oro (fig. 796) n'a rien de commun avec les édifices du Nord de la même époque : absence complète des toitures aiguës et des contre-

Fig. 796. — Cà-d'Oro.

forts. Comme dans tous les édifices d'Italie la ligne horizontale conserve la grande importance, et chaque partie est ornée avec une richesse fantastique qui se rapproche beaucoup plus du luxe raffiné de l'Orient que de l'ornementation rationnelle et sévèrement étudiée de notre style ogival. Tout dans cette façade est délicat et coquet. Les ogives, les trèfles et les quatre-feuilles se serrent s'entre-croisent, et se marient gracieusement ; des bas-reliefs, des médaillons, des balcons à jour, des entrelacs et des arabesques, encadrent les fenêtres et courent le long des frises.

A Venise, la Renaissance se trouva bien plus qu'en Toscane, en contact avec l'élément byzantin qui en modifia profondément le caractère. Une imagination exubérante créa une ornementation d'une richesse excessive, sut donner une grande variété d'aspects, de motifs mais l'ensemble perdit en pureté de lignes ce que les façades gagnaient en décoration. Des frontons curvilignes couronnent les édifices et ne sont souvent qu'une simple décoration que rien ne justifie.

## SCULPTURE

« Les efforts faits en Toscane pendant le xiv<sup>e</sup> siècle, dit M. Du Pays, ont exercé une influence visible sur le développement de cet art à Venise

Fig. 797. — Motif d'angle, Palais-Ducal.

comme l'attestent les bas-reliefs à l'extérieur des Frari, à l'intérieur de Saint-Marc, etc. Au xv<sup>e</sup> siècle la famille des *Lombardi* se distingua à Venise. Vint ensuite *J. Sansovino*, qui exerça une grande influence et créa une école; il contribua au perfectionnement de la partie technique de l'art, qu'il dirigea vers l'imitation de la nature. Après une longue époque de décadence, *Canova* était destiné à ramener à la contemplation de la beauté sans pouvoir réussir à prendre à la nature sa vivacité, ni à l'antique son style, sa simplicité et sa grandeur. »

La sculpture ornementale a atteint à Venise un degré de richesse inouïe. Les inestimables décorations de la *Porta della Carta*, les sculptures du Palais-Ducal sont de véritables merveilles (fig. 797).

## PEINTURE

A Venise, les premiers peintres furent les mosaïstes grecs, qui, au xie siècle, furent appelés pour exécuter la décoration de la basilique de Saint-Marc. Dès le xiiie siècle, les grandes villes vénitiennes employaient dans la décoration des édifices les peintures à la fresque et à la détrempe; elles avaient déjà des artistes très habiles pour l'époque. Les écoles de Padoue eurent une grande influence sur celles de Venise. Un nouvel art avait pris naissance à Murano, il était inspiré par les écoles allemandes et beaucoup d'artistes d'Allemagne et des Pays-Bas vinrent à cette époque dans les provinces du nord de l'Italie; on cite parmi eux le célèbre Albert Dürer. A cette influence allemande s'opposa bientôt un retour vers l'art antique; Squarcione qui avait parcouru l'Italie et la Grèce, et beaucoup étudié, fonda une école puissante où l'étude de la bosse habitua les artistes aux fortes musculatures; Montegna porta cette qualité au plus haut degré de perfection par ses études du drapé et sa science de la perspective. La peinture à l'huile devint d'un emploi général; Venise eut son école à elle, qui bien qu'influencée par les écoles d'Italie, d'Allemagne et des Pays-Bas, eut son style propre, dépourvu de mysticisme, mais brillant de richesse. La peinture vénitienne est réaliste; les sujets religieux perdent leur symbolisme, et le sensualisme envahit bientôt l'art.

Fig. 798. — Grillage à Venise.

## SERRURERIE

Comme nous l'avons vu déjà, le fer fut peu employé en Italie; on préférait le bronze dont les formes somptueuses étaient plus en harmonie avec le besoin de richesse qui est un des caractères de la nation. Aussi, quand on employait le fer, cherchait-on encore à rappeler les formes des pièces fondues en formant des bosses qui ne pouvaient être mises en valeur que par la ciselure. Mais alors le prix devenant exorbitant on en revenait au bronze, et on n'employait plus le fer que pour des ouvrages simples. Cependant, même en ne se servant que de fer plat d'un échantillon presque uniforme, on rencontre parfois de très intéressants modèles (fig. 798) qui sont presque du filigrane, tellement les réseaux en sont capricieux et serrés. Mais, nous le répétons, la serrurerie en général, à Venise, n'avait qu'un but utile et concourait rarement à la décoration.

# AVENTURINE

L'aventurine est un composé vitreux à reflets métalliques. Sa découverte est due au hasard : un jour un ouvrier vénitien laissa tomber dans un creuset contenant du verre en fusion, de la limaille métallique, et à son grand étonnement il se produisit un mélange du plus bel effet. De cette aventure vient le nom donné à cette matière, dont les Vénitiens conservèrent longtemps le monopole, et qui était estimée à l'égal des pierres précieuses.

« Des chimistes français, par l'analyse de ce procédé, reconnurent qu'il suffisait de faire chauffer, pendant douze heures un mélange de cinq parties de verre pilé, une partie de protoxyde de cuivre et deux parties d'oxyde de fer provenant des battitures de forge, et de soumettre la masse en fusion à un refroidissement lent pour obtenir l'aventurine...

« Cette matière, broyée et tamisée, est réduite en poudres de différentes grosseurs.

« Le mélange des parties métalliques avec le verre produit des reflets brillants, semblables à la poudre d'or.

« On peut donner à l'aventurine différentes couleurs, sans nuire à l'effet des points brillants. On en fabrique de la blanche, de la verte et de la rouge.

« Après avoir couvert d'une certaine mixtion les parties destinées à être aventurinées, on les saupoudre d'aventurine et à l'aide d'un ponçage réitéré, on obtient des fonds d'un très beau glacé, sur lesquels on applique les décorations de peinture les plus légères et les plus variées, puis le vernis Martin, que l'on vitrifie en soumettant les pièces ainsi préparées à l'action d'un four chauffé à 45°. On prépare aussi des fonds unis vieil or et or brillant. » (*Journal du Mobilier.*)

## STYLE SUISSE

Tout près de notre patrie se trouve un petit pays de peu d'étendue dont la population totale est à peu près équivalente à celle de Paris. Cependant cette contrée si insignifiante par la surface a tenu à toutes les époques une grande place dans l'histoire. C'est l'endroit le plus accidenté de l'Europe, dont elle est pour ainsi dire le point culminant. Couverte de montagnes, elle donne asile à une race dure et forte, très hétérogène, comme il en est pour tous les peuples d'Occident, mais attachée et fidèle au sol ingrat qui lui vend chèrement la vie. La Suisse, c'est le nom de ce pays, occupe une grande place dans le concert européen ; ses conseils sont écoutés, souvent ses puissants voisins ont recours à sa sagesse et la prennent pour arbitre. Quelques-uns de ces dits voisins ont parfois voulu et voudront peut-être encore la manger, l'englober dans leurs possessions, mais l'Helvétie a pour se défendre, son sol d'abord hérissé d'obstacles, et surtout ses Suisses, qui l'aiment et ont fait leurs preuves comme soldats ; ce qui a fait dire à un de nos spirituels journalistes : « Le morceau est petit, mais plein d'arêtes. »

La Suisse s'appelle aussi Helvétie, mot qui vient de ses premiers habitants connus, les Helvètes, nom qui, suivant M. Amédée Thierry, venait peut-être de la vie pastorale qu'ils menaient au milieu des pâturages des Alpes ; *elva* (ealbha) se traduisant par : troupeau, bétail... Le nom de Suisse vient de Schwitz, l'un des vingt-deux cantons. Mais le nom ancien s'est conservé, on dit encore : confédération helvétique, et le mot « Helvetia » figure sur toutes les monnaies.

Avant 1798, la Suisse formait une confédération composée de treize cantons et de leurs vassaux et alliés. En 1803, elle se composait de dix-neuf cantons ; mais, d'après un acte du Congrès de Vienne en 1815, elle se reforma en vingt-deux cantons. Quatorze d'entre eux portent le nom de leurs chefs-lieux respectifs, ce sont : Berne, Saint-Gall, Zurich, Lucerne, Fribourg, Schwitz, Glaris, Neuchâtel, Soleure, Bâle, Appenzell, Schaffouse, Genève et Zug. Les huit autres sont : Grisons, chef-lieu Coire ; Valais, chef-lieu Sion ; Vaud, chef-lieu Lausanne ; Tessin, chef-lieu Bellinzona ; Argovie, chef-lieu Aarau ; Uri, chef-lieu Altorff ; Thurgovie, chef-lieu Frauenfeld ; Unterwald, chef-lieu Stanz. — Chacun de ces cantons forme une petite république ayant ses lois particulières et ne se mettant en contact avec les autres que pour les actes d'intérêt général.

Nous avons dit que la race était très hétérogène et en effet on compte au moins quatre peuples différents pour une population inférieure à deux millions et demi.

On parle en Suisse quatre langues qui correspondent aux différentes races : l'allemand, le français, l'italien et un idiome roman.

L'élément allemand domine considérablement et possède du reste les sérieuses qualités de la race germanique : ce que nous avons dit à propos des Germains peut s'appliquer aux Suisses : il y a peu de grands hommes, tout l'effet ressort des masses ; il y a bien, il est vrai, Guillaume Tell, mais les sceptiques affirment qu'il n'a jamais existé que dans la brillante imagination de Schiller. Nous devons ajouter pourtant que de graves écrivains racontent que Guillaume Tell était du canton d'Uri, qu'il fut un des chefs de la révolution suisse en 1307, qu'ayant refusé de saluer le chapeau que Gessler, alors gouverneur pour le duc d'Autriche, avait fait élever sur la place publique d'Altorf, il fut condamné à mourir, à moins que, sur sa réputation d'excellent archer, il ne réussît à abattre avec une flèche une pomme placée sur la tête de son fils ; qu'il y réussit et fut néanmoins embarqué comme prisonnier sur le lac de Lucerne ; mais, qu'une tempête étant survenue, Tell sauta à terre et tua Gessler d'une flèche lancée d'une main sûre. Qu'enfin il mourut à Bingen, en 1354.

## ARCHITECTURE

C'est à la Suisse que nous devons la connaissance des anciennes cités lacustres, ces habitations que les hommes construisaient au milieu des eaux pour éviter le voisinage désagréable des bêtes féroces et aussi de certains de leurs semblables. C'est pendant l'hiver de 1853-1854 que les premiers vestiges des habitations lacustres furent découverts. Sur le lac de Zurich, dont les eaux avaient considérablement baissé, on exécutait des travaux, lorsque M. Fernand Keller, archéologue, découvrit à fleur d'eau des pieux enfouis dans une vase profonde ; on fit des fouilles, et l'on retira des armes en pierre et en os, couteaux, haches, pointes de lance, flèches ; des fragments de poterie et divers ustensiles. Cette importante découverte motiva d'autres recherches qui furent couronnées de succès, et ainsi se trouva confirmé le dire de l'historien grec Hérodote, que nous avons rapporté dans notre introduction au commencement de ce livre.

Pendant les premiers siècles l'architecture, ou plutôt la construction, fut à peu près ce qu'elle était chez les autres peuples d'origine aryenne établis en Occident. Plus tard, Rome imposa son architecture et pendant les premiers temps du christianisme la marche de l'art fut semblable en Suisse, en Gaule et dans le nord de l'Italie.

Lors de l'époque romane, l'Helvétie se trouve placée sous l'influence allemande ; dans les églises, la basilique à trois nefs est souvent sans transept et dépourvue d'abside. Le chœur sert parfois de soubassement aux clochers, qui, dans les édifices des pays voisins se trouvent d'ordinaire au milieu de la façade ou en pendants des deux côtés de la nef. Un exemple de la construction religieuse de cette époque est la cathédrale de Schaffouse. La cathédrale de Zurich (fin du XII$^e$ siècle) est d'une ordonnance sévère ; le chœur est carrément terminé au-dessus de la crypte. Le cloître surtout est remarquable par la richesse et l'étrangeté de son ornementation.

Pendant la période ogivale, la Suisse subit l'influence des arts de l'Allemagne et de la France.

Avec la Renaissance, c'est d'Italie que vient l'inspiration, c'est un Italien qui construit la maison Ritter, à Lucerne. C'est aussi la Renaissance qui va créer ce style particulier à la Suisse qu'elle a si élégamment appliqué à l'architecture bois.

Dès les temps les plus anciens, le travail du bois fut en grand honneur parmi les industries cultivées en Suisse, et aujourd'hui encore les objets de bois sculpté depuis les jouets jusqu'aux objets d'art sont très appréciés des amateurs grands et petits.

En architecture, on demanda au bois les points d'appui, les parois, les planchers, la couverture et l'ornementation. M. Viollet-le-Duc, dans son Dictionnaire, nous donne quelques renseignements sur un édifice érigé à Constance et qui date de 1388 ; il nous présente un modèle de support isolé (fig. 799) dont les profils fermes et purs sont du meilleur effet. Aux coupes, à l'entaille, au corbeau traversant qui fait une excellente assiette à la poutre, on voit qu'on se trouve là en présence d'un art de construire très avancé et d'une architecture étudiée et savante. Au même auteur nous empruntons encore un fragment d'angle de la douane de Constance, qui nous donne un exemple de construction au XIVe siècle, et où la pierre et le bois sont concurremment mis en œuvre (fig. 800, 801). La belle découpure que représente notre dernière figure est prise dans des planches de forte épaisseur et, comme on le voit, le bois a été employé de manière à présenter peu de dangers de brisure, les parties à fil coupé étant très peu saillantes.

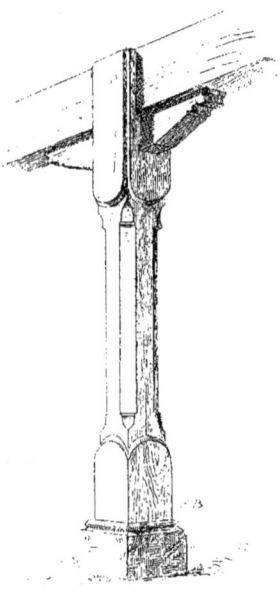

Fig. 799. — Poteau.

Il nous faut arriver au XVIIe siècle pour voir la construction en bois prendre ce caractère architectural qui a fait de ce genre le modèle où vont encore s'inspirer les artistes soucieux de joindre à la beauté des lignes l'élégance saine de la décoration, les procédés de construction les mieux appropriés à ce matériau spécial et sujet à des déformations que nous fournissent les forêts.

Le bois, pour être mis en œuvre d'une manière rationnelle, doit tout d'abord être connu. Le constructeur doit connaître sa texture, ses qualités et défauts, pour l'employer dans les conditions où il donnera la plus grande somme d'effet utile.

Le bois croît de l'intérieur à l'extérieur ; autour d'une artère centrale se forment des couches concentriques qui viennent annuellement se superposer les unes aux autres et qui font facilement connaître l'âge de l'arbre. Les couches se développent presque toujours régulièrement d'une épaisseur à peu près égale sur toute la circonférence, mais elles vont en diminuant d'épaisseur au fur et à mesure qu'elles s'éloignent du centre. Ce

fait n'indique pas une diminution de force de la sève, mais vient simplement de ce que la couche ayant un développement plus considérable quand elle est établie sur un rayon plus grand ne peut avec une même quantité de matière donner qu'une couche plus mince. Après les couches vient l'aubier, partie molle et blanchâtre qui se corrompt facilement et est impropre à tout travail. Vient enfin l'écorce, qui est en quelque sorte l'habit de l'arbre. Le bois est un matériau ligneux propre à résister aux trois efforts suivants : 1° à la compression, comme support

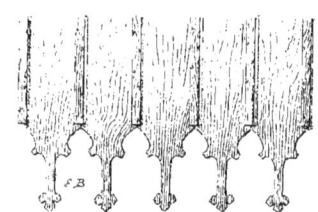

Fig. 800, 801. — Ensemble, détail de lambrequin.

isolé ou point d'appui; 2° à la flexion, comme poutre, solive, etc.; 3° à la traction, comme entrait, aiguille, poinçon; dans ces deux derniers efforts sa constitution ligneuse en fait un excellent agent. Suivant les influences atmosphériques, le bois se retire ou se gonfle dans le sens perpendiculaire à ses fibres; dans le sens de la longueur, la dilatation, extrêmement minime, est négligeable.

Les quelques considérations que nous venons d'émettre ont été admirablement comprises par les constructeurs suisses, ils ont demandé au bois, et ont obtenu de lui tout ce qu'il pouvait donner. Ils ont tenu compte de l'énorme dilatation latérale, ont par un sage emploi neutralisé les défauts, et enfin ont d'une longue pratique appris que le bois, pour être mis en œuvre, devait compter un certain nombre d'années de coupe pour tuer la sève, et le rendre, autant qu'il est possible, constant dans sa forme et dans ses dimensions d'équarrissage. Ce sont ces principes qu'ils ont appliqués dans leurs constructions en bois et auquel ils ont ajouté ce charme particulier que nous retrouvons dans le pittoresque escalier du Rathhaus à Berne (fig. 802), qui est placé sur la façade de la Chambre des grands conseillers bernois. — Nous y avons, sans aucune maligne intention, ajouté un ours pour remplir l'angle inoccupé; on sait d'ailleurs que l'ours figure sur l'écusson spécial du canton de Berne, tandis que l'écu de la confédération helvétique porte : *De gueules à croix d'argent*.

C'est de la fin du xvi⁰ siècle, jusqu'à 1750 environ, que datent les plus beaux spécimens de chalets qui font l'admiration des artistes qui voyagent en Suisse. Mais avant d'aller plus loin, nous devons mettre nos lecteurs en garde contre les constructions en bois ornées de découpures, qui ont envahi la Suisse aussi bien que les environs de nos grandes villes. L'Helvétie est devenue de nos jours une sorte de pays de plaisance où il est de bon ton d'aller faire des excursions ; toute personne du monde se croit obligée de faire un voyage en Suisse et de *faire* (c'est l'expression admise) au moins une fois la Yung-frau ou toute autre montagne célèbre. La Suisse est devenue la campagne de l'Europe et il est regardé comme indispensable d'y posséder un pied-à-terre ou tout au moins d'y séjourner chaque année un certain laps de temps. Cette mode à la portée des grosses fortunes, a gagné la bourgeoisie, et pour loger les nombreux visiteurs qui s'abattent chaque année sur la contrée alpine, on a construit une multitude d'habitations en bois découpé qu'on a décorées du nom de chalet, mais qui sont au chalet véritable ce qu'est la chromolithographie à la peinture, c'est-à-dire une reproduction à un nombre indéfini d'exemplaires en bois minces, construits pour le temps de la mode, et où la question d'art est absolument étrangère.

Il en est tout autrement du chalet véritable que l'on peut voir encore dans l'Oberland bernois (hautes terres) par exemple. Ici (nous parlons des chalets du xviiᵉ siècle) rien de commun avec la construction économique, produit industriel établi à forfait et sur poncifs ; tout est le travail de la main ; la hache, le ciseau et beaucoup moins la scie ont tout fait. Pas de planches, de ces feuilles débitées qui se voilent, se tourmentent en tout sens, et quand elles tiennent, ce qui est assez rare, deviennent comme des copeaux capricieux et prennent les formes les

Fig. 802. — Escalier à Berne.

plus extravagantes. Dans le chalet suisse (le vrai) les bois sont forts, les planches épaisses; les bois sont choisis droits pour pouvoir être refendus et, comme nous le verrons plus loin, jamais un bois n'est découpé à contrefil.

Etablis dans de certaines conditions d'emplacement, les chalets sont construits sur pilotis, sur piles en pierre, entièrement en bois, ou, ce qui est plus fréquent, avec soubassement en pierre formant le rez-de-chaussée (fig. 803) et le surplus en bois.

La distribution des chalets est fort simple, en outre des chambres qui sont plus ou moins nombreuses, suivant l'importance de la famille, on

Fig. 803. — Chalet.

trouve au sud-est ou au sud-ouest une grande salle qui est la pièce principale, elle est meublée par une table massive entourée de bancs; cette table est parfois posée au milieu, mais souvent aussi dans un angle, du côté des verrières. Un poêle en faïence, monumental comme dans toutes les régions froides, occupe une place considérable et serait fort gênant si nous avions la fantaisie d'en avoir un de ce genre dans nos appartements parisiens. Comme le montre notre figure, les fenêtres sont des espèces de verrières séparées par d'étroits meneaux aussi en bois. Toutes ces parties ouvrantes étaient garnies de vitraux montés en plomb; c'étaient ces petits verres ronds que nous employons encore aujourd'hui et qu'on appelle vulgairement « culs-de-bouteilles ». Sur beaucoup de chalets on relève des dédicaces ou des sentences gravées au ciseau dans la pierre ou dans le bois. Enfin, comme dans les constructions similaires de Russie, les volets sont parfois agrémentés d'une vive polychromie.

Sous le rapport de la richesse et de la décoration sculpturale, beaucoup de chalets peuvent être comparés à nos élégantes maisons en bois de la Renaissance, avec plus de pittoresques cependant, malgré les lignes plus rigides et une moins grande recherche. L'ornementation est en général reportée sur la partie occupée par la salle principale (fig. 804). Elle se compose de panneaux, de chanfreins et de découpures d'un dessin parfois un peu naïf, enclin aux répétitions, mais d'une harmonie parfaite avec l'ensemble. Le caractère général de ce genre d'habitations se trouve encore accentué par la couverture en bardeaux et les quartiers de roc posés sur la toiture pour la protéger contre les coups de vent.

En Suisse, le bois est plutôt profilé que découpé ; ce dernier terme, en effet, ne peut convenir qu'à des chantournements pratiqués dans une planche de faible épaisseur, tandis que les bois employés sont toujours

Fig. 804. — Fragment, moulin près Zurich.

d'un échantillon équivalent au moins à ce que nous appelons la doublette. — Les profils, nous l'avons dit, sont simples et un peu naïfs ; cela tient à ce que le dessin en était fait par l'artisan qui devait aussi tailler la pièce, et qui n'avait pour se guider que son goût personnel et les souvenirs des travaux déjà exécutés et conçus eux-mêmes dans les mêmes conditions ; aussi rencontre-t-on de nombreuses répétitions et une symétrie dans le détail, que constructeur de bon sens avant tout, le charpentier s'est bien gardé de respecter dans l'ensemble (fig. 805). Le découpage est sobre, pénètre peu pour ne pas rendre la pièce fragile ; le bois est garanti à sa partie supérieure et rien n'arrête ensuite l'écoulement de l'eau. Les consoles aussi sont simples, mais le bois est employé dans le sens de ses fibres; si, par suite d'un dessin plus compliqué, la matière se trouve placée dans de mauvaises conditions, alors l'artisan prendra plusieurs pièces, les assemblera en plaçant les fibres dans le sens voulu et de manière à répondre aux exigences du dessin (fig. 806, 807).

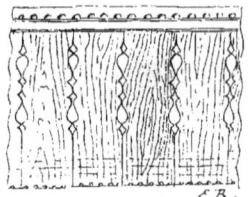

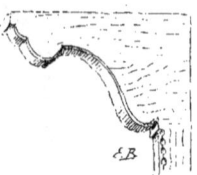

Fig. 805. — Balcon.        Fig. 806, 807. — Consoles.

Le découpage reste rarement nu. Quelles tentations pour le charpentier d'orner son œuvre de quelques coups de ciseau ou de gouge! Il y résiste bien rarement; aussi voyons-nous les ornements en bois se couvrir d'engravures et de sculptures, les pièces résistantes se garnir de chanfreins et de profils, et enfin l'ensemble prendre ce cachet artistique que donne à tout travail une main-d'œuvre intelligente et préoccupée de faire bien.

## SERRURERIE

La serrurerie suisse nous offre d'admirables exemples de l'art du forgeron. Nous avons vu en étudiant la serrurerie allemande ces grilles à trous de passage contrariés que nous regardons à bon droit comme présentant des difficultés inouïes. En voici un modèle équivalent, relevé par M. Viollet-le-Duc à Constance (fig. 808). « Les mesures de précaution étaient poussées si loin, dit-il, que, dans certains cas, les montants et les traverses étaient assemblés de telle façon qu'il devenait impossible soit de faire couler les montants dans les œils de traverses, soit les traverses dans les œils des montants, ces œils étant alternativement pratiqués dans les traverses et les montants. Il fallait être fort habile forgeron pour fabriquer de pareilles grilles, car chaque œil renflé devait être forgé à mesure que l'on assemblait les traverses et les montants; c'est-à-dire que la grille devait être forgée toute brandie, ce qui devait occasionner un travail considérable. L'ouvrier devait ainsi mettre au feu chaque maille de grille un certain nombre de fois. Mais ces hommes semblaient se jouer avec les difficultés de main-d'œuvre qui aujourd'hui nous paraissent insurmontables. »

Notre autre exemple de la ferronnerie suisse est une

Fig. 808. — Grille.     Fig. 809. — Croix, xviii° siècle.

croix en fer forgé (fig. 809) composée en fer plat et feuilles repoussées avec colliers découpés reliant tous les ornements. Comme on le voit, sur un fer plat formant le centre sont appliqués deux autres fers se terminant en trilobes ; les autres rinceaux viennent s'assembler au moyen des colliers. Les feuilles, extrêmement belles, sont capricieusement retournées et produisent des ombres puissantes.

Cette croix provient du cimetière de Baden qui possède de nombreux chefs-d'œuvre de ferronnerie.

La Suisse, en contact avec la France, l'Allemagne, l'Italie et l'Autriche, se trouve placée dans des conditions particulièrement difficiles au point de vue de la concurrence industrielle et commerciale ayant à lutter d'activité avec ses puissants voisins. D'autre part cependant sa position est des plus favorables au progrès ; toutes les inventions, toutes les découvertes sont aussitôt connues et pratiquées, et sans compter les conquêtes scientifiques réalisées en Suisse même, elle profite de celles des autres peuples avec d'autant plus de liberté que le brevet, cette garantie — un peu fictive — de la propriété industrielle n'existe pas.

Les écoles de la Suisse qui ont formé d'excellents élèves commencent à être célèbres. En outre elle envoie ses fils étudier dans les pays étrangers, se tenant toujours ainsi au courant du progrès et ne se contentant pas d'un enseignement qui livré à lui-même manquerait du vivifiant secours de l'émulation, se figerait dans son système et se laisserait bientôt dépasser par les autres peuples.

Les arts, l'industrie, les sciences, tout est florissant en Suisse, au moins autant qu'il est possible dans un État dont l'importance territoriale est si restreinte. Ses fabriques trouvent d'importants débouchés; ses produits d'alimentation sont appréciés et même recherchés dans de nombreuses spécialités. Ses artistes et ses savants sont accueillis partout avec sympathie et partout aussi se montrent dignes de l'estime des nations.

# SCULPTURE SUR BOIS

Après les matières plastiques on peut considérer le bois comme étant le premier élément dont se soient servis les sculpteurs pour obtenir une représentation d'un objet quelconque dans une matière solide.

Ce qui est certain, c'est que si de nos jours, nous cherchons encore des traces de la sculpture primitive nous les trouvons chez les pasteurs. Beaucoup de bergers d'Allemagne et d'Italie, après avoir commencé à tailler le bois avec leur couteau sont devenus des artistes ; beaucoup, moins bien doués ou moins heureux, occupent les loisirs que leur laisse la garde de leurs troupeaux en taillant des figurines, hommes, animaux, objets, ou créations fantaisistes, qui, vendues, ajoutent quelques bénéfices à leur maigre salaire.

« La sculpture en bois, dit M. Ch. Blanc, se prête beaucoup mieux au mouvement que les granits, les porphyres et les marbres. Substance fibreuse, compacte et relativement légère, le bois a plus de portée que la pierre, et conséquemment il peut se projeter plus avant dans le vide ; d'où il suit que les membres d'une figure sculptée en chêne, en cèdre, en sycomore, s'ils viennent à s'écarter de la masse, ne courent pas risque d'être rompus par leur pesanteur. Tel geste dont la vivacité et l'expansion seraient excessives dans la sculpture en marbre, est possible et même tolérable dans la sculpture en bois où il n'y a rien d'inquiétant pour l'esprit ni pour le regard.

« Une autre remarque à faire sur ce genre de sculpture, c'est qu'il a été l'objet d'une certaine prédilection parmi les chrétiens, même au temps de la Renaissance et au XVIIe siècle, alors que le marbre abondait et que l'adresse du ciseau était arrivée à son comble. En Flandre, en Allemagne, en Italie, en Espagne surtout, le talent de fouiller le bois a été poussé au dernier degré de la souplesse et de l'expression, particulièrement dans la décoration des églises. Ici, des baldaquins d'autels sont soutenus par des anges aux draperies volantes ; là, ce sont des figures qui s'avancent en porte-à-faux pour soutenir la devanture d'une chaire à prêcher ou le dais d'un trône épiscopal. L'aspect austère du bois, tel que le modifie le ton bruni, mordoré et profond de l'encaustique dont il est enduit et lustré, en éloignant toute ressemblance avec la couleur naturelle du nu, semble convenir à l'esprit d'une religion ennemie de la chair. Ainsi, par le seul choix d'une matière dépourvue de séduction, les pays catholiques sont parvenus à racheter ce qu'il y avait de paganisme dans l'art du sculpteur. »

La sculpture en bois, bien qu'on l'applique volontiers aux grandes figures, convient mieux aux objets de petite dimension. Elle est surtout propice à la décoration des meubles, des cadres, des panneaux de revêtement, des colonnettes, etc.

Le travail du sculpteur en bois ressemble à celui de l'artiste qui fouille le marbre, mais par suite de la différence de dureté des deux matières il y a une notable modification de l'outillage dont la principale est l'absence du maillet. En effet, le sculpteur en bois supprime cet outil et le remplace par la paume de la main, instrument qui est, on le comprend, beaucoup plus sensible et donne dans le travail une sécurité qu'on n'aurait pas en employant la masse.

## STYLES
## BELGE ET HOLLANDAIS

César, dans ses commentaires, nous montre la Gaule belgique occupant au nord de la Seine et de la Marne, l'espace limité par le Rhin et l'Océan du nord. Aujourd'hui la Belgique et la Hollande réunies ont beaucoup moins d'importance territoriale; elles sont bornées : au nord et à l'ouest par l'Océan (mer du Nord), à l'est par le Hanovre, la Prusse Rhénane (empire d'Allemagne), au sud par la France.

Les Belges, dont le nom paraît signifier *guerriers* (de Belgiaidd, dont le radical est *Bel,* guerre) appartenaient au second rameau gaulois, et avaient passé le Rhin seulement trois siècles et demi avant l'ère chrétienne. César les donne comme les plus vaillants parmi les Gaulois, et plus rompus à la guerre par leurs continuelles hostilités avec les tribus germaines de la rive droite du Rhin. De nos jours, la Belgique et la Hollande sont occupées par une race moins pure; en Occident, il n'est pas une contrée où un peuple puisse prétendre au titre d'autochtone, c'est-à-dire de premier occupant.

On parle deux langues dans les pays qui nous occupent : 1° une langue dérivée de l'allemand et qui se subdivise en deux dialectes, le *flamand* et le *hollandais* ; 2° la langue française (officielle pour la Belgique) et aussi le wallon, idiome d'origine française, et parlé par les populations de souche gauloise.

La Belgique et la Hollande eurent chacune leur heure de grandeur. Au moyen âge, la Flandre tenait tête aux rois de France, et la Hollande plus tard méritait par ses flottes le titre d'impératrice des mers. Mais, plus tard encore, la marine hollandaise éprouva un malheur qui ne manque pas d'avoir son côté comique : une flotte de guerre fut faite prisonnière par... un régiment de cavalerie française.

## ARCHITECTURE

Pendant la période romane, les constructions de la Belgique se rattachent directement à celle du Rhin. Ainsi par exemple, la cathédrale de Tournay, avec ses six clochers, sa nef à charpente, ses galeries et bas côtés couverts en voûtes d'arêtes. Les croisillons et le chœur à chapelles rayonnantes sont au contraire empreints de l'influence française, laquelle influence se rencontre dans beaucoup d'autres édifices.

Au xiii<sup>e</sup> siècle les arts, sur le territoire néerlandais, reçoivent directement l'impulsion des écoles françaises. Le style ogival s'affirme dans les églises et dans les cathédrales, mais devient beaucoup plus intéressant dans les constructions communales que les puissantes cités flamandes élèvent avec un luxe architectural inouï. Le beffroi de Bruges fut commencé à cette époque, il ne mesure pas moins de 107 mètres de hauteur et est entièrement construit en briques du pays dans lesquelles tous les profils ont été fouillés au ciseau.

Du xiv<sup>e</sup> siècle, à Bruges aussi, nous mentionnerons l'hôtel de ville, charmante construction dont la façade est ornée de niches en saillie dans lesquelles on a ajouté, les comtes et comtesses de Flandre, depuis Baudouin Bras de Fer. Il est terminé à la partie supérieure par huit clochetons très élégamment dessinés et placés : trois sur chaque façade et un sur chaque sommet des pignons extrêmes.

Aux xv<sup>e</sup> et xvi<sup>e</sup> siècles s'élèvent les deux hôtels de ville de Louvain et d'Oudenarde, d'une richesse qui ne le cède en rien aux édifices de Venise.

Avec le xvi<sup>e</sup> siècle, l'architecture prend dans les Pays-Bas un caractère tout particulier résultant du mélange d'éléments gothiques, quelquefois antiques, ou enfin appartenant à la Renaissance. Tel est, par exemple, Saint-Jacques de Liège achevé seulement vers 1540. La Renaissance proprement dite est représentée par l'hôtel de ville d'Anvers, celui d'Amsterdam, etc., monuments exécutés en briques avec encadrements de baies en pierre de taille.

Nous disons plus haut que beaucoup d'éléments de l'architecture

Fig. 810. — Maison du marché aux poissons.

ogivale étaient encore employés au XVIe siècle ; en voici une preuve que nous trouvons dans une maison de Bruges (fig. 810). Dans cette maison, qui date de 1570, on rencontre l'ogive accolée à la courbe surbaissée, des contre-courbes locales, et enfin l'emploi de la brique pour la presque totalité. La pierre très parcimonieusement utilisée fait les socles, les meneaux et les décorations des fenêtres.

Gand, la capitale de la Flandre orientale, est une grande et vieille ville.

A présent, on y voit beaucoup de rues nouvelles, larges, régulières où s'étalent de belles et spacieuses boutiques et garnies de belles et bonnes constructions, qui n'ont que le tort de n'avoir pas quelques siècles pour nous intéresser. On y voit encore cependant l'église Saint-Bavon, dont

Fig. 811, 812. — Maisons à Gand.

une partie, la crypte, date du XIIIᵉ siècle; l'hôtel de ville, en style gothique tertiaire, qui se trouve englobé dans des constructions élevées au XVIIᵉ siècle; le palais de justice tout moderne et qui paraît copié sur le palais Farnèse. Mais à côté de ces édifices d'un intérêt tout secondaire il y a encore quelques-unes de ces anciennes maisons qui rendaient si pittoresques les vieilles cités flamandes. Elles se présentent aux regards avec leurs pignons sur rue, dentés de grands ou de petits degrés, percées de baies à meneaux de pierre, garnies de trumeaux en brique, ou entièrement occupés par une façade en bois (fig. 811-812). Elles se dressent là entremêlées de constructions plus anciennes ou plus modernes et présentent à l'œil étonné des aspects tout à la fois charmants et bizarres ; les ogives, les arcs de toutes sortes, les toitures aiguës, les motifs de sculpture vigoureusement enlevés dans la pierre ou dans le bois. C'est un fouillis de richesses artistiques qui conservent encore quelques beaux restes de leur ancienne splendeur. La maison qui se trouve à droite sur notre croquis porte le nom de : Maison des bateliers ; au-dessus de la porte, on voit sculpté à la place de l'imposte un bateau, et à la partie supérieure au-dessus de la corniche, deux sujets ayant trait à la profession de nautonier.

Quoique nos dessins indiquent clairement la forme des degrés qui garnissent les pignons, nous croyons devoir insister sur ce point si caractéristique de l'architecture flamande, les pignons à degrés ayant été imités dans toute la partie septentrionale de l'Allemagne, jusqu'en Danemark. — Le mur était construit en pierre et plus souvent en brique avec la forme d'une série de

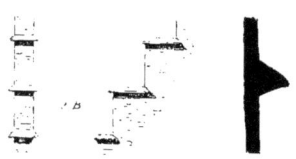

Fig. 813, 814, 815.
Dents de garniture des pignons.

marches de dimensions variables, suivant la fantaisie du constructeur et la nature des matériaux. Sur le mur ainsi préparé on venait placer à bain de mortier de petites dalles taillées pour assurer l'écoulement des eaux et profilées comme l'indique la section pochée (fig. 813, 814, 815).

La Renaissance, ici comme ailleurs, s'affirme d'abord dans l'ornementation ; et il ne pouvait guère en être autrement d'un style aussi indécis dans ses grandes lignes, auquel manquait en réalité le système. Aussi voyons-nous souvent des ornements de l'école nouvelle s'étaler sur des parties d'architecture appartenant par leur dessin à une autre époque. Ce fait qu'on a pu observer partout se produisit en Belgique et en Hollande tout d'abord, puis on se plut à exagérer une décoration déjà si riche, on surchargea au point de faire parfois disparaître les lignes architecturales sous la masse des ornements. Mais on en revint bien vite à plus de sobriété, le décor plus étudié fut dispensé avec plus d'art, mieux mis à la place convenable, et il s'ensuivit une ornementation élégante et bien appropriée à son but (fig. 816).

Les profils dans l'art néerlandais n'ont d'autre caractère que celui de l'architecture à laquelle ils sont empruntés, mais cependant il semble

Fig. 816. — Colonnette à Bruges.

que, s'en étant trouvé bien, les artistes et les constructeurs soient restés attachés aux profils de l'époque ogivale, plus longtemps qu'à tout autre genre. La Renaissance, elle, avait repris pour son compte les corniches, bandeaux et moulures antiques qui, nous l'avons fait remarquer précédemment, peuvent être admirablement à leur place dans une contrée méridionale où le soleil est plus fréquent que la pluie et surtout la neige, tandis que dans les régions du nord, il paraît tout indiqué que

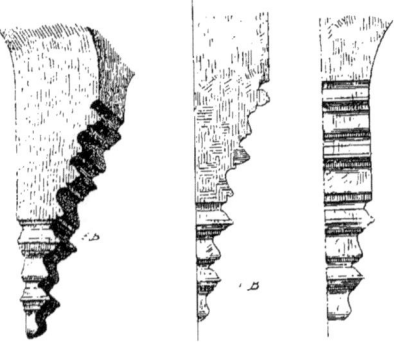

Fig. 817, 818, 819. — Console à Bruxelles.

tous les efforts des constructeurs doivent tendre à trouver la forme la plus favorable pour rejeter au dehors et projeter aussi loin que possible des édifices, l'eau des pluies et la neige ; et nous sommes tentés de dire : on a raison d'employer les profils présentant des surfaces planes dans les pays où l'on peut couvrir les édifices en terrasse ; mais on a plus raison encore de faire usage de profils à surfaces obliques là où les toits aigus sont rendus nécessaires par les conditions climatériques. — Les constructeurs belges ont même pendant la Renaissance conservé souvent les profils inclinés ; ils ont même, poussant plus loin la religion du passé, qui rappelait du reste la belle époque de leur histoire, reproduit souvent des profils secondaires, comme par exemple l'accolade en téton formant corps de moulure et que nous trouvons répétée dans une console ou cul-de-lampe, à Bruxelles, 9, rue Ravenstein et que nous représentons en perspective, de profil et en demi-élévation (fig. 817, 818, 819).

Nous avons peu à dire sur la menuiserie de la Renaissance; cependant, à titre documentaire, nous présenterons ici deux modèles de tournage provenant de Bruges. La menuiserie proprement dite, si nous faisons abstraction du style, est semblable à celle de la même époque en France et en Allemagne et dont la double influence agit sur le travail du bois dans les Provinces-Unies, travail dans lequel on retrouve toutes les qualités sérieuses et inventives qui caractérisent le génie spécial à chacune des deux nations (fig. 820, 821).

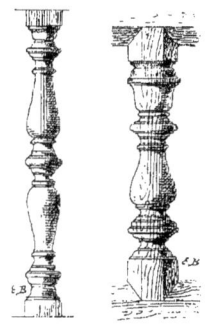

Fig. 820, 821.
Balustres à Bruges.

Aux XVII° et XVIII° siècles l'architecture française, celle de Louis XIV, envahit toutes les contrées de l'Est et du Nord. La Flandre abandonne son art si original pour copier Versailles et le style jésuite; de nombreux édifices sont alors construits dans ce goût un peu empoulé dont on voit encore des spécimens sur la grande place à Bruxelles, notamment la Maison du Serment de Saint-Sébastien Archers (1696); celle de la corporation des tonneliers; enfin celle des graissiers. On y remarque des frontons chargés d'enroulements bizarres, courbes et contre-courbes que la fantaisie seule a tracées sans aucun respect de la pureté du dessin. Il y a cependant de fort beaux motifs de sculpture perdus au milieu de découpures fantastiques, de clefs, de consoles, de cartouches, de gaines, masse d'éléments auxquels il ne manque pour faire un ensemble, convenable, que d'être distribués avec plus d'ordre et suivant un programme plus judicieux.

Parfois pourtant les artistes ont échappé à cette fureur de recherche de formes étranges, et, tout en restant dans le goût général du jour, sont parvenus à produire des façades qui ne manquent pas d'un certain caractère. De ce nombre est celle du couvent des Brigittines à Bruxelles (fig. 822), qui date de la fin du XVII° siècle (1662). Cette façade, divisée en trois étages, se compose : pour le rez-de-chaussée d'un ordre de pilastres doriques assez élancés; au milieu une porte basse surmontée d'un couronnement chargé d'enroulements; de chaque côté, une niche surmontée d'un cadre à table en creux. Le premier étage est d'ordre ionique; au milieu une baie cintrée, élégante et de belles proportions; sur les côtés, entre pilastres, de petites niches cintrées aussi et surmontées d'un couronnement. Au-dessus de la corniche, un fronton

Fig. 822. — Couvent des Brigittines.

aigu porté sur deux gaines est accolé d'ailerons à contre-courbes.

## SERRURERIE

L'art du forgeron, qui avait atteint dans les provinces de l'est de la France et en Allemagne un si haut degré de perfection, ne pouvait manquer d'être fort en honneur dans les Flandres que leur position géographique plaçait dans des conditions qui les forçaient à subir les influences artistiques et industrielles de leurs puissants voisins.

## STYLES BELGE ET HOLLANDAIS

Les artisans flamands surent, comme leurs voisins, se jouer des difficultés que présente le travail du fer. Ils forgèrent des pièces difficiles et délicates, formant des masses reliées par de légères brindilles (fig. 823).

Fig. 823.
Fragment à N.-D. de Hal.

Il semble que dans tout forgeron digne de ce nom, il y a un sculpteur. N'est-ce pas, en somme, une sorte de modelage que fait l'artisan quand ayant rendu malléable au moyen du feu la matière rigide, il vient de son marteau lui donner toutes les formes ornementales qu'enfante son esprit. Nous disons qu'enfante son esprit, parce que bien rarement le for-

Fig. 824. — Ornement à Tilburg, XVIᵉ siècle.

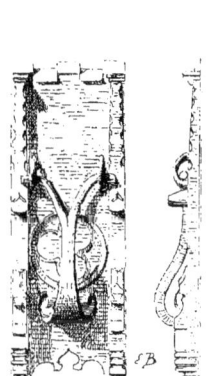

Fig. 825, 826. — Heurtoir du XVIᵉ siècle, à Ypres.

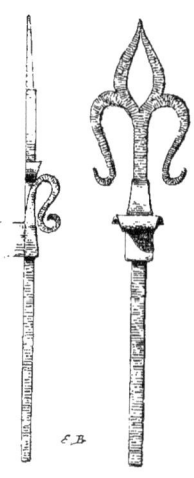

Fig. 827, 828. Ancre.

geron se servait de modèle en plâtre; parfois même il n'avait recours à aucun dessin; c'était sous le marteau que directement naissaient les charmantes feuilles, les délicieux bouquets de métal, les rosaces et tant d'autres motifs aux formes à la fois nerveuses et souples (fig. 824).

La forme gothique qui se prêtait si bien au travail du métal continua par tradition à fournir les principales lignes des ouvrages métalliques; l'ornementation de cette même époque convenait trop pour être abandonnée entièrement. Quoi en effet de plus décoratif pour ces maigres tiges de fer, que les chanfreins, les encoches, les pointes de diamant et autres ornements sobres obtenus au poinçon, à la gouge et au ciseau (fig. 825, 826)?

318    HISTOIRE DES STYLES D'ARCHITECTURE

Quoiqu'au XVIIe siècle la mode du jour amène un notable changement dans la ferronnerie, on rencontre encore néanmoins des pièces rappelant par le travail et par la forme les beaux travaux de la Renaissance; l'ouvrier ne recule pas encore devant la difficulté que présentent certaines soudures; il est vrai qu'alors le fer est encore de bonne qualité et nous sommes peut-être injustes actuellement en faisant des comparaisons défavorables à nos artisans qui se trouvent en présence d'une matière généralement inférieure, vicieuse, et qui de plus doivent produire vite, les conditions d'existence étant loin d'être celles qu'elles étaient alors. Voici (fig. 827, 828) une ancre exécutée au XVIIe siècle et qui se trouve rue de la Montagne-des-Aveugles, à Bruxelles. Comme exemple de découpage, nous trouvons au même endroit un bouton de tirage en fer ciselé monté sur platine ajourée (829, 830).

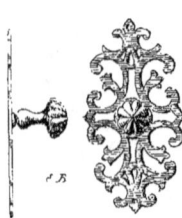
Fig. 829, 830.
Bouton de tirage.

Fig. 831. — Balcon à Bruxelles.

Au XVIIIe siècle, la serrurerie prend le caractère que nous lui voyons en France à la fin du règne de Louis XV et pendant celui de Louis XVI; un caractère marqué par des formes simples résultant d'un retour vers l'antiquité, de la réaction contre les lignes trop accidentées et réellement trop capricieuses des années précédentes (fig. 831). On aperçoit dans les ouvrages en fer de cette époque la préoccupation d'économiser la matière. Jusque-là le fer avait gardé des formes amples, une certaine robustesse, qui n'étaient pas en rapport avec sa résistance si considérable, mais qui contentaient l'œil et s'harmonisaient mieux avec l'ensemble des constructions.

# L'ART DU DESSIN

Il ne peut entrer dans notre programme, ni surtout dans le cadre de notre travail, de traiter d'une manière complète un sujet aussi étendu. Mais d'autre part il nous a paru utile, dans un livre comme celui-ci où nous avons essayé de condenser la plus grande somme de renseignements et de faits, de donner en outre, clairement mais d'une façon brève, les données et les formes diverses d'un art qui est indispensable à tous les autres et pour ainsi dire les renferme tous.

Cependant il ne s'agit pas d'un cours de dessin, mais simplement du bref examen des divers procédés ou moyens employés dans les arts pour rendre une figure, représenter un objet, fixer les contours d'une chose quelconque.

Le dessin est par excellence la langue universelle, il échappe à toute convention phonétique, à toute règle orthographique. Un Japonais et un Anglais, voulant représenter un bouteille traceront les mêmes contours, et un Italien comprendra admirablement que c'est d'une bouteille qu'il s'agit.

L'art du dessin comprend la peinture, la sculpture, l'architecture, la gravure et le dessin proprement dit ou graphique.

Commençant par le dernier, nous allons examiner succinctement les différentes manières employées pour tracer et rendre les objets par des lignes, par le modelé, par la couleur.

*Dessin au trait.* — Le dessin au trait ne donne que les contours ; il est géométral et donne en grandeur ou à une échelle réduite la figure réelle d'un objet, ou bien il est d'imitation, c'est-à-dire en perspective et alors représente l'objet tel que les yeux le perçoivent. Le dessin au trait peut s'exécuter au crayon, à la plume, ou au pinceau. On emploie, surtout dans le dessin géométral, un artifice tout de convention destiné à en faciliter la lecture, nous voulons parler du *trait de force*, qui est un trait plus gros limitant la figure du côté opposé à celui d'où vient la lumière. La règle généralement admise pour établir les traits de force est que, pour les élévations, la lumière vient de l'angle supérieur gauche, et que, pour les plans, elle est prise du même côté, mais dans l'angle du bas de la feuille. — Dans le dessin à la plume, on emploie parfois les déliés comme dans la belle écriture anglaise.

*Dessin ombré.* — Ce genre de dessin peut être géométral ou d'imitation, mais doit donner les teintes, demi-teintes et les ombres ; c'est par un jeu plus ou moins habile d'oppositions de blanc et de noir, de blanc et sanguine ou toute autre couleur, enfin d'un ton de fond, de traits en couleur, et d'un rehaut de blanc sur les parties éclairées, qu'on obtient l'illusion de différents plans paraissant se détacher plus ou moins en bosse sur le tableau. On peut ombrer un dessin de différentes manières : par des hachures auxquelles on donne, en appuyant davantage au milieu, la forme de fuseaux, et que l'on surcharge en les croisant par d'autres traits pour les parties qui doivent être plus ombrées ; par des points qui, plus ou moins rapprochés, produisent des teintes plus ou moins intenses ; par une poudre d'une couleur quelconque noire ou rouge (sanguine) étalée et dégradée de ton au moyen de l'estompe, petit instrument de peau ou de papier taillé en pointe ; par des traits de plume, comme sont exécutés les divers croquis de cet ouvrage ; par le lavis, en fondant les teintes au pinceau ou en procédant par teintes superposées ; ce genre, dit à *teinte plate*, est très employé en mécanique, mais il a l'inconvénient de demander un temps considérable.

*Dessin au fusain.* — Le fusain, dont on se sert ordinairement pour esquisser, est de nos jours employé pour produire sans l'aide d'autre moyen, les compositions charmantes dont le rendu doux et plein d'air est souvent bien plus attrayant que le dessin au crayon ou à l'estompe. On fixe le fusain à l'aide d'un alcool dans lequel on a fait dissoudre une légère quantité de matière résineuse ; l'opération se fait par une couche étendue à l'envers du dessin, puis au recto à l'aide du pulvérisateur qui envoie le liquide fixant sur le dessin à l'état de poussière.

*Gravure.* — La gravure se fait dans le bois, la pierre, le cuivre et l'acier. Dans la gravure sur bois, le dessin étant fait avec autant de perfection que devra en avoir l'épreuve, l'artiste enlève au burin toutes les parties qui ne doivent pas venir lors du passage sous presse, ne laissant que les traits constituant le dessin ; la gravure sur bois, quoique souvent fort belle, se reconnaît à la grosseur des traits et à la taille légère qui sépare les traits perpendiculaires. La gravure sur pierre, sur cuivre, sur acier, se fait au burin en creux, c'est la *taille-douce ;* elle est plus belle et plus fine sur acier à cause de la dureté de la matière, mais dans les trois cas elle est nerveuse et plus ferme que la gravure sur bois. Il y a encore différents procédés qui permettent d'imiter le crayon et le lavis. La gravure à l'eau-forte très nerveuse et fine, ressemble au dessin à la plume ; pour l'exécuter on enduit une plaque de cuivre avec un vernis ou de la cire, puis on trace le dessin, qui a précédemment été décalqué, avec une pointe d'acier qui enlève la cire et mord légèrement le cuivre, ensuite à l'aide de l'acide acétique d'abord, de l'acide nitrique ensuite, on obtient la gravure en creux. Actuellement on fait des gravures reproduisant des dessins ou des objets au moyen de la photographie. Une grande variété existe suivant les différences existant entre les procédés employés ; ces procédés prennent les noms d'héliogravure, phototypie, photogravure, etc. C'est par la photogravure que sont reproduits tous les dessins de cet ouvrage.

*Lithographie, autographie, zincographie.* — La première de ces appellations concerne un travail de dessin exécuté sur pierre avec une encre grasse. Le dessin fait, on mord à l'acide qui respecte les traits et entame légèrement la pierre. — L'autographie est un calque fait avec une encre grasse sur un papier préparé par un couche isolante et soluble à l'eau. On décalque sur pierre en faisant trois ou quatre fois passer sous la presse et en mouillant à chaque passe le papier calque ; les traits adhèrent à la pierre et en procède alors comme pour la lithographie. (Voir nos « Procédés d'autographie ».) — Dans la zincographie les opérations sont les mêmes, la pierre est simplement remplacée par une feuille de zinc. On obtient de plus belles épreuves avec la lithographie parce que dans les deux autres procédés le passage sous presse pour obtenir le décalque écrase et élargi le trait ; mais de son côté la lithographie a ce désavantage d'obliger le dessinateur à dessiner et écrire à l'envers de manière qu'au tirage la figure se trouve rétablie.

*Sépia, camaïeu, grisaille.* — Ce sont des dessins lavés, des gouaches ou des peintures monochromes dans lesquels l'artiste emploie seulement la couleur brune appelée sépia, le bleu ou le gris.

*Pochade*. — On a donné ce nom à un dessin ou peinture rapidement exécuté mais avec verve, sans soin mais avec talent ; la pochade ne supporte pas de retouches.

*Gouache*. — La gouache est une sorte de peinture à la détrempe faite au moyen de couleurs broyées et délayées dans de l'eau gommée. Elle se fait absolument comme la peinture à l'huile, mais convient surtout à la miniature.

*Aquarelle*. — L'aquarelle est une peinture à l'eau qui s'exécute sur papier, sur vélin, sur soie et même sur ivoire. On emploie des couleurs transparentes et légères, principalement les laques. L'aquarelle présente plus de difficultés d'exécution que la peinture à l'huile en ce sens que l'artiste doit tenir compte du fond qui apparaît grâce à la transparence des couleurs, et, de plus réserver les blancs, ce qui en fait pour ainsi dire une sorte de peinture à l'épargne.

*Fresque*. — La fresque est un genre de peinture dont les couleurs, détrempées à l'eau, sont appliquées sur un enduit encore frais et s'y incorporent.

*Pastel*. — Le pastel tient le milieu entre le dessin et la peinture ; c'est un dessin exécuté avec des crayons de divers couleurs et dans lequel on se sert de l'estompe pour étaler et adoucir les teintes.

*Cire*. — La peinture à la cire dont nous avons parlé précédemment, consistait en une cire mélangée de matières colorantes et qu'on employait à chaud.

*Peinture à l'huile*. — C'est la plus résistante de toutes les peintures, les matières colorantes broyées dans l'huile donnent par leurs mélanges toutes les nuances et tout ce que nécessite la reproduction en couleurs des choses et des êtres de la nature.

Pour terminer, et en même temps pour compléter l'aperçu rapide que nous venons de faire de l'art du dessin, disons quelques mots d'une science qui s'y rattache étroitement, la perspective.

Malgré tout le talent, l'habileté, que peut déployer un artiste dans un rendu géométral, il lui est impossible d'atteindre l'effet de vérité, de vie, que donne la mise en perspective, c'est-à-dire la chose présentée comme elle serait vue par un spectateur placé en un point donné.

La perspective vient après la géométrie plane et la géométrie descriptive ; elle exige de ces deux branches de la géométrie une connaissance parfaite, et les méthodes savantes et compliquées demandent une très grande pratique pour ne pas se perdre dans le fouillis de points et de lignes qui résultent des projections et des convergences ; admirable dédale qui étonne l'œil, frappe l'esprit, mais rebute aussi, souvent, les meilleures volontés.

Nous ne cherchons pas à critiquer ici les traités de perspective existants à la valeur desquels nous rendons pleinement justice, mais nous croyons que nombre de nos lecteurs accueilleront favorablement un essai de méthode simplifiée, de moyen pratique, qui permettra, avec quelques données seulement de la géométrie de l'espace, de mettre en perspective, et en perspective vraie, un objet ou une figure quelconques.

Ce serait une erreur de croire que pour établir un dessin en perspective il est indispensable de déterminer *tous* les points, d'arrêter *toutes* les lignes. Non, il suffit à un dessinateur — car si l'on veut faire de la perspective, il faut savoir dessiner — d'avoir les contours principaux, bien établis pour faire tout le travail secondaire en fort peu de temps, de *sentiment*, entraîné qu'on est par la forme générale et aidé par les points de fuite et l'échelle des hauteurs.

Notre procédé est fort simple et n'est d'ailleurs pas autre chose que de la perspective ; il n'est pas plus expéditif, mais il s'éloigne moins des notions les plus communes de la géométrie, et par cela est d'une application immédiate et donne un résultat d'une vérité absolue.

La perspective est l'art de représenter les objets tels qu'on les voit, c'est-à-dire d'en tracer sur un plan unique les contours apparents. On imagine que des rayons lumineux partant de tous les points de ces contours et se dirigeant en ligne droite vers l'œil d'un spectateur, sont coupés par un plan appelé *tableau* ; les traces de tous ces rayons sur le tableau seront les perspectives des points correspondants des objets. C'est absolument comme si, prenant un panneau de verre, et que, plaçant son œil sur un point fixe O, on trace avec du blanc la silhouette des objets qu'on aperçoit au travers du verre (fig. 832). Les peintres emploient ce moyen pour obtenir les masses perspectives d'un paysage ou d'un objet.

En perspective, le problème consiste à savoir arrêter, marquer, la trace des rayons à l'endroit précis où ils rencontrent le tableau (fig. 833) ; il reste le même dans notre manière de faire, mais dégagé de la théorie spéciale à la perspective et employant seulement les quelques éléments de descriptive nécessaires pour savoir par une simple projection trouver un point dans l'espace.

Nous supposons un objet dont chaque point marquant les contours

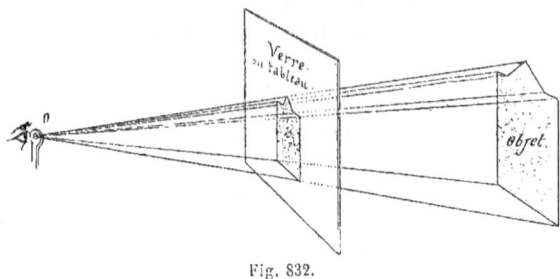

Fig. 832.

serait réuni à l'œil du spectateur par un fil et tous les fils coupés par un tableau comme dans la figure 832. Mais l'objet n'existant pas, et ayant affaire à un dessin, nous remplaçons chaque fil par deux lignes : l'une en plan et l'autre en élévation. L'endroit où elles s'intersectent sur le tableau

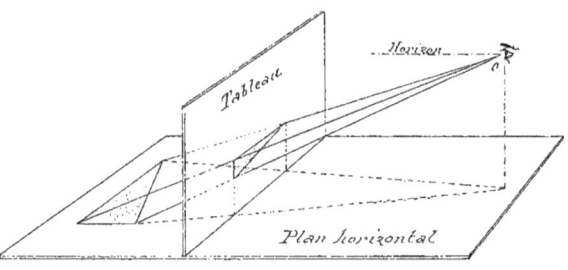

Fig. 833.

est le point perspectif qu'aurait occupé le fil dans l'hypothèse d'un modèle en nature.

Le choix du point de vue (position de l'œil du spectateur) a une très grande importance en perspective. Il ne faut pas se placer trop près, pour n'avoir pas des raccourcis trop accentués, des fuites trop brusques; ni trop loin, ce qui donnerait un résultat se rapprochant du dessin géométral. Le moyen terme, qui varie d'abord avec la nature des objets, reste entièrement subordonné au but qu'on veut atteindre. On comprend que la figure représentant l'objet qu'on veut mettre en perspective, peut et doit, comme l'objet lui-même, être regardée d'un côté quelconque; la position de l'œil du spectateur est entièrement arbitraire et dépend surtout du goût particulier du perspectiviste.

Quelques exemples nous suffiront maintenant pour faire comprendre le procédé employé.

*Mise en perspective d'un carré* (fig. 834). — Tracer le carré en plan, le projeter sur la ligne de terre en AB — DC, placer l'œil du spectateur en

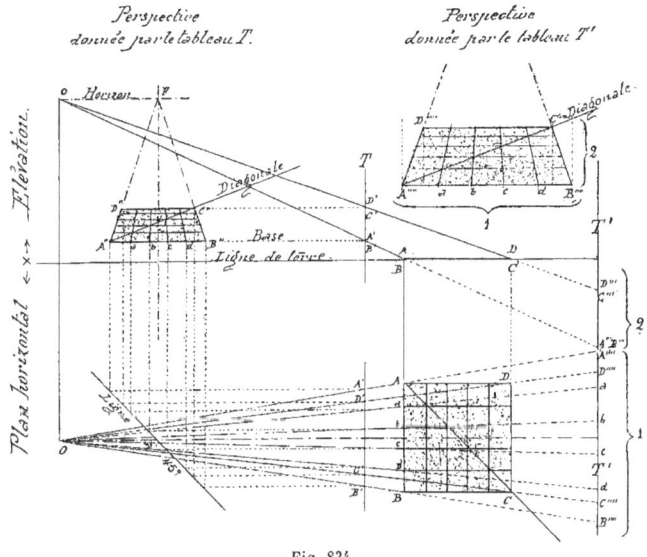

Fig. 834.

plan et en élévation et faire converger les quatre points en plan et les quatre points en élévation (dans cet exemple le point de vue étant placé au milieu, les lignes se confondent et n'en forment plus que deux). Puis, suivant l'échelle qu'on veut employer, on place le tableau T entre l'œil et l'objet si l'on veut obtenir une réduction, en arrière si l'on veut avoir une figure plus grande; il ne reste plus qu'à rapporter, ce qu'on peut faire par des projections sur une ligne à 45°, comme l'indique la figure obtenue par le tableau T, ou en se servant du mesurage ou d'une bande de papier, comme il est pratiqué pour le tableau T'.

Nous avons ajouté sur cette figure la disposition d'un carrelage. Il suffit de chercher par le même moyen les points $a$, $b$, $c$, $d$ et de les faire converger au point de fuite F; l'endroit où ces lignes sont coupées par la diagonale donne la position des lignes transversales.

326    HISTOIRE DES STYLES D'ARCHITECTURE

Si, au lieu de voir le carré perpendiculairement à une de ses faces, on l'envisage obliquement, on fait l'opération qu'indique notre figure 835.

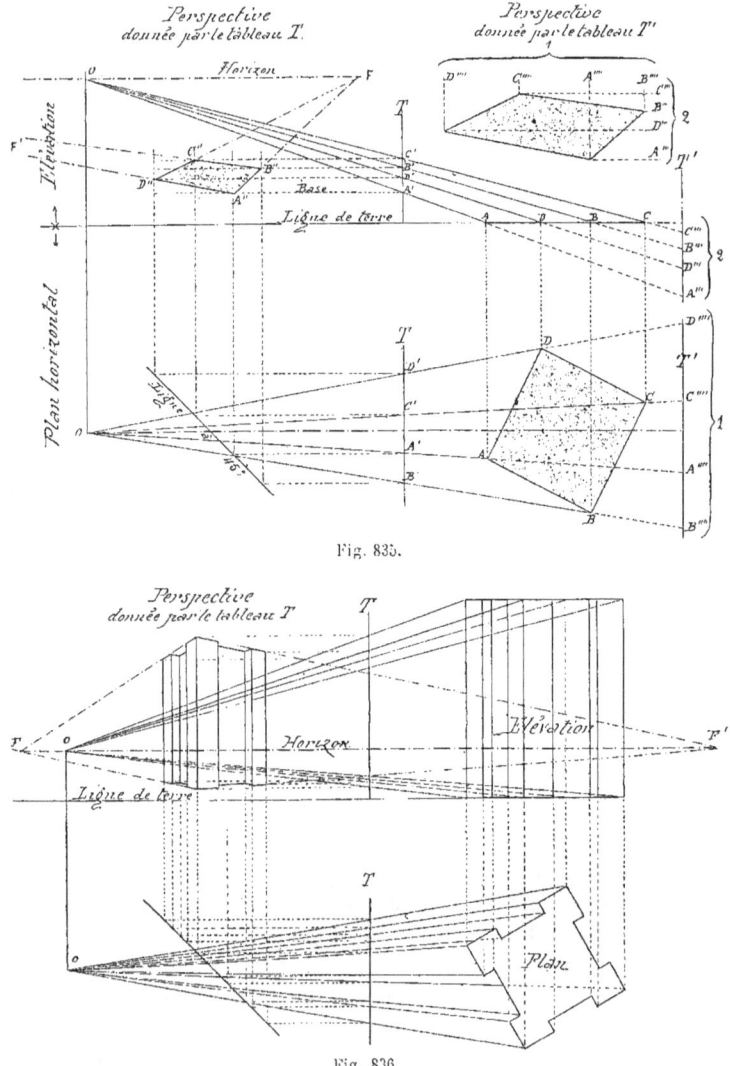

Fig. 835.

Fig. 836.

La hauteur de l'œil du spectateur au point O se nomme horizon. En faisant le prolongement des côtés latéraux, on obtient sur la ligne d'horizon les points de fuite qui serviront à toutes les lignes secondaires. Ainsi, par exemple, si nous voulons sur ce carré établir la perspective d'un carrelage, il suffira d'obtenir les points perspectifs sur la ligne D'', A'' de la figure donnée par le tableau T, de faire converger ces points au point F, de tracer une diagonale, et de mener des lignes passant par les intersections et convergeant au point F' (qui se trouve, si on prolonge les ligne sur la ligne d'horizon).

*Mise en perspective d'un volume* (fig. 836). — Mêmes opérations que pour le plan d'un carré, à répéter également pour la partie supérieure; notre figure, si on l'étudie, remplace plusieurs pages d'explications arides. Ce qu'il faut, pour pouvoir se servir de ce procédé, c'est faire quelques applications et sa simplicité permet bien vite d'en tirer tout l'effet utile qu'il peut donner.

# BIBLIOGRAPHIE

PRINCIPAUX AUTEURS CITÉS OU CONSULTÉS POUR TEXTE ET DESSINS

Androuet du Cerceau. *Les plus excellents bastiments de France.*
*Archives des monuments historiques.*
Archives des monuments historiques.
Barthélemy (A.-A.). *Manuel de numismatique.*
Batissier. *Histoire de l'art monumental.*
Bérain. *(Dessinateur de Louis XIV.) Recueil de dessins.*
Beulé. *L'acropole d'Athènes. Etudes sur le Péloponèse. Phidias.*
Bible. *(Version d'Osterwald.)*
Blanc (Charles). *Grammaire des arts du dessin.*
Blondel. *Leçons d'architecture.*
Bosc (Ernest). *Dictionnaire raisonné d'architecture; Dictionnaire de l'art de la curiosité et du bibelot.*
Bossuet. *Discours sur l'histoire universelle.*
Botta et Flandin. *Monuments de Ninive.*
Cardon (G.). *Journal* l'Instruction.
Caumont (V. de). *Bulletin monumental. Histoire sommaire de l'Architecture.*
Chabat (Pierre). *Dictionnaire des termes de la construction.*
Chateau (Léon). *Histoire et caractères de l'architecture en France.*
Colinet. *Arts belge et hollandais.*
Daly (César). *Revue générale de l'architecture.*
Delaporte (L.). *L'architecture Khmer.*
De l'Orme (Philibert). *Architecture.*
Du Pays. *Itinéraire d'Italie.*
Du Sommerard. *L'art au moyen âge,* etc.

## BIBLIOGRAPHIE

| | |
|---|---|
| FLANDIN et COSTE. | *Voyage en Perse.* |
| FLEURY. | *Mœurs des Israélites.* |
| GAILHABAUD (V.). | *Monuments anciens et modernes.* |
| GIRAULT DE PRANGEY. | *Monuments arabes et mauresques de Cordoue, Séville et Grenade. Monuments d'Egypte, de Syrie et d'Asie,* etc. |
| GUILMARD. | *La connaissance des styles.* |
| GUIZOT. | *Histoire de la civilisation en France.* |
| HITTORFF. | *La polychromie chez les Grecs.* |
| JACQUEMART. | *Histoire de la céramique.* |
| JOURNAL DU MOBILIER. | |
| JOUSSE (Mathurin). | *La fidèle ouverture de l'art du serrurier.* |
| KASIMIRSKI. | *Le Koran.* |
| LABARTE (Jules). | *Histoire des arts industriels au moyen âge.* |
| LABORDE (A. de). | *Voyage pittoresque en Espagne.* |
| LAGRÈZE (G.-B. de). | *Pompeï, les Catacombes, l'Alhambra.* |
| LAMOUR (Jean). | *Recueil des grilles de Nancy et des châteaux environnants.* |
| LAMPUÉ. | *Renaissance italienne. Antiquités romaines (Photographies).* |
| LANGLÈS | *Monuments anciens et modernes de l'Hindoustan.* |
| LATOUR D'AUVERGNE. | *Origines gauloises.* |
| LAYARD. | *The monument of Niniveh.* |
| LE BON (Gustave). | *Les premières civilisations.* |
| LENOIR. | *Statistique monumentale.* |
| LETAROUILLY. | *Antiquités romaines. Edifices de Rome moderne.* |
| LOUVAU GELIOT. | *L'Indice de l'Armorial.* |
| LUBKE (Wilhem). | *Essai sur l'histoire de l'art (Traduction de Ch.-Ad. Koëlla).* |
| MAGASIN PITTORESQUE. | *Divers.* |
| MARTIN (Henri). | *Histoire de France.* |
| MASPÉRO (G.). | *L'Archéologie égyptienne.* |
| MÉNARD (René). | *Histoire des beaux-arts. Histoire artistique du métal.* |
| MONUMENTOS ASQUITECTONICOS DE ESPAÑA | |
| MOTIFS D'ARCHITECTURE RUSSE. | |
| OGÉE. | *Dictionnaire de la Bretagne.* |
| OPPERMANN. | *Projets et propositions.* |
| PATIN (Charles). | *Numismatique.* |
| PATTE (Pierre). | *Mémoires sur les objets les plus importants de l'architecture.* |
| PERCIER et FONTAINE. | *Recueil de décorations intérieures.* |
| PLACE (Victor). | *Ninive et l'Assyrie.* |
| PRISSE-D'AVESNES. | *La décoration arabe. L'art arabe d'après les monuments du Caire. Histoire de l'art égyptien.* |
| PULGHER. | *Eglises byzantines de Constantinople.* |
| QUATREMÈRE DE QUINCY. | *Dictionnaire historique d'architecture.* |
| QUINTANA (don Manuel-Josef), | *Vidas de españoles celebres.* |

BIBLIOGRAPHIE                                                      331

Racinet.                  Ornement polychrome.
Raynaud (Jean).           Druidisme.
Rawlinson (G.).           The five great monarchies of the ancien caster world
Reynaud (Léonce).         Traité d'architecture.
Renan (Ernest).           Exploration en Syrie. Mission en Phénicie.
Revoil (V.-H.)            Architecture romane du midi de la France.
Rochette (Raoul).         Pompeï. Notice sur Percier, etc.
Rouyer et Darcel.         L'art architectural.
Sand (Georges).           Les maîtres céramistes.
Saulcy (de).              Art judaïque. Voyage autour de la mer Morte.
Semper (Gottfried).       Der Stil.
Sonnini.                  Voyage dans la haute et basse Egypte. Voyage en Grèce et
                              en Turquie.
Thierry (Amédée).         Histoire des Gaulois.
Thierry (Augustin).       Lettres sur l'histoire de France.
Tissot (V.) et Camero.    Les peuples étranges.
Tour du monde.            (Charton, directeur.) (Lancelot, dessins.)
Vasari.                   Vie des peintres, sculpteurs et architectes célèbres.
Verneilh (F. de).         Architecture byzantine en France.
Viardot.                  Musées d'Allemagne, d'Italie, d'Angleterre et d'Espagne.
Villard de Hannecourt.    Architecture du XIII° siècle.
Viollet-le-Duc.           Dictionnaire de l'architecture française du XI° au XVI° siècle
                              et divers ouvrages.
Vitet.                    Études sur les beaux-arts.
Vogué (Melchior de).      Le temple de Jérusalem. La Syrie centrale.

# TABLE ALPHABÉTIQUE DES LOCALITÉS

## A

| | | Volumes. | Pages. |
|---|---|---|---|
| Acad. | Remparts. | 1 | 55 |
| Agrigente. | Temple de Jupiter | 1 | 126 |
| Aix-la-Chapelle. | Eglise. | 1 | 227 |
| — | Grilles. | 1 | 300 |
| Alcantara. | Pont. | 1 | 168 |
| Alep. | Monuments. | 1 | 212 |
| Alger. | Porte en bois | 1 | 268 |
| Allahabad. | Ornement. | 1 | 77 |
| Amboise. | Château. | 2 | 5 |
| — | Girouette | 2 | 16 |
| Amiens. | Cathédrale, arcature | 1 | 334 |
| — | — chœur. | 1 | 363 |
| Amrith. | Tombeau | 1 | 55 |
| Amsterdam. | Faïence. | 2 | 99 |
| — | Hôtel de ville | 2 | 311 |
| Andrinople. | Porte Auguste | 1 | 274 |
| Anct. | Balustrade. | 2 | 66 |
| Angkor-Thom. | Porte des Morts | 1 | 80, 81 |
| Antioche. | Charpente. | 1 | 213 |
| — | Monuments. | 1 | 212 |
| Anvers. | Hôtel de ville | 2 | 311 |
| Argos. | Mort de Pyrrhus. | 1 | 160 |
| Asculum. | Bataille — | 1 | 160 |
| Assise. | Eglise Saint-François. | 1 | 364 |
| Athènes. | Acropole | 1 | 124 |
| — | Cariatide du Pandrosion | 1 | 126 |
| Athènes. | Civilisation. | 1 | 114 |
| — | Eglise Kapnicarea | 1 | 228 |
| — | Métopes du Parthénon | 1 | 131 |
| — | Ordre du Temple d'Erechtée. | 1 | 128 |
| — | Parthénon. | 1 | 122 |
| — | Polychromie. | 1 | 155 |
| — | Propylées | 1 | 124 |

## TABLE ALPHABÉTIQUE DES LOCALITÉS

| | | Volumes. | Pages. |
|---|---|---|---|
| Athènes. | Temple d'Erechtée | 1 | 122, 123, 180 |
| Auc. | Carrière de kaolin | 1 | 95 |
| Auxerre. | Chapiteau | 1 | 337 |
| Azay-le-Rideau. | Château | 2 | 10 |

### B

| | | Volumes. | Pages. |
|---|---|---|---|
| Babylone. | Cachets | 1 | 42 |
| — | Céramique | 1 | 48 |
| — | Faïence | 2 | 101 |
| Baccarat. | Verrerie | 1 | 65 |
| Baden. | Croix en fer forgé | 2 | 305 |
| Bamiyan. | Statues colossales de Boudha | 1 | 79 |
| Barcelone. | Cloître Saint-Paul | 1 | 309 |
| Beaumesnil. | Brique | 2 | 113 |
| Beauvais. | Cathédrale, crochet | 1 | 335 |
| — | Céramique | 1 | 54 |
| — | Vitraux | 1 | 372 |
| Bénévent. | Arc de triomphe de Trajan | 1 | 172 |
| Béni-Hassan. | Armes | 1 | 188 |
| — | Colonnes | 1 | 14, 127 |
| — | Hypogées | 1 | 8 |
| Berne. | Rathhaus | 2 | 300 |
| Bethléem. | Basilique | 1 | 218 |
| Beyreuth. | Faïence | 2 | 96 |
| Bibracte. | Cottes de mailles | 1 | 189 |
| Birmingham. | Laques | 1 | 108 |
| Bizen. | Porcelaine | 1 | 94 |
| Blois. | Attributs | 2 | 66 |
| — | Château | 2 | 4, 12 |
| — | Château (aile Louis XII) | 2 | 8, 9, 10 |
| — | Colonnes | 2 | 13 |
| — | Consoles | 2 | 17 |
| — | Lucarnes | 2 | 14, 49 |
| — | Ornement | 2 | 119 |
| — | Souches de cheminée | 2 | 14 |
| Bologne. | Miroirs étrusques | 1 | 151 |
| Bomarzo. | Tombeaux | 1 | 147 |
| Bordeaux. | Grand Théâtre | 2 | 174 |
| Boulacq. | Musée | 2 | 188 |
| Boulogne. | Château de Madrid | 2 | 52 |
| Bow. | Porcelaine | 1 | 96 |
| Braïla. | Les rives du Danube | 2 | 272 |
| Bristol. | Porcelaine | 1 | 96 |
| Brousse. | Mosquée | 1 | 273 |
| Bruges. | Balustres | 2 | 315 |
| — | Beffroi | 2 | 310 |
| — | Colonnette | 2 | 314 |
| — | Maison | 2 | 311 |
| Bruxelles. | Ancre | 2 | 317 |
| — | Balcon en fer | 2 | 318 |
| — | Bouton de tirage | 2 | 318 |
| — | Consoles | 2 | 314 |

TABLE ALPHABÉTIQUE DES LOCALITÉS

| | | Volumes. | Pages. |
|---|---|---|---|
| Bruxelles. | Couvent des Brigittines | 2 | 316 |
| — | Maisons | 2 | 315 |
| Bucharest. | Eglise | 2 | 267 |
| — | Grilles | 2 | 277, 278 |
| — | Presbytère | 2 | 268 |
| — | Les serruriers tziganes | 2 | 277 |
| Burgos. | Cathédrale | 1 | 366 |
| Byzance (V. Constanti- | Céramique | 1 | 50 |
| nople). | Eglise Saint-Serge et Bacchus | 1 | 223 |
| — | Mosaïque | 1 | 236 |
| — | Plan et chapiteau de Sainte-Sophie | 1 | 223 |
| — | Polychromie | 1 | 155 |
| — | Sainte-Sophie | 1 | 220, 221, 233 |
| — | Sculpture | 1 | 231 |
| — | Verrerie | 1 | 64 |

## C

| | | | |
|---|---|---|---|
| Caire. | Mosquée de Kaïtbaï | 1 | 245 |
| Campulongù. | Pierre | 2 | 275 |
| Canterbury. | Cathédrale | 1 | 358 |
| Carcassonne. | Chapiteau | 1 | 337 |
| Carnac. | Alignements | 2 | 218, 219 |
| Carrare. | Marbre | 1 | 164 |
| Carthage. | Verrerie | 1 | 64 |
| Castel-d'Asso. | Tombeaux | 1 | 147 |
| Castellaccio. | Tombeau | 1 | 148 |
| Cervétri. | Tombeau | 1 | 146 |
| Chambord. | Château | 2 | 48, 50 |
| — | Lanterne | 2 | 51, 52 |
| — | Couronnement de la lanterne | 2 | 67 |
| — | Incrustations | 2 | 69 |
| Chantilly. | Château | 2 | 139 |
| — | Porcelaine | 1 | 96 |
| — | Porte | 2 | 109 |
| Chartres. | Cathédrale | 1 | 326 |
| — | Vieux clocher | 1 | 333 |
| Châlons-s.-Marne. | Eglise Saint-Jean, arcature | 1 | 333 |
| Chavigny. | Château | 2 | 139 |
| Chelsea. | Porcelaine | 1 | 96 |
| Chenonceaux. | Château | 2 | 46 |
| Chevreuse. | Château | 2 | 139 |
| Chiusi. | Tombeaux | 1 | 146 |
| Cholula. | Ruine mexicaine | 2 | 234 |
| Citeaux. | Abbaye | 1 | 282 |
| Cluny. | Abbaye | 1 | 282 |
| — | Ecoles | 1 | 298 |
| Cœre. | Tombeaux | 1 | 147 |
| Cologne. | Cathédrale | 1 | 333 |
| Compiègne. | Château | 2 | 156 |
| — | Hôtel de ville | 2 | 10 |
| Constance. | Douane | 2 | 299 |
| — | Grille | 2 | 304 |

| | | Volumes. | Pages. |
|---|---|---|---|
| Constance. | Poteau. | 2 | 298 |
| Constantine. | Moucharabys. | 1 | 247 |
| Constantinople. | Basilique romaine. | 1 | 217 |
| — | Église de la mère de Dieu. | 1 | 224 |
| — | Église de Saint-Théodore. | 1 | 225 |
| — | Église du Sauveur. | 1 | 229 |
| — | Porte de la Suleymanieh. | 1 | 275 |
| —. | Prise par les Turcs. | 1 | 329 |
| — | Sainte-Sophie. | 1 | 220, 221, 227 |
| Copan | Ruines mexicaines. | 2 | 232 |
| Cordoue. | Arcades. | 1 | 258 |
| — | Écoles de médecine. | 1 | 273 |
| — | Cuirs. | 1 | 279 |
| — | Mosquée. | 1 | 245, 250, 251, 252 |
| Corneto. | Tombeaux. | 1 | 146 |
| Corinthe. | Odre corinthien. | 1 | 130 |
| Cremone. | Porte du palais Stanga. | 2 | 35, 36 |
| Curtea-d'Argis. | Cathédrale. | 2 | 268 |
| — | Fontaine. | 2 | 271 |
| — | Kiosque. | 2 | 270 |

## D

| | | | |
|---|---|---|---|
| Damas. | Acier. | 1 | 41 |
| Dampierre. | Château. | 2 | 139 |
| Delft. | Faïence. | 2 | 97 |
| Delhi. | Faïence. | 2 | 101 |
| — | Mosquée. | 1 | 278 |
| Denderah. | Temple, chapiteaux, colonnes. | 1 | 11 |
| Diospolis. | Vitraux. | 1 | 370 |
| Djaggernat. | Temple. | 1 | 71 |
| Dordrecht. | Faïence. | 2 | 99 |
| Douai. | Hôtel de Ville. | 2 | 10 |
| Dreux. | Hôtel de Ville. | 2 | 10 |

## E

| | | | |
|---|---|---|---|
| Ecouen. | Château. | 2 | 57 |
| Edfou. | Colonne et chapiteau. | 1 | 14 |
| — | Plan du temple. | 1 | 9 |
| Eléphanta. | Colonne. | 1 | 75 |
| — | Temples souterrains. | 1 | 70 |
| Eléphantine. | Granit. | 1 | 12 |
| Ellora. | Chapiteaux. | 1 | 75 |
| — | Chapelle monolithe, temple. | 1 | 70 |
| Eleusis. | Antefixe du Temple de Diane. | 1 | 126 |
| Ensiheim. | Hôtel de ville. | 2 | 90 |
| Epinal. | Porte de l'église. | 1 | 287 |
| Esneh. | Chapiteau. | 1 | 14 |
| Essée. | Allée couverte. | 2 | 220 |
| Ess lingen | Église. | 1 | 355 |
| Eu. | Clef pendante. | 2 | 15 |

# TABLE ALPHABÉTIQUE DES LOCALITÉS

## F

| | | Volumes. | Pages. |
|---|---|---|---|
| Faënza. | Faïence. | 2 | 94, 96 |
| Fiesole. | Les ruines. | 2 | 26 |
| Florence. | Cathédrale. | 2 | 23, 24, 25, 26 |
| — | La chimère. | 1 | 150 |
| — | Loge des lances. | 1 | 365 |
| — | Marqueterie. | 2 | 151 |
| — | Mosaïque. | 1 | 237 |
| — | Palais Riccardi. | 2 | 27 |
| — | Palais Rucellai. | 2 | 27 |
| — | Palais Strozzi. | 2 | 27 |
| — | Palais Strozzi, lanterne. | 2 | 30 |
| — | Porcelaine. | 1 | 95 |
| — | Sculpture. | 2 | 35 |
| — | Tabernacle Or San Michele. | 1 | 365 |
| — | Venus de Médicis. | 1 | 185 |
| Fontainebleau. | Cartouches. | 2 | 67 |
| — | Château. | 2 | 54 |
| — | Galerie des cerfs. | 2 | 106 |
| — | La brique. | 2 | 113 |
| — | Orfèvrerie. | 2 | 189 |
| — | Ornementations. | 1 | 118 |
| — | Peintures. | 2 | 108 |
| — | Porte dauphine. | 2 | 108, 109 |
| Ferrare. | Porcelaine. | 1 | 95 |

## G

| | | Volumes. | Pages. |
|---|---|---|---|
| Gaillon. | Château. | 2 | 8, 12 |
| Gand. | Maisons. | 2 | 312 |
| Gênes. | Faïence. | 2 | 96 |
| Germigny-les-Prés. | Mosaïque. | 1 | 237 |
| Gérone. | Eglise Saint-Nicolas. | 1 | 309 |
| Guirgevo. | Maison turco-roumaine. | 2 | 272 |
| Gizeh. | Pyramides. | 1 | 66 |
| — | Sphinx. | 1 | 7 |
| Gottesau. | Château. | 2 | 85 |
| Grenade. | Alhambra, arcades, salle des Abencérages. | 1 | 254, 255, 255 |
| — | Chapiteau de la cour des lions. | 1 | 257 |
| — | Chapiteau de l'Alhambra. | 1 | 264 |
| — | Chapiteau de la salle des Abencérages. | 1 | 257 |
| — | Décoration sculptée. | 1 | 263 |
| — | Prise par les Espagnols. | 1 | 320 |
| — | Stalactites. | 1 | 269 |
| Guadalajara. | Ermitage del Cristo de la Luz. | 1 | 396 |
| — | Palacio de los duques del infantado. | 1 | 369 |
| — | Palais de l'infant. | 2 | 93 |
| Guatasco. | Téocalli. | 2 | 233 |
| Gubbi. | Faïence. | 2 | 96 |

## H

| | | Volumes. | Pages. |
|---|---|---|---|
| Haas. | Tombeau | 1 | 243 |
| Haguenau. | Faïence | 2 | 97 |
| Hal. | Fragments de serrurerie | 2 | 317 |
| Hébron. | Tombeau d'Abraham | 1 | 58 |
| Heidelberg. | Château | 2 | 83, 84, 85 |
| Herculanum. | Décoration picturale | 1 | 183 |

## I

| Issoire. | Eglise | 1 | 284 |
|---|---|---|---|
| Ispahan. | Mosquée | 1 | 276 |
| Ipsamboul. | Statue de Sésostris | 1 | 15 |
| — | Temple souterrain | 1 | 10 |

## J

| Jaroslav. | Cathédrale de la Nativité | 2 | 246 |
|---|---|---|---|
| Jérusalem. | Basilique | 1 | 218 |
| — | Mosquée | 1 | 272 |
| — | Temple | 1 | 55, 57 |

## K

| Kalat-Semain. | Retombée d'archivolte | 1 | 215 |
|---|---|---|---|
| Kamatoura. | Pagode | 1 | 100 |
| Karnak. | Alignements | 2 | 218-219 |
| Kasan. | Dôme de Nikolski | 2 | 251 |
| Kawra. | Colosses | 1 | 4 |
| Khorsabad. | Bas-relief | 1 | 40 |
| — | Fouilles | 1 | 30-36 |
| — | Palais de Sargon | 1 | 31 |
| — | Ruines | 1 | 28 |
| Kief. | Merlons | 2 | 254 |
| Kio. | Croquet (porcelaine) | 1 | 94 |
| Kokonaya. | Chapiteau | 1 | 215-216 |
| Koukiha. | Frise sculptée | 1 | 214 |

## L

| La Mecque. | Mahomet | 1 | 240 |
|---|---|---|---|
| Langres. | Base | 1 | 293 |
| — | Chapiteau | 1 | 294-337 |
| Le Mans. | Façades | 1 | 291 |
| Léon. | Cathédrale | 1 | 366 |
| — | Eglise Saint-Isidore | 1 | 309 |
| Le Puy. | Arcades doubles | 1 | 291 |
| Leyde. | Musée (l'Enfant à l'oie) | 1 | 150 |
| Liège. | Eglise Saint-Jacques | 2 | 311 |
| Lille. | Porcelaine | 1 | 96 |
| Lincoln. | Cathédrale, crochet | 1 | 362 |
| Lockmariaquer. | Allée couverte | 2 | 220 |

## TABLE ALPHABÉTIQUE DES LOCALITÉS

| | | Volumes. | Pages. |
|---|---|---|---|
| Londres. | Musée britannique | 2 | 188 |
| — | Lionne blessée | 1 | 40 |
| — | Musée South Kensington | 2 | 224 |
| Louqsor. | Obélisque | 1 | 11 |
| Louvain. | Hôtel de Ville | 2 | 310 |
| Lucques. | Eglise Saint-Michel | 1 | 307 |
| Lucerne. | Maison Ritter | 2 | 297 |
| Lyon. | Chapiteaux du Consistoire | 1 | 232, 233 |
| — | Ferronnerie | 2 | 121 |
| — | Hôtel de ville (fragment) | 2 | 141 |

### M

| | | | |
|---|---|---|---|
| Mahabalipour. | Sculpture | 1 | 78, 79 |
| Maintenon. | Allée couverte | 2 | 220 |
| Marieberg. | Porcelaine | 1 | 96 |
| Marly. | Château | 2 | 134 |
| Marseille. | Faïence | 2 | 97 |
| Matsmaï. | Porte sacrée | 1 | 101 |
| Médine. | Fuite de Mahomet | 1 | 241 |
| Meillan. | Château | 2 | 10 |
| Meissen. | Porcelaine | 1 | 95, 96 |
| Memphis. | Chapiteau du temple de Ti | 1 | 15 |
| — | Vitraux | 1 | 370 |
| Mennecy. | Porcelaine | 1 | 96 |
| Métaponte. | Ornement de cymaise | 1 | 131, 132 |
| Metz. | Cathédrale (ensemble) | 1 | 328, 329 |
| Milan. | Casa Ponti (intérieur de cour) | 2 | 34, 35, 37 |
| — | Casa Ponti, sculpture | 2 | 37 |
| — | Cathédrale | 1 | 365 |
| — | Eglise Santa Maria delle grazie colonne | 2 | 32 |
| — | Porcelaine | 1 | 95 |
| Milcova. | Puits roumain | 2 | 274 |
| Milo. | Vénus | 1 | 134 |
| Montpellier. | Ecole de médecine | 1 | 273 |
| Moscou. | Cathédrale Saint-Sauveur, grille | 2 | 261 |
| — | Eglise Vassili Blagennoï | 2 | 247 |
| — | Incendie | 2 | 243 |
| Mossoul. | Ruines | 1 | 28 |
| Mulhouse. | Hôtel de Ville | 2 | 90 |
| Munich. | Musée germanique | 2 | 224 |
| Murano. | Verrerie | 1 | 65 |
| Mycènes. | Acropole | 1 | 114 |
| — | Trésor d'Atrée | 1 | 114 |

### N

| | | | |
|---|---|---|---|
| Nagasaki. | Temple | 1 | 102 |
| Nancy. | Grilles | 2 | 168 |
| Nantouillet. | Château | 2 | 45 |
| Neuilly. | Le pont de | 2 | 158 |
| Nevers. | Céramique | 1 | 51 |

|  |  | Volumes. | Pages. |
|---|---|---|---|
| Nevers. | Faïence | 2 | 101 |
| — | Saint-Étienne, chapiteau | 1 | 295 |
| Nicée. | Mosquée | 1 | 273 |
| Nîmes. | Maison carrée | 1 | 163 |
| — | Ordonnance du temple | 1 | 179 |
| Ninive. | Bas-reliefs | 1 | 38, 39 |
| — | Cachets | 1 | 42 |
| — | Céramique | 1 | 48 |
| — | Faïence | 2 | 101 |
| — | Palais de Nimroud | 1 | 37 |
| — | Puissance militaire | 1 | 41 |
| — | Ruines | 1 | 28 |
| Norchia. | Tombeaux | 1 | 147 |
| Noyon. | Hôtel de Ville | 2 | 10 |
| — | Saint-Éloi | 2 | 189 |
| Nuremberg. | Église Saint-Laurent, fragment | 1 | 356 |
| — | Porcelaine | 1 | 96 |

## O

|  |  | | |
|---|---|---|---|
| Oberehnheim. | Hôtel de Ville | 2 | 90 |
| Oiron. | Faïence | 2 | 100 |
| Orléans. | Maison de François Iᵉʳ | 2 | 53 |
| — | Maison du XVIᵉ siècle | 2 | 57 |
| Orviéto. | Cathédrale | 1 | 364, 365 |
| Oudenarde. | Hôtel de Ville | 2 | 310 |
| Ousertesen. | Statues colossales | 1 | 4 |
| Oviedo. | Chapiteau et base | 1 | 310 |
| Owari. | Porcelaine | 1 | 99 |

## P

|  |  | | |
|---|---|---|---|
| Paestum. | Temple | 1 | 121 |
| Palerme. | Cathédrale, fragment | 1 | 306 |
| Paris. | Ailerons | 2 | 114 |
| — | Arc de triomphe du Carrousel | 2 | 193 |
| — | Arc de triomphe de l'Étoile | 2 | 194 |
| — | Arc de triomphe, sculpture | 2 | 194-195 |
| — | Bourse | 2 | 195 |
| — | Brique | 2 | 113 |
| — | Chambre des comptes, loge | 2 | 11 |
| — | Chapiteaux, Eden-Théâtre | 1 | 76 |
| — | Collège des quatre nations | 2 | 129 |
| — | Colonnade du Louvre | 2 | 131 |
| — | Colonne Vendôme | 1 | 164 |
| — | Colonne Vendôme | 2 | 195 |
| — | Cour du Louvre | 2 | 156 |
| — | École de droit | 2 | 157 |
| — | École de médecine | 2 | 174 |
| — | École militaire | 2 | 156 |
| — | Église de la Madeleine | 2 | 157-195 |
| — | — Sainte-Chapelle, crochet | 1 | 335 |
| — | — Sainte-Chapelle, fleurons | 1 | 335 |

## TABLE ALPHABÉTIQUE DES LOCALITÉS

| | | Volumes. | Pages. |
|---|---|---|---|
| Paris. | Eglise Sainte-Chapelle, rose. . . . | 1 | 342 |
| — | — Saint-Germain l'Auxerrois. . | 1 | 342 |
| — | — Saint-Germain l'Auxerrois. . | 2 | 6 |
| — | — Saint-Gervais . . . . . . . . | 2 | 112 |
| — | — Saint-Laurent . . . . . . . | 2 | 120 |
| — | — Saint-Louis en l'Ile . . . . . | 2 | 137 |
| — | — Saint-Martin des Champs, chapiteau . . . . . . . . . . | 1 | 337 |
| — | — Saint-Paul, ornements. . . . | 2 | 112-119 |
| — | — Saint-Philippe du Roule. . . | 2 | 157 |
| — | — Saint-Roch. . . . . . . . . | 2 | 137 |
| — | — Saint-Sulpice. . . . . . . . | 2 | 137-157-159 |
| — | — Saint-Thomas d'Aquin. . . . | 2 | 137 |
| — | Fontaine des Innocents, naïades. . | 2 | 57-70 |
| — | Fontaine de la rue de Grenelle . . | 2 | 158 |
| — | Garde-meuble . . . . . . . . . . | 2 | 132 |
| — | Halle aux blés . . . . . . . . . . | 2 | 157 |
| — | Halle aux vins . . . . . . . . . | 2 | 195 |
| — | Hôpital Saint-Louis. . . . . . . . | 2 | 109 |
| — | Hôpital du Val-de Grâce. . . . . . | 2 | 112 |
| — | Hôtel de Boufflers, chapiteau . . . | 2 | 182 |
| — | Hôtel de Cluny. . . . . . . . . . | 2 | 6 |
| — | Hôtel des Invalides, clef. . . . . . | 2 | 134-144 |
| — | Hôtel Lambert, ornementation. . . | 2 | 118 |
| — | Hôtel Lamoignon, console. . . . . | 2 | 115 |
| — | Hôtel Lauzun, chapiteau . . . . . | 2 | 142 |
| — | Hôtel des monnaies. . . . . . . . | 2 | 132-157 |
| — | Hôtel des postes, ornements. . . . | 2 | 182-183 |
| — | — rampe . . . . . | 2 | 183 |
| — | Hôtel de Sens . . . . . . . . . . | 2 | 6 |
| — | Hôtel de la Trémoille, balustrade. . | 2 | 6-17 |
| — | Hôtel de Ville . . . . . . . . . . | 2 | 53 |
| — | Louvre. . . . . . . . . . . . . . | 2 | 53-54-55 |
| — | Louvre, achèvement. . . . . . . . | 2 | 194 |
| — | — bossages . . . . . . . . | 2 | 57 |
| — | — cariatide. . . . . . . . . | 2 | 62 |
| — | — console de la galerie d'Appollon . . . . . . . . | 2 | 143 |
| — | — vermiculures . . . . . . | 2 | 113 |
| — | Lycée Louis-le-Grand, consoles. . . | 2 | 181 |
| — | — porte. . . . . | 2 | 174 |
| — | Maison de François I$^{er}$ . . . . . . | 2 | 46 |
| — | Marché Saint-Germain . . . . . . | 2 | 195 |
| — | Ministère de la marine . . . . . . | 2 | 132 |
| — | Musée de Cluny . . . . . . . . . | 2 | 224 |
| — | Musée du Louvre . . . . . . . . | 2 | 188 |
| — | Notre-Dame de Paris . . . . . . . | 1 | 359 |
| — | — arcs-boutants . . . . | 1 | 325 |
| — | — balustrade. . . . . . | 1 | 336 |
| — | — galerie des rois. . . . | 1 | 332 |
| — | — gargouille . . . . . . | 1 | 336 |
| — | — pinacle . . . . . . . | 1 | 334 |
| — | — rose. . . . . . . . . | 1 | 333 |
| — | — travée. . . . . . . . | 1 | 332 |

|  |  | Volumes. | Pages. |
|---|---|---|---|
| Paris. | Observatoire. | 2 | 132 |
| — | Palais Bourbon. | 2 | 158 |
| — | — Mazarin. | 2 | 118 |
| — | Panthéon. | 2 | 156 |
| — | Pavillon de Hanovre. | 2 | 159 |
| — | Petit Luxembourg. | 2 | 155 |
| — | Place royale. | 2 | 109 |
| — | — Vendôme. | 2 | 132 |
| — | — des Victoires. | 2 | 136 |
| — | Pont-Neuf. | 2 | 58-109 |
| — | Porte, rue des Francs-Bourgeois. | 2 | 114 |
| — | Porte St-Denis, ensemble, bas-reliefs. | 2 | 136-141-144 |
| — | Restauration des Tuileries. | 2 | 194 |
| — | Rue de Rivoli. | 2 | 194 |
| — | Scribe accroupi. | 1 | 14 |
| — | Sorbonne, coupole. | 2 | 114 |
| — | Théâtre de l'Odéon. | 2 | 174 |
| — | Tour Saint-Jacques. | 2 | 6 |
| — | Tuileries. | 2 | 57-108 |
| — | — colonnes à tambour. | 2 | 60-61-62 |
| Pasargade. | Céramique. | 1 | 47 |
| Patan. | Temple. | 1 | 73-74 |
| Pékin. | Fragment du palais d'été. | 1 | 87 |
| Péra. | Vue de Sainte-Sophie. | 1 | 222 |
| Périgueux. | Eglise Saint-Front. | 1 | 226-285 |
| Pérouse. | Porte voûtée. | 1 | 148 |
| Persépolis. | Céramique, palais. | 1 | 47 |
| — | Chapiteaux, colonnes taureaux. | 1 | 46 |
| Pise. | Tour penchée. | 1 | 306-307 |
| — | Rampe en fer forgé. | 1 | 366 |
| Plymouth. | Porcelaine. | 1 | 96 |
| Poitiers. | Lucarne. | 2 | 117 |
| — | Eglise Saint-Jean. | 1 | 226 |
| — | Bataille de. | 1 | 242 |
| — | Tapisseries. | 1 | 303 |
| Pompéi. | Art, maison. | 1 | 171-172-173-186 |
| — | Décoration picturale. | 1 | 185 |
| — | Les charges. | 1 | 185 |
| Priène. | Ordre du temple de Minerve. | 1 | 128 |
| Puy-en-Vélay. | Grille. | 1 | 301, 351 |

## Q

| Quiberon. | Menhir. | 2 | 218 |
|---|---|---|---|

## R

| Ravenne. | Chapiteau de Saint-Vital. | 1 | 223, 226 |
|---|---|---|---|
| Réfadi. | Chapiteau et base. | 1 | 216 |
| Roc-de-Vic. | Oppidum gaulois. | 2 | 223 |
| Rome. | Ancienne basilique de Saint-Pierre. | 1 | 201, 202 |
| — | Arcades du Colisée. | 1 | 174 |
| — | Arc de Titus. | 1 | 172, 199 |

# TABLE ALPHABÉTIQUE DES LOCALITÉS

| | | Volumes. | Pages. |
|---|---|---|---|
| Rome. | Architecture. | 2 | 28 |
| — | Autels | 1 | 168 |
| — | Bains. | 1 | 164 |
| — | Basiliques. | 1 | 225 |
| — | Basilique de Constantin. | 1 | 174 |
| — | Catacombes. | 1 | 196 |
| — | Chandelier hébreu. | 1 | 60 |
| — | Colombarium de Cn. Pomponius. | 1 | 169 |
| — | Colonne Trajane, ornements. | 1 | 181 |
| — | Email. | 2 | 123 |
| — | Fresques de la Maison de Livie | 1 | 185 |
| — | Incinération. | 1 | 168 |
| — | La Louve (musée capitolin). | 1 | 150 |
| — | Mausolée d'Auguste | 1 | 169 |
| — | Monuments funéraires | 1 | 168 |
| — | Mosaïque. | 1 | 238 |
| — | Ordre composite. | 1 | 178 |
| — | Ordre corinthien | 1 | 176 |
| — | Ordre du temple de Marcellus | 1 | 176 |
| — | Ordre toscan | 1 | 175 |
| — | Palais Farnèse, corniche. | 2 | 26 |
| — | Pont Ælius | 1 | 167 |
| — | — de Cestius. | 1 | 167 |
| — | — de Fabricius. | 1 | 167 |
| — | — de Janiculensis | 1 | 167 |
| — | Palatinus. | 1 | 167 |
| — | — de Sublicius | 1 | 167 |
| — | — Vaticanus | 1 | 167 |
| — | Ruelles. | 1 | 103 |
| — | Saint-Clément (basilique) | 1 | 197, 199 |
| — | Saint-Pierre. | 1 | 27 |
| — | — colonne du baldaquin. | 2 | 33 |
| — | Saint-Pierre hors les Murs, vitraux. | 1 | 371 |
| — | Sculpture. | 1 | 163 |
| — | Thermes de Caracalla. | 1 | 165, 166 |
| — | — de Commode. | 1 | 165 |
| — | — de Dioclétien. | 1 | 165 |
| — | — de Titus. | 1 | 165 |
| — | — de Trajan. | 1 | 165 |
| — | Tombeau de C. Publicius Bibulus. | 1 | 169 |
| — | — des Scipions | 1 | 169 |
| — | Travaux de Bramante. | 2 | 29 |
| Rosheim. | Chapiteau. | 1 | 294 |
| — | Eglise. | 1 | 304 |
| Rouen. | Eglise Saint-Maclou | 2 | 6 |
| — | Église Saint-Ouen | 1 | 329-342 |
| — | Faïence. | 2 | 100 |
| — | Hôtel Bourgtheroulde. | 2 | 45 |
| — | Maison du xvie siècle. | 2 | 53 |
| — | Palais de justice. | 2 | 7 |
| — | Tombeaux. | 2 | 70 |

## S

| | | Volumes. | Pages. |
|---|---|---|---|
| Saint-Chamas. | Pont Flavian. | 1 | 167 |
| Saint-Chamond. | Couvent des Dames de | 2 | 166 |
| Saint-Cloud. | Porcelaine. | 1 | 96 |
| Saint-Cyr. | Bâtiments. | 2 | 136 |
| Saint-Denis. | Grille. | 1 | 302 |
| — | Mosaïque | 1 | 237 |
| — | Tombeau | 2 | 70 |
| Saint-Germain. | Château. | 2 | 52 |
| Saint-Gobain. | Verrerie. | 1 | 65 |
| Saint-Pétersbourg. | Coupole (Monastère de St-Serge). | 2 | 232 |
| — | Flèche (Eglise de la forteresse). | 2 | 251 |
| — | Grille (Palais de l'Ermitage). | 2 | 261 |
| — | Grille (Statue de Pierre le Grand). | 2 | 261 |
| Saint-Quentin. | Hôtel de ville. | 2 | 10 |
| Saint-Savin. | Peintures. | 1 | 300 |
| Saint-Yrieix. | Gisements kaoliniques. | 1 | 97 |
| Saintes. | Abbaye des Dames. | 1 | 285 |
| Salamanque. | Cathédrale. | 1 | 309 |
| Salisbury. | Cathédrale. | 1 | 358 |
| Salzbourg. | Grilles. | 2 | 88 |
| Saqqarah. | Pyramides à degrés. | 1 | 7 |
| Satzuma. | Porcelaine. | 1 | 94 |
| Sceaux. | Chapelle. | 2 | 132 |
| — | Château. | 2 | 139 |
| Schalabourg. | Château, fragment. | 2 | 85 |
| Scutari. | Vue de Sainte-Sophie. | 1 | 222 |
| Ségovie. | Eglise Saint-Millan. | 1 | 309 |
| Serdjilla. | Chapiteau. | 1 | 215 |
| — | Linteau. | 1 | 214 |
| Séville. | Alcazar. | 1 | 253 |
| — | Ambassadeurs (Salle des). | 1 | 254 |
| — | Giralda. | 1 | 253 |
| Sèvres. | Fragments de céramique. | 1 | 42 |
| — | Grille de l'ancienne manufacture. | 2 | 186 |
| — | Porcelaine. | 1 | 97-98 |
| Sidon. | Temple à Astarté. | 1 | 54 |
| — | Verrerie. | 1 | 55 |
| Sienne. | Grille. | 2 | 38-39 |
| Slatina. | Tribunal | 2 | 272 |
| Smolnoï. | Companile. | 2 | 232 |
| Sparte. | Civilisation. | 1 | 114 |
| Stamboul. | Voûtes. | 1 | 275 |
| Strasbourg. | Cathédrale, chapiteaux. | 1 | 340 |
| — | Ornement sculpté. | 1 | 348 |
| — | Faïence. | 2 | 97 |
| — | Porte des Juifs. | 2 | 90-91 |
| Stuttgard. | Château. | 2 | 85 |
| Suez. | Les races. | 1 | 4 |
| Suze. | Céramique. | 1 | 47 |
| Syène. | Cararactes. | 1 | 3 |
| — | Granit. | 1 | 11 |

TABLE ALPHABÉTIQUE DES LOCALITÉS 345

## T

| | | Volumes. | Pages. |
|---|---|---|---|
| Ténéa. | Apollon . . . . . . . . . . . . . | 1 | 134 |
| Téhuacan. | Téocalli. . . . . . . . . . . . . | 2 | 233 |
| Thasos. | Bas-reliefs . . . . . . . . . . . | 1 | 135 |
| Thèbes. | Armes . . . . . . . . . . . . . | 1 | 188 |
| — | Bas-reliefs . . . . . . . . . . . | 1 | 48 |
| — | Chapiteaux, colonnes . . . . . . | 1 | 13 |
| — | Piliers . . . . . . . . . . . . . | 1 | 14 |
| — | Temples . . . . . . . . . . . . | 1 | 8 |
| — | Vitraux . . . . . . . . . . . . | 1 | 370 |
| Tilburg. | Ferronnerie. . . . . . . . . . . | 2 | 317 |
| Todi. | Statue de Mars . . . . . . . . . | 1 | 150 |
| Tolède. | Cathédrale. . . . . . . . . . . | 1 | 366 |
| — | Château . . . . . . . . . . . . | 1 | 249 |
| — | Collège de Santa-Cruz . . . . . . | 2 | 92 |
| — | Eglise Maria la Blanca. . . . . . | 1 | 249 |
| — | Église Saint-Jean des Rois. . . . | 1 | 368 |
| — | Les lames de : . . . . . . . . . | 1 | 249-250 |
| — | Maison de la Table . . . . . . . | 1 | 369 |
| — | Palacio de los Ayalas . . . . . . | 1 | 369 |
| — | Puerta del Sol . . . . . . . . . | 1 | 248 |
| Toscanella. | Tombeaux . . . . . . . . . . . | 1 | 147 |
| Toulouse. | Arcades . . . . . . . . . . . . | 2 | 65 |
| — | Console . . . . . . . . . . . . | 2 | 120 |
| — | Saint-Sernin (Église). . . . . . . | 1 | 309 |
| Tourmanin. | Chapiteau et cul-de-lampe. . . . | 1 | 216 |
| Trédion. | Menhir. . . . . . . . . . . . . | 2 | 218 |
| Trèves. | Maison gothique . . . . . . . . | 1 | 354 |
| Troyes. | Cathédrale, fleuron . . . . . . . | 1 | 335 |
| — | Cathédrale, pinacle . . . . . . . | 1 | 334 |
| — | Église Notre-Dame . . . . . . . | 2 | 6 |
| Truxillo. | Ornement péruvien . . . . . . . | 2 | 236 |
| Turnù-Séverinù. | Pont de Trajan . . . . . . . . . | 2 | 265 |
| Tyr. | Architecture . . . . . . . . . . | 1 | 54 |
| — | Industries . . . . . . . . . . . | 1 | 56 |

## U

| | | | |
|---|---|---|---|
| Uxmal. | Ornement mexicain . . . . . . . | 2 | 235 |

## V

| | | | |
|---|---|---|---|
| Valence. | Casa lonja . . . . . . . . . . . | 1 | 367 |
| Venise. | Aventurine . . . . . . . . . . . | 2 | 294 |
| — | Cà d'Oro. . . . . . . . . . . . | 2 | 290 |
| — | Chevaux de saint Marc. . . . . . | 2 | 287 |
| — | Colonnes de la Piazzetta. . . . . | 2 | 288 |
| — | Gondoles. . . . . . . . . . . . | 2 | 284 |
| — | Mosaïque. . . . . . . . . . . . | 1 | 237 |
| — | Palais Ducal, grille . . . . . . . | 2 | 289-292 |
| — | Porcelaine . . . . . . . . . . . | 1 | 94-95 |
| — | Porte della Carta . . . . . . . . | 2 | 289 |

## TABLE ALPHABÉTIQUE DES LOCALITÉS

| | | Volumes. | Pages. |
|---|---|---|---|
| Venise. | Saint-Marc (Église) | 1 | 285-307 |
| — | Sculpture du Palais Ducal | 2 | 291 |
| — | Verrerie | 1 | 65 |
| Vérone. | Palais Bevilacqua | 2 | 28 |
| Versailles. | Château, pavillon | 2 | 133 |
| — | Peintures | 2 | 146 |
| — | Salon de la Guerre, ornements | 2 | 145 |
| — | Salon des médailles, chapiteau | 2 | 164 |
| — | Vase du bassin de Neptune | 2 | 141 |
| Vezelay. | Porte | 1 | 292 |
| — | Sculpture | 1 | 298 |
| Vicence. | Porcelaine | 1 | 95 |
| Vienne. | Porcelaine | 1 | 96 |
| Villeroy. | Château, cheminée | 2 | 62 |
| Vincennes. | Porcelaine | 1 | 97 |
| Volterra. | Porcelaine | 1 | 95 |
| — | Porte voûtée | 1 | 148 |
| — | Tombeaux | 1 | 147 |
| Vitteaux. | Maison | 1 | 327 |
| Vulci. | Tombeaux | 1 | 146 |

## W

| | | | |
|---|---|---|---|
| Warengeville. | Château | 2 | 45 |
| Weïes. | Tombeaux | 1 | 147 |
| Westminster. | Abbaye, about sculpté | 1 | 362 |
| — | Chapelle de Henri VII, pendentifs | 1 | 360-361 |

## Y

| | | | |
|---|---|---|---|
| Yédo. | Grès émaillés | 1 | 94 |
| Yokohama. | Maisons de ville | 1 | 103 |
| Ypres. | Heurtoir | 2 | 317 |

## Z

| | | | |
|---|---|---|---|
| Zurich. | Cathédrale | 2 | 297 |
| — | Chalet | 2 | 303 |
| — | Cités lacustres | 2 | 297 |

# TABLE ALPHABÉTIQUE DES STYLES

|  | Vol. | Pages. |  | Vol. | Pages. |
|---|---|---|---|---|---|
| Style Arabe. | 1 | 239 | Style Louis XVI | 2 | 173 |
| — Arabe de l'Inde. | 1 | 278 | — Mexicain | 2 | 231 |
| — Arabe de Perse. | 1 | 275 | — Moderne. | 2 | 205 |
| — Arabe de Turquie. | 1 | 273 | — Mudejar | 1 | 369 |
| — Assyrien et Babylonien | 1 | 27 | — Ogival | 1 | 319 |
| — Belge et Hollandais. | 2 | 309 | — Ogival allemand. | 1 | 352 |
| — Byzantin. | 1 | 211 | — Ogival anglais. | 1 | 357 |
| — Celtico-Scandinave. | 2 | 229 | — Ogival espagnol. | 1 | 366 |
| — Celtique. | 2 | 213 | — Ogival italien | 1 | 362 |
| — Chinois | 1 | 85 | — Persépolitain. | 1 | 44 |
| — Egyptien | 1 | 3 | — Péruvien | 2 | 236 |
| — Empire | 2 | 191 | — Phénicien et Hébreu. | 1 | 53 |
| — Etrusque | 1 | 143 | — Renaissance allemande. | 2 | 83 |
| — Gallo-romain | 2 | 228 | — Renaissance alsacienne. | 2 | 90 |
| — Gothique | 1 | 319 | — Renaissance anglaise. | 2 | 93 |
| — Grec | 1 | 113 | — Renaissance espagnole | 2 | 91 |
| — Hébreu | 1 | 53 | — Renaissance française. | 2 | 41 |
| — Henri IV et Louis XIII | 2 | 105 | — Renaissance italienne. | 2 | 23 |
| — Hindou | 1 | 67 | — Romain. | 1 | 157 |
| — Hollandais. | 2 | 309 | — Roman | 1 | 281 |
| — Indo-Chinois. | 1 | 80 | — Roman allemand. | 1 | 305 |
| — Japonais | 1 | 99 | — Roman anglais. | 1 | 307 |
| — Kachemir (de). | 1 | 79 | — Roman espagnol. | 1 | 308 |
| — Kmer. | 1 | 80 | — Roman italien. | 1 | 305 |
| — Latin. | 1 | 195 | — Roman rhénan. | 1 | 303 |
| — Louis XII. | 2 | 3 | — Roumain | 2 | 265 |
| — Louis XIII. | 2 | 105 | — Russe. | 2 | 241 |
| — Louis XIV. | 2 | 127 | — Suisse. | 2 | 295 |
| — Louis XV | 2 | 153 | — Vénitien | 2 | 283 |

# TABLE ALPHABÉTIQUE DES ARTS ET SCIENCES

| | Vol. | Pages. | | Vol. | Pages. |
|---|---|---|---|---|---|
| Armures | 1 | 188 | Maroquin | 1 | 279 |
| Art du dessin | 2 | 193 | Marqueterie | 2 | 130 |
| Aventurine | 2 | 294 | Mesures antiques et modernes | 2 | 279 |
| Barbotine, émaux | 2 | 123 | Miniature | 2 | 171 |
| Bibliographie | 2 | 330 | Mosaïque | 1 | 235 |
| Bois précieux | 2 | 238 | Numismatique | 2 | 19 |
| Céramique | 1 | 48 | Orfèvrerie | 2 | 188 |
| Cuir de Cordoue, maroquin | 1 | 279 | Papyrus | 1 | 25 |
| Cuivrage | 1 | 210 | Pierres | 2 | 201 |
| Dorure | 1 | 202 | Pierres précieuses | 2 | 262 |
| Emaux | 2 | 123 | Polychromie | 1 | 152 |
| Etamage | 2 | 226 | Porcelaine | 1 | 89 |
| Faïence | 2 | 94 | Préface | 1 | I |
| Filigrane | 1 | 83 | Sculpture sur bois | 2 | 307 |
| Glyptique | 1 | 139 | Table alphabétique des localités | 2 | 333 |
| Héraldique | 1 | 311 | Verrerie | 1 | 61 |
| Introduction | 1 | v | Vitraux | 1 | 370 |
| Laques | 1 | 109 | | | |

# TABLE ANALYTIQUE DES MATIÈRES

### PRÉFACE
#### PAGE I

Les historiens modernes, leur programme, p. i. — Les écrivains spéciaux. — Les livres faits sur l'architecture. — Ce qu'est notre livre, p. ii. — De l'importance du dessin dans une ouvrage didactique. — Simplification du livre. — A qui s'adresse notre travail. — Choix des documents. — Utilité documentaire de l'ouvrage, p. iii — Sciences et arts se rattachant à l'architecture, p. iv.

### INTRODUCTION
#### PAGE V

*Des styles architectoniques.*

Définition du style. — Sa formation, p. v. — Sa décadence. — Le style et la mode, p. vi.

*Du beau architectonique.*

Essai de définition. — De l'harmonie. — Du beau absolu. — De l'harmonie de l'objet avec son but. — De l'harmonie des différentes parties de l'objet entre elles. — De l'harmonie de l'objet avec son spectateur, p. vii. Conclusion tirée de l'examen des diverses conditions.

*Architecture préhistorique.*

Les premiers temps. — Abris primitifs. — Troglodyte, p. viii. — Perfectibilité de l'homme. — Conséquences de l'accroissement de population. — La tente. — La lutte pour l'existence. — Les huttes, p. ix. — Les abris aériens. — Les cités lacustres. — L'emploi de la pierre. — Influence du besoin de surnaturel sur l'art, p. x. — Les divinités. — Les temples qu'elles nécessitent, p. xi. — Développement des besoins.

## LIVRE PREMIER

STYLES : EGYPTIEN, ASSYRIEN, BABYLONIEN, PERSÉPOLITAIN, PHÉNICIEN, HÉBREU
HINDOU, CHINOIS, JAPONAIS

### STYLE ÉGYPTIEN
#### PAGE 3

L'Egypte. — Le Nil. — Les grandes pluies, p. 3. — La race. — Les caractères physiques, p. 4. — Les écritures, hiéroglyphique, hiératique et démotique — Leur emploi par les diverses classes. — Application de l'écriture à la décoration, p. 5.

### Architecture.

Concordance de l'architecture avec les caractères moraux de la race. — Respect des Egyptiens pour les morts. — Le type de l'architecture égyptienne, les pyramides, p. 6. — Coutume des rois d'Egypte. — Construction des pyramides. — Les sphinx, p. 7. — Les hypogées. — Apogée de l'art égyptien, p. 8. — Temple d'Edfou, description, p. 9. — Les allées de sphinx. — La décoration intérieure. — Temples souterrains. — Temple d'Ipsamboul. — Les obélisques, p. 10. — Temple de Denderah. — Déclin de l'idée religieuse, p. 11. — Architecture civile. — Matériaux, p. 12.

### Les caractéristiques du style égyptien.

Les grandes lignes. — La forme géométrique. — Les hiéroglyphes. — Les bas-reliefs. — La corniche égyptienne, p. 13. — Les piliers. — Temple de Médineh-Abou à Thèbes, p. 14. — Colonnes et chapiteaux de Thèbes, Karnac et Memphis, p. 15. — Chapiteaux d'Esneh et d'Edfou, p. 16.

### La Sculpture.

Les plus anciens spécimens de la statuaire égyptienne. — Les statues colossales, p. 16. — Hiératisme de l'art du sculpteur en Egypte, p. 17. — Les bas-reliefs. — Caractères particuliers. — Les sphinx, p. 19.

### Peinture.

Les différentes sortes de peinture. — Les plafonds. — La peinture des hiéroglyphes, p. 20.

### Les momies.

Embaumement. — Description, p. 20.

### Sciences, industries, arts industriels.

Astronomie. — Sciences abstraites. — Travail des métaux. — Les bijoux. — Le travail du bois, p. 22. — Les diverses essences. — Le verre. — La poterie. — La terre cuite. — Destination des vases. — Les matériaux et matières utilisés. — Les canopes, leurs formes et leur décoration, les exemples, p. 23. — Objets divers, d'usage et de toilette. — Industries d'ameublement, les étoffes, les tentures. — Autres branches de l'art industriel, p. 24.

## PAPYRUS
### PAGE 25

Les premières matières employées pour l'écriture. — La plante fournissant le papyrus. — Confection des feuilles. — Formation des volumes écrits, p. 25. — Difficultés qu'ont présentées les papyrus pour être déroulés, p. 26.

### Palimpsestes.

Usage barbare. — Description, p. 26.

## STYLES ASSYRIEN ET BABYLONIEN
### PAGE 27

La Mésopotamie. — Rôle du Tigre et de l'Euphrate. — Intervention du travail de l'homme. — Notre ignorance il y a cinquante ans, p. 27. — Quelques mots d'histoire. — Les découvertes de M. Botta en 1842. — Les caractères cunéiformes. — Un langage inconnu. — La linguistique en permet la reconstitution. — Les langues parlées en Mésopotamie, p. 28. — La race. — Classification des périodes, p. 29.

## TABLE ANALYTIQUE DES MATIÈRES

*Architecture.*

Les collines artificielles de la Chaldée et de l'Assyrie. — Les recherches à Khorsabad. — L'architecture militaire. — Epaisseur des murailles, p. 30. — Précautions des rois assyriens. — Ornementation sculpturale, p. 31. — Les temples assyriens. — Le Zigurat, p. 33. — Les différentes colorations des étages des temples. — Les statues colossales. — Les jardins suspendus, p. 34.

*Les caractéristiques du style.*

Les grandes lignes. — L'arc. — La gorge égyptienne, p. 35. — L'absence de colonnes et piliers, p. 36. — Palais de Nimroud à Ninive. — L'ornementation, p. 37.

*La sculpture.*

Le nu en Orient, p. 39. — Sujets de la sculpture, p. 39. — Les taureaux ailés androcéphales, p. 40.

*Polychromie et peinture.*

La polychromie en Assyrie et en Egypte. — Son application à l'architecture. — La peinture intérieure et extérieure, p. 41.

*Sciences, industries.*

L'astronomie. — Les métaux. — La trempe. — Le travail des métaux, p. 41. — La poterie. — Les briques. — Les terres émaillées, p. 42.

## STYLE PERSÉPOLITAIN
### PAGE 44

Géographie. — Race, origine. — Histoire, p. 44.

*L'architecture et la sculpture.*

Le génie pratique des Aryens. — Imitation des arts assyriens, p. 45. — Les caractères de l'architecture. — Les colonnes, p. 46. — Singulier ensevelissement des cadavres, p. 47.

## CÉRAMIQUE
### PAGE 48

Division de la céramique en diverses spécialités. — Origine de la poterie. — Les plus anciens spécimens, p. 48. — Les briques émaillées. — Les couleurs des émaux. — Les objets. — Rôle des Phéniciens. — Les vases grecs, p. 49. — Les poteries lustrées. — La céramique grecque. — Chez les Etrusques. — Chez les Romains, p. 50. — Chez les chrétiens. — Chez les Arabes. — Epoque romane. — Période féodale, p. 51. — Pendant la Renaissance. — De nos jours, p. 52.

## STYLES PHÉNICIEN ET HÉBREU
### PAGE 53

La Phénicie. — La race. — Importance de la marine. — Le commerce, p. 53. — Résumé historique, p. 54.

*Architecture phénicienne.*

Rareté des documents. — Tyr. — Probabilités sur les matériaux employés. — Dires des auteurs grecs, p. 54. — Documents empruntés à la Bible. — Les explorations de M. Renan sur les côtes de Syrie. — Monuments d'Amrith. — Influences égyptienne et assyrienne, p. 55. — La statuaire et les bas-reliefs. — Arts industriels, p. 56. — Origine des Hébreux.

— Leur influence morale dans l'histoire. — Les caractères physiques et moraux de la race, p. 56.

### Architecture hébraïque.

Salomon et Hiram. — Récit biblique. — Les Hébreux avaient-ils une architecture qui leur fut propre ? — Réponse, p. 57. — Tombeau de Joseph d'Arimathie. — Environs de Jérusalem. — Tombeau d'Abraham à Hébron, p. 58. — Les maisons juives. — Description des maisons, p. 59. — Ornementation. — Chandelier à sept branches, et autres renseignements, p. 60.

## LA VERRERIE
### PAGE 61

Les origines de la verrerie. — La légende. — Composition du verre. — Le soufflage, sa définition, p. 61. — Le verre soluble. — Formules de compositions. — Principales espèces de verre, p. 63. — Verres dépolis, striés, cathédrale, etc. — Verres de couleur. — Historique, p. 64. — Suite de l'historique du verre, p. 65. — Etamage des glaces, p. 66.

## STYLE HINDOU
### PAGE 67

L'Inde. — Sa géographie, p. 67. — Organisation aryenne, les castes. — Le Brahmisme. — Le Boudhisme, ses tendances égalitaires, p. 68.

### Architecture.

Période historique. — Les divers édifices, p. 69. — Les temples souterrains. — Les monuments monolithes. — Chapelle d'Ellora (Kaïlaça). — Pagodes, description, p. 70. — Temple de Djaggernat. — Architecture civile, description, p. 71. — Maison hindoue, p. 72. — Les matériaux, p. 73.

### Les caractéristiques du style.

Immuabilité de l'art. — Contraste avec les civilisations occidentales. — Le prototype des édifices. — Remarques sur les monuments modernes, p. 73. — Temple de Patan, p. 74. — Colonnes et chapiteaux d'Eléphanta et d'Ellora, p. 75. — Interprétation moderne du style hindou. — Ornementation, p. 76. — Influences persiques. — L'ornementation primitive, p. 77. — Influences musulmanes, p. 78.

### Sculpture.

Jugement sur la sculpture hindoue, p. 78. — La statuaire. — Les bas-reliefs. — Les dieux. — Les statues colossales, p. 79.

### Peinture et arts industriels.

Décoration des temples souterrains. — Sujets empruntés au Boudhisme. — Sciences et industries, p. 79.

## DÉRIVÉS
### PAGE 79

### Kaschemir.

Situation géographique, p. 79. — Les châles. — Influence de l'architecture hindoue. — Caractère particulier de l'ornementation, p. 80.

### Indo-Chine.

Position géographique. — La race. — L'architecture, p. 80. — La porte des Morts à Angkor-Thom. — La statuaire. — Les bas-reliefs, p. 81.

## FILIGRANE
#### PAGE 83

Relation entre le tempérament des peuples et les œuvres qu'ils produisent. — Aptitudes des Orientaux. — Le filigrane, sa description. — Les bijoux filigranés, p. 83. — Autre espèce de filigrane, p. 84.

## STYLE CHINOIS
#### PAGE 85

Géographie. — Diverses races. — Caractères physiques. — Ecriture chinoise, p. 85.

### Architecture.

Les matériaux utilisés dans les constructions. — Les incrustations, p. 85. — Polychromie. — Charpentes apparentes. — Les maisons chinoises. — Les pagodes. — Les tours, p. 86.

### Les caractères du style.

Caractère bien défini de l'art chinois. — La tente prototype de l'architecture de la Chine. — Les arêtiers curvilignes, p. 86. — Bizarrerie de la construction. — Harmonie des lignes et des couleurs. — Les emblèmes fantastiques, p. 87.

### Sculpture, peinture, gravure.

Essences des bois employés. — Chimères. — Précieux de la sculpture, p. 87. — Peinture. — Polychromie. — Gravure, p. 88.

## LA PORCELAINE
#### PAGE 89

Définition de la porcelaine. — Les pâtes dure et tendre. — Description. — Porcelaine de Chine, p. 89. — Famille chrysanthémo-pœonienne. — Famille rose, p. 90. — Famille verte, p. 92. — Porcelaine du Japon. — Mêmes familles, p. 92. — Porcelaine vitreuse p. 93. — Porcelaine laquée. — Céladons, craquelés. — Grès. — Porcelaine de l'Inde, p. 94. — Porcelaine italienne. — Porcelaine de Saxe, p. 95. — Porcelaine de Vienne. — Porcelaines diverses, p. 96. — Porcelaine française. — Historique, p. 97.

## STYLE JAPONAIS
#### PAGE 99

Les îles du Japon. — La race. — Le Japon longtemps fermé, p. 99.

### Architecture.

De l'architecture Japonaise. — Pagode de Kamakoura, p. 100. — Monuments nécessités par la pratique du culte de Boudha. — Les pagodes. — Les portes sacrées (Tori). — Les temples, p. 101. — Temple à Nagasaki. — Architecture civile. — Description, p. 102. — Maisons à Yokohama, p. 103. — Ornementation.

### Les caractéristiques du style.

Descriptions des lignes fondamentales, p. 104. — Les ornements, p. 105. — La dissymétrie. — La couleur, p. 106.

### Arts divers.

L'ébénisterie. — Le travail du bambou, ses applications. — Les bronzes, application de la laque. — La sculpture sur bois. — La bijouterie. — Le dessin, p. 107. — Les aptitudes. — Les animaux. — L'artiste japonais, p. 108.

## LES LAQUES
### PAGE 109

Ce que c'est que la laque. — Le laquage. — Sa technique, p. 109. — Les laques en relief. — Les laques usées. — Le Salvocat. — Les laques du Coromandel, p. 110.

# LIVRE DEUXIÈME

Styles : Grec, Étrusque, Romain, Latin, Byzantin, Arabe, Roman, Ogival ou Gothique.

## STYLE GREC
### PAGE 113

L'art classique. — Les sources de l'art. — La Grèce primitive, p. 113. — Les Pélasges. — Constructions cyclopéennes. — Les matériaux du Pentélique, du Péloponèse et de Paros. — Trésor d'Atrée. — Les Hellènes. — Les Doriens. — La civilisation grecque, p. 114. — La langue grecque, le dorien et l'attique. — L'alphabet grec. — Inscriptions, p. 115. — La religion grecque, p. 115. — Les dieux et demi-dieux, p. 116. — Assemblée des dieux, p. 118.

*Architecture.*

La Grèce et ses colonies. — La première époque. — Les dimensions restreintes des édifices. — Le plan des temples grecs, p. 119. — La construction primitive, p. 120. — Le temple de Pæstum, p. 121. — Gouvernement de Périclès. — Le Parthénon, p. 122. — Le temple d'Erechtée, p. 123. — L'acropole d'Athènes. — Monument choragique de Lysicrate. — Les tombeaux. — Les maisons grecques, p. 124.

*Les caractéristiques du style.*

Étude détaillée des diverses parties d'architecture formant l'ensemble du caractère du style, p. 125. — Fronton. — Architrave. — Antéfixe. — Cariatides. — Les *ordres :* dorique, ionique et corinthien, p. 126. — Origine du chapiteau corinthien, p. 130. — Ordre de Lysicrate, p. 130.

*L'ornementation.*

Les métopes. — Remplissage des tympans. — Décoration de cymaise, p. 131. — Oves, rais de cœur, p. 132.

*La sculpture grecque.*

Les écoles. — Phidias. — Le nu. — Les drapés. — Les caractères. — Chefs-d'œuvre, p. 133. — Les statues colossales. — La Minerve de Phidias. — Les sources de l'art grec, p. 134. — Les bas-reliefs, p. 135.

*La peinture.*

Les fresques. — Les divers procédés employés pour peindre. — La polychromie, p. 136. — Les poteries grecques, p. 137.

*Arts divers.*

La mosaïque. — Les connaissances diverses. — Le travail des métaux, p. 137. — Le bronze et l'airain, applications. — Composition des différents bronzes. — La bijouterie, ses origines. — Le verre et les émaux, p. 138.

## LA GLYPTIQUE
### PAGE 139

La glyptique a fourni de nombreux matériaux à l'histoire universelle. — Description. —

Les objets. — Les trois périodes dans l'antiquité, p. 139. — De la réduction mathématique et de l'interprétation. — Chez les Grecs. — Du choix de la pierre pour les camées. — De l'intaille, p. 141. — La technique, p. 142.

## STYLE ÉTRUSQUE
### PAGE 143

L'Étrurie. — Conformité de climat avec la Grèce. — La marche des arts, p. 143. — Position géographique. — Données incertaines sur les Étrusques, p. 144. — Restitution d'un temple étrusque, p. 145.

*Architecture.*

Les récits des anciens. — Tombeau à Cervétri, p. 146. — Tumulus. — Hypogées, p. 147.

*Les caractères du style.*

Les influences orientales. — L'imitation barbare du dorique grec. — L'ordre toscan, p. 147. — La voûte. — L'arc appareillé. — Les portes de villes. — La polychromie.

*Décoration.*

Emploi de la terre cuite rouge et noire. — Les ornements empruntés à l'art grec, p. 148. — Exemples d'ornements, p. 149.

*Sculpture, terre cuite et bronze.*

Les motifs employés par les sculpteurs, p. 149. — Les animaux, le dessin et les lignes. — La pierre et l'albâtre, les emplois. — La terre cuite, les spécimens. — Les statues en bronze, exemples, p. 150.

*Peinture, industrie.*

La peinture étrusque. — Les fresques des tombeaux. — Les scènes allégoriques. — Le dessin. — Les couleurs, p. 150. — Les sujets. — Le travail des métaux. — L'influence grecque. — La gravure. — Les miroirs étrusques. — La poterie. — Doutes sur l'origine des poteries étrusques, p. 151.

## LA POLYCHROMIE
### PAGE 152

Définition. — La polychromie naturelle. — La polychromie artificielle. — Les origines. — Les moyens de polychromie naturelle, p. 152. — Les moyens de polychromie artificielle. — Ressources décoratives. — Du moment où la polychromie devient un art. — De l'harmonie de la couleur avec le milieu. — Le goût des couleurs et les conditions climatériques. — Dans le Midi et dans le Nord, p. 153. — La polychromie rationnelle. — Chez les Égyptiens. — Chez les Assyriens, les Babyloniens et les Perses. — Chez les Grecs. — Les travaux des savants, lumière jetée sur le sujet, leurs observations. — La polychromie des Étrusques. — Chez les Romains. — Les premiers monuments sans peinture, p. 154. — L'influence de Rome. — Les influences orientale et byzantine. — Les artistes étrangers sous Charlemagne. — Au XIIIe siècle. — Influence des croisades. — Du XIVe au XVIe siècle. — Les applications de la polychromie à l'extérieur et à l'intérieur. — Utilisation de la coloration naturelle des matériaux. — Convenance de la monochromie dans les édifices. — Opinion de M. Ch. Blanc, p. 155. — Exemples tirés des édifices byzantins et arabes. — Les constructions de plaisance. — Convenance de la polychromie. — Opinion de M. Hittorff. — L'imitation, p. 156.

## STYLE ROMAIN
### PAGE 157

Le Latium. — Conditions climatériques. — Les émigrants aryens. — Les aborigènes. —

Fondation de Rome. — Romulus et Rémus. — Caractères moraux et physiques du Romain, p. 157. — La femme honorée et libre. — Influence des Romains sur l'antiquité et sur les temps modernes, droit, organisation, administration. — Centralisation. — Cohésion. — Hégémonie de Rome. — La religion. — Origine. — Caractères différents que présentent les Romains et les Grecs. — Les architectes et les ingénieurs, p. 158. — Grandeur des Romains, p. 159.

### Architecture.

Défaut d'esprit d'initiative. — Rome élève de la Grèce. — Transformation de l'art grec transporté à Rome. — Le rôle des Etrusques. — Définition de l'art monumental romain par M. Bâtissier, p. 159. — Les travaux sous la royauté. — Conquête de la Grande-Grèce. — Les tuiles. — Conquêtes de la Sicile et de la Grèce. — La somptuosité romaine. — Monuments de Rome, p. 160. — Période de la République. — Période de l'Empire. — Les grands édifices, p. 161. — Le Colisée. — Les forums, etc. — Les temples. — Les cirques et les théâtres. — La maison carrée, à Nîmes, p. 162. — La colonne Trajane. — Les Thermes, etc., p. 164. — De l'amour du peuple romain pour les œuvres d'art. — Les principaux thermes de Rome. — Les thermes de Titus, p. 165. — Les thermes de Caracalla, p. 166. — Les travaux d'art. — Les ponts de Rome. — Le pont de Trajan. — Le pont de St-Chamas, p. 167. — L'ornementation et la défense des ponts. — Le pont d'Alcantara. — Les autels. — Les monuments funéraires. — L'incinération, p. 168. — Le mausolée d'Adrien (fort Saint-Ange). — Divers tombeaux. — Les colombariums, p. 169. — Les arcs de triomphe, p. 170. — Intérieur pompéien, p. 171. — L'arc de Titus. — L'arc de Trajan. — La maison romaine, ses dispositions, p. 172. — Les boutiques, p. 173.

### Les caractéristiques du style.

Caractères généraux. — L'architrave, p. 173. — L'arc. — La coupole, p. 174. — Les pilastres. — Les arcs triomphaux, p. 175.

### LES ORDRES

L'ordre toscan. — Le dorique. — L'ionique, p. 175. — L'ordre corinthien, p. 176. — Ordres corinthien et composite, p. 177. — Composite. — Les proportions, p. 178.

### Ornementation.

Ses caractères. — Avertissement au lecteur, p. 178. — Les chapiteaux, p. 179. — Les corniches. — Les crossettes. — Les consoles, p. 180. — La grecque. — Les ornements courants, p. 181.

### LES ATTRIBUTS

Le trident. — Le thyrse, p. 182. — Le caducée. — Le pétase ailé et les talonnières. — La patère. — La lyre. — La foudre, p. 183.

### Sculpture.

Comment les Romains comprenaient les arts, p. 183. — La statuaire. — Le bas-relief. — Divers exemples. — La sculpture ornementale. — Les animaux. — Les chimères, p. 184.

### Peinture.

Aptitudes particulières des Romains pour la peinture. — Les fresques. — La perspective. — Les peintures de Pompéi, p. 185.

### Arts industriels.

Les Romains tributaires des Grecs. — La bijouterie. — L'argenterie. — Le bronze. — Rome. — Son déclin. — Le christianisme, p. 186.

## LES ARMURES
### PAGE 188

A l'origine. — Chez les Egyptiens. — Les Assyriens. — Les Israélites. — Les Grecs, p. 188. — Les armures romaines sous la République. — Sous l'Empire. — Les Gaulois, leur coutume de répudier les armures. — Dans les sépultures. — Les cottes de mailles. — La fabrication dans les Gaules. — Les cuirasses de bronze. — L'armure la plus généralement employée. — Au moyen âge, p. 189. — Les écailles. — Les boucliers. — Le haubert. — Le ventail. — L'armet. — Le hausse-col. — La bourguignotte. — Le cabasset. — Le faucre. — Les pièces de l'armure du cheval. — Armure au XII$^e$ siècle. — Aux XIII$^e$ XIV$^e$, et XV$^e$ siècles. — Le XVI$^e$ siècle et la Renaissance, p. 190. — Au XVII$^e$ siècle. — Armure de luxe complète. — La cuirasse, p. 191. — Les casques aux différentes époques, p. 192. — Les termes employés. — Les armures orientales. — Dans l'Inde, p. 193. — Chez les Chinois. — Chez les Japonais, p. 194.

## STYLE LATIN
### PAGE 195

Mollesse et perversité de Rome. — Apparition du Christ. — Ses préceptes. — Les prosélytes. — Les catacombes, p. 195.

#### *Architecture.*

Constantin proclame le christianisme religion d'Etat. — Développement. — Désaffectation d'édifices. — Les premiers temples, p. 196. — Les basiliques. — Saint-Clément, à Rome. — Les baptistères, p. 197. — Les chapelles. — Les cryptes. — Les transepts, p. 198.

#### *Les caractères du style.*

Les grandes lignes, p. 198. — Intérieur de Saint-Clément. — La croix latine et la croix grecque. — Les colonnades séparant les nefs, p. 199. — Les charpentes apparentes. — Ancienne basilique de Saint-Pierre, à Rome. — Les plafonds plats. — La décoration des parois, p. 200. — Utilisation des débris païens, p. 201.

#### *Peinture.*

Comparaison avec la peinture romaine. — L'artiste païen et l'artiste chrétien, p. 201.

## LA DORURE
### PAGE 202

Origine. — L'or. — L'emploi de la dorure en architecture, p. 202. — Dorure à la feuille. — Dorure à la cire. — Dorure à l'eau ou à la détrempe, les opérations, p. 203. — Dorure à l'huile. — Brunissage. — Sablé, granulé, p. 204. — Bronzage, p. 205.

#### DORURE SUR MÉTAUX

Dorure au mercure. — Préparation de l'amalgame. — Préparation du bronze, p. 205. — La dorure proprement dite. — La mise en couleur. — Or rouge, or moulu. — Inconvénients de la dorure au mercure, p. 206. — La dorure au bouchon ou au pouce. — La dorure au feu. — Dorure au trempé ou par immersion. — Préparation du bain. — Préparation des bijoux. — Opérations, p. 207. — Dorure galvanique, p. 208.

## ARGENTURE
### PAGE 209

Son antiquité. — Exemples retrouvés en Assyrie et à Pompéi. — L'argenture connue des

Francs et des Arabes. — Argenture à la feuille. — Argenture à la pâte. — Autres procédés, p. 209.

## CUIVRAGE
### PAGE 210

Les moyens. — En couche mince et en couche épaisse. — Emploi de l'électricité. — La mise au bain. — Le vernis isolant. — Le bain. — Une autre méthode. — Application du platine et du nickel, p. 210.

## STYLE BYZANTIN
### PAGE 211

La société romaine au IV<sup>e</sup> siècle. — Constantin. — Sa conversion. — Constantin rebâtit Byzance et y transporte le siège de l'Empire. — Constantin, Constance et Constant. — Les barbares, p. 211. - La première nuit de Constantin à Constantinople. — Son rêve. — L'interprétation, p. 212.

### *Architecture.*

Du commencement du style byzantin. — Les travaux de M. Melchior de Vogüé sur la Syrie centrale. — Les monuments du Haouran. — Les matériaux en Syrie. — Exemple d'architecture gréco-romaine, p. 212. — Les églises chrétiennes en Lybie, en Syrie, en Égypte, en Nubie, en Algérie, etc. — Les basiliques du Haouran. — Les toitures. — L'ornementation en Syrie, p. 213. — Divers exemples, p. 214. — Les chapiteaux, p. 215-216. — Les culs-de-lampe. — Les bases, p. 216. — Les rosaces. — Les basiliques à Constantinople, p. 217. — Orientation. — Description, p. 218, 219. — Justinien, p. 219. — Sainte-Sophie, p. 220, 221, 222. — Les chapiteaux et les bases. — Les iconoclastes. — Séparation des Églises grecque et romaine, p. 223. — Église de la Mère de Dieu à Constantinople, p. 224. — Église de Saint-Théodore à Constantinople. — Saint-Vital, de Ravenne, p. 225. — L'art byzantin en Gaule. — Charlemagne, p. 226. — Aix-la-Chapelle, p. 227.

### *Les caractéristiques du style.*

Définition générale, p. 227. — La coupole. — Église de Kapnicarea, à Athènes. — La dissymétrie, p. 228. — Église du Sauveur, à Constantinople. — Les assises alternées. — Les mosaïques d'or et de pierreries. — Les placages de marbres. — Les grandes figures, p. 229. — Les enroulements de bordure. — Les dispositions en plan. — Les tresses. — Les torsades. — La passementerie et la broderie, p. 230.

### *Ornementation.*

L'ornementation à l'extérieur et à l'intérieur. — Caractères des moulures, p. 230. — Les profils, p. 231.

### *Sculpture.*

La sculpture byzantine, p. 231. — Exemples divers, p. 232, 233.

### *Peinture.*

Les dires de saint Augustin et du pape Grégoire II. — Parallèle entre l'art païen et l'art chrétien, p. 233.

### *Arts industriels.*

Les arts de l'ancien monde, à Byzance. — Le travail de l'ivoire. — Les pierreries, p. 233, 234.

## LA MOSAÏQUE
### PAGE 235

Définition, p. 235. — Chez les Perses. — Chez les Grecs. — Chez les Romains. — A

Byzance. — A Saint-Vital de Ravenne, p. 236. — La mosaïque byzantine, les fonds d'or. — Pendant le moyen âge. — La Renaissance. — Les grands artistes, p. 237. — Technique, p. 238.

## STYLE ARABE
PAGE 239

Le pays. — Les solitudes. — La religion. — Mahomet, p. 239. — La race, p. 242. — La langue. — Les inscriptions, p. 243.

### Architecture.

L'architecture et le Koran, p. 244. — Les mosquées. — La mosquée de Kaïtbai au Caire. — La Mesdjid. — La Djami. — La Zouaïa. — Le marabout. — Description d'une mosquée, p. 245. — L'aspect extérieur. — Les mosquées servant de tombeaux. — Minaret. Les habitations musulmanes. — Description, p. 246. — Les moucharabys. — Maison arabe en Egypte, p. 247. — Les monuments, p. 248. — La porte du Soleil, à Tolède. — Le château de Cervantès. — Anecdote. — Maria la Blanca, p. 249. — Les lames de Tolède. — Cordoue. — La mosquée. — Description, p. 250. — La chapelle de Zancarron, p. 252. — Séville. — La Giralda. — L'Alcazar, p. 253. — Les grandes salles. — Grenade. — L'Alhambra, p. 254. — Détails. — Description, p. 255. — La salle des Deux-Sœurs. — La salle des Abencerrages, p. 256.

### Les caractéristiques du style.

Les origines de l'art arabe. — La nudité extérieure, p. 256. — Les prescriptions religieuses. — Le chapiteau cubique. — La colonne arabe, p. 257. — Les arcs, les arcades, p. 258, 259. — Les surfaces planes. — Les voûtes à stalactites. — Les entrelacs, p. 260. — Les minarets, p. 261.

### Ornementation.

Caractère particulier de l'ornementation. — La décoration arabe procède par surfaces, p. 262. — Les merlons, p. 263. — Les entrelacs. — L'ornement courant. — L'ornementation des chapiteaux, p. 264. — Le croissant. — La queue de cheval, p. 265.

### Menuiserie.

Le manque de structure, p. 265. — Les claustras, p. 266. — Les balustrades. — Les consoles, p. 267. — Les portes, p. 268.

### Serrurerie.

Les forgerons arabes, p. 269. — Défenses de fenêtres. — Grilles, p. 270.

### Peinture.

La peinture étroitement liée à la sculpture, p. 270. — Les couleurs vives, p. 271.

### Sculpture.

Les prescriptions du Koran. — Application à l'architecture. — Les lions de l'Alhambra. — Les moulages.

### Sciences et industrie.

Les arabes civilisateurs, p. 272. — L'horloge d'Haroun-al-Raschid. — Le papier de chanvre. — Astronomie, sciences physiques, etc., p. 273.

## EN TURQUIE
PAGE 273

La domination arabe en Orient. — Les influences byzantines. — Les influences persanes. — Amurat 1er. — Mahomet II s'empare de Constantinople. — Influence de Sainte-Sophie,

p. 273. — Bab-Humayoun. — Le sceau de Mourad I$^{er}$. — Les façades. — La décoration intérieure, p. 274. — La Suleymanieh, p. 275.

## EN PERSE
PAGE 275

Le parti. — La richesse des façades. — La faïence. — La dorure. — Les minarets. — Les coupoles persanes, p. 276. — Mosquée Medrech-Madérichah-Sultan-Hussein, à Ispahan, p. 277.

## DANS L'INDE
PAGE 278

Les monuments de l'Inde. — L'influence persane. — La mosquée de Delhi. — Caractères, p. 278.

## CUIR DE CORDOUE, MAROQUIN
PAGE 279

Omer corroyeur. — L'industrie du cuir à Cordoue. — Les emplois. — Le maroquin. — Technique. — Le débourrage. — Les bassements, p. 279. — Le refaisage. — Le tannage. — La presse, p. 280.

## STYLE ROMAN
PAGE 281

Les dernières années du x$^e$ siècle. — L'an 1000. — Le rôle de l'Eglise, p. 281. — La famine. — 1033. — On se remet au travail. — Les guerres féodales. — Les abbayes, Cluny et Citeaux. — La lutte d'influence. — Les relations avec l'Italie, p. 282. — Influences diverses, p. 283.

### Architecture.

Les influences romaine et byzantine. — La basilique romaine. — L'orientation. — Les cryptes. — Les façades. — L'oculus origine de la rose. — Les façades latérales, p. 283. — Les façades postérieures. — Absides. — Eglise d'Issoire. — Les clochers. — Les cloches, p. 284. — L'architecture civile. — Les écoles laïques. — Les communes. — Maisons. — Descriptions, p. 285. — Construction. — Les fenêtres. — Baies de diverses sortes. — Particularité des habitations civiles. — Les halles, p. 286.

### Les caractéristiques du style.

Le symbole de l'architecture romane, le plein-cintre, p. 286. — Les portes. — Les fenêtres. — Les œils-de-bœuf, p. 287. — Les corniches et les profils, p. 288. — Les corbeaux. — Les bandeaux, les moulures, — Les arcatures. — Les clochers. — Les porches, p. 290. — Les grandes portes. — Les bases de colonnes, p. 291. — Porte de l'abbaye de Vézelay, p. 292. — Les colonnes. — Exemples de bases romanes. — Les faisceaux de colonnettes. — Les chapiteaux. — Chapiteau cubique, p. 293. — Exemples de chapiteaux. — La variété. — De l'influence du matériau employé sur la sculpture, p. 294. — Les chapiteaux jumeaux, p. 295.

### Ornementation.

Interprétation de l'ornementation byzantine. — Utilisation de l'appareil dans la décoration. — L'opus spicatum. — Les diverses formes. — Les matériaux de couleurs variées. — En Auvergne. — Les imbrications, p. 295. — Les nattes, les entrelacs, les compartiments. — Les dents de scie. — Les têtes de clous. — Les billettes. — Les torsades, les festons crénelés. — Les bâtons rompus, les méandres, les chevrons brisés. — Les têtes plates. — Les figures bizarres. — Les besants. — Les boutons. — Les palmettes perlées. — Les bandelettes perlées. — Les feuilles imbriquées. — Les zigzags, p. 295. —

Les pierres enchâssées. — Les claveaux. — Les guirlandes de feuillage. — La flore, p. 297.

### Sculpture.

Avant le xi⁰ siècle. — Les clunisiens. — Renaissance, p. 297. — Les manuscrits historiés. — Ornements romans. — Les caractères de la statuaire. — La sculpture d'ornement, p. 298. — Les influences. — La flore, p. 299.

### Peinture.

Développement dans les cloîtres. — Les écoles laïques. — La liberté de composition, p. 299. — Les couleurs. — Les exemples, p. 300.

### Serrurerie.

Les emplois du fer. — Les grilles en bronze, p. 300. — Grille de la cathédrale du Puy en Velay. — La décoration du fer à l'époque romane. — Les assemblages, p. 301. — Grille de Saint-Denis. — Les pentures, p. 302. — Pièces diverses, p. 303.

### Arts et industries divers.

Dans les cloîtres. — La première fabrique de toile. — La tapisserie, les autres arts, p. 303.

## ROMAN RHÉNAN
### PAGE 303

L'influence des édifices romains, p. 303. — Le chapiteau cubique. — L'église de Rosheim. — La légende du comte de Salen, p. 304.

## EN ALLEMAGNE
### PAGE 305

Le développement du style — Les formes. — L'harmonie avec le caractère national. — Le double clocher. — L'ornementation, p. 305.

## EN ITALIE
### PAGE 305

Les Lombards. — L'architecture dans le Nord italien, p. 305. — L'influence byzantine au xi⁰ siècle. — Influences française, allemande, normande et arabe. — Caractères. — La tour penchée, à Pise. — En Sicile. — Ornementation. — Fragment de la cathédrale de Palerme, p. 307.

## EN ANGLETERRE
### PAGE 307

Les édifices anglais avant la conquête normande. — Le chapiteau godronné. — L'ornementation. — Les arcatures. — Caractères, p. 308.

## EN ESPAGNE
### PAGE 308

Les églises fondées par les Visigoths. — Les Maures. — Les influences française et arabe. — La décoration. — Les chapiteaux. — Les monuments. — Saint-Millan de Ségovie. p. 309-310.

## HÉRALDIQUE
### PAGE 311

L'origine des armoiries. — Leur usage en Orient et en Allemagne. — La simplicité primitive. — Les croisades, p. 311. — La science du blason. — Description des émaux et des pièces, p. 312. — Les attributs nobiliaires, p. 318.

## STYLE OGIVAL
### PAGE 319

Réveil du génie gaulois à la fin du XII° siècle. — Les grands événements. — Le rôle de l'Eglise. — Les moines, p. 320. — Les centres monastiques. — Les premières communes. — Les races se mélangent, p. 322. — Les différences de mœurs. — Louis le Gros. — Les croisades, p. 323. — Les résultats des croisades. — Les moyens d'action à la fin du XII° siècle, p. 323.

*Architecture.*

L'arc en ogive. — Les précédents, p. 323. — L'architecture gothique. — D'où vient le nom de gothique. — Divisions de l'art ogival dans ce livre, p. 324.

*Architecture ogivale primaire.*

Les essais de la première période, p. 324. — Les leçons de l'expérience. — L'ogive et l'arc-boutant. — A la fin du XII° siècle, p. 325. — La cathédrale de Chartres. — Les hôtels de ville. — Les maisons, p. 326.

*Architecture ogivale secondaire.*

L'apogée, p. 327. — La décadence et ses causes. — La puissance royale. — La cathédrale de Metz, p. 328. — Architecture religieuse. — Architecture civile, p. 329.

*Architecture ogivale tertiaire.*

Le XV° siècle. — Naissance de la nationalité française, p. 329. — Organisation. — Louis XI. — L'architecture monumentale. — L'architecture privée, p. 330.

*Les caractéristiques du style.*

Caractères généraux, p. 331.

*Première période, XIII° siècle.*

Pourquoi on a donné le nom d'architecture à lancettes à l'architecture du XIII° siècle. — Le caractère d'ensemble. — La croix latine. — L'ogive et l'arc-boutant. — La voûte ogivale. — Les fenêtres, p. 331. — Les portes. — Les roses. — Les galeries à jour. — Les arcatures, p. 332. — Les clochers, p. 333. — Les pinacles, p. 334. — Les crochets, p. 335. — Les fleurons. — Les gargouilles. — Les balustrades, p. 336. — Les consoles. — Les colonnes en faisceau. — Les chapiteaux, p. 337. — L'élément végétal, p. 338.

*Deuxième période, XIV° siècle.*

Pourquoi on a donné le nom d'architecture rayonnante à l'architecture du XIV° siècle. — Le caractère d'ensemble. — L'ogive. — La croix latine, p. 338. — Les fenêtres. — Les contreforts. — Les roses. — Les balustrades, p. 339. — Les chapiteaux. — Les fleurons. — Les gargouilles. — Les crochets, p. 340.

*Troisième période, XV° siècle.*

Pourquoi on a donné le nom d'architecture flamboyante à l'architecture du XV° siècle. — Le caractère d'ensemble, p. 340. — Le génie. — État des esprits au XIII° siècle. — Au XV° siècle. — Après les grands efforts, p. 341. — La décadence. — L'ogive. — Les fenêtres. — Les roses. — Les balustrades, p. 342. — Les crochets, p. 343.

*Les profils.*

Les profils de la période ogivale. — Exemples, p. 343 et suivantes.

*Ornementation.*

La décoration pendant les trois périodes, p. 345.

### La sculpture.

La statuaire. — Les influences. — La statuaire fait partie de l'architecture et n'est pas une œuvre détachée. — Dans nos musées. — Le mysticisme, p. 346. — Le sculpteur grec et le sculpteur gaulois. — La sculpture d'ornement. — Les écoles laïques, p. 347. — La nature fournit les modèles. — Les plantes infimes, p. 348.

### La peinture.

Diverses sortes de peintures, p. 349.

### La menuiserie.

La structure, p. 349. — Les tournages. — Les portes, p. 350.

### La serrurerie.

Le forgeron. — La grille à barreaux. — L'amour du métier. — L'étampe, p. 350. — Exemples. — Travail, p. 351.

## EN ALLEMAGNE
### PAGE 352

Comment l'architecture ogivale pénètre en Allemagne, p. 352. — Caractère particulier dû à la suppression des arcs-boutants.

### Les caractéristiques du style.

#### Première période, XIIIe siècle.

L'architecture allemande adopte le style ogival, p. 353.

#### Deuxième période, XIVe siècle.

Parallèle des styles gothiques allemand et français, p. 353. — Les fenêtres. — Les balustrades. — L'architecture civile, p. 354.

#### Troisième période, XVe siècle.

L'impulsion française. — Caractères différents à une même époque entre l'architecture allemande et l'architecture française. — Les trois nefs égales. — Notre-Dame d'Esslingen. — Son clocher, p. 355.

### Ornementation sculpturale.

Au XVe siècle. — L'exubérance des formes. — Les crochets, fleurons, etc. — Saint-Laurent à Nuremberg. — Les balustrades, p. 356. — Les feuillages découpés, p. 357.

## EN ANGLETERRE
### PAGE 357

L'Angleterre reçoit de la France les principes fondamentaux de l'architecture ogivale. — Guillaume de Sens mandé en Angleterre, p. 357. — Cathédrale de Canterbury. — Le génie des Anglo-Saxons. — Les modifications apportées par les architectes anglais à l'architecture ogivale. — Prédominance de la ligne horizontale sur la ligne verticale. — La structure extérieure. — Les crénelages. — La cathédrale de Salisbury, p. 358. — Le style ogival anglais primaire. — Le style ogival pur dans la Grande-Bretagne. — Pendant la deuxième période. — Le style « decorated » orné ou fleuri. — L'ornementation des fenêtres. — La structure navale. Situation politique de l'Angleterre au XVe siècle.

### Les caractéristiques.

Le style « perpendiculaire ». — L'apogée. — L'arc Tudor, p. 359. — Les fenêtres. — L'ogive écrasée. — La chapelle de Henri VII à Westminster. — Les voûtes. — Les stalactites, p. 360. — L'ordre du Bain. — Tombeau de Henri VII et de sa femme. — Les charpentes apparentes. — Les profils. — Diverses sections, particularités, p. 361.

*Ornementation sculpturale.*

Les formes romanes et les influences. — Les crochets anglo-normands. — La maigreur des tiges. — Sculpture de Westminster, p. 362.

## EN ITALIE
### PAGE 362

La Rome antique impose son art à l'Italie. — Le génie italien, p. 362. — L'art classique chez les autres peuples. — Résultats de l'introduction du style ogival en Italie. — Résistance des artistes italiens. — L'art ogival à la fin du XIII<sup>e</sup> siècle. — La ligne horizontale, p. 363. — La cathédrale d'Orvieto. — Les édifices purement gothiques, p. 364. — Fondation de la cathédrale d'Orvieto. — Riche écran masquant une simple basilique à charpente, p. 365.

*Ornementation sculpturale.*

L'influence des arts précédents. — La loge des lances. — Le tabernacle Or san Michele, à Florence, p. 365.

*Serrurerie.*

L'armurerie. — Le perfectionnement du travail. — Les corporations. — Le bronze plus employé que le fer.

## EN ESPAGNE
### PAGE 366

Les conditions de climat. — L'art arabe et l'art chrétien. — La première période, p. 366. — La seconde période. — Déclin de la domination arabe. — Les constructions du XV<sup>e</sup> siècle. — L'influence arabe vaincue par les armes impose son génie dans le domaine artistique. — Le mélange. — Les profils, p. 367. — Les balustrades, p. 368.

## STYLE MUDEJAR
### PAGE 369

Les monuments du style mudejar. — L'ornementation, p. 369.

## VITRAUX PEINTURE SUR VERRE
### PAGE 370

Définition. — En Asie et en Égypte. — Les bijoux ornés de verres colorés. — Chez les Romains, p. 370. — Au IV<sup>e</sup> siècle. — Au VI<sup>e</sup> siècle. — Le montage en plomb. — L'apogée. — Au XIII<sup>e</sup> siècle. — Les figures. — Le but de l'artiste. — Au XIV<sup>e</sup> siècle. — Le dessin. — Vulgarisation du vitrail. — Au XV<sup>e</sup> siècle. — Les verrières de Beauvais. — Les cartons. — Pendant la Renaissance, p. 371. — Influence de la découverte de l'imprimerie. — Les tons pâles. — Les grisailles et les camaïeux. — Le vitrail veut lutter avec la peinture à l'huile. — Les progrès scientifiques. — Les procédés. — Technique, p. 372. — Pendant le moyen âge, choix des sujets. — Procédés divers de coloration et de mise en place. — La peinture vitrifiable. — Le montage des vitraux en Orient. — Les vernis laques. — Les simili-vitraux. — L'imitation des plombs, p. 373.

FIN DU PREMIER VOLUME.

# DEUXIÈME VOLUME

## LIVRE TROISIÈME

Styles : Louis XII, Renaissance italienne, Renaissance française, Renaissance allemande, Renaissance alsacienne, Renaissance espagnole, Renaissance anglaise, Henri IV, Louis XIII, Louis XIV, Louis XV, Louis XVI, Empire, Contemporain.

### STYLE LOUIS XII
#### PAGE 3

La transition. — Notre classement. — A la fin du xv<sup>e</sup> siècle. — Paroles de Louis XI. — La nouvelle génération et ses aspirations. — La guerre d'Italie. — Les résultats, p. 4.

#### Architecture.

L'art ogival et l'art italien. — Charles VIII transforme le château d'Amboise. — La mort du roi et l'épitaphe de Commines. — Les seigneurs suivent l'exemple. — Le cardinal Georges d'Amboise, p. 5. — L'architecture religieuse. — L'hôtel de la Trémoille. — Divers hôtels, p. 6. — L'hôtel de Cluny. — Description. — Palais de Justice de Rouen, p. 7. — Le château de Gaillon. — Les arabesques. — L'enthousiasme soulevé par le nouvel art. — Louis XII commence les travaux du château de Blois, p. 8. — Le château de Blois, aile Louis XII. — Lettres et attributs, p. 9. — Les deux cours. — L'escalier Louis XII. — Les châteaux et les hôtels de ville, p. 10 — La loge de la Chambre des Comptes, p. 11. — L'architecture au commencement du xvi<sup>e</sup> siècle.

#### Les caractéristiques du style.

Le caractère général. — L'appareil irrégulier. — Les colonnes, p. 12. — Les fenêtres. — Les lucarnes, p. 13. — Les tuyaux de descente. — Les gargouilles. — Les profils. — Les arcs divers. — Les souches de cheminées, p. 14. — Les jeux de brique. — Les clefs pendantes, p. 15. — Les panneaux à parchemins. — Les attributs, p. 16.

#### Ornementation sculpturale.

L'influence italienne. — Le compromis, p. 17. — Les ornements. — La flore, p. 18.

### NUMISMATIQUE
#### PAGE 19

La numismatique et son rôle dans l'histoire. — Définition. — Les médailles. — Les monnaies. — La monétisation des objets, p. 19. — La pratique de la numismatique. — Les termes employés, p. 20 et 21. — Les services qu'ont rendus les médailles, p. 22.

## STYLE RENAISSANCE ITALIENNE
### PAGE 23

L'Italie. — Le réveil de l'art, en Toscane. — Brunelleschi, p. 23.

#### Architecture.
##### Première période, xv° siècle.

Brunelleschi père de la Renaissance. — Quelques mots de biographie, p. 24. — L'architecture de la Renaissance et ses sources. — Les palais. — Le palais Strozzi, à Florence. — Les bossages, p. 27.

##### Seconde période, xvi° siècle.

Commencement de Saint-Pierre de Rome, p. 27. — Bramante. — Jules II et Léon X. — Rome et ses traditions. — Les principaux édifices. — Les constructions civiles. — Apogée de la Renaissance italienne. — Palais Bevilacqua, à Vérone, p. 29.

##### Troisième période, xvii° siècle.

Renaissance classique. — Les grands maîtres. — La décadence. — Bernini. — Borromini, p. 29.

##### Les caractéristiques du style.

Les bossages. — Les lanternes, p. 30. — Les profils. — Les colonnes, p. 31, 32. — L'emploi des ordres. — La fantaisie. — Les cours, p. 33. — Les cours à Rome.

#### La sculpture.

En Toscane. — La tradition ogivale et les réminiscences antiques. — Les maîtres. — La sculpture ornementale. — Exemples, p. 35. — La porte du palais Stanga, p. 36. — Bas-relief.

#### La serrurerie.

L'emploi du bronze, p. 37. — Les premières grilles en fer. — Les panneaux. — L'imitation du bronze, p. 38. — Grille à Sienne. — Les forgerons italiens, p. 39.

## STYLE RENAISSANCE FRANÇAISE
### PAGE 41

Le style ogival et le style Renaissance. — L'éclectisme, p. 41. — Comment la Renaissance se présente en France. — L'état des esprits, p. 42.

#### Architecture.

François I$^{er}$. — Le classement admis. — La division adoptée par nous dans ce livre.

##### Première période, François I$^{er}$.

Opinion de Louis XII sur François I$^{er}$. — Réalisation de la prédiction. — Portrait de François I$^{er}$, p. 43. — Guerre d'Italie. — L'art italien à l'époque de François I$^{er}$. — La première moitié du xvi° siècle, p. 44. — Les artistes italiens émigrent en France. — Leur influence sur l'art français. — L'essor que prend l'architecture sous François I$^{er}$. — Les premières constructions. — Restes de l'influence ogivale. — Quelques édifices, p. 45. — La maison de François I$^{er}$, à Paris. — Chenonceaux, p. 46. — Le château de Blois. — Les emblèmes, p. 47. — Description du château de Blois, p. 48. — Le château de Chambord, p. 50, 51. — La lanterne. — Opinion de Blondel. — Le château de Saint-Germain. — Le château de Madrid. — D'où vient ce nom, p. 52. — Château de Fontainebleau. — Hôtel de ville de Paris. — L'architecture civile. — Pierre Lescot. — Le vieux Louvre. — Paul Ponce, p. 53. — Jean Goujon. — Description de la façade, p. 54. — L'architecture profane et l'architecture religieuse.

TABLE ANALYTIQUE DES MATIÈRES

*Deuxième période, Catherine de Médicis.*

Les rois. — La reine mère. — Continuation des édifices commencés sous François I$^{er}$. — Henri II continue le Louvre, p. 56. — La Fontaine des Innocents. — Le château d'Ecouen. — Le château d'Anet. — Les Tuileries, p. 57. — La décadence sous Henri III. — Le Pont-Neuf.

*Les caractéristiques du style.*

Première période, première, deuxième et troisième manières. — Deuxième période. — Les grands architectes, p. 58. — Les ordres. — Les colonnes et les pilastres, p. 59. — Les colonnes torses. — Les colonnes à tambours, p. 60. — Les termes. — Les cariatides. — Les chapiteaux, p. 62. — L'emploi des figures dans les chapiteaux. — Les bases. — Les profils et les corniches, p. 64. — Les corniches. — Les arcades. — L'arc bombé. — L'arc plein cintre. — L'arc surbaissé. — Application des arcs au château de Blois, p. 65. — Emploi de l'arc surbaissé pendant la Renaissance. — Les balustres et les balustrades. — Les arabesques, origine du mot, opinion de Vitruve. — Les attributs, divers exemples, p. 66. — Les cartouches, description, exemples. — Les déchiquetures, origine, p. 67, 68. — Les chimères, au moyen âge, pendant la Renaissance. — Les têtes d'anges ailées ou angelots. — Les médaillons. — Les fleurons. — Les candélabres. — Les matériaux, p. 69.

*Sculpture ornementale.*

Parallèle entre la sculpture du moyen âge et celle de la Renaissance, p. 69. — Les naïades de la Fontaine des Innocents. — Les cariatides du Louvre. — Ornements sculptés, p. 71. — Divers bas-reliefs, p. 72. — La feuille, p. 73.

*Peinture.*

Qualités et défauts. — Les maîtres italiens, p. 73. — Les maîtres français, p. 74.

*Menuiserie.*

La construction. — Les plafonds apparents. — Les profils. — Les balustres p. 74.

*La serrurerie.*

L'héritage laissé par les forgerons du moyen âge. — L'artiste forgeron au XVI$^e$ siècle. — Réflexion. — Pendant la Renaissance. — Les avantages de la manipulation, p. 75-76. — Les dimensions des fers employés. — Les assemblages, p. 76, 77. — Le travail. — Le relevage. — Le repoussage, p. 77. — L'étampage. — La forge. — La torsion, p. 78. — Les tire-bouchons. — Figures décoratives. — Le bronze fondu, p. 79. — Exemples de ferronnerie. — Au XVI$^e$ siècle. — Les cornes de bélier, p. 80. — Portails, p. 81. — La belle époque.

## RENAISSANCE ALLEMANDE
PAGE 83

Comment la Renaissance pénétra en France et comment elle s'introduisit en Allemagne. — Les maîtres allemands lui donnent un caractère national. — Le château d'Heidelberg, p. 83. — La façade d'Othon-Henry, p. 84. — Château de Schalabourg, p. 85 — L'architecture.

*La sculpture ornementale.*

Son exubérance et ses caractères. — La découpure. — Les fantaisies, p. 86.

*La serrurerie.*

Au point de vue technique. — La mise en œuvre. — La composition et la forge. — L'emploi rationnel du fer. — Les principes modernes. — Le calcul de résistance inapplicable à certaines formes, p. 87. — Grilles à Salzbourg. — La ferronnerie et l'armurerie allemandes, p. 89.

## LA RENAISSANCE EN ALSACE
### PAGE 90

Sur la rive gauche du Rhin. — Les hôtels de ville. — Le caractère général, p. 90. — Les artistes alsaciens. — La porte des Juifs, à Strasbourg. — Serrurerie, p. 91.

## EN ESPAGNE
### PAGE 91

A la fin du $xv^e$ siècle la Renaissance pénètre en Espagne. — Conditions dans lesquelles se trouve alors la péninsule ibérique, p. 91. — Collège de Santa-Cruz. — Les trois époques. — La sculpture, p. 93.

## EN ANGLETERRE
### PAGE 93

Les traditions. — Les coutumes. — La lutte des styles. — La Renaissance s'introduit. — Sa transformation. — Retour à l'antiquité, p. 93.

## LA FAIENCE
### PAGE 94

Origine du mot faïence. — Majolique. — Avertissement de l'auteur. — Classification par familles, p. 95.

### EN ITALIE

Faënza. — Florence. — Gubbio. — Gênes, p. 96.

### EN ALLEMAGNE

Bayreuth. — Haguenau. — Strasbourg, p. 97.

### EN HOLLANDE

Delft, p. 97, 98. — Amsterdam, p. 99.

### EN FRANCE

Oiron. — Rouen. — Nevers, p. 101.

### EN ORIENT

Perse. — Delhi (Inde).
Quelques lignes biographiques sur Bernard Palissy, p. 101.

## STYLES HENRI IV ET LOUIS XIII
### PAGE 105

La seconde division de la Renaissance. — Influence des guerres religieuses. — La simplicité du protestantisme. — Les résultats, p. 105.

#### *Architecture.*

Au commencement du $xvii^e$ siècle. — L'emploi de la brique. — L'ordre colossal, p. 106. — Le manque d'originalité. — Retour à la source. — Château de Fontainebleau, galerie des cerfs. — Le rôle de la décoration, p. 107. — Henri IV réunit les Tuileries au Louvre. — Les maîtres. — A Fontainebleau. — Divers édifices. — Le Baptistère, p. 108. — Divers châteaux. — Sully transforme Paris. — La place Royale. — La place Dauphine. — Le Pont-Neuf. — L'hôpital Saint-Louis, etc. — Mort de Henri IV, p. 109. — Marie de Médicis. — L'esprit monarchique. — Les palais. — La statue de Henri IV. — Richelieu. — L'art reprend une nouvelle force. — Architecture civile, p. 110. — L'escalier en fer à cheval de la cour du Cheval-Blanc, à Fontainebleau. — Le Val-de-Grâce. — Le pont Saint-Michel. — Le rendez-vous de chasse de Louis XIII à Versailles. — Divers monuments. — L'influence italienne, p. 114. — Les jésuites et leur architecture. — Opinion de M. Henri Martin, p. 111. — État d'esprit des artistes à cette époque, p. 112.

### Les caractéristiques.

Caractère général sous chacun des deux rois. — La décoration, p. 112. — La brique. — Les vermiculures. — Les consoles renversées, les ailerons, p. 113. — Porte rue des Francs-Bourgeois à Paris. — Les coupoles. — Les consoles, p. 114. — Les chapiteaux, p. 115. — Les frontons. — Les couronnements de porte. — Les toitures, p. 116. — Lucarne à Poitiers. — Les lucarnes, p. 117. — Les croisées, p. 118.

### Ornementation sculpturale.

La décoration appliquée aux édifices. — Les intérieurs. — Les déchiquetures, p. 118. — Les médaillons. — Les palmes et les graines. — La feuille, p. 119. — Consoles, les volutes inclinées, p. 120.

### Menuiserie.

Son ornementation. — Ses formes. — Suppression des meneaux, p. 121.

### Serrurerie.

Les traditions de la Renaissance. — L'armurerie. — Les passages de fer contrariés. — Les pentures, p. 12.

## LA BARBOTINE. — LES ÉMAUX
### PAGE 123

D'où vient le nom de « barbotine ». — L'émail chez les anciens. — Sa composition. — Divisions de l'art de l'émailleur. — Émaux en taille d'épargne. — Émaux cloisonnés. — Émaux de basse-taille. — Les émaux mixtes. — Les émaux peints. — Origine des procédés, p. 123. — Applications modernes, p. 126.

## STYLE LOUIS XIV
### PAGE 127

Le règne de Louis XIV. — Caractère du roi, ses aptitudes, p. 128. — Comment le peint Boileau.

### Architecture.

Pendant la minorité. — Les constructions. — Au château de Blois, p. 129. — Seconde moitié du xvii<sup>e</sup> siècle. — Colbert. — Lebrun. — La colonnade du Louvre. — Claude Perrault, p. 130. — Jean-Laurent Bernini et ses plans. — L'influence de la colonnade, p. 132. — Palais de Versailles, p. 133. — L'Hôtel des Invalides, p. 135. — Son dôme. — Saint-Cyr. — La place Vendôme. — La place des Victoires. — La chapelle du château de Versailles. — La porte Saint-Denis, p. 136. — La porte Saint-Martin. — Saint-Roch. — Notre-Dame des Victoires. — Saint-Louis en l'Ile. — Saint-Thomas d'Aquin. — Saint-Sulpice. — Dans l'architecture civile. — Imitation de Versailles. — Composition d'une habitation, p. 137. — L'Hôtel de Luynes. — L'Hôtel de Belle-Isle. — L'Hôtel de Lavrillère. — Les châteaux, p. 139.

### Les caractéristiques du style.

Caractère d'ensemble. — Soubassements élevés, p. 139. — Les ordonnances colossales. —

Les toitures. — Les balustrades. — La symétrie, p. 140. — Les corniches. — Les guirlandes. — Les rubans. — Les trophées. — Les vases. — Les larmes, p. 141. — Les gaines, les fuseaux. — Les bases. — Les consoles. — Les chapiteaux, p. 142. — Les coquilles. — Les clefs, p. 143.

*Ornementation sculpturale.*

La statuaire, p. 144. — Les motifs. — Les ornements courants, p. 145.

*La peinture.*

Lebrun. — Son influence. — Son œuvre, p. 146.

*La serrurerie.*

Le caractère général. — La petite serrurerie. — Les gâches de répétition. — Les métaux employés. — L'ajustage ou travail de précision. — La serrurerie prend les formes des autres arts. — Les balcons. — Les appuis. — Les panneaux, p. 147. — Les grilles, p. 149.

### MARQUETERIE
PAGE 150

Définition. — Différentes espèces, p. 150. — La coloration. — Les moyens et les agents chimiques. — Les ombres. — La mise en œuvre des bois, p. 151. — Coup d'œil historique, p. 152.

### STYLE LOUIS XV
PAGE 153

Du style. — Coup d'œil général sur les styles précédents, p. 153.

*Architecture.*

Distinction à faire en examinant l'architecture sous Louis XV. — Les monuments, p. 155. — Le Panthéon. — La Fontaine de Bouchardon. — Divers édifices. — Le pont de Neuilly. — La distribution intérieure. — Les petites maisons. — Le pavillon de Hanovre, p. 159.

*Les caractéristiques du style.*

Les deux caractères distincts. — L'architecture monumentale. — L'architecture privée. — L'ornementation. — La dissymétrie. — Les courbes contrariées, p. 160. — Les angles arrondis, p. 161. — La forme des baies. — Les rocailles. — Les coquilles, p. 162. — Les fleurs. — Les treillages. — Les balcons courbes. — Les profils, p. 163. — Les chapiteaux. — Les figures animées, p. 164 — Décoration intérieure. — Les consoles, p. 165.

*Sculpture ornementale.*

Les formes. — Les caractères, p. 167.

*La menuiserie.*

Les formes tourmentées. — Les contre-courbes. — Les profils. — L'ornementation, p. 168.

*La serrurerie.*

L'ajustage prend une plus grande importance. — Le déclin de la forge. — Jean Lamour, p. 168. — Les grilles de Nancy, p. 169. — Le travail du fer, p. 170.

### MINIATURE
PAGE 171

Définition. — Les différentes manières. — Au $VI^e$ siècle. — Les peintures de moines grecs, p. 171. — Au $XIV^e$ siècle. — La petite peinture et la peinture en petit. — Les déformations savantes. — Au $XVIII^e$, p. 172.

TABLE ANALYTIQUE DES MATIÈRES 371

## STYLE LOUIS XVI
PAGE 173

Louis XVI. — Son caractère. — Ses bonnes intentions.

### Architecture.

Retour à l'antique. — Exemples d'édifices, p. 173. — Le Grand Théâtre de Bordeaux. — Le théâtre de l'Odéon. — Le lycée Louis-le-Grand. — Le manque d'originalité, p. 174.

### Les caractéristiques du style.

Le caractère d'ensemble. — Les causes des révolutions. — Le style Louis XVI à première vue. — Retour général à l'antiquité. — Réaction contre la rocaille. — Les efforts parallèles des artistes et des hommes politiques, p. 175. — Trop d'érudition. — La société à la fin du xviiie siècle, p. 177. — Les grecques, p. 178. — Les ovales. — Les spires allongées. — Les nœuds de rubans. — Les guirlandes. — Les consoles. — Les enfilages, p. 181. — Les baguettes à torsades. — Les treillis. — Les chapiteaux. — Les angles, p. 182.

### La sculpture ornementale.

Beauté de la décoration intérieure. — Les lignes rigides, p. 183.

### La menuiserie.

Retour au genre Louis XIV. — Les courbes. — Ornements sculptés et peints, p. 184.

### La serrurerie

La serrurie à la fin du xviiie siècle. — Les exemples. — La rampe de l'hôtel des Postes, à Paris. — La grille de l'ancienne manufacture de Sèvres, p. 185. — Divers détails de serrurerie, p. 186.

## ORFÈVRERIE
PAGE 188

Définition. — A l'origine. — Chez les Grecs. — Chez les Romains, p. 188. — En Gaule. — Saint Eloi. — Sous François Ier. — Influence des artistes italiens. — Sous Louis XIV. p. 189. — Exemples. — Quelques orfèvres, p. 190.

## STYLE EMPIRE
PAGE 191

L'antiquité. — Le théâtral. — Impossibilité d'un retour au moyen âge. — Tout est antique, p. 191.

### Architecture.

L'idée dominante. — Percier et Fontaine. — Arc de triomphe du Carrousel. — Quelques mots sur Percier, p. 193. — Divers monuments. — Arc de triomphe de l'Étoile. — La colonne Vendôme. — Edifices divers, p. 195.

### Les caractéristiques du style.

Néo-grec et néo-romain. — Le plagiat de l'antique. — Les chapiteaux, p. 196. — Les consoles. — Les ornements courants, p. 197. — Les chimères. — Les profils, p. 198. — Les clefs, p. 199.

### La sculpture ornementale.

La sculpture suit la même marche que l'architecture. — Même imitation. — Même pénurie d'invention, p. 199.

### La serrurerie.

La forme. — Les procédés, p. 199. — Les grilles. — Les couronnements. — Les faisceaux de lances. — Les consoles, p. 200.

## LES PIERRES
#### PAGE 201

La pierre en général. — Les caractères physiques et les caractères chimiques, p. 201. — Définitions. — L'action du feu. — L'action des agents atmosphériques. — Action de la gelée. — Manière de s'assurer de la non-gélivité. — Les pierres dures et les pierres tendres. — De la taille. — Précautions à prendre dans le choix des pierres, p. 203.

## STYLE MODERNE
#### PAGE 205

Avons-nous un style ? — L'auteur revient sur le mot style. — Les données composant le système constructif. — Les formes géométriques limitées. p. 205. — Les trois styles caractéristiques. — Les styles d'ornementation. — Le rôle des matériaux. — Le fer n'a pas dit son dernier mot. — Les résultats acquis, le pont de Broocklin et la tour Eiffel. — La Galerie des Machines. — L'application rationnelle des calculs de résistance donne les courbes établies sur la limite même des efforts. — Dans l'ordre ornemental. — Les poncifs. — Les essais. — Le Néo-Grec. — La Flore ornementale. — Conseils généraux. p. 209.

# LIVRE QUATRIÈME

Styles : Gaulois ou Celtique, Gallo-Romain, Celtico-Scandinave, Mexicain, Péruvien, Russe, Roumain, Vénitien, Suisse, Belge, Hollandais.

## STYLE CELTIQUE
#### PAGE 213

Origine de la race gauloise. — Qualités et défauts. — Comparaison entre les familles germaine et gauloise, p. 213.

#### La langue

Les deux idiomes. — Le gaëlique. — Le kimrique. — Les subdivisions ou dialectes divers. — L'écriture, p. 214.

#### La religion.

Le druidisme. — Hiérarchie sociale. — Son enseignement. — Les druides. — Leurs croyances. — L'absence de temples. — Le rôle des femmes. — Les dieux, p. 215.

#### Notes sur les Gaulois.

Au physique. — Coutumes. — Costume. — Les armes. p. 216.

#### Architecture.

Les monuments mégalithiques en France. — Dans les autres pays. — Incertitude sur les origines et la destination. — Les menhirs. — Les alignements. — Le champ de Karnac. — Les dolmens. — Les allées couvertes. — Les lichavens. — Les Cromlechs, p. 220. — Pays où se trouvent des monuments mégalithiques. — Les légendes. — Nos documents sur les constructions gauloises. — Les bourgs. — Les grottes. — Les maisons, p. 221. — Description. — En temps de guerre. — Les fortifications. — Les oppidums. — L'oppidum de Roc-de-Vic, p. 223.

*Arts et industries divers.*

Les essences de bois. — Les minéraux. — Le travail du fer et du cuivre. — L'application de l'étain. — La bijouterie. — Le bronze. — Le corail et le grenat. — L'art du potier. — L'ameublement, p. 224. — Les monnaies, p. 225.

## ÉTAMAGE
PAGE 226

L'étain. — Objet de l'étamage. — Technique, p. 226.

## STYLE GALLO-ROMAIN
PAGE 228

Le caractère. — Les constructions. — L'emploi de fragments, p. 228.

## STYLE CELTICO-SCANDINAVE
PAGE 229

Origines. — Au vii<sup>e</sup> siècle. — Les lacets. — Les drakslingor. — En Danemark. — En Suède. — Le style anglo-saxon, p. 230.

## STYLE MEXICAIN
PAGE 231

Découverte de l'Amérique. — Les premiers habitants. — Hypothèses sur les origines p. 231. — Les traditions — Les hiéroglyphes. — Comment se comportent les peuples dits civilisateurs.

*Architecture.*

La domination des Atzèques. — Les téocallis. — Leurs formes, p. 232. — Téocalli de Guatasco. — Téocalli de Téhuacan. — Description, p. 233.

*Ornementation sculpturale*

Spécimens de la statuaire. — Les débris de l'art mexicain, p. 234. — Les ornements, p. 235

## STYLE PÉRUVIEN
PAGE 236

Pizarre au Pérou. — Les monuments péruviens sous la dynastie des Incas. — Les grands travaux. — Les ruines. — La décoration, p. 237.

## LES BOIS PRÉCIEUX
PAGE 238

Le bois en général. — Acajou. — Buis. — Campêche, p. 238. — Cèdre. — Citronnier. — Cyprès. — Ebène. — Erable. — Gaïac, p. 239. — If. — Noyer. — Thuya, p. 240.

## STYLE RUSSE
PAGE 241

Opinion d'un auteur. — La Russie. — La race, p. 241. — La langue. — L'écriture, p. 242.

*Architecture.*

Au x<sup>e</sup> siècle. — Choix d'un culte. — La construction de bois, p. 243. — L'isba, p. 244. —

L'onementation taillée et sculptée. — Les habitations de plaisance, p. 245. — Architecture religieuse. — Cathédrale de la nativité, à Jaroslav, p. 246. — Eglise de Vassili Blagennoï, à Moscou, p. 247. — Légendes. — Description, p. 249.

*Les caractéristiques du style.*

Les toitures. — Les couvertures. — Les flèches, p. 250. — Les coupoles, p. 251. — Les fenêtres. — Les consoles, p. 252.

*Ornementation.*

Sources de l'art russe. — Analogie avec le celtico-scandinave. — Les entrelacs, p. 253.

*Le travail du bois.*

Le rôle du bois dans l'architecture russe. — Les découpages. — Travail à la main, p. 254. — Les consoles. — Les crêtes, p. 256. — Les têtes de cheval. — Poteaux ornés, p. 257. — Les balustres. — Les pontets. — Les culs-de-lampe, p. 258. — Les lambris. — Les portes, p. 259.

*La serrurerie.*

La petite serrurerie et son ornementation, p. 260. — Les grilles, p. 261.

## PIERRES PRÉCIEUSES
### PAGE 262

Classement des principales pierres suivant leur densité. — Divers degrés de transparence des pierres. — Classement des pierres par couleur, p. 262. — Pierres sans couleur. — Pierres translucides blanches. — Pierres transparentes jaunes. — Pierres translucides jaunes. — Pierres transparentes bleues. — Pierres translucides et opaques bleues. — Pierres transparentes rouges et roses. — Pierres translucides rouges. — Pierres transparentes vertes. — Pierres translucides vertes. — Pierres transparentes violettes. — Pierres noires translucides et opaques, p. 263. — La taille. — Exemples, p. 264.

## STYLE ROUMAIN
### PAGE 265

La Moldavie et la Valachie. — L'ancienne Dacie. — Les ruines. — La race, p. 265. — Les Tziganes. — La langue. — L'écriture.

*Architecture.*

Les sources. — Caractères particuliers. — Les églises de Roumanie. — Description. — L'effet des couleurs, p. 267. — Les presbytères. — Cathédrale de Curtea-d'Argis. — Légende de Manol. — Achèvement de la cathédrale. — Son aspect, p. 269. — Description. — Les kiosques, les fontaines, p. 271. — Les rives du Danube. — Les habitations. — Descriptions, p. 272. — La maison roumaine. — Les avant-toits. — Les cheminées monumentales. — Les puits, p. 273. — Le costume, p. 275.

*Matériaux.*

La pierre. — La brique, sa taille. — Les enduits et mortiers. — Le pavage. — La couverture, p. 275.

*Peinture.*

Caractères. — Sur les édifices. — Sur les plafonds. — Les poncifs, p. 276.

*Sculpture.*

Sur pierre. — En terre cuite, p. 276.

*Serrurerie.*

Les serruriers roumains. — Les serruriers tziganes. — Description du travail tzigane, p. 277. — Les outils. — Les assemblages, p. 278.

## MESURES ANTIQUES ET MODERNES
### PAGE 279

Mesures linéaires antiques, p. 279. — Mesures itinéraires antiques, p. 280. — Mesures linéaires modernes, p. 281. — Mesures itinéraires modernes, p. 282.

## STYLE VÉNITIEN
### PAGE 283

Venise. — Son rôle. — Sa grandeur. — Son nom, p. 283. — Les gondoles, p. 284.

#### Architecture.

Influences de l'Orient et de l'Occident. — Saint-Marc, p. 285. — Description. — Enlèvement du corps de saint Marc. — Les chevaux de bronze. — Les mosaïques, p. 287. — Les colonnes de la Piazzetta. — Les édifices de Venise. — Le Palais Ducal, p. 288. — Description. — Les palais de Venise. — La Cà-d'Oro, p. 289. — La Renaissance à Venise, p. 290.

#### Sculpture.

Au $xiv^e$ siècle. — Au $xv^e$ siècle. — Les Lombardi, p. 291. — La sculpture ornementale, p. 292.

#### Peinture.

Les mosaïstes grecs. — Les grandes villes vénitiennes au $xiii^e$ siècle. Les écoles vénitiennes et étrangères. — Caractères de la peinture, p. 292.

#### Serrurerie.

Emploi du fer en Italie. — Le bronze. — Exemple, p. 293.

## AVENTURINE
### PAGE 294

La découverte. — Le monopole de Venise. — Analyse du procédé. — Technique, p. 294.

## STYLE SUISSE
### PAGE 295

La Suisse. — Le nom d'Helvétie, p. 295. — La confédération. — Les idiomes. — Guillaume Tell, p. 296.

#### Architecture.

Les cités lacustres. — Découverte. — L'architecture dans l'antiquité. — A l'époque romane. — Pendant la période ogivale. — A la Renaissance, p. 297. — Le travail du bois. — Le bois. — Exemples, p. 299. — Au $xvi^e$ siècle — Dans l'Oberland. — Les châlets, p. 301. — Aménagements. — Les poêles. — L'ornementation. — La sculpture. — Les profils de découpages, p. 303.

#### Serrurerie.

Travail en général. — Trous renflés contrariés, p. 304. — Exemples divers. — Les arts, les sciences et l'industrie en Suisse, p. 305.

## SCULPTURE SUR BOIS
### PAGE 307

Le bois au point de vue de la sculpture. — Chez les pasteurs. — Avantages du bois sur les autres matériaux. — Le travail, p. 308.

## STYLES BELGE ET HOLLANDAIS
### PAGE 309

Position géographique. — Les Belges, leur origine, p. 309. — Les idiomes, p. 309. — La Belgique et la Hollande aux différentes époques, p. 310.

#### Architecture.

Pendant la période romane. — Au XIII<sup>e</sup> siècle. — Au XIV<sup>e</sup> siècle. — Aux XV<sup>e</sup> et XVI<sup>e</sup> siècles, p. 310. — Les édifices. — Les maisons. — A Bruges. — A Gand, p. 311. — Détails. — Pendant la Renaissance. — Les profils, p. 313. — Les colonnettes. — Les consoles, p. 314. — Les balustres. — Aux XVII<sup>e</sup> et XVIII<sup>e</sup> siècles. — Influence française. — Les courbes étranges. — Le couvent des Brigittines à Bruxelles, p. 315.

#### Serrurerie.

L'art du forgeron dans les Flandres, p. 316. — Feuilles, heurtoirs, motifs divers. — La forme architecturale convenant mieux au travail du fer, p. 317. — Influence de la mode aux XVII<sup>e</sup> et XVIII<sup>e</sup> siècles. — Changement dans la force donnée aux membres constructifs, p. 318.

## L'ART DU DESSIN
### PAGE 319

Avertissement. — Ce que comprend l'art du dessin. — Dessin au trait, p. 319. — Dessin ombré. — Dessin au fusain. — Gravures. — Lithographie, autographie, zincographie. — Sépia, camaïeu, grisaille, p. 321. — Pochade. — Gouache. — Aquarelle. — Fresque. — Pastel. — Cire. — Peinture à l'huile. — Perspective, méthode basée sur les simples projections et ne nécessitant que des connaissances très élémentaires en descriptive.

## BIBLIOGRAPHIE
### PAGE 329

## TABLE DES NOMS DE LOCALITÉS
### PAGE 333

## TABLE ALPHABÉTIQUE DES STYLES
### PAGE 347

## TABLE ALPHABÉTIQUE DES SCIENCES ET ARTS INTERCALÉS
### PAGE 348

FIN

ÉVREUX, IMPRIMERIE DE CHARLES HÉRISSEY.

## LIBRAIRIE POLYTECHNIQUE BAUDRY ET C$^{ie}$, ÉDITEURS

Paris, 15, rue des Saints-Pères, — Liège, rue des Dominicains, 7

### EXTRAIT DU CATALOGUE

| | | |
|---|---|---|
| Lejeune | Traité de la coupe des pierres. 1 vol. et 1 atlas | 40 » |
| Lepreux | Un album d'architecte | 25 » |
| Lessing | Les sculptures sur bois | 75 » |
| Masselin | Responsabilité des architectes et ingénieurs | 12 » |
| Malherbe | Assainissement des villes | 4 » |
| Maurer | Traité de statique graphique. 1 vol. et 1 atlas | 12 50 |
| Mégrot | Éléments des prix de construction | 7 » |
| — | Série de prix de maçonnerie et terrasse | 5 » |
| Michel | Monuments du Gâtinais | 100 » |
| Monnier | Électricité industrielle | 20 » |
| Morin | De l'alignement | 15 » |
| Muller et Cacheux | Les habitations ouvrières. 1 vol. et 1 atlas | 60 » |
| Muller-Breslau et Seyrig | Statique graphique. 1 vol. et 1 atlas | 20 » |
| Mussat | Résumé des connaissances mathématiques | 10 » |
| Niaudet | Traité de la pile électrique | 7 50 |
| Nivoit | Géologie appliquée. 2 vol | 40 » |
| Oppermann | Agenda de poche, relié en toile, 3 fr.; en cuir | 5 » |
| — | Nouvelles annales de la construction. Paris, 15 fr.; départements et Belgique, 18 fr.; Union postale, 20 fr.; année parue, cartonnée | 20 » |
| Paramelle | L'art de découvrir les sources | 6 50 |
| Pinet | Histoire de l'École polytechnique | 25 » |
| Pontzen | L'assainissement suivant le système Waring | 2 50 |
| Prouteaux | Principes d'économie industrielle | 5 » |
| Prud'homme | Cours pratique de construction. 2 vol | 16 » |
| Pugin | Antiquités architecturales de la Normandie | 40 » |
| — | Modèles d'ameublements | 8 » |
| — | Modèles de ferronnerie | 8 » |
| — | Modèles d'orfèvrerie | 8 » |
| — | Motifs et détails d'architecture gothique. 2 vol | 80 » |
| — | Types d'architecture gothique. 3 vol | 120 » |
| Rayet et Thomas | Milet et le golfe Latmique. 2 vol. et 1 atlas | 200 » |
| Rouché | Éléments de statique graphique | 12 50 |
| Rouyer | La Renaissance; décorations intérieures | 125 » |
| — | Les appartements de l'impératrice aux Tuileries | 50 » |
| Rouyer et Darcel | L'art architectural en France. 2 vol | 200 » |
| Sergent | Traité des mesurages. 2 vol. et 1 atlas | 50 » |
| Titeux | Histoire de la Maison militaire du Roi. 2 vol | 300 » |
| Thiré | Statique graphique. 1 vol. et 1 atlas | 10 » |
| Vaudou | Le menuisier en escaliers | 5 » |
| Viollet-le-Duc | Le massif du Mont-Blanc | 10 » |
| — | Carte du massif du Mont-Blanc | 10 » |
| Vogüé | L'architecture de la Syrie centrale. 2 vol | 150 » |
| — | Inscriptions sémitiques de la Syrie | 60 » |
| Wazon | Assainissement des villes et habitations | 15 » |
| Williamson | Les meubles d'art du mobilier national. 2 vol | 250 » |
| Wilson | Glossaire d'architecture gothique | 2 » |

ÉVREUX, IMPRIMERIE DE CHARLES HÉRISSEY

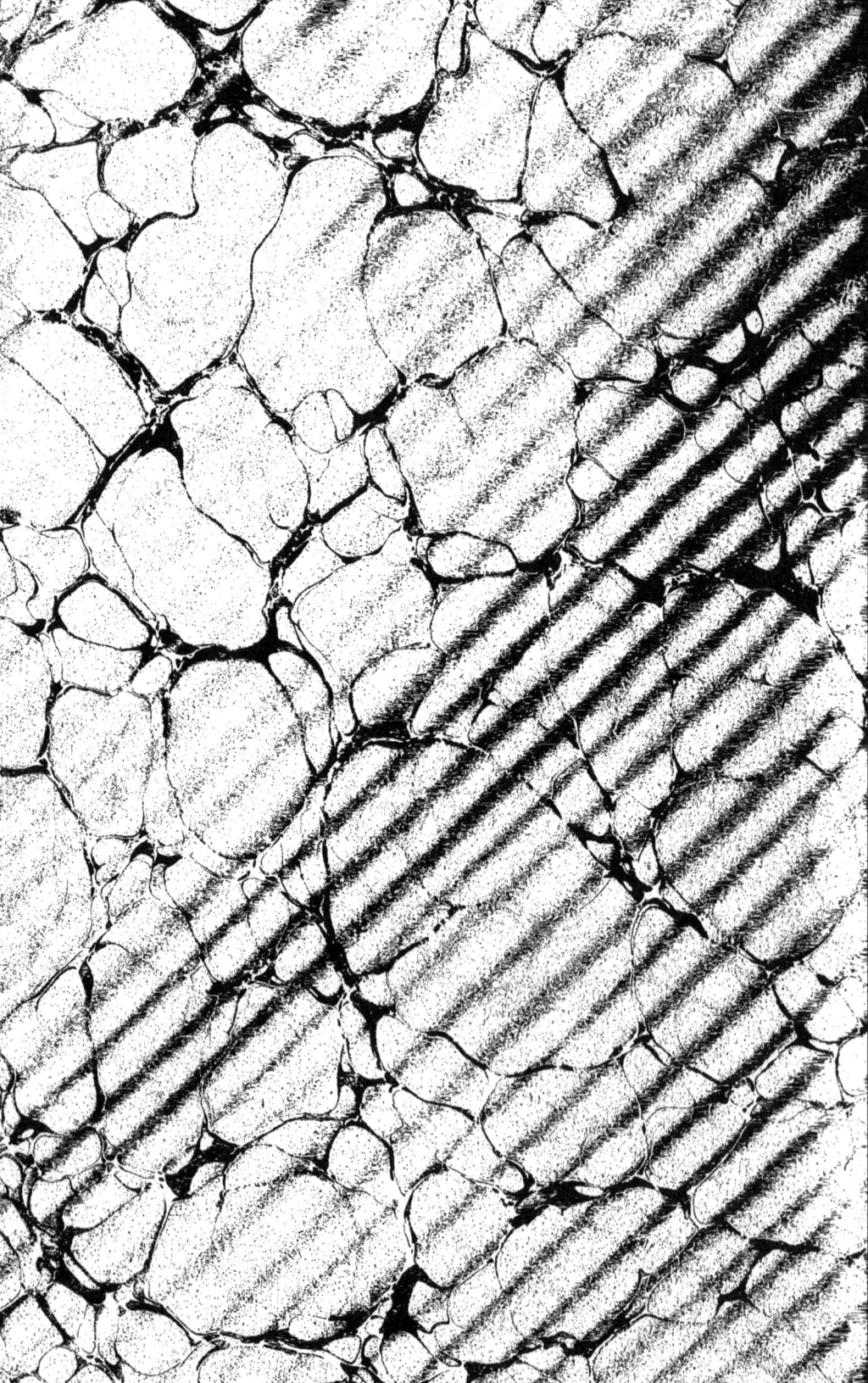

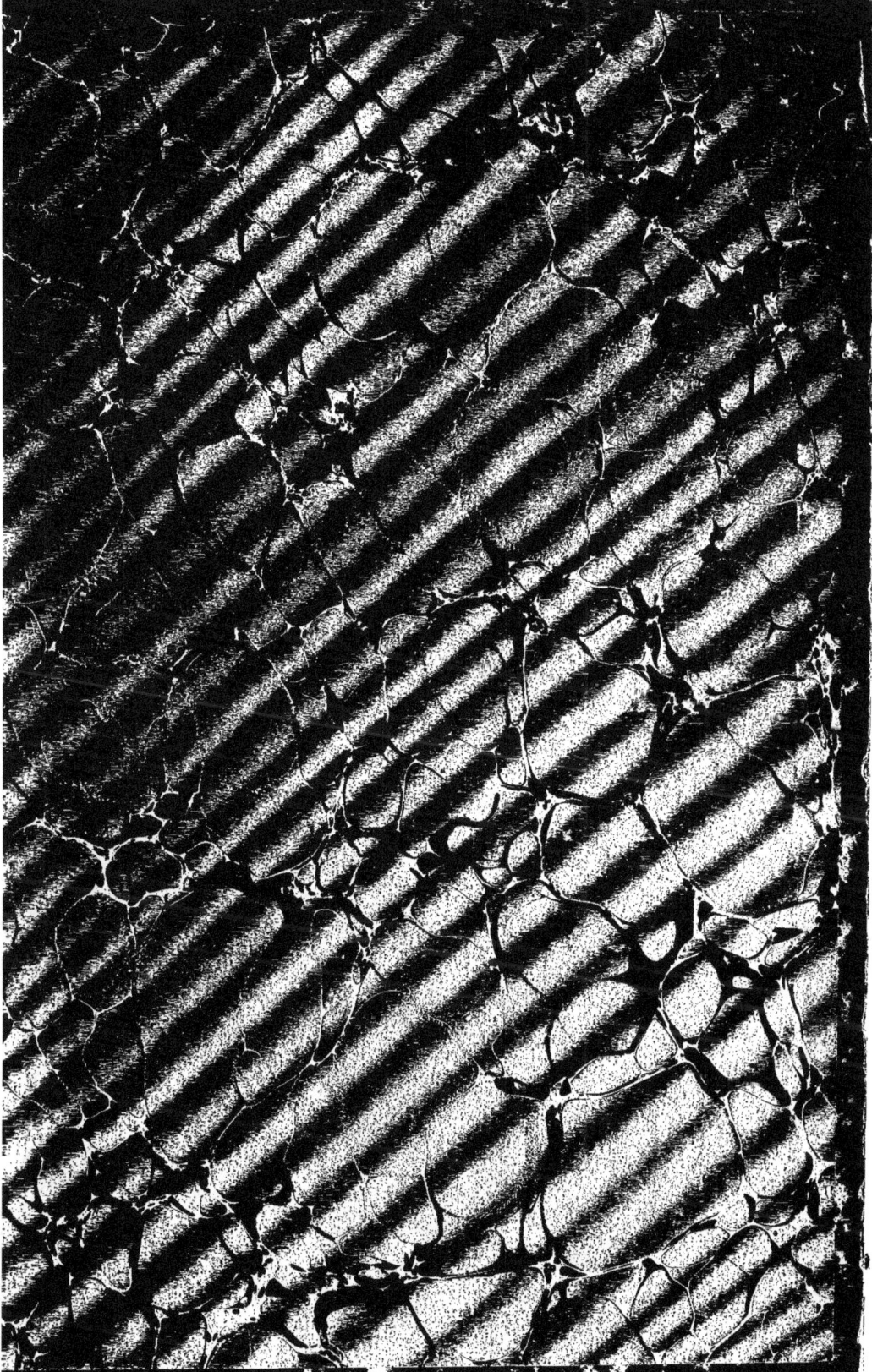

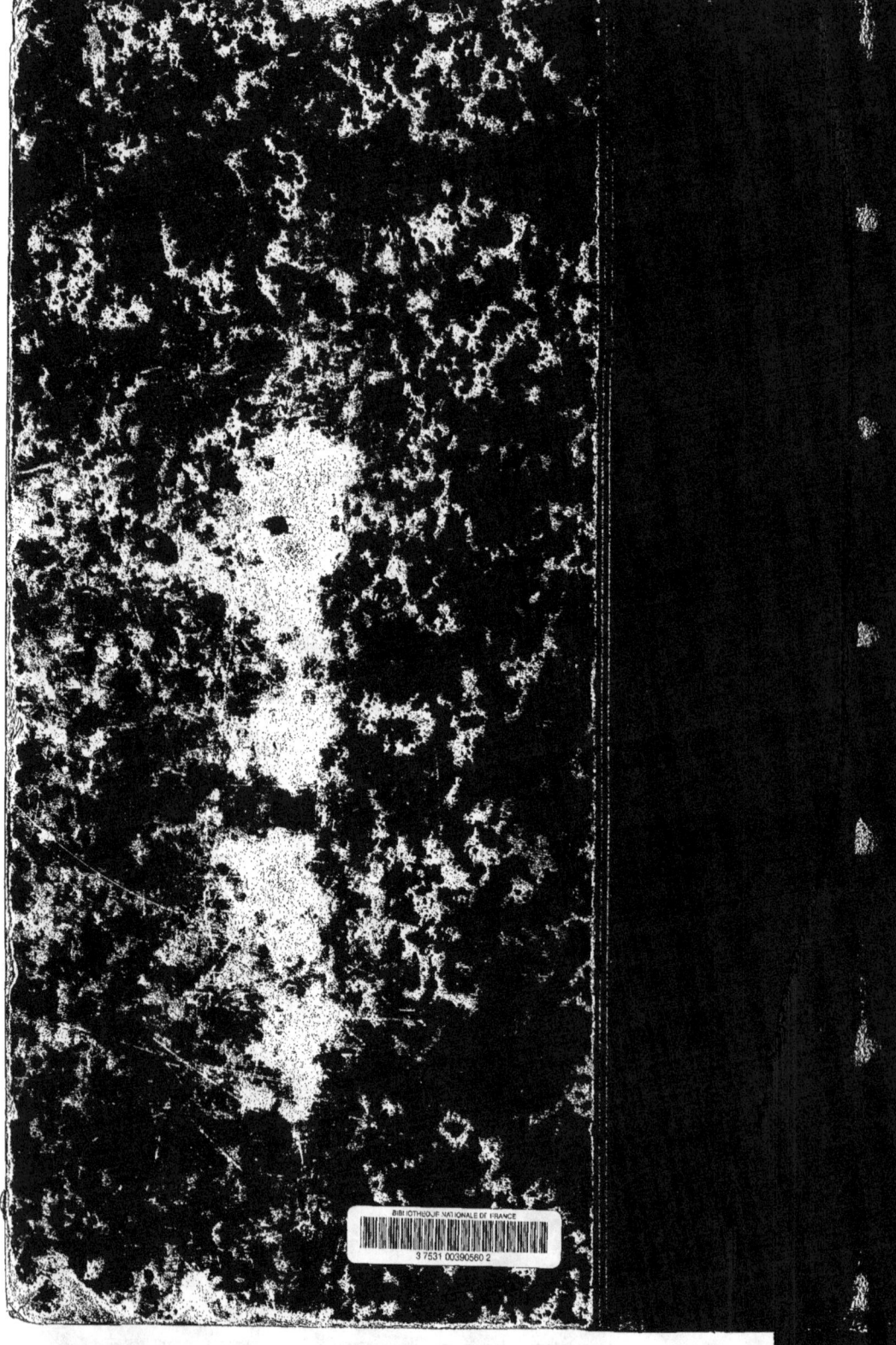

www.ingramcontent.com/pod-product-compliance
Lightning Source LLC
Chambersburg PA
CBHW060346190426
43201CB00043B/843